2025

COORDENADORES
Alessandra Avila
Haroldo Lourenço
Mariana Marun
Melina Luna

DIREITO IMOBILIÁRIO CONTEMPORÂNEO

Alcilene **Mesquita**
Ana Tereza **Basílio**
Augusto **Dorea**
Carla **Alcofra**
Carolina Abdalla de **Lima**
Cíntia Possas **Machado**
Claudia Maria da **Silva**
Claudio Habib **Gomes**
Daniel **Guerra**
Daniel Marinho de **Oliveira**
Daniela **Capanema**
Diego de Almeida **Plassabussu**
Eduardo Abreu **Biondi**
Eduardo Luiz de Medeiros **Frias**
Erika Barboza **Carvalho**
Felipe Rhamnusia de **Lima**
Fernanda de Freitas **Leitão**
Guilherme Kronemberg **Hartmann**
Haroldo **Lourenço**
Jordan Reis da **Silva**
José Roberto Mello **Porto**
Juliana Libardi **Frossard**
Júlio César Flores da Cunha Belaguarda Nagy de **Oliveira**
Leandro **Comym**
Leandro **Sender**
Lina **Colatelli**
Luana Francini Ferreira **Sampaio**
Luis **Arechavala**
Marcela Ribeiro de Freitas da **Rosa**
Marco Aurélio Bezerra de **Melo**
Maria Helena **Plácido**
Maurício Kronemberg **Hartmann**
Patrícia Melo **Braunstein**
Paula **Neustadt**
Paula Santana **Cruz**
Renata **Pessoa**
Sandra Morais Patricio **Silva**
Valéria **Ribeiro**

Dados Internacionais de Catalogação na Publicação (CIP) de acordo com ISBD

D598

Direito imobiliário contemporâneo / Alcilene Mesquita... [et al.] ; coordenado por Alessandra Ávila. - Indaiatuba, SP : Editora Foco, 2025.

336 p. : 16cm x 23cm.

Inclui bibliografia e índice.

ISBN: 978-65-6120-322-7

1. Direito. 2. Direito imobiliário. 3. Direito registral. 4. Regularização imobiliária. 5. Leilão. I. Mesquita, Alcilene. II. Basílio, Ana Tereza. III. Dorea, Augusto. IV. Alcofra, Carla. V. Lima, Carolina Abdalla de. VI. Machado, Cíntia Possas. VII. Silva, Claudia Maria da. VIII. Gomes, Claudio Habib. IX. Guerra, Daniel. X. Oliveira, Daniel Marinho de. XI. Capanema, Daniela. XII. Piassabussu, Diego de Almeida. XIII. Biondi, Eduardo Abreu. XIV. Frias, Eduardo Luiz de Medeiros. XV. Carvalho, Erika Barboza. XVI. Lima, Felipe Rhamnusia de. XVII. Leitão, Fernanda de Freitas. XVIII. Hartmann, Guilherme Kronemberg. XIX. Lourenço, Haroldo. XX. Silva, Jordan Reis da. XXI. Porto, José Roberto Mello. XXII. Frossard, Juliana Libardi. XXIII. Oliveira, Júlio César Flores da Cunha Belaguarda Nagy de. XXIV. Comym, Leandro. XXV. Sender, Leandro. XXVI. Coiatelli, Lina. XXVII. Sampaio, Luana Francini Ferreira. XXVIII. Arechavala, Luis. XXIX. Rosa, Marcela Ribeiro de Freitas da. XXX. Melo, Marco Aurélio Bezerra de. XXXI. Plácido, Maria Helena. XXXII. Hartmann, Maurício Kronemberg. XXXIII. Braunstein, Patrícia Melo. XXXIV. Neustadt, Paula. XXXV. Cruz, Paula Santana. XXXVI. Pessoa, Renata. XXXVII. Silva, Sandra Morais Patricio. XXXVIII. Ribeiro, Valéria. XXXIX. Ávila, Alessandra. XL. Marun, Mariana. XLI. Luna, Melina. XLII. Título.

2025-674

CDD 341.2739   CDU 347.23

Elaborado por Odilio Hilario Moreira Junior - CRB-8/9949

Índices para Catálogo Sistemático:

1. Direito imobiliário 341.2739

2. Direito imobiliário 347.23

COORDENADORES

Alessandra **Avila**
Haroldo **Lourenço**
Mariana **Marun**
Melina **Luna**

DIREITO
IMOBILIÁRIO
CONTEMPORÂNEO

Alcilene **Mesquita**

Ana Tereza **Basílio**

Augusto **Dorea**

Carla **Alcofra**

Carolina Abdalla de **Lima**

Cíntia Possas **Machado**

Claudia Maria da **Silva**

Claudio Habib **Gomes**

Daniel **Guerra**

Daniel Marinho de **Oliveira**

Daniela **Capanema**

Diego de Almeida **Piassabussu**

Eduardo Abreu **Biondi**

Eduardo Luiz de Medeiros **Frias**

Erika Barboza **Carvalho**

Felipe Rhamnusia de **Lima**

Fernanda de Freitas **Leitão**

Guilherme Kronemberg **Hartmann**

Haroldo **Lourenço**

Jordan Reis da **Silva**

José Roberto Mello **Porto**

Juliana Libardi **Frossard**

Júlio César Flores da Cunha
Belaguarda Nagy de **Oliveira**

Leandro **Comym**

Leandro **Sender**

Lina **Colatelli**

Luana Francini Ferreira **Sampaio**

Luis **Arechavala**

Marcela Ribeiro de Freitas da **Rosa**

Marco Aurélio Bezerra de **Melo**

Maria Helena **Plácido**

Maurício Kronemberg **Hartmann**

Patrícia Melo **Braunstein**

Paula **Neustadt**

Paula Santana **Cruz**

Renata **Pessoa**

Sandra Morais
Patricio **Silva**

Valéria
Ribeiro

2025 © Editora Foco

Coordenadores: Alessandra Ávila, Haroldo Lourenço, Mariana Marun e Melina Luna
Autores: Alcilene Mesquita, Ana Tereza Basílio, Augusto Dorea, Carla Alcofra, Carolina Abdalla de Lima, Cíntia Possas Machado, Claudia Maria da Silva, Claudio Habib Gomes, Daniel Guerra, Daniel Marinho de Oliveira, Daniela Capanema, Diego de Almeida Piassabussu, Eduardo Abreu Biondi, Eduardo Luiz de Medeiros Frias, Erika Barboza Carvalho, Felipe Rhamnusia de Lima, Fernanda de Freitas Leitão, Guilherme Kronemberg Hartmann, Haroldo Lourenço, Jordan Reis da Silva, José Roberto Mello Porto, Juliana Libardi Frossard, Júlio César Flores da Cunha Belaguarda Nagy de Oliveira, Leandro Comym, Leandro Sender, Lina Coiatelli, Luana Francini Ferreira Sampaio, Luis Arechavala, Marcela Ribeiro de Freitas da Rosa, Marco Aurélio Bezerra de Melo, Maria Helena Plácido, Maurício Kronemberg Hartmann, Patrícia Melo Braunstein, Paula Neustadt, Paula Santana Cruz, Renata Pessoa, Sandra Morais Patricio Silva e Valéria Ribeiro

Diretor Acadêmico: Leonardo Pereira
Editor: Roberta Densa
Coordenadora Editorial: Paula Morishita
Revisora Sênior: Georgia Renata Dias
Capa Criação: Leonardo Hermano
Diagramação: Ladislau Lima e Aparecida Lima
Impressão miolo e capa: Forma Certa

DIREITOS AUTORAIS: É proibida a reprodução parcial ou total desta publicação, por qualquer forma ou meio, sem a prévia autorização da Editora FOCO, com exceção do teor das questões de concursos públicos que, por serem atos oficiais, não são protegidas como Direitos Autorais, na forma do Artigo 8º, IV, da Lei 9.610/1998. Referida vedação se estende às características gráficas da obra e sua editoração. A punição para a violação dos Direitos Autorais é crime previsto no Artigo 184 do Código Penal e as sanções civis às violações dos Direitos Autorais estão previstas nos Artigos 101 a 110 da Lei 9.610/1998. Os comentários das questões são de responsabilidade dos autores.

NOTAS DA EDITORA:

Atualizações e erratas: A presente obra é vendida como está, atualizada até a data do seu fechamento, informação que consta na página II do livro. Havendo a publicação de legislação de suma relevância, a editora, de forma discricionária, se empenhará em disponibilizar atualização futura.

Erratas: A Editora se compromete a disponibilizar no site www.editorafoco.com.br, na seção Atualizações, eventuais erratas por razões de erros técnicos ou de conteúdo. Solicitamos, outrossim, que o leitor faça a gentileza de colaborar com a perfeição da obra, comunicando eventual erro encontrado por meio de mensagem para contato@editorafoco.com.br. O acesso será disponibilizado durante a vigência da edição da obra.

Impresso no Brasil (3.2025) – Data de Fechamento (3.2025)

2025
Todos os direitos reservados à
Editora Foco Jurídico Ltda.
Rua Antonio Brunetti, 593 – Jd. Morada do Sol
CEP 13348-533 – Indaiatuba – SP

E-mail: contato@editorafoco.com.br
www.editorafoco.com.br

HOMENAGEM

Com profundo respeito e admiração essa obra homenageia o desembargador, professor e autor Marco Aurélio Bezerra de Melo.

Em janeiro de 2013 fui abrilhantado com uma generosa contribuição da sua parte, o qual prefaciou meu primeiro livro (Manual de Direito Processual Civil. Ed. Forense, 2013), um dos mais importantes momentos da minha trajetória jurídica.

Recentemente, em um momento de convívio pessoal no final de 2024, recordamos desse prefácio, tivemos ótimos momentos de saudosismo, relembrando aulas, palestras e experiências acadêmicas pessoais.

A presença do Professor Marco Aurélio em seminários, palestras e eventos acadêmicos sempre me foi muito enriquecedora, bem como suas obras são divisores dentro do Direito.

Suas decisões judiciais são simbólicas e muito representativas, eis que com a profundidade que lhe é peculiar esgota os assuntos, sendo um fiel cumpridor dos ditames constitucionais, processuais e civis.

O legado construído ao longo de tantos anos é um brilhante exemplo de comprometimento e amor ao Direito.

Não se pode desconsiderar, ainda, que sua trajetória se mistura com a história da ABAMI (Associação Brasileira de Advogados do Mercado Imobiliário), tendo sido empossado como patrono de honra, sendo um palestrante sempre presente nos eventos da Associação.

Sua participação nessa coletânea se daria em dois momentos.

O primeiro, que felizmente se concretizou, foi o envio de um artigo (em coautoria com Defensor Público e Professor José Roberto Mello Porto), onde tratou dos "Requisitos Objetivos para a Tutela Provisória nos Interditos Possessórios", o qual, em breve leitura, já se percebe que todos os adjetivos acima utilizados representam a mais pura realidade e se mostram insuficientes.

O segundo momento de sua participação nessa obra seria escrevendo um prefácio, porém, infelizmente, não pode se concretizar por motivos pessoais e alheios a sua vontade.

Dessa forma, essa obra lhe é inteiramente dedicada, sendo escrita carinhosamente em sua homenagem, rogando que o quanto antes retorne as suas atividades como autor, professor e magistrado, eis que já está fazendo muita falta a todos os amigos e operadores do Direito.

Desembargador e Professor Marco Aurélio, carinhosamente chamado de Marquinho, esperamos que essa suscinta homenagem lhe encontre bem, saudável e já tendo retornado às suas atividades, eis que escrevo em nome de todos os envolvidos nessa obra, estimando a sua mais breve recuperação.

Haroldo Lourenço

PREFÁCIO

A presente obra é um marco significativo nos 35 anos de trajetória da Associação Brasileira de Advogados do Mercado Imobiliário (ABAMI), celebrando não apenas uma história rica e inspiradora, mas também a evolução jurídica e tecnológica que moldou o setor imobiliário brasileiro.

Desde sua fundação, idealizada pelo patrono Sylvio Capanema de Souza, a ABAMI surgiu como resposta às incertezas econômicas e jurídicas que marcaram o Brasil na década de 1980, uma época de alta inflação, dificuldades de financiamento imobiliário e uma gestão predominantemente analógica. A instituição foi concebida como um espaço de aprimoramento e debate, reunindo advogados para enfrentar os desafios do mercado imobiliário e promover soluções inovadoras.

Naquela época, legislações como a Lei 6.649/1979, que alterou dispositivos da Lei 4.591/1964 sobre condomínios e incorporações, consolidaram as bases do mercado imobiliário. Contudo, a instabilidade econômica impunha barreiras ao desenvolvimento do setor. A inflação descontrolada, que em 1989 ultrapassou 1.000% ao ano, tornava inviável o planejamento de longo prazo, e muitas famílias não conseguiam arcar com as prestações indexadas. Ainda assim, foi nesse cenário adverso que a ABAMI encontrou força para emergir, liderada por nomes como Sylvio Capanema de Souza e Pedro Antonio Barbosa Cantisano.

A década de 1990 trouxe a estabilização econômica com o Plano Real e avanços jurídicos como a Lei do Inquilinato (Lei 8.245/1991), que modernizou as relações de locação. Nesse período, a ABAMI foi fundamental na contribuição para o anteprojeto desta lei, promovendo discussões calorosas e frutíferas, conhecidas como "Pinga-Fogo" inspirados por Geraldo Beire Simões. Tais debates refletiam os desafios enfrentados pela sociedade e deram ênfase à busca por equilíbrio entre locadores e locatários. A instituição consolidava-se como vanguarda, com lideranças como Maria Lúcia Teixeira da Silva, que priorizou a inclusão de jovens e mulheres na advocacia imobiliária.

Ao longo das décadas seguintes, a ABAMI acompanhou as transformações tecnológicas e econômicas do setor. A expansão do mercado imobiliário no início dos anos 2000 foi acompanhada pela digitalização inicial dos processos e pela emergência de plataformas como Zap Imóveis e Viva Real. Também foram momentos de avanços legislativos, com destaque para a criação do Código Civil de 2002 (Lei 10.406/2002), que trouxe maior segurança para contratos imobiliários, e a Lei de Recuperação Judicial e Falências (Lei 11.101/2005).

A aquisição da sede própria foi um marco histórico, concretizado na gestão de Fátima Cristina Santoro Gestemberger, simbolizando a força e a solidariedade dos associados. Posteriormente, a quitação deste patrimônio foi um desafio enfrentado com maestria por Juarez Ferreira Clemente, cuja liderança garantiu a segurança financeira da ABAMI e consolidou as bases para futuras gestões. Este ato não apenas consolidou a presença da ABAMI como referência, mas também simbolizou a união e o esforço coletivo que caracterizam a instituição.

A crise econômica de 2015-2017 foi um período desafiador, com retração do mercado, aumento dos distratos e instabilidade política e econômica. A inflação elevada e a alta da taxa Selic afastaram investidores e dificultaram financiamentos. Ainda assim, a ABAMI continuou se reinventando, acompanhando inovações como a Lei dos Distratos (Lei 13.786/2018) e promovendo discussões sobre temas como multipropriedade (Lei 13.777/2018) e tecnologia no setor imobiliário, com o surgimento de startups como Quinto Andar e a expansão de plataformas de leilões eletrônicas.

Também contribuíram para a história da ABAMI gestores como: Sergio Murilo Herrera Simões, Angela Maria Soares da Conceição, Carlos Samuel de Oliveira Freitas, Ana Luiza Lima Ferreira, Zenaide Augusta Alves e Sidney Seixas de Santa.

No biênio 2021-2023, a gestão de Alessandra Duarte Caldeira Avila e Daniel Leonardo Ramos Martins foi marcada por desafios, mas também por avanços. Daniel Martins, com sua visão estratégica e dedicação, deixou um legado inestimável, antes de sua partida precoce em 2022. Sua parceria com Alessandra promoveu a reestruturação afetiva da ABAMI e fortaleceu a coesão entre os associados. Juntos, incentivaram eventos de mentoria, integrando jovens profissionais e fortalecendo a relevância da instituição no mercado.

Outro marco recente foi a nomeação de Marco Aurélio Bezerra de Melo como Patrono de Honra da ABAMI, sucedendo Sylvio Capanema de Souza. Sua presença reflete o compromisso da instituição com o saber jurídico e a excelência, reafirmando a tradição de liderança inspiradora.

Atualmente, a ABAMI lidera debates sobre temas contemporâneos, como o Sistema Eletrônico de Registros Públicos (SERP), regulamentado pela Lei 14.382/2022, e a tokenização de ativos imobiliários, que democratiza o acesso a investimentos no setor. A necessidade de um marco regulatório para coworkings e a integração de práticas sustentáveis (ESG) também são prioridades em um mercado que busca se adaptar às novas demandas sociais e ambientais.

Com 35 anos de trajetória, a ABAMI provou ser uma instituição resiliente, inovadora e comprometida com a promoção do conhecimento jurídico.

Esta obra, fruto das reflexões de juristas que fazem parte de sua história, é um convite à reflexão e ao diálogo sobre os avanços e desafios do direito imobiliário no Brasil. Assim como disse Albert Camus: "A verdadeira generosidade em relação ao futuro consiste em dar tudo no presente". Que esta publicação inspire novas gerações e continue a iluminar os caminhos do direito e do mercado imobiliário.

Alessandra Ávila

Presidente da ABAMI

APRESENTAÇÃO

A ideia central desta Coletânea de Artigos Jurídicos Imobiliários nasceu do compromisso da Associação Brasileira de Advogados do Mercado Imobiliário (ABAMI) com a interdisciplinaridade e a multidisciplinaridade no direito imobiliário. Acredita-se que o direito imobiliário é um campo essencialmente integrado a outros ramos do direito, bem como ao setor econômico e social. Essa visão ampla foi o impulso para a criação de 15 comissões temáticas na ABAMI, que tratam de diferentes áreas do conhecimento jurídico, mas sempre em interface com o mercado imobiliário.

A atual gestão, liderada por Alessandra Duarte Caldeira Ávila, presidente, e inspirada por Daniel Leonardo Ramos Martins (*in memoriam*), deixou um legado de inovação e modernização na ABAMI. Entre os projetos pioneiros, destacam-se a Diretoria Jurídica de Mentoria e Comissões de Haroldo Lourenço, as iniciativas voltadas à mentoria de jovens profissionais coordenada por Melina Luna, a promoção de eventos de networking e a ampliação do diálogo entre experiências tradicionais e contemporâneas no direito imobiliário. As 15 Comissões temáticas com seus líderes individuais e membros coordenadas pela Mariana Marun, promovem eventos jurídicos presenciais e virtuais, internos e externos.

A Diretoria de Assuntos Legislativos, liderada por Carlos Gabriel Feijó, desempenhou um papel crucial no avanço de projetos de lei que impactam diretamente o setor imobiliário. Entre suas conquistas, destacam-se a contribuição para o texto final do relatório da Comissão Especial de Revisão do Código Civil e a participação ativa em audiências públicas, como a que discutiu o Projeto de Lei 3.327/2024 sobre IPTU progressivo e gestão de ocupação do solo.

Daniel Leonardo Ramos Martins foi uma figura inspiradora que, em parceria com Alessandra Ávila, promoveu a reestruturação afetiva e organizacional da instituição, fortalecendo sua relevância no cenário jurídico nacional estreitando o relacionamento e diálogo com todas as entidades relevantes do Direito Imobiliário.

O livro reflete algumas das discussões das comissões temáticas da ABAMI, abordando temas como:

- **Direito do Trabalho**: "O bem de família no direito processual do trabalho e seus impactos no direito imobiliário".
- **Mediação e Arbitragem**: "A mediação extrajudicial e judicial na esfera imobiliária".

- **ABAMI Jovem:** *Due Diligence* Imobiliária: Essencial para a segurança e eficiência nas transações do mercado imobiliário.

- **Notarial e Registral:** Desdobramentos da atuação imobiliária Registral e Notarial na Advocacia Extrajudicial; E-Cartório: A Era Digital das Serventias Extrajudiciais.

- **Regularização Imobiliária:** *Due Diligence* na Expropriação Judicial de Imóveis: Alguns Pontos de Atenção.

- **Leilões:** A Alienação Fiduciária em Garantia nos Contratos de Imóveis e os Leilões dela Decorrentes: Breve Exposição Teórica e Questões Jurisprudenciais Relevantes.

Esta coletânea também presta uma homenagem especial aos convidados que têm histórias marcantes com a ABAMI, como Marco Aurélio Bezerra de Melo, atual Patrono de Honra da instituição, a Ana Teresa Basilio atual Presidente da Ordem dos Advogados da Seccional do Rio de Janeiro e idealizadora do Projeto de Mentoria, Tabeliã do 15º Ofício de Notas Fernanda Leitão que promoveu o ato notarial da sede da ABAMI e todos os honrados convidados que contribuem com grande referência jurídica. A presença de lideranças como essas reafirma o compromisso da ABAMI com a excelência e a inovação no campo do direito.

Assim, a ABAMI, ao completar 35 anos de existência, demonstra que seu maior legado é a capacidade de unir tradição e inovação em prol do fortalecimento do direito imobiliário. Esta obra reflete essa trajetória e convida os leitores a participarem desse diálogo multidisciplinar, contribuindo para o desenvolvimento de um mercado mais justo e eficiente.

Alessandra Ávila
Presidente da ABAMI.

SUMÁRIO

HOMENAGEM
Haroldo Lourenço V

PREFÁCIO
Alessandra Ávila VII

APRESENTAÇÃO
Alessandra Ávila XI

A ALIENAÇÃO FIDUCIÁRIA EM GARANTIA NOS CONTRATOS DE
IMÓVEIS E OS LEILÕES DELA DECORRENTES: BREVE EXPOSIÇÃO
TEÓRICA E QUESTÕES JURISPRUDENCIAIS RELEVANTES
Luana Francini Ferreira Sampaio 1

A REVISÃO DOS CONTRATOS *BUILT TO SUIT*: COMENTÁRIO AO
RESP 2.042.594/SP
Ana Tereza Basílio e Daniel Guerra 19

A ALIENAÇÃO FIDUCIÁRIA E O PAPEL DA ESCRITURA PÚBLICA:
ANÁLISE JURÍDICA E IMPLICAÇÕES
Eduardo Abreu Biondi 39

O BEM DE FAMÍLIA NO DIREITO PROCESSUAL DO TRABALHO E
SEUS IMPACTOS NO DIREITO IMOBILIÁRIO
Cíntia Possas Machado, Lina Coiatelli, Sandra Morais Patricio Silva e
Valéria Ribeiro 55

CONTRATO DE *BUILT TO SUIT*: A SOLUÇÃO IDEAL PARA EXPAN-
SÃO E PERSONALIZAÇÃO NO MERCADO IMOBILIÁRIO
Daniel Marinho de Oliveira e Eduardo Luiz de Medeiros Frias 71

DIREITO IMOBILIÁRIO CONTEMPORÂNEO

CONCISO ESTUDO DO DIREITO POTESTATIVO NA LEI 8.245/1991

Claudio Habib Gomes 87

A MULTIAPLICABILIDADE DA NOVA CONTA NOTARIAL (*ESCROW ACCOUNT*) NO MERCADO IMOBILIÁRIO

Fernanda de Freitas Leitão.. 95

A CONTRIBUIÇÃO DO PROCEDIMENTO DA ADJUDICAÇÃO EXTRAJUDICIAL NA (DES)JUDICIALIZAÇÃO DE CONFLITOS RELACIONADOS À REGULARIZAÇÃO IMOBILIÁRIA

Jordan Reis da Silva e Júlio César Flores da Cunha Belaguarda Nagy de Oliveira... 103

DESDOBRAMENTOS DA ATUAÇÃO IMOBILIÁRIA REGISTRAL E NOTARIAL NA ADVOCACIA EXTRAJUDICIAL

Daniela Capanema... 117

DISPOSIÇÕES GERAIS SOBRE AS AÇÕES LOCATÍCIAS: UMA VISÃO PRÁTICO-PROCESSUAL

Haroldo Lourenço.. 137

A LIBERAÇÃO PARCIAL DA ALIENAÇÃO FIDUCIÁRIA DE IMÓVEIS: UMA ANÁLISE CRÍTICA DA FLEXIBILIZAÇÃO DAS GARANTIAS NO DIREITO BRASILEIRO

Augusto Dorea.. 151

DUE DILIGENCE NA EXPROPRIAÇÃO JUDICIAL DE IMÓVEIS: ALGUNS PONTOS DE ATENÇÃO

Felipe Rhamnusia de Lima e Marcela Ribeiro de Freitas da Rosa 167

DUE DILIGENCE IMOBILIÁRIA: ESSENCIAL PARA A SEGURANÇA E EFICIÊNCIA NAS TRANSAÇÕES DO MERCADO IMOBILIÁRIO

Diego de Almeida Piassabussu, Eduardo Luiz de Medeiros Frias e Patrícia Melo Braunstein.. 183

E-CARTÓRIO: A ERA DIGITAL DAS SERVENTIAS EXTRAJUDICIAIS

Paula Santana Cruz 199

LEILÃO JUDICIAL DE IMÓVEIS: DO INÍCIO AO FIM

Maurício Kronemberg Hartmann e Guilherme Kronemberg Hartmann 211

A MEDIAÇÃO EXTRAJUDICIAL E JUDICIAL NA ESFERA IMOBILIÁRIA (TEXTO I)

Alcilene Mesquita, Carla Alcofra, Claudia Maria da Silva, Erika Barboza Carvalho, Leandro Comym, Maria Helena Plácido e Renata Pessoa 229

MULTIPROPRIEDADE IMOBILIÁRIA: PRINCIPAIS ASPECTOS CÍVEIS E TECNOLÓGICOS

Leandro Sender e Paula Neustadt 249

A TRANSPOSIÇÃO DOS NEGÓCIOS JURÍDICOS PROCESSUAIS IMOBILIÁRIOS PARA OS LITÍGIOS JUDICIÁRIOS

Carolina Abdalla de Lima 259

REGULARIZAÇÃO DE IMÓVEIS RURAIS NA PRÁTICA: ASPECTOS JURÍDICOS E PROCEDIMENTOS NECESSÁRIOS

Juliana Libardi Frossard.. 271

REQUISITOS OBJETIVOS PARA A TUTELA PROVISÓRIA NOS INTERDITOS POSSESSÓRIOS

Marco Aurélio Bezerra de Melo e José Roberto Mello Porto 289

VAGA DE GARAGEM EM CONDOMÍNIO

Luis Arechavala.. 305

A ALIENAÇÃO FIDUCIÁRIA EM GARANTIA NOS CONTRATOS DE IMÓVEIS E OS LEILÕES DELA DECORRENTES: BREVE EXPOSIÇÃO TEÓRICA E QUESTÕES JURISPRUDENCIAIS RELEVANTES

Luana Francini Ferreira Sampaio

Vice-líder da Comissão de Leilões.

Sumário: Introdução – 1. Breve histórico e conceito do instituto da alienação fiduciária em garantia no direito brasileiro – 2. A alienação fiduciária de bens imóveis em garantia – A Lei 9.514/1997 – 3. O marco legal das garantias e as principais modificações promovidas na Lei 9.514/97 – 4. Questões jurisprudenciais relevantes acerca da alienação fiduciária em garantia; 4.1 Da impossibilidade de desfazimento do contrato de compra e venda com pacto adjeto de alienação fiduciária – Tema 1095 do STJ; 4.2 Da necessidade de registro do contrato de compra e venda do imóvel para constituição da garantia fiduciária – Mudança no entendimento da Corte Superior – Conclusão – Referências.

INTRODUÇÃO

A alienação fiduciária é um direito real de garantia de suma importância no direito brasileiro. Isto porque sua higidez e facilitação, para o credor, de excutir o bem dado em garantia, tem como consequência também a facilitação de acesso ao crédito pelos consumidores, pois enseja taxas de juros mais baixas e parcelamentos mais longos e atrativos.

O instituto é recente, surgiu no direito brasileiro em meados dos anos 60, e ganhou seus contornos em relação aos bens imóveis apenas na segunda metade dos anos 90, com o advento da Lei 9.514/1997.

Paralelamente à legislação que regula a matéria – notadamente o Código Civil de 2002 no que tange aos bens móveis, e a Lei 9.514/1997 no que tange aos bens imóveis –, a jurisprudência tenta solucionar os pormenores da aplicabilidade da garantia na prática.

E diante da importância da alienação fiduciária em garantia para o direito brasileiro e, mais ainda, para as relações negociais que dela se aproveitam, torna-se de grande relevância a análise do direito a ela implicado.

Assim, o presente trabalho buscará esclarecer do que se trata o instituto, como funciona, e, ainda, trazer à luz recentes entendimentos dos tribunais.

1. BREVE HISTÓRICO E CONCEITO DO INSTITUTO DA ALIENAÇÃO FIDUCIÁRIA EM GARANTIA NO DIREITO BRASILEIRO

A alienação fiduciária em garantia é instituto relativamente recente no direito brasileiro: foi introduzida em nosso ordenamento jurídico por meio da Lei 4.728, de 14 de julho de 1965, que disciplina o mercado de capitais, a qual dedicou uma seção a regulamentá-la. Apesar de a lei em referência encontrar-se ainda em vigor, a parte relativa à alienação fiduciária em garantia – notadamente a seção XIV – sofreu relevantes alterações, primeiro pelo Decreto-Lei 911/1969[1] e, após, pela Lei 10.931/2004.

Hoje, o texto em vigor trata não mais da alienação fiduciária em garantia em sentido *lato*, mas restringe-se, especificando que ali versa apenas sobre a "alienação fiduciária em garantia no âmbito do mercado financeiro e de capitais".

Em 1997, especialmente para tratar da alienação fiduciária de bens imóveis, adveio a Lei 9.514/97, que também permanece em vigor, a qual sofreu diversas alterações – entre elas as advindas do recente Marco Legal das Garantias (Lei 14.711/23 –, e será melhor tratada adiante, em capítulo próprio, pela sua relevância para o presente trabalho.

Mais tarde, o Código Civil de 2002 trouxe a disciplina da alienação fiduciária de bens móveis, cunhando o conceito de propriedade fiduciária[2] em seu capítulo IX do Título III (Da Propriedade) do Livro III (Do Direito das Coisas). O texto, hoje compreendido entre os artigos 1.361 a 1.368-B, sofreu alterações por meio da Lei 10.931/2004 e da Lei 13.043/2014.

Importa destacar, por relevante, que alienação fiduciária em garantia e propriedade fiduciária não se confundem. Segundo o ilustre doutrinador Caio

---

1. Segundo Tepedino et al. (2014, p. 766): "Em 1969, o DL. 911 modificou a Lei do Mercado de Capitais, dando à alienação fiduciária em garantia os contornos atuais. Consolidou-se, então, o entendimento (já então dominante) de que a alienação fiduciária promovia o desdobramento da posse (v. art. 1.197), ficando o fiduciante com aposse direta e respondendo pela coisa na qualidade de depositário. Em consequência, estabeleceu-se que a ação cabível para que o credor pudesse reaver a coisa das mãos do fiduciante em caso de inadimplemento da dívida garantida era a ação de depósito (art. 4º do DL. 9 1 1/1969)".

2. Segundo constou na exposição de motivos do Código Civil de 2002 acerca do tema:
   "De grande alcance prático é o instituto da propriedade fiduciária, disciplinado consoante proposta feita pelo Prof. José Carlos Moreira Alves, que acolheu sugestões recebidas do Banco Central do Brasil e analisou cuidadosamente ponderações feitas por entidades de classe. Passou a ser considerada constituída a propriedade fiduciária com o arquivamento, no Registro de Títulos e Documentos do domicílio do devedor, do contrato celebrado por instrumento público ou particular, que lhe serve de título. Note-se que, em se tratando de veículos, além desse registro, exige-se o arquivamento do contrato na repartição competente para o licenciamento, fazendo-se a anotação no certificado de propriedade.
   Os demais artigos, embora de maneira sucinta, compõem o essencial para a caracterização da propriedade fiduciária, de modo a permitir sua aplicação diversificada e garantida no mundo dos negócios."

Mario da Silva Pereira (2017, p. 379), "a primeira relaciona-se ao *negócio jurídico* que constitui o título da garantia, ao passo que a segunda designa o *direito real de garantia* em si considerado" (grifo do autor).

Assim, Orlando Gomes (2012, p. 357/358) define a alienação fiduciária em garantia do seguinte modo:

> Em sentido lato, a *alienação fiduciária* é o negócio jurídico pelo qual uma das partes adquire, em *confiança*, a propriedade de um bem, obrigando-se a devolvê-la quando se verifique o acontecimento a que tenha se subordinado tal obrigação, ou lhe seja pedida a restituição.
>
> [...]
>
> Emprega-se a alienação fiduciária mais frequentemente para fim de garantia.
>
> Foi nessa modalidade, que a regulou a chamada *lei do mercado de capitais*, introduzindo-a em nosso ordenamento jurídico, para facilitar negócios de crédito e financiar a aquisição de certos bens de consumo.
>
> Caracteriza-se pelo *fim fiducial*. Por via desse contrato, o devedor transfere ao credor a propriedade de bens móveis, para garantir o pagamento da dívida contraída, com a condição, de ao ser liquidada, voltar a ter a propriedade do bem transferido.
>
> Trata-se, portanto, de negócio de garantia. Em vez de dar o bem em penhor ou de caucionar títulos, o devedor transmite ao credor a propriedade de mercadorias, admitindo que, se não pagar a dívida, possa ele vendê-las e aplicar o preço da venda no pagamento do seu crédito, ou que, paga, lhe volte a propriedade das mesmas mercadorias. (grifos do autor)

Em relação à propriedade fiduciária, Caio Mario da Silva Pereira (2017, p. 379/380), por sua vez, explica:

> Inscrevendo-se como "direito real de garantia", [...] pode-se definir a propriedade fiduciária, *como a transferência, ao credor, do domínio e posse indireta de uma coisa, independentemente de sua tradição efetiva, em garantia do pagamento de obrigação a que acede, resolvendo-se o direito do adquirente com a solução da dívida garantida.*
>
> [...]
>
> Direito real de garantia veio colocar-se em nosso sistema ao lado do penhor, da hipoteca e da anticrese. Completou-os. Para confirmar a regra, o legislador acrescentou o art. 1.368-B ao Código Civil que estatui:"A alienação fiduciária em garantia de bem móvel ou imóvel confere direito real de aquisição ao fiduciante, seu cessionário ou sucessor. Parágrafo único. O credor fiduciário que se tornar proprietário pleno do bem, por efeito de realização da garantia, mediante consolidação da propriedade, adjudicação, dação ou outra forma pela qual lhe tenha sido transmitida a propriedade plena, passa a responder pelo pagamento dos tributos sobre a propriedade e a posse, taxas, despesas condominiais e quaisquer outros encargos, tributários ou não, incidentes sobre o bem objeto da garantia, a partir da data em que vier a ser imitido na posse direta do bem". (grifos do autor)

Já em relação ao negócio jurídico propriamente dito, tem-se que o negócio fiduciário, nas palavras de Melhim Namem Chalhub (2021, p. 71), tem a seguinte característica essencial:

Característica essencial do negócio fiduciário, portanto, é que o meio jurídico utilizado sempre extravasa o resultado econômico objetivado, registrando-se, aí, a presença da fidúcia, vale dizer, a confiança em que o fiduciário, tendo recebido um poder jurídico formalmente ilimitado sobre a coisa que lhe foi transmitida – isso é, o poder de titular do domínio –, dele não fará uso senão para atender à finalidade definida no contrato celebrado entre ele e o fiduciante.

Disso resulta que a transmissão ou a atribuição da propriedade ou do direito não encerra um fim em si mesma, sendo, antes, um meio para se alcançar o objetivo desejado efetivamente pelas partes, que há de ser a constituição de uma garantia, a realização de investimentos ou empreendimentos, a administração de negócios etc.

Defende ainda o doutrinador que (2021, p. 203):

> a doutrina é majoritária no sentido de conceber a alienação fiduciária como espécie do gênero negócio fiduciário, basicamente por dois motivos: a) porque o fiduciário deve agir sempre com lealdade, no sentido de restituir a propriedade assim que implementar a condição resolutiva, até porque, como observa Orlando Gomes, o fiduciário não age como proprietário, mas sim como titular de uma garantia, enquanto não se der a satisfação do crédito; b) porque a transmissão da propriedade ocorre em dois momentos: primeiro, a transmissão ao fiduciário, a título de garantia, em caráter transitório, tal como no negócio fiduciário; depois, a restituição do bem ao domínio do fiduciante, uma vez cumprida a obrigação garantida.

Ainda sobre o negócio fiduciário, é preciso destacar que, quando realizado tendo por objeto bem imóvel, com fins de garantia, este guarda as seguintes características:

a. é bilateral, pois ambas as partes têm direitos e obrigações;

b. é oneroso, pois a propriedade de determinado bem é transferida com fins de garantir uma contraprestação previamente ajustada, ou seja, há vantagens recíprocas;

c. é comutativo, pois as obrigações das partes guardam equivalência

d. é acessório ao contrato por meio do qual se constitua uma dívida ou obrigação;

e. é solene ou formal, pois exige, para a transmissão do imóvel, o registro do ato no cartório competente (neste sentido é o art. 23 da Lei 9.514/1997, que preconiza que "constitui-se a propriedade fiduciária de coisa imóvel mediante registro, no competente Registro de Imóveis, do contrato que lhe serve de título").

Traçado este breve histórico acerca da alienação fiduciária em garantia, notadamente em relação aos bens imóveis, bem como trazidos os conceitos elementares sobre a matéria, na exata descrição de grandes nomes do direito, necessário se faz, agora, adentrar no procedimento propriamente dito.

2. A ALIENAÇÃO FIDUCIÁRIA DE BENS IMÓVEIS EM GARANTIA – A LEI 9.514/1997

Conforme adiantado, a alienação fiduciária de bens imóveis em garantia foi regulamentada pela Lei 9.514/1997.

Nos termos da lei, a alienação fiduciária de bem imóvel "é o negócio jurídico pelo qual o devedor, ou fiduciante, com o escopo de garantia, contrata a transferência ao credor, ou fiduciário, da propriedade resolúvel de coisa imóvel" (art. 22). Ela se constitui por meio do registro do contrato que lhe serve de título no registro de imóveis competente (art. 23).

A constituição da propriedade fiduciária enseja o desdobramento da posse, ou seja: o fiduciante torna-se possuidor direto e o fiduciário o possuidor indireto do bem imóvel (art. 23, parágrafo único). Sobre o tema, o esquema abaixo esclarece:

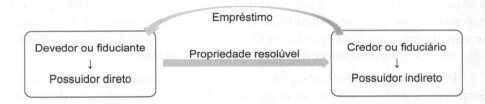

Quanto à posição jurídica do devedor fiduciante e do credor fiduciário, assim estabelece Melhim Namem Chalhub (2014, p. 265):

> O devedor fiduciante é titular de direito real de aquisição sob condição suspensiva; implementada essa condição, que corresponde ao pagamento da dívida, o devedor fiduciante adquire a propriedade plena do bem objeto da garantia fiduciária.
> De outra parte, o credor fiduciário é titular de propriedade resolúvel, que se extingue automaticamente mediante cumprimento da condição de pagamento da dívida.
> Em qualquer das duas hipóteses, o implemento da condição opera seus efeitos automaticamente, independente da celebração de qualquer novo ato.

Note-se que o negócio pode envolver pessoas físicas ou jurídicas, e pode ter por objeto, além da propriedade plena, também bens enfitêuticos, direito de uso especial para fins de moradia e a propriedade superficiária (art. 22, § 1º).

Aliás, merece atenção o fato de que a figura do devedor nem sempre se confunde com a do fiduciante, que podem ser pessoas distintas. É dizer: um terceiro pode garantir, mediante a oferta de imóvel seu em alienação fiduciária, a dívida de outrem.

Ante a formalidade necessária ao ato, há alguns elementos que o contrato que serve de título ao negócio fiduciário deve conter. Eles estão enumerados no art. 24 da lei, e são os seguintes:

a. o valor da dívida, sua estimação ou seu valor máximo;
b. o prazo e as condições de reposição do empréstimo ou do crédito do fiduciário;
c. a taxa de juros e os encargos incidentes;

d. a cláusula de constituição da propriedade fiduciária, com a descrição do imóvel objeto da alienação fiduciária e a indicação do título e modo de aquisição;

e. a cláusula que assegure ao fiduciante a livre utilização, por sua conta e risco, do imóvel objeto da alienação fiduciária, exceto a hipótese de inadimplência;

f. a indicação, para efeito de venda em público leilão, do valor do imóvel e dos critérios para a respectiva revisão;

g. a cláusula que disponha sobre os procedimentos de que tratam os arts. 26-A, 27 e 27-A da Lei 9.514/1997.

O devedor, ao firmar um contrato de alienação fiduciária em garantia tem dois possíveis caminhos quando chega a data do vencimento: (i) ou paga a dívida e seus encargos, e a propriedade fiduciária do imóvel se resolve (art. 25), (ii) ou, se a dívida vencer e não for paga, e ele for constituído em mora, a propriedade do bem se consolidará em nome do credor fiduciário (art. 26).

Importante ressaltar que o procedimento de cobrança, de consolidação da propriedade do bem imóvel em nome do credor e, após, a realização do leilão, devem respeitar os exatos termos da lei, que exige a publicização de todos os atos, com o respectivo registro na matrícula do imóvel.

Primeiro, é preciso ter em conta que o procedimento de cobrança deve ser iniciado apenas após decorrido o prazo de carência estipulado contratualmente (art. 26, §2º). Ademais, nos casos em que não for estabelecido prazo de carência, a lei indica que este será de 15 (quinze) dias (§ 2º-A).

Com fins de facilitar o entendimento do procedimento extrajudicial regulamentado nos arts. 26 e 27 da Lei 9.514/97, a seguir este é esquematizado:

> **O devedor e, se for o caso, o terceiro fiduciante, serão intimados pessoalmente a purgar a mora em 15 dias**
> - A intimação será realizada pelo oficial do registro de imóveis ou de registro de títulos e documentos ou o serventuário por eles credenciado - sendo que é responsabilidade do devedor e do terceiro fiduciante informar eventual alteração de domicílio.
> - Se por duas vezes o devedor não for encontrado, e houver suspeita de ocultação, a intimação será por hora certa
> - Se o respnsável pela garantia da dívida estiver em local ignorado, incerto ou inacessível, a intimação se dará por edital publicado pelo menos por 3 (três) dias

> **A propriedade do imóvel se consolidará em nome do credor**
> - O ato será averbado na matrícula do imóvel 30 (trinta) dias após a expiração do prazo para purgação da mora

> **Haverá público leilão para alienação do bem em 60 dias**
> - Se no 1º leilão o valor oferecido for menor que o valor do imóvel (indicado no contrato ou o utilizado para base de cálculo do ITBI), será realizado o 2º leilão nos 15 dias seguintes
> - No 2º leilão, será aceito o maior lance oferecido, desde que seja igual ou superior ao valor integral da dívida garantida pela alienação fiduciária, das despesas, inclusive emolumentos cartorários, dos prêmios de seguro, dos encargos legais, inclusive tributos, e das contribuições condominiais, podendo, caso não haja lance que alcance referido valor, ser aceito pelo credor fiduciário, a seu exclusivo critério, lance que corresponda a, pelo menos, metade do valor de avaliação do bem.

> **Até 5 dias depois, o credor entregará ao devedor a importância que sobejar, o que importará em recíproca quitação**
> - Se no 2º leilão não houver lance que atenda ao referencial mínimo legal para arrematação, o fiduciário ficará investido na livre disponibilidade do imóvel e exonerado da obrigação de devolver quaisquer quantias ao devedor

Importante registrar que o devedor, entre a consolidação da propriedade em nome do credor e a realização do segundo leilão, tem direito de preferência para readquirir o imóvel pelo preço da dívida, somado às despesas, prêmios de seguro, encargos legais, às contribuições condominiais, aos tributos, inclusive os valores correspondentes ao imposto sobre transmissão *inter vivos* e ao laudêmio, se for o caso, pagos para efeito de consolidação da propriedade fiduciária no patrimônio do credor fiduciário, e às despesas inerentes aos procedimentos de cobrança e leilão, hipótese em que incumbirá também ao fiduciante o pagamento dos encargos tributários e das despesas exigíveis para a nova aquisição do imóvel, inclusive das custas e dos emolumentos (§ 2º-B).

Ademais, um ponto que merece destaque, também, é que o devedor fiduciante é o responsável pelo pagamento dos impostos, taxas, contribuições condominiais e quaisquer outros encargos que recaiam ou venham a recair sobre o imóvel, cuja posse tenha sido transferida para o credor fiduciário, até a data em que este for imitido na posse.

Após a realização do procedimento acima esquematizado, o credor passa a ter a propriedade definitiva do imóvel, o que atrai a sua necessária proteção.[3] Assim, dispõe a lei da alienação fiduciária que a ele (ou a seu cessionário ou sucessores) é assegurada a reintegração na posse do imóvel, a ser concedida liminarmente, para desocupação em 60 (sessenta dias), desde que comprovada a consolidação da propriedade em seu nome (art. 30).

De outro lado, se o imóvel estiver locado, o credor fiduciário tem o prazo de 90 dias a contar da consolidação da propriedade em seu nome para denunciar o contrato, com o prazo de 30 (trinta) dias para desocupação do imóvel pelo inquilino (art. 27, §7º). Se preferir, nos termos do mesmo dispositivo, poderá aquiescer por escrito com a locação, permanecendo o locador na posse do bem, e passando a ser o novo proprietário a perceber os valores de aluguel.

Por fim, neste tópico, que o credor e o devedor podem ceder suas posições contratuais a terceiros, sendo certo que, em ambos os casos, os cessionários se sub-rogarão nos direitos e obrigações dos contratantes originários (arts. 28 e 29).

3. O MARCO LEGAL DAS GARANTIAS E AS PRINCIPAIS MODIFICAÇÕES PROMOVIDAS NA LEI 9.514/97

As mais recentes alterações promovidas na Lei 9.514/97 decorreram da Lei 14.711/23, publicada em 31.10.2023, chamada de Marco Legal das Garantias.

O referido regramento, que visou aprimorar as regras de garantia, incluiu e alterou diversos dispositivos legais da Lei da Alienação Fiduciária, entre eles sobressaindo duas importantes inovações: a da possibilidade de alienações fiduciárias sucessivas e da atribuição de valor mínimo para o segundo leilão.

Em relação às alienações fiduciárias sucessivas (ou subalienações fiduciárias), previu-se, em síntese, que um mesmo imóvel pode servir como garantia para mais de uma dívida. A novidade, incluída no art. 22 da Lei 9.514/97, estabelece que as alienações fiduciárias que primeiro forem registradas terão prioridade na excussão da garantia, bem como que as alienações supervenientes ganharão eficácia apenas a partir do cancelamento das anteriores.

---

3. Neste sentido expõe o Código Civil: "Art. 1.228. O proprietário tem a faculdade de usar, gozar e dispor da coisa, e o direito de reavê-la do poder de quem quer que injustamente a possua ou detenha".

ALIENAÇÃO FIDUCIÁRIA NOS CONTRATOS DE IMÓVEIS E LEILÕES DELA DECORRENTES

Já em relação ao valor de lance mínimo no segundo leilão, veja-se a seguir o quadro comparativo entre o texto legal original e o advindo da alteração promovida pelo Marco Legal das Garantias:

Redação original da Lei 9.514/97	Texto dada pela Lei 14.711/23
Art. 27. [...] § 2º No segundo leilão, será aceito o maior lance oferecido, desde que igual ou superior ao valor da dívida, das despesas, dos prêmios de seguro, dos encargos legais, inclusive tributos, e das contribuições condominiais.	Art. 27. [...] § 2º No segundo leilão, será aceito o maior lance oferecido, desde que seja igual ou superior ao valor integral da dívida garantida pela alienação fiduciária, das despesas, inclusive emolumentos cartorários, dos prêmios de seguro, dos encargos legais, inclusive tributos, e das contribuições condominiais, *podendo, caso não haja lance que alcance referido valor, ser aceito pelo credor fiduciário, a seu exclusivo critério, lance que corresponda a, pelo menos, metade do valor de avaliação do bem.*

Logo, passou-se a admitir que o credor fiduciário escolha, quando da realização do segundo leilão, se o piso para a realização de lances será correspondente ao valor da dívida ou à metade do valor de avaliação do bem.

Dessa forma, as alterações, como se percebe, visam a aumentar a possibilidade de utilização das garantias disponíveis e a robustecer a confiabilidade da alienação fiduciária, de modo a fomentar, ainda mais, o mercado de crédito.

4. QUESTÕES JURISPRUDENCIAIS RELEVANTES ACERCA DA ALIENAÇÃO FIDUCIÁRIA EM GARANTIA

A alienação fiduciária pode ser utilizada como garantia em diversos negócios, envolvendo diferentes bens, bem como são inúmeras as questões doutrinárias e práticas a seu respeito.

Entretanto, como recorte para o presente trabalho, após a breve exposição acerca do conceito e do procedimento a ela relativos, se buscará expor algumas questões relevantes acerca da matéria partindo da análise da jurisprudência, ou seja: de uma perspectiva prática.

E, conforme se demonstrará, há dissonantes interpretações acerca do tema na prática forense.

4.1 Da impossibilidade de desfazimento do contrato de compra e venda com pacto adjeto de alienação fiduciária – Tema 1095 do STJ

Havia, na jurisprudência, relevantíssima polêmica envolvendo o desfazimento do contrato de compra e venda com pacto adjeto de alienação fiduciária, notadamente aqueles realizados com construtoras e incorporadoras de imóveis (que, por isto, encerram uma relação consumerista).

Em suma, esses contratos apresentam-se da seguinte forma: primeiro, é firmada uma promessa de compra e venda diretamente com a construtora ou incorporadora, na qual é estipulado que parte do preço será pago diretamente à vendedora do imóvel e, outra parte, será quitada por meio de financiamento a ser obtido pelo comprador. Na sequência, conforme pactuado, o comprador recorre a uma instituição financeira, com fins de financiar o restante do preço.

Ante a dinâmica apontada, são firmados dois negócios: (i) a promessa de compra e venda,[4] que consubstancia negócio preliminar e é firmada apenas entre o promitente vendedor e o promitente comprador; e (ii) a escritura de compra e venda com pacto adjeto de alienação fiduciária, que é o negócio definitivo e que envolve, para além dos personagens originários, também a instituição financeira que concederá o financiamento ao comprador.

De forma esquematizada, tem-se a seguinte situação:

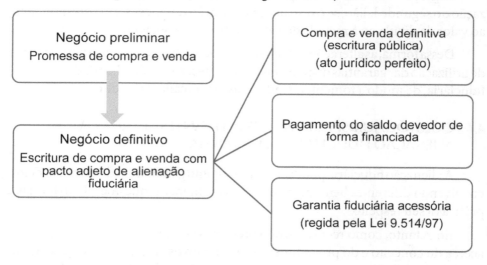

Note-se que, com a realização dos negócios, a compra e venda se exaure, e a propriedade resolúvel do imóvel passa a ser da instituição financeira, até que o comprador do bem quite integralmente as parcelas do financiamento, ou seja: passa a vigorar o negócio definitivo, ao qual está vinculada a garantia fiduciária.

Segundo Melhim Namem Chalhub, que tem posicionamento que nos parece consonante com os ditames legais (2021, p. 509),

---

4. Note-se que a promessa de compra e venda, conforme preconiza o próprio Código Civil, se trata de negócio preliminar: "Art. 1.418. O promitente comprador, titular de direito real, pode exigir do promitente vendedor, ou de terceiros, a quem os direitos deste forem cedidos, a outorga da escritura definitiva de compra e venda, conforme o disposto no instrumento preliminar; e, se houver recusa, requerer ao juiz a adjudicação do imóvel."

Daí em diante, o contrato preliminar não mais constitui fonte de interpretação para solução de inadimplemento que vier a ocorrer na operação de crédito com garantia real fiduciária, não se podendo cogitar da aplicação da Súmula 543/STJ,[5] não só porque esse precedente se restringe à resolução do contrato preliminar de promessa, mas, sobretudo, porque há, no ordenamento, procedimento específico para extinção da operação de crédito com pacto adjeto de alienação fiduciária, definido pelos arts. 25 a 27 da Lei 9.514/1997.

No sentido do entendimento acima transcrito adveio a Lei 13.786/2018, que incluiu o art. 67-A no regime jurídico regulado pela Lei 4.591/64, que dispõe sobre o condomínio em edificações e as incorporações imobiliárias. O mencionado dispositivo reforça os diferentes regimes jurídicos aplicáveis, a depender do contrato firmado (se com pacto adjeto de alienação fiduciária ou não), veja-se:

Art. 67-A. Em caso de *desfazimento do contrato celebrado exclusivamente com o incorporador*, mediante distrato ou resolução por inadimplemento absoluto de obrigação do adquirente, este fará jus à restituição das quantias que houver pago diretamente ao incorporador, atualizadas com base no índice contratualmente estabelecido para a correção monetária das parcelas do preço do imóvel, delas deduzidas, cumulativamente:

I – a integralidade da comissão de corretagem;

II – a pena convencional, que não poderá exceder a 25% (vinte e cinco por cento) da quantia paga.

[...]

§ 14. Nas hipóteses de leilão de imóvel objeto de contrato de compra e venda com pagamento parcelado, com ou sem garantia real, de promessa de compra e venda ou de cessão e de *compra e venda com pacto adjeto de alienação fiduciária em garantia, realizado o leilão no contexto de execução judicial ou de procedimento extrajudicial de execução ou de resolução, a restituição far-se-á de acordo com os critérios estabelecidos na respectiva lei especial ou com as normas aplicáveis à execução em geral*. (grifo nosso)

Defende ainda Chalhub (2021, p. 509), que "do mesmo modo, o art. 32-A, seus incisos e parágrafos da Lei 6.766/1979 reiteram as normas procedimentais que estabelecem distintos modos de extinção da promessa de venda e da alienação fiduciária de lotes de terreno". Note-se na transcrição do dispositivo:

Art. 32-A. Em caso de resolução contratual por fato imputado ao adquirente, respeitado o disposto no § 2º deste artigo, deverão ser restituídos os valores pagos por ele, atualizados com base no índice contratualmente estabelecido para a correção monetária das parcelas do preço do imóvel, podendo ser descontados dos valores pagos os seguintes itens:

---

5. A referida súmula 543 do STJ assim estabelece: "Súmula 543: Na hipótese de resolução de contrato de promessa de compra e venda de imóvel submetido ao Código de Defesa do Consumidor, deve ocorrer a imediata restituição das parcelas pagas pelo promitente comprador – integralmente, em caso de culpa exclusiva do promitente vendedor/construtor, ou parcialmente, caso tenha sido o comprador quem deu causa ao desfazimento".

I – os valores correspondentes à eventual fruição do imóvel, até o equivalente a 0,75% (setenta e cinco centésimos por cento) sobre o valor atualizado do contrato, cujo prazo será contado a partir da data da transmissão da posse do imóvel ao adquirente até sua restituição ao loteador;

II – o montante devido por cláusula penal e despesas administrativas, inclusive arras ou sinal, limitado a um desconto de 10% (dez por cento) do valor atualizado do contrato;

III – os encargos moratórios relativos às prestações pagas em atraso pelo adquirente;

IV – os débitos de impostos sobre a propriedade predial e territorial urbana, contribuições condominiais, associativas ou outras de igual natureza que sejam a estas equiparadas e tarifas vinculadas ao lote, bem como tributos, custas e emolumentos incidentes sobre a restituição e/ou rescisão;

V – a comissão de corretagem, desde que integrada ao preço do lote.

[...]

§ 3º *O procedimento previsto neste artigo não se aplica aos contratos e escrituras de compra e venda de lote sob a modalidade de alienação fiduciária nos termos da Lei 9.514, de 20 de novembro de 1997.* (grifo nosso)

Ocorre que, a despeito do apresentado, surgiram duas correntes acerca da possibilidade de desfazimento do negócio:

a. a primeira delas entendia ser impossível a simples rescisão ou resolução contratual, sendo imperativa a aplicação das disposições da Lei 9.514/1997 para pôr fim ao negócio, ou seja, é necessária a realização de leilão – este é o atual posicionamento do Superior Tribunal de Justiça;

b. outra parte entendia que é possível rescindir, ou seja, resolver o negócio e devolver imediatamente a integralidade ou parte dos valores pagos pelo comprador, embasando-se no que dispõe o art. 53 do Código de Defesa do Consumidor.[6]

Assim, com o fim de *pôr uma pá de cal* sobre a discussão, e diante das inúmeras ações que versavam sobre o tema, em 08.06.2021 o Superior Tribunal de Justiça afetou os recursos especiais 1.891.498/SP e 1.894.504/SP para julgamento sob o rito dos repetitivos.[7]

Trata-se do *Tema 1095* da Corte Superior, de relatoria do Ministro Marco Buzzi, por meio do qual a Segunda Seção firmou a seguinte tese, em outubro de 2022:

Em contrato de compra e venda de imóvel com garantia de alienação fiduciária devidamente registrado em cartório, a resolução do pacto, na hipótese de inadimplemento do devedor, devidamente constituído em mora, deverá observar a forma prevista na Lei 9.514/97, por se tratar de legislação específica, afastando-se, por conseguinte, a aplicação do Código de Defesa do Consumidor.

---

6. CDC. "Art. 53. Nos contratos de compra e venda de móveis ou imóveis mediante pagamento em prestações, bem como nas alienações fiduciárias em garantia, consideram-se nulas de pleno direito as cláusulas que estabeleçam a perda total das prestações pagas em benefício do credor que, em razão do inadimplemento, pleitear a resolução do contrato e a retomada do produto alienado".

7. Neste sentido, leciona o Código de Processo Civil o que segue: "Art. 976. É cabível a instauração do incidente de resolução de demandas repetitivas quando houver, simultaneamente: I – efetiva repetição de processos que contenham controvérsia sobre a mesma questão unicamente de direito; II – risco de ofensa à isonomia e à segurança jurídica."

Neste esteio, a Corte Superior também já decidiu que, para efeito da aplicação da tese no Tema 1.095 do STJ, haverá configuração de mora quando o próprio devedor fiduciante manifestar que tem interesse em romper o vínculo contratual (hipótese de quebra antecipada do contrato):

> Agravo interno no recurso especial. Ação de resolução de contrato. *Compra e venda de imóvel garantida mediante alienação fiduciária. Desinteresse do adquirente. Possibilidade de decretação da resolução do contrato. Observância ao procedimento previsto nos arts. 26 e 27 da Lei 9.514/1997 para devolução do que sobejar ao adquirente. Precedentes. Litigância de má-fé. Inexistência.* Agravo interno desprovido.
>
> 1. *Na linha de entendimento do Superior Tribunal de Justiça, "o pedido de resolução do contrato de compra e venda com pacto de alienação fiduciária em garantia por desinteresse do adquirente, mesmo que ainda não tenha havido mora no pagamento das prestações, configura quebra antecipada do contrato ("anticipatory breach"), decorrendo daí a possibilidade de aplicação do disposto nos 26 e 27 da Lei 9.514/97 para a satisfação da dívida garantida fiduciariamente e devolução do que sobejar ao adquirente"* (REsp 1.930.085/AM, relatora Ministra Nancy Andrighi, Terceira Turma, julgado em 16.08.2022, DJe de 18.08/.2022).
>
> 2. Para esta Corte Superior, "a interposição de recursos cabíveis não acarreta a imposição da multa por litigância de má-fé à parte adversa, ainda que com argumentos reiteradamente refutados ou sem alegação de fundamento novo" (EDcl no AgInt no AREsp 1.704.723/SP, Rel. Ministro Ricardo Villas Bôas Cueva, Terceira Turma, julgado em 15.06.2021, DJe 22.06.2021).
>
> 3. Agravo interno desprovido (AgInt no REsp 2.087.914/SP, relator Ministro Marco Aurélio Bellizze, Terceira Turma, julgado em 25.09.2023, DJe de 27.09.2023).

Em reforço, é importante mencionar que mais recentemente, em outubro de 2023, o Supremo Tribunal Federal, ao julgar o Recurso Extraordinário 860.631 (*Tema 982*) concluiu que o procedimento advindo da Lei 9.514/97 não incide em violação ao devido processo legal ou à ampla defesa. Na oportunidade, foi firmada a seguinte tese de repercussão geral:

> É constitucional o procedimento da Lei 9.514/1997 para a execução extrajudicial da cláusula de alienação fiduciária em garantia, haja vista sua compatibilidade com as garantias processuais previstas na Constituição Federal.

Assim, a questão, hoje, é pacífica, entendendo-se que nas hipóteses em que o desfazimento do negócio for imputável ao devedor, esse deve ser guiado pelo regramento contido na Lei 9.514/97 (orientação que, inclusive, é de observância obrigatória, por decorrer de tesa firmada em sede de recurso especial repetitivo, à luz do art. 927, III do CPC/15[8]).

---

8. CPC/15. Art. 927. Os juízes e os tribunais observarão: [...] III – os acórdãos em incidente de assunção de competência ou de resolução de demandas repetitivas e em julgamento de recursos extraordinário e especial repetitivos;

4.2 Da necessidade de registro do contrato de compra e venda do imóvel para constituição da garantia fiduciária – Mudança no entendimento da Corte Superior

O art. 23 da Lei 9.514/1997, conforme se adiantou, é expresso no sentido de que "constitui-se a propriedade fiduciária de coisa imóvel mediante registro, no competente Registro de Imóveis, do contrato que lhe serve de título".

Igualmente, o Tema 1.095 do STJ também previu que a orientação deve ser aplicada "em contrato de compra e venda de imóvel com garantia de alienação fiduciária devidamente registrado em cartório".

Em outras palavras, tanto a lei quanto o precedente vinculante preveem que caso o contrato de compra e venda com pacto adjeto de alienação fiduciária não tenha sido levado a registro junto à matrícula do imóvel, o adquirente do bem que desejar desfazer o negócio não precisará se submeter ao rito da Lei 9.514/1997.

E apesar de, a princípio, o entendimento da Corte Superior traduzir a expressa orientação legal,[9] fato é que, mais recentemente, o c. STJ passou a reconhecer que a ausência de registro da garantia não implica a invalidade ou ineficácia no negócio jurídico em relação às partes contratantes:

> Embargos de divergência em recurso especial. Direito civil. Imóvel. Compra e venda. Alienação fiduciária. Registro. Ausência. Efeitos entre os contratantes. Manutenção. Alienação extrajudicial. Registro. Imprescindibilidade.
>
> 1. *A ausência do registro do contrato de alienação fiduciária no competente Registro de Imóveis não lhe retira a eficácia, ao menos entre os contratantes, servindo tal providência apenas para que a avença produza efeitos perante terceiros.*

---

9. Neste sentido: "Direito civil. Recurso especial. Ação de rescisão de contrato particular de compra e venda de imóvel c/c pedido de devolução das quantias pagas. Cláusula de alienação fiduciária em garantia. Ausência de registro. Garantia não constituída. Venda extrajudicial do bem. Desnecessidade. 1. Ação ajuizada em 1º.08.2017. Recurso especial interposto em 27.05.2019 e concluso ao Gabinete em 03.09.2019. Julgamento: CPC/2015. 2. O propósito recursal consiste em dizer se a previsão de cláusula de alienação fiduciária em garantia em instrumento particular de compra e venda de imóvel impede a resolução do ajuste por iniciativa do adquirente, independentemente da ausência de registro. 3. No ordenamento jurídico brasileiro, coexiste um duplo regime jurídico da propriedade fiduciária: a) o regime jurídico geral do Código Civil, que disciplina a propriedade fiduciária sobre coisas móveis infungíveis, sendo o credor fiduciário qualquer pessoa natural ou jurídica; b) o regime jurídico especial, formado por um conjunto de normas extravagantes, dentre as quais a Lei 9.514/97, que trata da propriedade fiduciária sobre bens imóveis. 4. *No regime especial da Lei 9.514/97, o registro do contrato tem natureza constitutiva, sem o qual a propriedade fiduciária e a garantia dela decorrente não se perfazem. 5. Na ausência de registro do contrato que serve de título à propriedade fiduciária no competente Registro de Imóveis, como determina o art. 23 da Lei 9.514/97, não é exigível do adquirente que se submeta ao procedimento de venda extrajudicial do bem para só então receber eventuais diferenças do vendedor.* 6. Recurso especial conhecido e não provido" (STJ – REsp 1835598/SP, Rel. Ministra Nancy Andrighi, Terceira Turma, julgado em 09.02.2021, DJe 17.02.2021 – grifo nosso).

2. Ainda que o registro do contrato no competente Registro de Imóveis seja imprescindível à constituição da propriedade fiduciária de coisa imóvel, nos termos do art. 23 da Lei 9.514/1997, *sua ausência não retira a validade e a eficácia dos termos livre e previamente ajustados entre os contratantes, inclusive da cláusula que autoriza a alienação extrajudicial do imóvel em caso de inadimplência.*

3. O registro, conquanto despiciendo para conferir eficácia ao contrato de alienação fiduciária entre devedor fiduciante e credor fiduciário, é, sim, imprescindível para dar início à alienação extrajudicial do imóvel, tendo em vista que a constituição do devedor em mora e a eventual purgação desta se processa perante o Oficial de Registro de Imóveis, nos moldes do art. 26 da Lei 9.514/1997.

4. *A ausência de registro do contrato que serve de título à propriedade fiduciária no competente Registro de Imóveis não confere ao devedor fiduciante o direito de promover a rescisão da avença por meio diverso daquele contratualmente previsto, tampouco impede o credor fiduciário de, após a efetivação do registro, promover a alienação do bem em leilão para só então entregar eventual saldo remanescente ao adquirente do imóvel, descontados os valores da dívida e das demais despesas efetivamente comprovadas.*

5. Embargos de divergência não providos.

(STJ – EREsp: 1866844 SP 2020/0062570-8, Relator: Ministra Nancy Andrighi, Data de Julgamento: 27.09.2023, S2 – Segunda Seção, Data de Publicação: DJe 09.10.2023)

A novidade jurisprudencial é de curial importância, uma vez que destoa da interpretação que advém da leitura crua do texto legal, e que gera repercussões em relação aos envolvidos na relação negocial de fundo.

CONCLUSÃO

Como exposto, a utilização da alienação fiduciária como garantia consubstancia procedimento seguro, largamente utilizado no mercado imobiliário, o que, sem sombra de dúvidas, contribuiu para seu crescimento.

É importante frisar que, para além da lei específica que regula a matéria (Lei 9.514/1997), que sofreu relevantes alterações recentemente, por meio do Marco Legal das Garantias (Lei 14.711/2023), é possível notar que a Corte Superior se esforça para definir, na prática, acerca da aplicabilidade de relevantes pontos da norma, entre eles se destacando a observância obrigatória do rito nos casos em que o desfazimento do negócio é atribuível ao devedor e a necessidade de registro do contrato na matrícula do imóvel.

De todo modo, merece o instituto ser cada vez mais estudado e esmiuçado, bem como, continuamente, serem criados precedentes vinculantes e legislada a matéria, com fins de que se tenha um ambiente jurídico, negocial e de desenvolvimento econômico cada vez mais sólido, no qual as relações possam ser traçadas sem surpresas para nenhuma das partes.

REFERÊNCIAS

BRASIL. Decreto-lei 911, de 1º de outubro de 1969. Altera a redação do art. 66, da Lei 4.728, de 14 de julho de 1965, estabelece normas de processo sobre alienação fiduciária e dá outras providências. Brasília, DF: Ministros da Marinha de Guerra, do Exército e da Aeronáutica Militar. 1969.

BRASIL. Lei 10.406, de 10 de janeiro de 2002. Código Civil. Brasília, DF: Presidência da República. 2002.

BRASIL. Lei 10.931, de 2 de agosto de 2004. Dispõe sobre o patrimônio de afetação de incorporações imobiliárias, Letra de Crédito Imobiliário, Cédula de Crédito Imobiliário, Cédula de Crédito Bancário, altera o Decreto-Lei 911, de 1º de outubro de 1969, as Leis 4.591, de 16 de dezembro de 1964, 4.728, de 14 de julho de 1965, e 10.406, de 10 de janeiro de 2002, e dá outras providências. Brasília, DF: Presidência da República. 2004.

BRASIL. Lei 13.105, de 16 de março de 2015. Código de Processo Civil. Brasília, DF: Presidência da República. 2015.

BRASIL. Lei 13.786, de 27 de dezembro de 2018. Altera as Leis 4.591, de 16 de dezembro de 1964, e 6.766, de 19 de dezembro de 1979, para disciplinar a resolução do contrato por inadimplemento do adquirente de unidade imobiliária em incorporação imobiliária e em parcelamento de solo urbano. Brasília, DF: Presidência da República. 2018.

BRASIL. Lei 4.591, de 16 de dezembro de 1964. Dispõe sobre o condomínio em edificações e as incorporações imobiliárias. Brasília, DF: Presidência da República. 1964.

BRASIL. Lei 4.728, de 14 de julho de 1965. Disciplina o mercado de capitais e estabelece medidas para o seu desenvolvimento. Brasília, DF: Presidência da República. 1965.

BRASIL. Lei 8.078, de 11 de setembro de 1990. Dispõe sobre a proteção do consumidor e dá outras providências. Brasília, DF: Presidência da República. 1990.

BRASIL. Lei 9.514, de 20 de novembro de 1997. Dispõe sobre o Sistema de Financiamento Imobiliário, institui a alienação fiduciária de coisa imóvel e dá outras providências. Brasília, DF: Presidência da República. 1997.

BRASIL. Lei 14.711, de 30 de outubro de 2023. Dispõe sobre o aprimoramento das regras de garantia e Outros. Brasília, DF: Presidência da República. 2023.

CHALHUB, Melhim Namem. *Alienação fiduciária*: negócio fiduciário. 7. ed. Rio de Janeiro: Forense, 2021.

CHALHUB, Melhim Namem. *Direitos reais*. 2. ed. rev., atual. e ampl. São Paulo: RT, 2014.

FARIAS, Cristiano Chaves de; ROSENVALD, Nelson. *Reais*. 11. ed. rev., ampl. e atual. São Paulo: Atlas, 2015.

GOMES, Orlando. *Direitos Reais*. 21a ed. rev. e atual. Rio de Janeiro: Forense, 2012.

GRUBER, Rafael. 2. Evolução, Segurança Jurídica e Boa-Fé. In: GRUBER, Rafael. *A Proteção do Adquirente de Imóvel Pelo Registro de Imóveis*. São Paulo: RT, 2022. Disponível em: https://thomsonreuters.jusbrasil.com.br/doutrina/1481210579/a-protecao-do-adquirente-de-imovel-pelo-registro-de-imoveis-ed-2022. Acesso em: 30 de agosto de 2024.

PEDROSO, Alberto. 9. Alienação Fiduciária e Seus Novos Contornos Trazidos Pela Lei 13.465/2.017 In: PEDROSO, Alberto. *Regularização Fundiária* – Lei 13.465/2017. São Paulo: RT, 2018. Disponível em: https://thomsonreuters.jusbrasil.com.br/doutrina/1198070031/regularizacao-fundiaria-lei-13465-2017. Acesso em: 30 ago. 2024.

PEREIRA, Caio Mário da Silva. *Instituições de direito civil*. Atual. Carlos Edison do Rêgo Monteiro Filho. 25. ed. Rio de Janeiro: Forense, 2017. v. IV.

SENADO FEDERAL. Novo código civil: exposição de motivos e texto sancionado. 2. ed. Brasília: Subsecretaria de Edições Técnicas. 2005. Disponível em: http://www2.senado.leg.br/bdsf/handle/id/70319. Acesso em: 30 ago. 2024.

TEPEDINO, Gustavo; BARBOZA, Heloisa Helena; MORAES, Maria Celina Bodin de. *Código Civil interpretado conforme a Constituição da República*. 2. ed. rev. e atual. Rio de Janeiro: Renovar, 2014. v. III.

A REVISÃO DOS CONTRATOS *BUILT TO SUIT*: COMENTÁRIO AO RESP 2.042.594/SP

Ana Tereza Basílio

Especialista em Direito Norte-Americano (Universidade de Wisconsin-EUA). Presidente da OAB-RJ. Advogada.

Daniel Guerra

Mestrando em Direito Civil na Pontifícia Universidade Católica do Rio de Janeiro (PUC-Rio). Secretário Adjunto da Comissão de Inteligência Artificial da OAB/RJ. Advogado.

Sumário: Introdução – 1. A qualificação do contrato *built to suit* – 2. A complexidade da equação econômico-financeira – 3. A lei do inquilinato – 4. O julgamento do REsp 2.042.594/SP – Considerações finais – Referências.

INTRODUÇÃO

Em setembro de 2023, a Terceira Turma do Superior Tribunal de Justiça (STJ) deu provimento, por maioria, ao Recurso Especial 2.042.594/SP para fixar o entendimento de que é possível a revisão do valor da contraprestação devida pelo usuário do imóvel[1] nos contratos de locação com construção ajustada (*built to suit*), desde que observados determinados requisitos: *i)* inexistência de renúncia ao direito de revisão do valor dos aluguéis; *ii)* possibilidade de pormenorizar a parcela destinada a remunerar exclusivamente o uso do imóvel – sobre a qual recairá a pretensão revisional –, separando-a da amortização dos investimentos sobre o bem; e *iii)* comprovação da desproporção entre o valor locativo e o preço de mercado para empreendimentos semelhantes.[2]

A conclusão, até então inédita no STJ, reacendeu o debate na doutrina sobre a aplicação das normas da Lei do Inquilinato – dentre elas a que autoriza a revi-

---

1. Evitou-se, ao longo de todo o texto, utilizar-se dos termos aluguel, locador e locatário, de modo a sublinhar a especificidade do contrato *built to suit*, seguindo a advertência de Rodrigo Xavier Leonardo: "A incompreensão acerca da remuneração no *built to suit* se inicia por uma questão terminológica. Tornou-se consolidado o uso do termo 'aluguel', não obstante a prestação atribuída ao usuário tratar de obrigação substancialmente distinta" (LEONARDO, Rodrigo Xavier. O contrato *built to suit*. In: CARVALHOSA, Modesto. *Tratado de direito empresarial*. São Paulo: RT, 2016, t. IV, p. 423).

2. REsp 2.042.594/SP, relator Ministro Ricardo Villas Bôas Cueva, relatora para acórdão Ministra Nancy Andrighi, Terceira Turma, julgado em 12.09.2023, DJe 28.09.2023.

são do valor do aluguel em caso de descompasso com o valor do mercado[3] – aos contratos *buil to suit*, em razão das peculiaridades e complexidades inerentes ao tipo contratual.[4]

O objetivo deste artigo, sem a pretensão de esgotar o tema, é expor os aspectos principais desse debate, por meio do seguinte itinerário: antes de tudo, serão delineadas os esforços doutrinários em torno da qualificação do *built to suit*; depois, serão enfrentadas a complexidade na construção da equação econômica do ajuste e os desafios na aplicação das normas da Lei do Inquilinato diante desse contexto; por fim, será abordada a conclusão adotada no REsp 2.042.594/SP à luz desses referenciais teóricos.

1. A QUALIFICAÇÃO DO CONTRATO *BUILT TO SUIT*

Por meio do contrato *built to suit*, o empreendedor imobiliário se obriga a construir ou reformar um imóvel para adaptá-lo às necessidades específicas de um usuário que, por sua vez, receberá o direito ao uso e/ou fruição desse bem por determinado prazo, mediante o pagamento de uma contraprestação que engloba a remuneração pelo uso e também a restituição e retribuição do investimento realizado.[5]

Daí a sua designação, advinda dos países dos sistemas jurídicos de *common law* de onde se originou (especialmente dos Estados Unidos),[6] como *built to suit*: "construído para servir", numa tradução literal. O imóvel, na grande maioria dos casos, é adquirido pelo empreendedor imobiliário, que constrói ou reforma o bem para atender especificamente às necessidades do usuário, ou seja, para servir exatamente aos seus anseios. Ao final do contrato, que costuma ser longo – raramente por prazo inferior a 10 (dez) anos -, o empreendedor imobiliário retoma

---

3. Lei 8.242/1991, art. 19: Não havendo acordo, o locador ou locatário, após três anos de vigência do contrato ou do acordo anteriormente realizado, poderão pedir revisão judicial do aluguel, a fim de ajustá-lo ao preço de mercado.

4. Como se extrai dos seguintes artigos: GOMIDE, Alexandre Junqueira. Atipicidade, disciplina jurídica e excepcionalidade da revisão do contrato built to suit. *AGIRE* | Direito Privado em Ação, n. 127, 2024. Disponível em: https://agiredireitoprivado.substack.com/p/agire126. Acesso em: 3 dez. 2024; NATIVIDADE, João Pedro Kostin Felipe de. *Built to suit* não admite revisão de aluguéis. *Revista Consultor Jurídico*, out. 2022. Disponível em: https://www.conjur.com.br/2022-out-17/direito-civil-atual-built-to-suit-nao-admite-revisao-alugueis/. Acesso em: 3 dez. 2024.

5. LEONARDO, Rodrigo Xavier. O contrato built to suit. In: CARVALHOSA, Modesto. *Tratado de direito empresarial*. São Paulo: Revista dos Tribunais, 2016, t. IV, p. 421. No mesmo sentido: "[d]entro desse esquema, altamente sofisticado e atípico, uma empreendedora adquire um imóvel, com ou sem financiamento, realiza por si ou por terceiros por ela contratados, a construção em estrita obediência à orientação da futura locatária e, concluída a obra, cede a ela o uso do imóvel, por determinado tempo e aluguel previamente ajustado" (SOUZA, Sylvio Capanema de. A Locação do Imóvel Urbano e seus Novos Modelos. *Revista da EMERJ*, volume 13, n. 50, 2010, p. 222).

6. MARINO, Francisco Paulo de Crescenzo. *Contratos coligados no direito brasileiro*. São Paulo: Saraiva, 2009, p. 184.

a plena fruição do bem, com o seu investimento já integralmente amortizado e a ocupação devidamente remunerada.[7]

Do ponto de vista do usuário, é uma modalidade contratual interessante para quem pretende expandir territorialmente a sua atuação ou renovar as suas instalações sem ter que imobilizar alto capital para a aquisição de imóveis adequados à sua atividade.[8] Nos Estados Unidos, por exemplo, o contrato foi largamente utilizado pelo icônico empresário Sam Walton, fundador da rede de supermercados *Wal-Mart*, que o empregou para expandir suas lojas em grande velocidade.[9] No Brasil, a primeira utilização amplamente noticiada foi para a construção do (então) novo prévio do Instituto Brasileiro de Mercados de Capitais, o IBMEC, na Cidade de São Paulo, ainda nos idos de 2004.[10] A Petrobras também se valeu de contratos *built to suit* para alguns de seus imóveis, como, por exemplo, a Torre Pituba na cidade de Salvador/BA.[11] Atualmente, a modalidade contratual é altamente difundida em todo o território nacional, despertando o interesse, inclusive, do setor público para erigir edifícios e instalações governamentais, dos quais é exemplo o Fórum Advogado José Barbosa de Araújo, que sedia as varas do trabalho de Recife.[12]

Do ponto de vista do empreendedor imobiliário, a modalidade contratual também é interessante porque, diferentemente do que ocorre em outros investimentos, a procura, no *built to suit*, antecede a própria oferta. A construção ou a reforma só será realizada depois que pactuada a cessão de seu uso ou fruição com o usuário. Elimina-se, com isso, um dos principais riscos de todo empreen-

---

7. ZANETTI, Cristiano de Souza. Build to suit: qualificações e consequências. In: BAPTISTA, Luiz Olavo; PRADO, Maurício Almeida (Org.). *Construção civil e direito*. São Paulo: Lex Magister, 2011, pp. 101-122, p. 103. Cristiano Zanetti também observa que há casos – menos frequentes – em que o imóvel é de propriedade do próprio usuário. Nesses casos, costuma-se conferir ao empreendedor direito real de superfície: "[n]os casos em que o ocupante já é o proprietário do imóvel, a experiência dá conta da constituição de direito real de superfície em favor do empreendedor durante o prazo contratual. Costuma-se conferir o direito de superfície ao empreendedor para garantir que a construção ficará em seu poder por determinado período, ao final do qual a propriedade restará consolidada nas mãos do ocupante. Nada impede, de outro lado, que o direito de superfície também seja empregado nos casos em que o ocupante se proponha a adquirir o imóvel imediatamente antes do início da construção. Tudo depende da conveniência das partes" (Idem, p. 105-106).

8. ARAÚJO, Paula Miralles de. *Contratos built to suit*: qualificação e regime jurídico. Dissertação de Mestrado – Faculdade de Direito, Universidade de São Paulo, São Paulo, 2015, p. 10.

9. BENEMOND, Fernanda. H. *Contratos Built to Suit*. São Paulo: Almedina, 2015, p.17.

10. ZANETTI, Cristiano de Souza. Build to suit: qualificações e consequências. In: BAPTISTA, Luiz Olavo; PRADO, Maurício Almeida (Org.). *Construção civil e direito*. São Paulo: Ed. Lex Magister, 2011, p. 101-122, p. 103.

11. Disponível em: https://www.diariodepernambuco.com.br/noticia/politica/2019/09/edificio-de-r-1-bi-e-alvo-da-lava-jato-vai-ser-desocupado-pela-petrob.html. Acesso em: 2 dez. 2024.

12. Disponível em: https://www.trt6.jus.br/portal/noticias/2015/01/22/assinado-contrato-para-construcao-do-forum-do-recife. Acesso em: 2 dez. 2024.

dimento imobiliário, que consiste justamente na sua desocupação, no desinteresse do mercado.[13]

A rápida difusão do *built to suit* no país fez com que a doutrina nacional logo se dedicasse ao seu transplante[14] ao sistema jurídico brasileiro. Verificou-se que, embora socialmente típico,[15] o contrato *built to suit* não guardava exata correspondência com nenhum dos tipos contratuais previstos no ordenamento jurídico.[16] Ele conjuga, na verdade, sob um único intento negocial, elementos de dois tipos distintos de contrato: *i)* há elementos do contrato de empreitada, disciplinado pelos artigos 610 e seguintes do Código Civil, na medida em que o empreendedor primeiro constrói (ou reforma substancialmente) o imóvel sob medida;[17] e *ii)* há elementos do contrato de locação comercial, disciplinado pela Lei do Inquilinato, uma vez que, depois de concluída a obra, o imóvel passa a ser utilizado e fruído pelo usuário mediante o pagamento de contraprestação mensal.[18]

Embora tenha havido autores que enxergavam nessa operação simples hipótese de coligação contratual,[19] a doutrina majoritária concluiu tratar-se de

---

13. ZANETTI, Cristiano de Souza. Build to suit: qualificações e consequências. In: BAPTISTA, Luiz Olavo; PRADO, Maurício Almeida (org.). *Construção civil e direito*. São Paulo: Lex Magister, 2011, p. 101-122, p. 103.

14. O termo transplante legal é utilizado para descrever situações de recepção de modelos jurídicos estrangeiros. Nesse sentido: WATSON, Alan. *Legal Transplants*: an approach to Comparative Law. 2. ed. Atenas e Londres: University of Georgia Press, 1993, p. 21; GRAZIADEI, Michele. Comparative Law, Transplants and Receptions. In: REIMANN, Mathias; ZIMMERMANN, Reinhard (Org.). *The Oxford Handbook of Comparative Law*. 2. ed. Oxford: Oxford University Press, 2019, p. 442-474.

15. "(...) falámos de tipicidade legal para nos referirmos aos tipos regulados pela lei, mas podemos falar ainda em tipicidade quando nos referimos às situações comuns da vida social que de modo constante e reiterado manifestam aquilo que se designa por tipicidade social" (DIAS, Joana Pereira. Contributo para o Estudo dos Actuais paradigmas das Cláusulas de Garantia e/ou Segurança: a Pari Passu, a Negative Pledge e a Cross Default. *Estudos em Homenagem ao Prof. Doutor Inocêncio Galvão Telles*. Coimbra: Almedina, 2003, v. IV, p. 902).

16. "Naturalmente, não se está a sugerir que o *build to suit* possa hoje ser tido como um tipo legal de contrato, pois não se ignora a ausência de disciplina específica no direito brasileiro. Deve-se considerar, todavia, a possibilidade de enquadrar o *build to suit* como um contrato cuja tipicidade tenha sido cunhada por seu reiterado emprego pelo mercado. Caso seja efetivamente diverso da locação, o *build to suit* poderá ser qualificado como um contrato socialmente típico, categoria cunhada pela doutrina" (ZANETTI, Cristiano de Souza. Build to suit: qualificações e consequências. In: BAPTISTA, Luiz Olavo; PRADO, Maurício Almeida (Org.). *Construção civil e direito*. São Paulo: Ed. Lex Magister, 2011, p. 101-122, p. 110).

17. GOMIDE, Alexandre Junqueira. Atipicidade, disciplina jurídica e excepcionalidade da revisão do contrato built to suit. *AGIRE | Direito Privado em Ação*, n. 127, 2024. Disponível em: https://agiredireitoprivado.substack.com/p/agire126. Acesso em: 3 dez. 2024.

18. "(...) A locação se identifica através da contraprestação que incumbe ao figurante que recebe a posse do bem. Este dado permite distingui-la do comodato. A locação de imóveis se reconhece mediante a condição do bem e, conforme sua destinação, tratar-se-á ou não de locação de imóveis urbanos" (ASSIS, Araken; ANDRADE, Ronaldo Alves de; PESSOA ALVES, Francisco Glauber. In: ALVIM, Arruda; ALVIM, Thereza (Coord.). *Comentários ao Código Civil Brasileiro*. Rio de Janeiro: Forense, 2007, v. 5, p. 129).

19. Como Francisco Paulo de Crescenzo Marino: "[v]ê-se, pois, que o negócio imobiliário do tipo *built-to-suit* se qualifica, em seu modelo mais simples, como uma coligação contratual formada por contrato

contrato atípico misto.[20] Mesma orientação que tem sido observada nas cortes brasileiras.[21] Os contratos atípicos mistos são aqueles que reúnem elementos de dois ou mais tipos de contratos, articulados entre si em um negócio jurídico unitário.[22] A grande diferença dos contratos atípicos mistos para os casos de coligação contratual reside no fato de que, enquanto naqueles se forma uma nova espécie contratual com obrigações unas e indivisíveis, nesta cada um dos contratos mantém a sua própria individualidade,[23] não obstante a finalidade negocial que lhes é comum.[24]

Essa distinção tem enorme repercussão na interpretação do contrato. A formação de uma nova espécie contratual com obrigações unas e indivisíveis não permite que o intérprete, por exemplo, as segregue posteriormente. O somatório, em um, de dois ou mais contratos completos, em que circunstâncias sejam, não possibilita a consideração de cada avença como típica, porque as prestações desses contratos mesclam-se em um todo, sem possibilidade de separação, de modo

---

de empreitada e contrato de locação" (MARINO, Francisco Paulo de Crescenzo. *Contratos coligados no direito brasileiro.* São Paulo: Saraiva, 2009, p. 184).

20. Nesse sentido: LEONARDO, Rodrigo Xavier. O contrato *built to suit.* In: CARVALHOSA, Modesto. *Tratado de direito empresarial.* São Paulo: RT, 2016, t. IV, p. 429; FIGUEIREDO, Luiz Augusto Haddad. Built to suit. *Revista de Direito Imobiliário.* São Paulo, ano 35, n. 72, jan.-jun. 2012, p. 173; ROSENVALD, Nelson. *Curso de direito civil:* contratos. 4. ed. Salvador: JusPodivm, 2014, p. 378; GASPARETTO, Rodrigo Ruete. *Contratos built to suit* – Um estudo da natureza, conceito e aplicabilidade dos contratos de locação atípicos no direito brasileiro. São Paulo: Scortecci, 2009, p. 59; GOMIDE, Alexandre Junqueira. *Contratos built to suit:* aspectos controvertidos decorrentes de uma nova modalidade contratual. 2. ed. São Paulo: RT, 2023; ARAÚJO, Paula Miralles de. *Contratos built to suit:* qualificação e regime jurídico. Dissertação de Mestrado – Faculdade de Direito, Universidade de São Paulo, São Paulo, 2015.

21. *V.g.:* TJSP, Apelação com Revisão 992.08.037348-7, rel. Antônio Benedito Ribeiro Pinto, j. 04.05.2011; TJSP; Apelação Cível 1121329-94.2016.8.26.0100; Relator (a): Ruy Coppola; Órgão Julgador: 32ª Câmara de Direito Privado; Foro Central Cível – 41ª Vara Cível; Data do Julgamento: 05.08.2020; Data de Registro: 05.08.2020 e TJSP; Apelação Cível 1056478-46.2016.8.26.0100; Relator (a): Jayme Queiroz Lopes; Órgão Julgador: 36ª Câmara de Direito Privado; Foro Central Cível – 5ª Vara Cível; Data do Julgamento: 25.06.2020; Data de Registro: 25.06.2020); TJMG – Apelação Cível 1.0000.22.005269-0/001, Relator(a): Des.(a) Lílian Maciel, 20ª Câmara Cível, julgamento em 22.06.2022, publicação da súmula em 23.06.2022. TJMG – Apelação Cível 1.0702.11.051869-4/007, Relator(a): Des.(a) Vicente de Oliveira Silva, 10ª Câmara Cível, julgamento em 08.03.2016, publicação da súmula em 18.03.2016.

22. "Diz-se misto o contrato no qual se reúnem elementos de dois ou mais negócios, total ou parcialmente regulados na lei. Em lugar de realizarem um ou mais dos tipos ou modelos de convenção contratual incluídos no catálogo da lei (contratos típicos ou nominados), as partes, porque os seus interesses o impõem a cada passo, celebram por vezes contratos com prestações de natureza diversa ou com uma articulação de prestações diferente da prevista na lei, mas encontrando-se ambas as prestações ou todas elas compreendidas em espécies típicas diretamente reguladas na lei" (VARELA, João de Matos Antunes. *Das obrigações em geral.* 10. ed. Coimbra: Almedina, 2011, v. 1, p. 278-280).

23. VASCONCELOS, Pedro Paes de. *Contratos atípicos.* Coimbra: Almedina, 1995, p. 216.

24. Nesse sentido, tem-se o enunciado 621 da VIII Jornada de Direito Civil: "[o]s contratos coligados devem ser interpretados a partir do exame do conjunto das cláusulas contratuais, de forma a privilegiar a finalidade negocial que lhes é comum".

que todas as obrigações assumidas formam um só contrato misto.[25] Consoante a advertência de Menezes Cordeiro, "um contrato não é um *puzzle* que possa ser composto pela adjunção de peças soltas, provenientes de vários tipos legais. A realidade é um todo, representando um *continuum* no qual só por razões de análise é possível fazer cortes".[26]

Essa advertência tem especial relevância quando se discute a possibilidade de revisão das bases econômico-financeiras do contrato *built to suit*: a contraprestação desembolsada pelo usuário tem a finalidade não só de remunerar o empreendedor imobiliário pela fruição do imóvel, mas também a de amortizar todo o investimento realizado com a construção (ou a reforma) do bem, numa equação que, geralmente, ainda envolve outros personagens e contratos. Na precisa observação de Cristiano Zanetti: "[c]onstrói-se para alugar e aluga-se porque foi construído. O pagamento serve a remunerar ambas as prestações. Precisamente por isso, seu valor é muito superior ao de um simples aluguel".[27]

2. A COMPLEXIDADE DA EQUAÇÃO ECONÔMICO-FINANCEIRA

O empreendimento que é viabilizado por meio do contrato *built to suit* não se limita à simples relação entre o empreendedor imobiliário e o respectivo usuário do bem. Para a construção (ou reforma) do imóvel, o empreendedor costuma celebrar contrato específico com uma construtora, que fica responsável pela efetiva execução das obras. A principal tarefa do empreendedor, nesse cenário, centra-se na coordenação dos trabalhos construtivos, assumindo perante o usuário a integral responsabilidade pela execução da obra e subsequente cessão de seu uso e fruição.[28]

Por sua própria natureza, esses contratos de construção costumam ser de longa duração, complexos, dinâmicos, envolvendo grandes aportes financeiros por parte do empreendedor imobiliário.[29] A construção de um imóvel industrial

---

25. AZEVEDO, Álvaro Villaça. Contrato atípico misto e indivisibilidade de suas prestações. *Revista dos Tribunais*. São Paulo, ano 89, v. 773, p. 128.
26. MENEZES CORDEIRO, António. *Código Civil Comentado*. Coimbra: Almedina, 2.021, v. II (artigos 397º a 873º). p. 106.
27. ZANETTI, Cristiano de Souza. Build to suit: qualificações e consequências. In: BAPTISTA, Luiz Olavo; PRADO, Maurício Almeida (Org.). *Construção civil e direito*. São Paulo: Lex Magister, 2011, p. 101-122, p. 113.
28. Idem, p. 104.
29. "As prestações no contrato de construção serão tanto mais complexas e exigirão tanto mais articulação quanto maior for o nível de complexidade técnica, tecnológica e financeira do projeto. Ainda, quanto mais abrangente for o escopo do programa contratual ou quanto mais especialidades envolvidas, mais interações serão exigidas pela dinâmica da relação das partes" (CARMO, Lia Uema do. *Contrato de construção de grandes obras*. Tese de Doutorado. Faculdade de Direito da Universidade de São Paulo, São Paulo, 2012, p. 142).

A REVISÃO DOS CONTRATOS *BUILT TO SUIT* **25**

ou comercial, por exemplo, encerra atividade que se caracteriza por sua notória complexidade, não sendo raro que as partes, diante da necessidade do cruzamento de inúmeros dados técnicos, operacionais, econômicos, jurídicos e até mesmo políticos, valham-se da celebração de instrumentos contratuais designados como incompletos, pois dependentes de futura regulação no decorrer da sua execução.[30]

Como consequência, a consecução do empreendimento demanda uma série de relações jurídicas necessárias para permitir o desenvolvimento de cada etapa do negócio, numa verdadeira cadeia contratual que busca, idealmente, acomodar as características inerentes à finalidade do negócio e os riscos dela decorrentes.[31] O empreendedor imobiliário costuma constituir, por exemplo, uma sociedade de propósito específico para adquirir o terreno e celebrar o contrato com a construtora, como forma de isolar nessa nova sociedade os riscos assumidos na operação.[32]

Para captar os recursos necessários para a execução da obra, o empreendedor imobiliário costuma ceder os créditos[33] oriundos do contrato *built to suit* – ou seja, a contraprestação que será paga pelo usuário – a uma empresa securitiza-

---

30. "Em vários setores – por exemplo, a construção de grandes obras, como usinas, shoppings centers, empreendimentos imobiliários complexos como os 'novos bairros' que, frequentemente, são acrescidos às metrópoles ou o fornecimento de matéria-prima para grandes indústrias, como energia elétrica, gás natural e petróleo – os contratos destinados a implementá-las traduzem, concomitantemente, uma relação destinada a perdurar longamente no tempo, cujos dados não são ou não podem ser, todavia, integralmente conhecidos e, portanto, passíveis de prévia apreensão, regulação e controle por meio das cláusulas contratuais. Dito de outro modo: o contrato, nessas situações, deve ser um instrumento apto a solucionar e regrar problemas técnicos, operacionais, econômicos, jurídicos, e até políticos, não passíveis de previsão e de regramento pontual na data de sua conclusão. Por esta razão, as partes injetam em um texto estrutural de base algumas previsões 'abertas' que supõem, para a sua completa operacionalização, a conexão com outras previsões complementares e/ou aditivas e a possibilidade de modificação ou de adição pontual ao texto contratual de base. Há, pois, 'incompletude' textual. Porém, nessas situações a incompletude deliberada não é 'defeito': no mais das vezes, se relaciona com a maior ou menor competitividade e economicidade dos denominados custos de transação. Diante da certeza sobre as incertezas, as partes preferem deixar a regulação de certos aspectos para o futuro, se e quando for necessário regulá-los. O contrato, então, consistirá parte de uma rede complexa, em que se entrecruzam nexos econômicos, funcionais e finalistas dirigidos a alcançar um 'resultado global'" (MARTINS-COSTA, Judith; NITSCHKE, Guilherme. Contratos Duradouros Lacunosos e Poderes do Árbitro: Questões Teóricas e Práticas. *Revista Jurídica Luso-Brasileira*, v. 1, n. 1, p. 1.249-1.250, 2015).
31. ARAÚJO, Paula Miralles de. *Contratos built to suit*: qualificação e regime jurídico. Dissertação de Mestrado – Faculdade de Direito, Universidade de São Paulo, São Paulo, 2015, p. 75.
32. "Criam-se mecanismos societários e contratuais a fim de isolar o risco relativamente às receitas e atividades vinculadas ao projeto. Em razão das características desse tipo de financiamento (que envolve maiores riscos ao financiador e envolve pesados investimentos), o financiador exige que os riscos sejam mitigados por meio de uma complexa rede contratual que tem por objetivo alocar os riscos do projeto às partes que melhor possam suportá-lo (sociedade de propósito específico, contratos de mútuo, garantias, contratos de fornecimento com fornecedores diretos, seguros etc.)" (ENEI, José Virgílio Lopes. Contratos coligados. *Revista de Direito Mercantil, Industrial, Econômico e Financeiro*, v. 132, São Paulo, p. 111-128, 2003).
33. "[N]egócio jurídico em virtude do qual o credor transfere a outrem a sua qualidade creditória, com todos os acessórios e garantias, salvo disposição em contrário" (PEREIRA, Caio Mário. *Instituições de direito civil* – teoria das obrigações. 20. ed. Rio de Janeiro: Forense, 2004, v II).

dora que, por sua vez, emite títulos específicos, denominados Certificados de Recebíveis Imobiliários, para comercialização no mercado financeiro.[34] Esses títulos, lastreados nos recebíveis do contrato *built to suit*, podem ser submetidos ao regime fiduciário previsto na Lei 14.430/2022, de modo a segregá-los do restante do patrimônio da companhia securitizadora,[35] assim como podem ser objeto de garantias adicionais, como, por exemplo, a própria alienação fiduciária do imóvel objeto do contrato.[36]

Eis, então, o passo a passo da operação: *i)* o empreendedor cede o crédito emergente do *built to suit* para uma empresa securitizadora; *ii)* a empresa securitizadora emite títulos no mercado financeiro garantidos por esse crédito; *iii)* investidores compram esses títulos e, com isso, permitem a antecipação do crédito ao empreendedor para a execução do projeto por meio da contratação de uma construtora; e *iv)* os investidores são remunerados, ao longo da vigência do contrato, pela contraprestação paga pelo usuário do imóvel. O próprio imóvel, nesses casos, costuma ser utilizado como garantia ao pagamento dos investidores.

A inserção da securitização no contexto do modelo *built to suit* integra-se, usualmente, ao que ficou conhecido como *Project Finance*,[37] que nada mais é do que um arranjo de estruturação negocial que possibilita o isolamento do projeto em uma rede econômica autônoma.[38] Os recursos captados perante o mercado

---

34. Lei 9.514/1997, art. 3º: As companhias securitizadoras de créditos imobiliários, instituições não financeiras constituídas sob a forma de sociedade por ações, terão por finalidade a aquisição e securitização desses créditos e a emissão e colocação, no mercado financeiro, de Certificados de Recebíveis Imobiliários, podendo emitir outros títulos de crédito, realizar negócios e prestar serviços compatíveis com as suas atividades.

35. Lei 14.430/2022, Art. 25: A companhia securitizadora poderá instituir regime fiduciário sobre os direitos creditórios e sobre os bens e direitos que sejam objeto de garantia pactuada em favor do pagamento dos Certificados de Recebíveis ou de outros títulos e valores mobiliários representativos de operações de securitização e, se houver, do cumprimento de obrigações assumidas pelo cedente dos direitos creditórios.

36. Lei 9.514/1997, art. 17: As operações de financiamento imobiliário em geral poderão ser garantidas por: I – hipoteca; II – cessão fiduciária de direitos creditórios decorrentes de contratos de alienação de imóveis; III – caução de direitos creditórios ou aquisitivos decorrentes de contratos de venda ou promessa de venda de imóveis; IV – alienação fiduciária de coisa imóvel.

37. FAVACHO, Frederico. In: SCAVONE JÚNIOR, Luiz Antonio; PERES, Tatiana Bonatti (Org.). *Lei do inquilinato comentada artigo por artigo*: visão atual na doutrina e jurisprudência. 3. ed. Rio de Janeiro: Forense, 2021, p. 422.

38. "Project Finance é uma modalidade de financiamento pela qual o financiador leva em consideração, prioritariamente, as receitas geradas por um único projeto, tanto como fonte de repagamento quanto como garantia à exposição ao risco. Esse tipo de financiamento normalmente é voltado para instalações de grande porte, complexas e custosas – por exemplo, unidades geradoras de energia, indústrias químicas, minas, infraestrutura de transporte, meio ambiente e infraestrutura de telecomunicações. O Project Finance pode ser um financiamento para a construção de uma nova unidade, ou o refinanciamento de uma unidade já existente, com ou sem melhoramentos. Em tais operações, o financiador normalmente é repago quase que exclusivamente com os recursos gerados pelos contratos de comercialização dos produtos do projeto, como a eletricidade vendida por uma usina de geração elétrica. O cliente é geralmente uma sociedade de propósito específico (SPE), que não está autorizada a desempenhar

A REVISÃO DOS CONTRATOS *BUILT TO SUIT* **27**

financeiro são remunerados por meio da receita do próprio projeto, ou seja, pela contraprestação que será paga pelo usuário ao longo do tempo de vigência do contrato.[39]

Com isso, o empreendedor consegue mitigar os impactos do empreendimento em seu balanço patrimonial, o que lhe permite se dedicar a inúmeros projetos simultaneamente, uma vez que cada investimento é estruturado de forma independente e vinculado a um grupo de investidores específico.[40] Essa captação de recursos no mercado financeiro beneficia ambas as partes do *built to suit*: ao empreendedor, porque se transforma numa estratégia de otimização de liquidez e mitigação de riscos; ao usuário, porque a redução do custo de captação dos recursos importa na melhoria das condições da contraprestação que lhe será exigida, com a redução da taxa de juros aplicada sobre o valor do investimento.[41] Beneficia, também, em última instância, o próprio mercado imobiliário e financeiro brasileiro, ao gerar uma oportunidade de investimento em projetos imobiliários complexos com risco relativamente baixo de inadimplência.

O *built to suit*, portanto, ele próprio um contrato misto, está inserido dentro de uma complexa cadeia contratual, que envolve construção, cessão de crédito, securitização, alienação fiduciária, seguros.[42] Daí porque já se afirmou que o *built to suit* dá origem a uma verdadeira "operação imobiliária",[43] integrada por uma rede composta de diversas relações contratuais ligadas à construção, ao financiamento e à alocação de riscos.[44] Essa complexa rede contratual intercede, naturalmente, na interpretação do *built to suit*, já que o intérprete não pode perder de vista a finalidade comum subjacente a todos esses contratos.[45] Intercede, também, na

---

qualquer função que não seja a de desenvolver, operar e ser proprietário daquela unidade. Em consequência, o repagamento depende principalmente do fluxo de caixa do projeto, bem como do valor dos ativos do Projeto dados como garantia" (Princípios do Equador. *Equator Principles* (2013). Disponível em: https://equator-principles.com/app/uploads/EP4_Portuguese.pdf. Acesso em: 3 maio 2024).

39. LEÃES, Luiz Gustavo Paes de Barros. O projeto de financiamento. In: LEÃES, Luiz Gastão Paes de Barros. *Pareceres*. São Paulo: Singular, 2004, p. 1443.

40. BREGMAN, Daniel; FERREIRA, Tiago Toledo. Financiamento a projetos de infraestrutura no Brasil. In: CONTANI, Eduardo Augusto do Rosário; SAVÓIA, José Roberto Ferreira (Org.). *Infraestrutura no Brasil*: regulação, financiamento e modelagem contratual. São Paulo: Atlas, 2017, p. 29-30 (livro digital).

41. LEONARDO, Rodrigo Xavier. O contrato *built to suit*. In: CARVALHOSA, Modesto. *Tratado de direito empresarial*. São Paulo: RT, 2016, t. IV, p. 423.

42. "A disciplina dos seguros evidencia a repartição dos riscos: o empreendedor costuma se obrigar a contratar uma apólice para segurar a obra, ao passo que o ocupante se vincula a pactuar seguro contra dados eventualmente causados durante o uso e gozo da edificação" (ZANETTI, Cristiano de Souza. Build to suit: qualificações e consequências. In: BAPTISTA, Luiz Olavo; PRADO, Maurício Almeida (Org.). *Construção civil e direito*. São Paulo: Lex Magister, 2011, p. 101-122, p. 113).

43. VALENÇA, Marcelo José Lomba. Built to suit. Operação de crédito imobiliário estruturada. *Revista de Direito Bancário e do Mercado de Capitais*, n. 27, ano 8, jan.-mar. 2005, Editora RT, p. 328-343.

44. ARAÚJO, Paula Miralles de. *Contratos built to suit*: qualificação e regime jurídico. Dissertação de Mestrado – Faculdade de Direito, Universidade de São Paulo, São Paulo, 2015, p. 76.

45. Em linha com o enunciado 621 da VIII Jornada de Direito Civil, transcrito na nota n. 22 acima.

própria formatação do preço da contraprestação que será exigida do usuário do imóvel, cujo valor se destina a remunerar tanto a fruição do bem quanto os custos necessários para a execução da obra, aí incluída, necessariamente, a expectativa de rentabilidade dos investidores que viabilizaram o projeto. Por isso há estudos que apontam que "(...) o empreendimento *built to suit* possui uma lógica própria de formação de preço, impedindo a comparação direta com o mercado pela simples ausência de um ativo verdadeiramente comparável".[46]

3. A LEI DO INQUILINATO

Não obstante essa complexidade inerente ao *built to suit*, nos primeiros litígios de que se tem conhecimento no país sobre o tema, os usuários dos imóveis procuraram qualificar a relação jurídica como uma locação típica, submetida a todas as normas da Lei do Inquilinato.[47] Há notícias de demandas propostas com o objetivo de afastar a integralidade da multa prevista no contrato, com a aplicação da redução proporcional prevista no art. 4º da Lei do Inquilinato;[48] houve também pedidos de revisão do preço da contraprestação – designada como simples aluguel – com base no art. 19 da lei.[49]

O mercado e a doutrina especializada logo reagiram a essas tentativas para sublinhar a incompatibilidade de inúmeros aspectos da Lei do Inquilinato com os contratos *built to suit*. A começar pelo caráter essencialmente protetivo da norma,[50] quando o *built to suit* envolve contratantes sofisticados,

---

46. FIGUEIREDO, Flavio Fernando de; GRAVA, J. William. A economia dos empreendimentos 'built to suit'. Trabalho apresentado no XIV Cobreap. Disponível em: https://ibape-nacional.com.br/biblioteca/wpcontent/uploads/2012/12/A-Economia-dos-Empreendimentos-Built-to-Suit.pdf. Acesso em: 4 dez. 2024.
47. Mesmo da parcela da doutrina que defende que, no contrato *built to suit*, a prestação locativa prevalece sobre a de empreitada, qualificando o contrato como espécie de contrato de locação, entende pela inaplicabilidade de certas normas da Lei do Inquilinato ao tipo contratual. Nesse sentido: SCAVONE JÚNIOR, Luiz António. Contrato Built-to-Suit e a Lei do Inquilinato, *Revista de direito imobiliário*, n. 1, jan.-fev. 2011; ARAÚJO, Paula Miralles de. *Contratos built to suit*: qualificação e regime jurídico. Dissertação de Mestrado – Faculdade de Direito, Universidade de São Paulo, São Paulo, 2015.
48. Lei 8.242/1991, art. 4º: Durante o prazo estipulado para a duração do contrato, não poderá o locador reaver o imóvel alugado. Com exceção ao que estipula o § 2º do art. 54-A, o locatário, todavia, poderá devolvê-lo, pagando a multa pactuada, proporcional ao período de cumprimento do contrato, ou, na sua falta, a que for judicialmente estipulada.
49. ZANETTI, Cristiano de Souza. Build to suit: qualificações e consequências. In: BAPTISTA, Luiz Olavo; PRADO, Maurício Almeida (Org.). *Construção civil e direito*. São Paulo: Lex Magister, 2011, p. 101-122, p. 119.
50. "(...) na locação imobiliária ordinariamente existe uma grande assimetria que desprivilegia o locatário em relação ao locador. Esta, aliás, é a fonte da intervenção legislativa no mercado de locações, destinada a assegurar uma posição jurídica ao locatário que equilibre a assimetria provocada pelas práticas em mercado. O dirigismo contratual nas locações de imóveis urbanos (Lei 8.245/1991), portanto, é o resultado de uma política legislativa para diminuir a assimetria nesses contratos.

A REVISÃO DOS CONTRATOS *BUILT TO SUIT* **29**

geralmente com plena capacidade técnica, jurídica e econômica.[51] A lei prevê, por exemplo, em seu art. 4º, que o locatário pode devolver o imóvel a qualquer tempo, mediante o pagamento da multa convencionada de modo proporcional "ao período de cumprimento do contrato". Na prática das locações comuns, normalmente se estipula como multa pela denúncia imotivada do contrato o pagamento de valor correspondente a três meses de aluguel para todo o período do contrato e, caso o imóvel seja devolvido depois de cumprido parcialmente o ajuste, a multa é modulada proporcionalmente. Passado, por exemplo, metade do prazo de duração do contrato, a multa será correspondente ao valor de um aluguel e meio.[52]

Essa lógica é incompatível com o *built to suit*, porque o valor integral do contrato, como visto, foi previamente estabelecido não só para remunerar o uso do imóvel, mas também para fazer frente aos custos necessários para a construção ou reforma do bem. O tempo do contrato, no *built to suit*, é um elemento essencial para garantir o retorno dos investimentos. Admitir, portanto, a saída antecipada do usuário mediante o pagamento de uma multa proporcional desequilibraria o sinalagma inerente ao *built to suit*. Além disso, por se tratar de imóvel feito ou reformado "sob encomenda", nem sempre é fácil recolocá-lo no mercado.

Mas a principal incompatibilidade da Lei do Inquilinato com o *built to suit* está na previsão de seu art. 19, que admite às partes, atendidos certos pressupostos, o pedido de "revisão judicial do aluguel, a fim de ajustá-la ao preço de mercado". Primeiro, porque, como o imóvel foi construído ou reformado para atender especificamente às necessidades do usuário, nem sempre é fácil apurar qual seria o "preço de mercado" para a sua ocupação, em razão da ausência de outros bens similares. Depois, porque a remuneração devida pelo usuário não se confunde com um simples aluguel, já que abrange também os gastos incorridos com a construção ou reforma, levada a efeito especialmente para atender às suas necessidades.[53] Por isso, conclui Cristiano Zanetti, "[p]ermitir a revisão do valor para que o ocupante passe a pagar apenas pelo uso e fruição violenta o pactuado e priva de sentido econômico a operação contratada."[54] Daí porque já se defendeu que a revisão das bases econômicas do *built to suit* só seria cabível

---

51. SOUZA, Sylvio Capanema de. A Locação do Imóvel Urbano e seus Novos Modelos. *Revista da EMERJ*, v. 13, n. 50, 2010, p. 222.
52. ARAÚJO, Paula Miralles de. *Contratos built to suit*: qualificação e regime jurídico. Dissertação de Mestrado – Faculdade de Direito, Universidade de São Paulo, São Paulo, 2015, p. 115-116.
53. ZANETTI, Cristiano de Souza. Build to suit: qualificações e consequências. In: BAPTISTA, Luiz Olavo; PRADO, Maurício Almeida (Org.). *Construção civil e direito*. São Paulo: Ed. Lex Magister, 2011, p. 101-122, p. 118.
54. Idem.

nas hipóteses de imprevisibilidade ou onerosidade excessiva disciplinadas pelo Código Civil.[55]

Essa reação do mercado e da doutrina rendeu frutos perante o Poder Legislativo. O Projeto de Lei 6.562/2009, de iniciativa do Deputado Carlos Bezerra, procurou conferir maior segurança a essa modalidade contratual que, inadvertidamente, vinha sendo entendida como simples hipótese de contrato locatício. Na justificativa, o proponente ressaltou que "(...) as peculiaridades dessa modalidade contratual mostram-se incompatíveis com algumas disposições da Lei do Inquilinato, em especial aquelas atinentes ao prazo máximo de vigência, à denúncia, à ação revisional e à multa compensatória".

Em sua redação original, o projeto propunha a inserção de um dispositivo na Lei do Inquilinato para sublinhar que "[n]ão se aplicam as disposições desta lei aos contratos em que a locação decorre de operações em que a contratada adquire ou constrói, por si ou por terceiros, o imóvel indicado pelo contratante e cede a ela o uso do imóvel por tempo determinado (*built to suit*), salvo se as partes expressamente dispuserem em contrário".

O trâmite legislativo, porém, fez com que se tenha preferido abrigar a modalidade *built to suit* na própria Lei do Inquilinato, por meio da inserção do art. 54-A no texto legal e uma alteração no artigo 4º. O art. 54-A prevê, em seu *caput*, que no *built to suit* "prevalecerão as condições livremente pactuadas no contrato respectivo e as disposições procedimentais previstas nesta Lei." A primeira parte do dispositivo foi saudada pela doutrina especializada,[56] ao conferir maior autonomia às partes na estipulação das condições do contrato, preservando o seu caráter atípico, posto que ausente uma regulamentação legislativa mínima sobre os seus aspectos mais relevantes.[57] A segunda parte levantou discussões sobre que "disposições procedimentais" previstas na Lei do Inquilinato seriam aplicáveis ao *built to suit*, mas há normas procedimentais – como a do despejo e da renovatória – que são perfeitamente compatíveis, de modo que é lícito concluir que, existindo compatibilidade, aplicam-se as regras da legislação especial.

Até porque as principais incompatibilidades foram endereçadas nos parágrafos primeiro e segundo do dispositivo. O parágrafo segundo prevê que "[e]m caso de denúncia antecipada do vínculo locatício pelo locatário, compromete-se este a cumprir a multa convencionada, que não excederá, porém, a soma dos

---

55. FIGUEIREDO, Luiz Augusto Haddad. Built to suit. *Revista de Direito Imobiliário* – RDI. n. 7. São Paulo: RT, jan.-julho de 2012, p. 181.

56. LEONARDO, Rodrigo Xavier. O contrato *built to suit*. In: CARVALHOSA, Modesto. *Tratado de direito empresarial*. São Paulo: RT, 2016, t. IV, p. 422.

57. UBALDINO MIRANDA, Custódio da Piedade. In: AZEVEDO, Antônio Junqueira (Coord.). *Comentários ao Código Civil*. São Paulo: Saraiva, 2013.

A REVISÃO DOS CONTRATOS *BUILT TO SUIT* **31**

valores dos aluguéis a receber até o termo final da locação." A previsão preserva, portanto, a lógica econômica do *built to suit*, ao garantir que a multa pela denúncia imotivada poderá abranger a integralidade do valor ajustado pelas partes, sem nenhuma redução proporcional. Está em harmonia também ao disposto no art. 412 do Código Civil,[58] que limita a cláusula penal ao valor da obrigação principal, e no parágrafo único do art. 473 do Código Civil,[59] que só admite a denúncia unilateral se compatível com os investimentos realizados pela outra parte.

O parágrafo primeiro, por sua vez, prevê que "[p]oderá ser convencionada a renúncia ao direito de revisão do valor dos aluguéis durante o prazo de vigência do contrato de locação." A legislação passou a admitir, portanto, caso não convencionada a renúncia, a propositura de ação revisional por parte do usuário do bem para adequar a contraprestação ao valor de mercado do imóvel. Essa admissão foi prontamente criticada pela doutrina especializada, em razão da dúplice função da contraprestação no *built to suit*, já antes sublinhada.[60] Houve quem tenha defendido, inclusive, uma interpretação restritiva do dispositivo: a própria equação econômico-financeira do *built to suit* já corresponderia a uma renúncia ao direito de revisão previsto na Lei do Inquilinato, de modo que a ação revisional só seria possível depois de esgotado o prazo original do *built to suit* ou se as partes expressamente tivessem disciplinado as hipóteses de revisão, dentro do exercício de seu autorregramento, estimulado pela legislação:

> Conceitualmente, esse dispositivo somente teria cabimento em um Contrato BTS após o retorno do investimento do empreendedor-locador, momento a partir do qual, se o contrato permanecer vigente, este mudará de quadradura jurídica e passará a operar como um contrato de locação típica. Antes do atingimento desse marco (*milestone*), qualquer aplicação incondicional do direito à revisional do Contrato BTS penalizaria bem jurídico sob a tutela da lei, impondo a esse contrato um risco que não lhe é próprio, haja vista sua racionalidade econômica específica, a qual é, em larga medida, diversa dos contratos de locação típicos.
>
> Em uma perspectiva teleológica, também não nos parece ter sido esse o objetivo do legislador ao formular o dispositivo do parágrafo primeiro do art. 54-A, iniciando-o com um "[p]oderá". Parece-nos mais razoável pensar a interpretação desse dispositivo em gradiente, ou seja, ao

---

58. Código Civil, art. 412: O valor da cominação imposta na cláusula penal não pode exceder o da obrigação principal.

59. Código Civil, art. 473: A resilição unilateral, nos casos em que a lei expressa ou implicitamente o permita, opera mediante denúncia notificada à outra parte. Parágrafo único: Se, porém, dada a natureza do contrato, uma das partes houver feito investimentos consideráveis para a sua execução, a denúncia unilateral só produzirá efeito depois de transcorrido prazo compatível com a natureza e o vulto dos investimentos.

60. Nesse sentido: GOMES, Josiane Araújo. Do não cabimento de ação revisional de aluguel para os contratos *built to suit* à luz da Lei 8.245/91. *Revista Fórum de Direito Civil*: RFDC, v. 5, n. 11, p. 41-53, jan./abr. 2016; RODRIGUES, Gabriela Wallau. A incompatibilidade sistemática entre o contrato *built-to-suit* e a lei de locações. *Direito & justiça* [recurso eletrônico], v. 41, n. 2, p. 174-181, jul.-dez. 2015; LEONARDO, Rodrigo Xavier. O contrato *built to suit*. In: CARVALHOSA, Modesto. *Tratado de direito empresarial*. São Paulo: RT, 2016, t. IV.

dispor que "[p]oderá ser convencionada a renúncia ao direito de revisão do valor dos aluguéis durante o prazo de vigência do contrato de locação", quis o legislador, na verdade, facultar às partes, se assim porventura fizer sentido negocial para ambas, prever o direito à revisão do contrato de acordo com determinadas condições, afinal, "quem pode o mais, pode o menos".

Ao fim e ao cabo, essa possibilidade de revisão segundo determinadas condições representaria "preço". Ao precificar o Contrato BTS, o empreendedor-locador poderia eventualmente aceitar correr maior risco em relação ao direito de revisional (i.e., aceitar esse direito, porém desde que condicionado a determinadas condições pré-acordadas, tais como: prazo, limites de valor etc.), e em razão disso, precificar mais caro o seu investimento. Com tal estrutura, talvez pudéssemos vislumbrar algum componente com efeito similar à renda variável de alguma forma integrado ao Contrato BTS.

Essa faculdade é, portanto, tributária da autonomia privada das partes, que, no caso dos Contratos BTS, envolvem grau de soberania e autodisciplina com um marcador mais forte que nos contratos de locação típicos – uma vez que estes últimos estão sujeitos a um maior dirigismo contratual.[61]

Essa foi a conclusão adotada pelo Tribunal de Justiça de São Paulo (TJSP) ao julgar o caso que deu origem ao REsp 2.042.594/SP. A Trigésima Primeira Câmara de Direito Privado, sob a relatoria do Desembargador Antonio Rigolin, concluiu que "[a] fixação do aluguel, segundo a livre estipulação das partes, levou em conta não apenas a finalidade de servir de contraprestação pelo uso do bem, mas, sobretudo, de retorno do investimento realizado no local". Assim, "[a] impossibilidade de revisão do aluguel é da essência da contratação, por envolver equação financeira, de modo que qualquer iniciativa em sentido diverso implicaria ofensa ao princípio da boa-fé objetiva".[62] Como a prática do mercado tem demonstrado que as partes optam, com frequência, pela solução das controvérsias relacionadas ao contrato por meio de arbitragem, há poucos julgados sobre o tema. O Poder Judiciário, no entanto, tem adotado uma postura prudente diante de pedidos de revisão de contratos *built to suit*, como se denota também de recente julgado do Tribunal de Justiça do Rio de Janeiro.[63]

4. O JULGAMENTO DO RESP 2.042.594/SP

A conclusão adotada pelo TJSP foi alterada, porém, pela Terceira Turma do STJ. A controvérsia envolvia pedido de revisão da contraprestação paga pelo ocupante de um hospital construído pelo empreendedor imobiliário mediante indicação e de acordo com as especificações constantes do contrato. A relação

---

61. MENEZES, Farley. *Os contratos built to suit e a ausência de renúncia ao direito de revisão*. Disponível em: https://www.migalhas.com.br/arquivos/2024/4/57C2828AD91105_ContratoBTSeRevisionallimpa. pdf. Acesso em: 05 dez. 2024.

62. TJSP; Apelação Cível 1010336-32.2017.8.26.0008; Relator (a): Antonio Rigolin; Órgão Julgador: 31ª Câmara de Direito Privado; Foro Regional VIII – Tatuapé – 1ª Vara Cível; Data do Julgamento: 12.07.2022; Data de Registro: 12.07.2022.

63. TJRJ; 0026228-07.2023.8.19.0000 – Agravo de Instrumento. Des(a). Cesar Felipe Cury – Julgamento: 22.06.2023 – Vigésima Câmara de Direito Privado (Antiga 11ª Câmara).

era de longa duração – 222 meses – e, passados dez anos de fruição do bem, o ocupante alegou que o valor pago a título de contraprestação estava muito acima do valor de mercado do bem.

A Terceira Turma concluiu, então, pela possibilidade de revisão do valor da contraprestação devida nos contratos *built to suit*, desde que observados os seguintes requisitos: *i)* inexistência de renúncia ao direito de revisão do valor dos aluguéis; *ii)* possibilidade de pormenorizar a parcela destinada a remunerar exclusivamente o uso do imóvel – sobre a qual recairá a pretensão revisional –, separando-a da amortização dos investimentos sobre o bem; e *iii)* comprovação da desproporção entre o valor locativo e o preço de mercado para empreendimentos semelhantes.[64]

A decisão teve o mérito de concluir que não basta a simples inexistência de renúncia ao direito de revisão no contrato para viabilizar *ipso facto* a ação revisional, como sugeriria uma simples leitura do art. 54-A, § 1º, da Lei do Inquilinato. A pretensão também deve estar em harmonia com a própria lógica econômica do contrato, o que se extrai da exigência de ser possível segregar na contraprestação o valor relativo à obra do valor relativo à ocupação do bem.

É de se indagar, porém, à luz dos referenciais teóricos acima delineados, se, nesses casos, estar-se-á realmente diante de um autêntico contrato *built to suit* ou se a hipótese será de simples coligação contratual entre um contrato de empreitada e um contrato de locação, ainda que formalizados em apenas um único instrumento. Afinal, é da própria essência do *built to suit* – enquanto contrato atípico misto – a complexidade na formatação de seu preço e a inviabilidade de se separar com precisão o que remunera o investimento daquilo que remunera a fruição do bem. Precisas, nesse sentido, as advertências constantes do voto vencido do Ministro Ricardo Villas Bôas Cueva:

> O fato é que nem sempre é fácil, ou mesmo tecnicamente possível, identificar e desmembrar cada componente dessa contraprestação, tantos são os fatores que podem influir diretamente na fixação desse valor, tendo em vista que os contratos *built to suit*, conforme destacado por Paula Moura Francesconi de Lemos Pereira (ob. cit.), podem conter diversos objetos, como: a) operação de crédito imobiliário; b) contrato de locação não residencial; c) contrato de empreitada global; d) financiamento da construção; e) cessão de crédito do contrato de locação; f) securitização dos créditos do contrato de locação; g) assunção de responsabilidade, entre outros.
>
> Além disso, o valor dessa contraprestação também pode variar segundo a) o tempo de duração do contrato, b) as características, em termos de versatilidade, das exigências feitas pelo locatário, ou seja, se o projeto de construção e/ou reforma poderia atender futuramente às necessidades empresariais de outro locatário, c) as condições e oportunidades de negócio vigentes à época da contratação; d) a existência, em concreto, de cessão e/ou securitização

---

64. REsp 2.042.594/SP, relator Ministro Ricardo Villas Bôas Cueva, relatora para acórdão Ministra Nancy Andrighi, Terceira Turma, julgado em 12.09.2023, DJe de 28.09.2023.

de créditos advindos dos aluguéis futuros; e) a álea natural do contrato, enfim, uma infinidade de fatores altamente fluidos que tornam praticamente impossível comparar o valor praticado em determinada avença com outras dotadas de semelhantes características, com vistas à apuração do denominado preço de mercado.

A conclusão da Terceira Turma abre margem para que o julgador (na verdade, o perito do juízo) altere *a posteriori* a equação econômico-financeira dos contratos de *built to suit*, definida, em regra, por partes com plena capacidade técnica, jurídica e econômica. Permite que se conclua, por exemplo, que a partir de determinado tempo de contrato todo o investimento para a realização da obra já foi integralmente amortizado, considerando-se os valores necessários para a sua execução, mas desconsiderando que há um custo para a captação dos recursos, e que nesse custo não se pode ignorar a expectativa de rentabilidade daquele que investiu – geralmente vultosas quantias – no projeto. É legítima e, portanto, merecedora de tutela por parte do ordenamento a expectativa de rentabilidade daquele que imobiliza o seu capital para viabilizar o empreendimento. Por isso a remuneração mensal no *built to suit* é fixada a partir de cálculos econômicos e financeiros, prevendo a devolução do capital investido acrescido do valor necessário para a remuneração do capital e ganho atrativo o suficiente para garantir a participação dos investidores.[65]

Justamente em razão dessas peculiaridades é que o preço, no *built to suit*, é superior ao preço de mercado para a simples locação. Também por conta das particularidades de seu projeto (e quanto mais específico mais difícil será encontrar uma base de comparação no mercado). Permitir, portanto, a sua revisão com base nessa desproporção, inerente ao negócio e ao próprio desejo do usuário de fazer uso de um imóvel "sob medida", é autorizar que o usuário se beneficie da própria torpeza. Daí porque a sua revisão deveria ficar circunscrita apenas às hipóteses de onerosidade excessiva advinda de fatos supervenientes que não tenham sido considerados para a formação da equação econômico-financeira do contrato.

Nesse contexto, a decisão do STJ, embora tenha tentado respeitar as especificidades do *built to suit*, acaba trazendo insegurança ao mercado investidor, o que poderá resultar numa menor oferta de capital e, consequentemente, em maiores custos para os empreendedores e para os próprios usuários dos imóveis.

CONSIDERAÇÕES FINAIS

O antídoto para a insegurança é o autorregramento, estimulado pelo art. 54-A da Lei do Inquilinato e preservado pela recente decisão do STJ. Para evitar

---

65. FAVACHO, Frederico. In: SCAVONE JÚNIOR, Luiz Antonio; PERES, Tatiana Bonatti (Org.). *Lei do inquilinato comentada artigo por artigo*: visão atual na doutrina e jurisprudência. 3. ed. Rio de Janeiro: Forense, 2021, p. 422.

que a equação econômico-financeira do contrato de *built to suit* venha a ser objeto de revisão judicial ou arbitral, as partes devem contratualizar expressamente a renúncia ao direito de revisão e também procurar esmiuçar, da melhor forma possível, toda a complexidade da formatação do preço e a inviabilidade de segregar aquilo que se destina à fruição do imóvel daquilo que se destina a remunerar o capital investido na obra ou na reforma. Quanto mais detalhadas a matriz de alocação de riscos do contrato, os pressupostos financeiros para a composição do preço e as expectativas das partes quanto à sua observância ao longo da relação contratual, menor será o poder de ingerência do juiz ou do árbitro no contrato, à luz do disposto no art. 421-A do Código Civil.[66]

REFERÊNCIAS

ARAÚJO, Paula Miralles de. *Contratos built to suit*: qualificação e regime jurídico. Dissertação de Mestrado – Faculdade de Direito, Universidade de São Paulo, São Paulo, 2015.

ASSIS, Araken; ANDRADE, Ronaldo Alves de; PESSOA ALVES, Francisco Glauber. In: ALVIM, Arruda; ALVIM, Thereza (Coord.). *Comentários ao Código Civil Brasileiro*. Rio de Janeiro: Forense, 2007. v. 5.

AZEVEDO, Álvaro Villaça. Contrato atípico misto e indivisibilidade de suas prestações. *Revista dos Tribunais*, São Paulo, ano 89, v. 773.

BREGMAN, Daniel; FERREIRA, Tiago Toledo. Financiamento a projetos de infraestrutura no Brasil. In: CONTANI, Eduardo Augusto do Rosário; SAVÓIA, José Roberto Ferreira (Org.). *Infraestrutura no Brasil*: regulação, financiamento e modelagem contratual. São Paulo: Atlas, 2017.

CARMO, Lia Uema do. *Contrato de construção de grandes obras*. Tese de Doutorado – Faculdade de Direito, Universidade de São Paulo, São Paulo, 2012.

DIAS, Joana Pereira. Contributo para o Estudo dos Actuais Paradigmas das Cláusulas de Garantia e/ou Segurança: a Pari Passu, a Negative Pledge e a Cross Default. *Estudos em Homenagem ao Prof. Doutor Inocêncio Galvão Telles*. Coimbra: Almedina, 2003. v. IV.

ENEI, José Virgílio Lopes. Contratos coligados. *Revista de Direito Mercantil, Industrial, Econômico e Financeiro*, v. 132, São Paulo, p. 111-128, 2003.

FAVACHO, Frederico. In: SCAVONE JÚNIOR, Luiz Antonio; PERES, Tatiana Bonatti (Org.). *Lei do inquilinato comentada artigo por artigo*: visão atual na doutrina e jurisprudência. 3. ed. Rio de Janeiro: Forense, 2021.

FIGUEIREDO, Flavio Fernando de; GRAVA, J. William. *A economia dos empreendimentos 'built to suit'*. Trabalho apresentado no XIV Cobreap. Disponível em: https://ibape-nacional.com.br/

---

66. Código Civil, art. 421-A: Os contratos civis e empresariais presumem-se paritários e simétricos até a presença de elementos concretos que justifiquem o afastamento dessa presunção, ressalvados os regimes jurídicos previstos em leis especiais, garantido também que: I – as partes negociantes poderão estabelecer parâmetros objetivos para a interpretação das cláusulas negociais e de seus pressupostos de revisão ou de resolução; II – a alocação de riscos definida pelas partes deve ser respeitada e observada; e III – a revisão contratual somente ocorrerá de maneira excepcional e limitada.

biblioteca/wpcontent/uploads/2012/12/A-Economia-dos-Empreendimentos-Built-to-Suit.pdf. Acesso em: 4 dez. 2024.

FIGUEIREDO, Luiz Augusto Haddad. Built to suit. *Revista de Direito Imobiliário*, São Paulo, ano 35, n. 72, jan.-jun. 2012.

GASPARETTO, Rodrigo Ruete. *Contratos built to suit* – Um estudo da natureza, conceito e aplicabilidade dos contratos de locação atípicos no direito brasileiro. São Paulo: Scortecci, 2009.

GOMES, Josiane Araújo. Do não cabimento de ação revisional de aluguel para os contratos built to suit à luz da Lei 8.245/91. *Revista Fórum de Direito Civil: RFDC*, v. 5, n. 11, p. 41-53, jan./abr. 2016.

GOMIDE, Alexandre Junqueira. Atipicidade, disciplina jurídica e excepcionalidade da revisão do contrato *built to suit. AGIRE | Direito Privado em Ação*, n. 127, 2024. Disponível em: https://agiredireitoprivado.substack.com/p/agire126. Acesso em: 3 dez. 2024.

GRAZIADEI, Michele. Comparative Law, Transplants and Receptions. In: REIMANN, Mathias; ZIMMERMANN, Reinhard (Org.). *The Oxford Handbook of Comparative Law*. 2ª ed. Oxford: Oxford University Press, 2019.

LEONARDO, Rodrigo Xavier. O contrato *built to suit*. In: CARVALHOSA, Modesto. *Tratado de direito empresarial*. São Paulo: RT, 2016. t. IV.

LEÃES, Luiz Gustavo Paes de Barros. O projeto de financiamento. In: LEÃES, Luiz Gastão Paes de Barros. *Pareceres*. São Paulo: Singular, 2004.

MARINO, Francisco Paulo de Crescenzo. *Contratos coligados no direito brasileiro*. São Paulo: Saraiva, 2009.

MARTINS-COSTA, Judith; NITSCHKE, Guilherme. Contratos Duradouros Lacunosos e Poderes do Árbitro: Questões Teóricas e Práticas. *Revista Jurídica Luso-Brasileira*, v. 1, n. 1, p. 1.249-1.250, 2015.

MENEZES, Farley. Os contratos *built to suit* e a ausência de renúncia ao direito de revisão. Disponível em: https://www.migalhas.com.br/arquivos/2024/4/57C2828AD91105_ContratoBTSeRevisionalIlimpa.pdf. Acesso em: 5 dez. 2024.

MENEZES CORDEIRO, António. *Código Civil Comentado*. Coimbra: Almedina, 2021. v. II (artigos 397º a 873º).

NATIVIDADE, João Pedro Kostin Felipe de. Built to suit não admite revisão de aluguéis. *Revista Consultor Jurídico*, out. 2022. Disponível em: https://www.conjur.com.br/2022-out-17/direito-civil-atual-built-to-suit-nao-admite-revisao-alugueis/. Acesso em: 3 dez. 2024.

PEREIRA, Caio Mário. *Instituições de direito civil* – teoria das obrigações. 20. ed. Rio de Janeiro: Forense, 2004. v. II.

ROSENVALD, Nelson. *Curso de direito civil*: contratos. 4. ed. Salvador: JusPodivm, 2014.

SCAVONE JÚNIOR, Luiz António. Contrato Built-to-Suit e a Lei do Inquilinato. *Revista de Direito Imobiliário*, n. 1, jan.-fev. 2011.

SOUZA, Sylvio Capanema de. A locação do imóvel urbano e seus novos modelos. *Revista da EMERJ*, v. 13, n. 50, 2010.

UBALDINO MIRANDA, Custódio da Piedade. In: AZEVEDO, Antônio Junqueira (Coord.). *Comentários ao Código Civil*. São Paulo: Saraiva, 2013.

VALENÇA, Marcelo José Lomba. *Built to suit*. Operação de crédito imobiliário estruturada. *Revista de Direito Bancário e do Mercado de Capitais*, n. 27, ano 8, jan.-mar. 2005.

VARELA, João de Matos Antunes. *Das obrigações em geral*. 10. ed. Coimbra: Almedina, 2011. v. 1.

VASCONCELOS, Pedro Paes de. *Contratos atípicos*. Coimbra: Almedina, 1995.

WATSON, Alan. *Legal Transplants: an approach to Comparative Law*. 2. ed. Atenas e Londres: University of Georgia Press, 1993.

ZANETTI, Cristiano de Souza. Build to suit: qualificações e consequências. In: BAPTISTA, Luiz Olavo; PRADO, Maurício Almeida (Org.). *Construção civil e direito*. São Paulo: Ed. Lex Magister, 2011.

A ALIENAÇÃO FIDUCIÁRIA E O PAPEL DA ESCRITURA PÚBLICA: ANÁLISE JURÍDICA E IMPLICAÇÕES

Eduardo Abreu Biondi

Desembargador do Tribunal de Justiça do Estado do Rio de Janeiro.

Sumário: Introdução – 1. Do contexto histórico do instrumento articular com eficácia de escritura pública – 2. Características do sistema de financiamento imobiliário – SFI – 3. Da forma contratual envolvendo a alienação fiduciária: as alterações do art. 38 da Lei 9.514/1997 ao longo dos últimos 27 anos; 3.1 Primeira alteração: Medida Provisória 2.223/2001; 3.2 Segunda alteração: Lei 10.931/2004; 3.3 Terceira alteração: Lei 11.076/2004; 3.4 Impactos das alterações legislativas – 4. Da ausência de antinomia entre o art. 22, § 1º, e o art. 38 da Lei 9.514/1997 – 5. Da regra geral e das exceções legais – 6. Da relevância da intervenção estatal – 7. Leis recentes que confirmam o entendimento do uso exclusivo das entidades integrantes do SFI – Considerações finais.

INTRODUÇÃO

Este artigo abordará os recentes Provimentos 172 e 175, de 05/06/2024 e 15.07.2024, respectivamente, editados pelo Conselho Nacional de Justiça (CNJ). Os referidos Provimentos estabeleceram o uso do instrumento particular com eficácia de escritura pública exclusivamente para as entidades integrantes do Sistema Financeiro Nacional. Consequentemente, apenas bancos, cooperativas de crédito e corretoras podem, atualmente, firmar instrumentos contratuais com base no artigo 38 da Lei 9.514/1997, que trata do Sistema de Financiamento Imobiliário (SFI) e da alienação fiduciária de imóveis.

Com efeito, desde a publicação da Lei 9.514/1997, o artigo 38 passou por diversas modificações, resultando em interpretações confusas e distorcidas sobre a possibilidade de se permitir ou não a todas as pessoas, físicas ou jurídicas, o uso do instrumento particular com eficácia de escritura pública.

O CNJ atuou em atenção ao Pedido de Providências 008242.69.2023.2.00.0000, oriundo do Procedimento de Controle Administrativo 0000145.56.2018.2.00.0000, do Estado de Minas Gerais, diante da falta de uniformidade na aplicação da lei.

Até então, havia estados no Brasil que permitiam o uso irrestrito do instrumento particular com força de escritura pública, enquanto outros restringiam o seu uso às entidades do Sistema Financeiro Nacional, criando um ambiente de insegurança jurídica.

A propósito, o Egrégio Conselho da Magistratura do Estado do Rio de Janeiro, no Processo 0028855-54.2018.8.19.0001, em decisão de junho de 2020, confirmou a exigência do registrador de imóveis que negou o registro de instrumento particular de alienação fiduciária realizado fora do SFI.

Mencione-se, por derradeiro, que o supracitado Provimento CNJ 172 teve a sua eficácia suspensa em razão de medida liminar, exarada em 27.11.2024, concedida nos autos do Pedido de Providências 0007122-54.2024.2.00.0000, sendo a requerente a União Federal.

1. DO CONTEXTO HISTÓRICO DO INSTRUMENTO ARTICULAR COM EFICÁCIA DE ESCRITURA PÚBLICA

É de curial sabença que a Lei 4.380, de 1964, que instituiu o Sistema Financeiro da Habitação (SFH), criou o instrumento particular com eficácia de escritura pública com o objetivo de facilitar e agilizar as operações de crédito habitacional. Esse dispositivo tinha como principal finalidade simplificar a formalização de contratos no âmbito do SFH, reduzindo custos e a burocracia associada à exigência de escritura pública nas transações imobiliárias.

A exigência de uma escritura pública envolve a intervenção de um Tabelião, o que, na visão do legislador da época, tornaria o processo mais caro e demorado devido aos emolumentos cartoriais e à burocracia dos serviços notariais e de registro.

Ao criar o instrumento particular com eficácia de escritura pública, a Lei 4.380/1964 permitiu que contratos de financiamento e outras operações imobiliárias fossem celebrados por meio de documentos particulares, sem a necessidade de uma escritura pública lavrada por Tabelião, mas com os mesmos efeitos jurídicos. Isso só foi possível porque as instituições financeiras participantes do SFH passaram a ser responsáveis pela segurança e validade desses contratos.

Não se pode perder de vista, que o principal objetivo dessa medida era estimular o acesso ao crédito habitacional e viabilizar a construção e compra de moradias de forma mais eficiente, reduzindo a complexidade jurídica para os mutuários e os custos das operações imobiliárias, ao mesmo tempo em que mantinha a segurança jurídica, já que as instituições financeiras envolvidas estavam sob regulação estatal.

Entretanto, para compreender plenamente a elaboração dessa norma, é necessário analisar o contexto imobiliário contemporâneo à norma. Diante de expressivo déficit habitacional, especialmente nas áreas urbanas, onde o crescimento populacional acelerado devido à migração do campo para as cidades gerava uma demanda crescente por moradias.

Esse movimento migratório estava intimamente ligado à urbanização rápida e à industrialização, que atraíam trabalhadores rurais para as cidades em busca de melhores condições de vida e emprego.

Todavia, a infraestrutura urbana e as políticas habitacionais não conseguiram acompanhar o ritmo desse crescimento. Muitas pessoas passaram a viver em condições precárias, em assentamentos irregulares, sem acesso adequado a serviços públicos essenciais como saneamento básico, eletricidade e transporte.

A situação econômica também era desafiadora, com inflação alta e dificuldades de acesso ao crédito, o que dificultava ainda mais a aquisição de moradias. O financiamento imobiliário era inacessível para a maioria da população, e o sistema de crédito disponível, especialmente por meio de hipotecas, era burocrático e ineficiente.

Foi nesse contexto que foi promulgada a Lei 4.380, de 1964, criando o Sistema Financeiro da Habitação (SFH), o Banco Nacional da Habitação (BNH) e outras normas como a Lei 5.049, de 1966, que promoveu a alteração do § 5º do art. 61 da norma originária, instituindo o instrumento particular com eficácia de escritura pública.

Essas iniciativas, repita-se, tinham como objetivo combater o déficit habitacional, criando mecanismos de financiamento mais acessíveis à população de baixa e média renda. A Lei 4.380 também introduziu instrumentos como a utilização do Fundo de Garantia do Tempo de Serviço (FGTS), para financiar a construção de moradias, e o BNH passou a atuar como agente coordenador de programas habitacionais e de saneamento.

Bom é dizer, que o objetivo do Sistema Financeiro da Habitação e do Banco Nacional da Habitação era facilitar a compra de imóveis e promover a construção de habitações populares, oferecendo prazos de pagamento mais longos e condições de financiamento mais favoráveis para uma maior parte da população. A criação do instrumento particular com eficácia de escritura pública visava simplificar o processo de obtenção de crédito e a formalização de contratos, algo essencial para o sucesso desses programas habitacionais, especialmente em um momento em que a necessidade de moradias era premente.

Como se pode notar, uma das medidas adotadas para enfrentar a grave crise habitacional do país foi a instituição do instrumento particular com eficácia de escritura pública. Contudo, como será analisado adiante, esse mecanismo, idealizado como uma solução prática e ágil, acabou resultando em uma figura jurídica peculiar e disfuncional.

É amplamente sabido que o Brasil segue um sistema jurídico baseado no *civil law*, de origem romana, em que a principal fonte do direito é a legislação escrita.

Por conseguinte, países que adotam esse sistema jurídico e o modelo notarial do tipo latino, requer a intervenção de um Notário em diversos atos da vida civil, a exemplo dos negócios jurídicos, tais como a compra e venda de imóveis cujo valor ultrapasse 30 salários mínimos, conforme disposto no art. 108 do Código Civil. O sistema civil *law* é amplamente adotado na Europa continental, na América Latina (incluindo o Brasil) e em outras partes do mundo.

Ao reverso, o sistema *common law*, predominante em países anglo-saxões, baseia-se principalmente nos costumes e na equidade como fontes do direito. Nesse modelo, não se exige a intervenção de um Notário nos negócios jurídicos; a função do *notary public* é limitada ao reconhecimento de firmas e à autenticação de documentos, enquanto os instrumentos de transferência de propriedade são redigidos por advogados.

Nesse sentido, ao comparar os dois grandes sistemas jurídicos existentes, observa-se que os documentos podem ser classificados como públicos ou particulares. Com efeito, a criação de uma categoria intermediária – o instrumento particular com eficácia de escritura pública – representa uma anomalia jurídica. Seria certamente mais coerente se o legislador houvesse concedido aos agentes financeiros a mesma prerrogativa atribuída aos agentes diplomáticos, que, por necessidade, podem emitir documentos públicos. Essa solução estaria mais em consonância com os princípios que regem nosso ordenamento jurídico.

Destarte, tecidas essas considerações históricas preliminares, essenciais para o correto entendimento do cenário político, econômico e social, torna-se mais fácil a compreensão da conturbada matéria que ora se discute.

2. CARACTERÍSTICAS DO SISTEMA DE FINANCIAMENTO IMOBILIÁRIO – SFI

No patamar da interpretação sistemática, a procurar a *mens legis*, o Sistema de Financiamento Imobiliário (SFI) é um conjunto de normas e mecanismos que regulamenta a concessão de crédito e a gestão de financiamentos para o setor imobiliário no Brasil. Criado em 1997 pela Lei 9.514/97, o SFI complementa o Sistema Financeiro da Habitação (SFH), oferecendo maior flexibilidade e ampliando o acesso ao crédito no mercado imobiliário, especialmente para financiamentos que não se enquadram nas condições do SFH.

Diferentemente do SFH, o SFI não impõe limites rígidos sobre o valor do imóvel ou da renda do comprador e, nesse sistema, não há restrição quanto à destinação do imóvel (residencial, comercial, industrial etc.), sendo caracterizado por maior liberdade contratual e pela securitização de créditos imobiliários. O SFI é voltado para imóveis de valores mais altos ou que excedem os limites do SFH, sendo frequentemente utilizado em grandes empreendimentos imobiliários, na compra de imóveis comerciais ou em investimentos imobiliários de alto padrão.

Outro ponto a ser destacado é que os financiamentos no SFI podem utilizar outras fontes de crédito, como investimentos privados ou a emissão de títulos imobiliários, sendo a alienação fiduciária a forma de garantia amplamente empregada, por oferecer maior segurança jurídica aos credores. Em caso de inadimplência, o imóvel pode ser retomado de forma mais rápida e eficiente.

Necessário atentar que o SFI também facilita a emissão e a negociação de títulos vinculados ao mercado imobiliário, como os Certificados de Recebíveis Imobiliários (CRI) e as Letras de Crédito Imobiliário (LCI). Esses instrumentos desempenham um papel crucial na captação de recursos para o financiamento de operações imobiliárias, além de impulsionarem o desenvolvimento de um mercado secundário de créditos imobiliários, promovendo maior liquidez e atraindo investimentos para o setor.

Assinala-se, ainda, que o SFI também facilita a emissão e negociação de títulos relacionados ao mercado imobiliário, como Certificados de Recebíveis Imobiliários (CRI) e Letras de Crédito Imobiliário (LCI). Esses títulos ajudam a captar recursos para financiar operações imobiliárias e fomentam a criação de um mercado secundário de créditos imobiliários, promovendo liquidez e atraindo investimentos para o setor.

Por fim, a alienação fiduciária, inicialmente limitada a bens móveis, foi ampliada pelo SFI como instrumento de garantia para bens imóveis, oferecendo uma alternativa mais eficiente às hipotecas. Nesse modelo, a propriedade do imóvel é transferida ao credor como garantia até a quitação da dívida, eliminando a necessidade de processos judiciais em casos de inadimplência.

3. DA FORMA CONTRATUAL ENVOLVENDO A ALIENAÇÃO FIDUCIÁRIA: AS ALTERAÇÕES DO ART. 38 DA LEI 9.514/1997 AO LONGO DOS ÚLTIMOS 27 ANOS

Após a apresentação dos elementos históricos que fundamentaram a criação do instituto do instrumento particular com força de escritura pública, neste tópico será analisada a evolução legislativa relacionada à formalização dos contratos de alienação fiduciária, regulamentada pelo art. 38 da Lei 9.514/1997.

Inicialmente, é fundamental recordar que a alienação fiduciária foi introduzida no Brasil pela Lei 4.728/1965, que visava regulamentar o mercado de capitais e, simultaneamente, impulsionar o desenvolvimento econômico. O artigo 66 dessa norma dispôs especificamente sobre a alienação fiduciária de bens móveis, com o objetivo de fomentar e expandir as transações no setor. Desde então, esse instituto tem sido amplamente utilizado em operações envolvendo veículos e outros bens móveis.

A ampliação da alienação fiduciária para bens imóveis ocorreu com a evolução normativa e posterior promulgação da Lei 9.514, em 20 de novembro de 1997, que também instituiu o Sistema de Financiamento Imobiliário, conforme detalhado no tópico anterior. Esta lei estabeleceu um novo regime jurídico para a alienação fiduciária de bens imóveis, permitindo a aplicação do instituto a esses bens e oferecendo um mecanismo de garantia mais eficiente e seguro para os financiamentos imobiliários, o que facilitou a utilização da alienação fiduciária no mercado de crédito brasileiro.

Passamos agora a analisar as alterações legislativas no decorrer do tempo, que afetaram o artigo 38 da Lei 9.514/1997, dispositivo legal que regula a formalização dos contratos de alienação fiduciária envolvendo bens imóveis.

O texto original do art. 38, previsto em 1997, era o que se segue abaixo:

> Art. 38. Os contratos resultantes da aplicação desta Lei, quando celebrados com pessoa física, beneficiária final da operação, poderão ser formalizados por instrumento particular, não se aplicando a norma do art. 134, II, do Código Civil (de 1916).

Observa-se que, quando a Lei 9.514/1997 foi publicada, o Brasil ainda estava sob a vigência do Código Civil de 1916 que, em seu artigo 134, inciso II, estabelecia a obrigatoriedade do uso de escritura pública "nos contratos constitutivos ou translativos de direitos reais sobre imóveis de valor superior a Cr$ 50.000,00 (cinquenta mil cruzeiros), excetuando-se o penhor agrícola".

Nesse contexto, o legislador, ao instituir a alienação fiduciária, fez dela uma exceção à regra geral da Lei civil de 1916, permitindo que o contrato fosse formalizado por meio de instrumento particular, uma vez que no processo sistemático interpretativo das leis, a posterioridade da Lei 9514/97, cumulado com a especialidade deste diploma legal em relação à norma civil, tem-se a aplicação do preceito estatuído no § 1º do art. 2º da Lei de Introdução às normas do Direito Brasileiro (Lei 4.657/42), dá-se ab-rogação, quando a norma posterior se cobre com o conteúdo da antiga.

Em sequência, vejamos as alterações legais a que o artigo 38 da Lei 9.514/1997 se submeteu, desde a sua edição, que, certamente, contribuíram fortemente para as diversas e equivocadas interpretações de sua aplicação.

3.1   Primeira alteração: Medida Provisória 2.223/2001

Texto modificado do artigo 38:

> Art. 38. Os contratos de compra e venda com financiamento e alienação fiduciária, de mútuo com alienação fiduciária, de arrendamento mercantil, de cessão de crédito com garantia real e, bem

ALIENAÇÃO FIDUCIÁRIA E ESCRITURA PÚBLICA

*assim, quaisquer outros atos e contratos resultantes da aplicação desta Lei, mesmo aqueles cons-
titutivos ou translativos de direitos reais sobre imóveis, poderão ser celebrados por instrumento
particular, a eles se atribuindo o caráter de escritura pública, para todos os fins de direito, não se
lhes aplicando a norma do art. 134, II, do Código Civil. (Redação dada pela Medida Provisória
2.223, de 2001) (revogado) (g.n)*

Observa-se que, com essa alteração, o artigo 38 passou a permitir que
contratos de compra e venda com financiamento e alienação fiduciária, contratos de mútuo com alienação fiduciária, arrendamento mercantil, cessão de
crédito com garantia real, e outros contratos resultantes da aplicação da Lei
9.514/1997, mesmo que envolvessem direitos reais sobre imóveis, pudessem ser
formalizados por instrumento particular, atribuindo ao instrumento, o caráter
de escritura pública.

Assim, a primeira modificação significativa ocorreu com a Medida Provisória
2.223, de 2001, que ampliou o alcance do artigo 38, permitindo a formalização
de uma maior diversidade de contratos, mantendo-se o instrumento particular
como forma, porém atribuindo-lhe o caráter de escritura pública, sem, no entanto,
a necessidade de observar o formalismo da escritura pública.

3.2   Segunda alteração: Lei 10.931/2004

Com o intuito de elucidar e restringir o alcance da formalização por instrumento particular, a Lei 10.931, de 2004, trouxe nova redação ao artigo 38,
limitando-o a alguns tipos específicos de contratos.

Texto modificado do artigo 38:

Art. 38. Os contratos de compra e venda com financiamento e alienação fiduciária, de
mútuo com alienação fiduciária, de arrendamento mercantil, de cessão de crédito com
garantia real poderão ser celebrados por instrumento particular, a eles se atribuindo o
caráter de escritura pública, para todos os fins de direito. (Redação dada pela Lei 10.931,
de 2004) (revogado)

A alteração introduzida pela Lei 10.931/2004 restringiu o escopo da medida
anterior, permitindo que somente contratos de compra e venda com financiamento e alienação fiduciária, de mútuo com alienação fiduciária, arrendamento
mercantil e cessão de crédito com garantia real pudessem ser formalizados por
instrumento particular com caráter de escritura pública.

Essa mudança buscou reduzir a amplitude da aplicação do artigo, priorizando a simplificação para tipos específicos de contratos, mas ao mesmo tempo
estabelecendo uma restrição em relação a outros contratos que poderiam ser
alcançados por essa flexibilização. O objetivo dessa mudança foi aumentar a segurança jurídica dos contratos, evitando interpretações divergentes sobre quais
transações poderiam ou não se enquadrar nessa forma alternativa de formalização.

3.3 Terceira alteração: Lei 11.076/2004

A Lei 11.076, também de 2004, fez uma alteração terminológica importante, a fim de dar maior precisão ao dispositivo.

Texto modificado do artigo 38 | atualmente em vigor:

> Art. 38. Os atos e contratos referidos nesta Lei ou resultantes da sua aplicação, mesmo aqueles que visem à constituição, transferência, modificação ou renúncia de direitos reais sobre imóveis, poderão ser celebrados por escritura pública ou por instrumento particular com *efeitos de escritura pública*. (Redação dada pela Lei 11.076, de 2004)

A redação do artigo foi ajustada para substituir a expressão "*caráter de escritura pública*" por "*efeitos de escritura pública*", buscando um conceito mais claro e técnico para garantir a segurança jurídica de todos os envolvidos, tanto credores quanto devedores, nos contratos formalizados por instrumento particular.

Essa alteração foi mais uma tentativa de eliminar ambiguidade interpretativa e de alinhar a linguagem da lei às práticas jurídicas vigentes, a fim de evitar disputas sobre a validade dos contratos formalizados por instrumento particular, no contexto da Lei 9.514/1997.

3.4 Impactos das alterações legislativas

As alterações legislativas geraram ambiguidade interpretativa, uma vez que a mudança nas redações e as modificações de termos criaram diferentes entendimentos sobre a aplicação da lei. Isso resultou em uma divergência nas decisões judiciais, o que dificultou a uniformização das interpretações e contribuiu para a duração e custo dos litígios relacionados à execução de garantias e contratos de alienação fiduciária.

Seguramente, a falta de clareza quanto ao alcance das normas levou a divergências de interpretação por parte dos advogados, juízes e instituições financeiras, impactando na segurança jurídica dos contratos.

Além disso, a flexibilização das normas gerou um aumento na carga de trabalho dos tribunais, especialmente em relação à análise da validade dos contratos formalizados por instrumento particular, o que poderia resultar em processos mais longos e complexos.

Decerto que, ainda que as alterações do artigo 38 da Lei 9.514/1997 tenham buscado ajustar o dispositivo legal às demandas do mercado imobiliário no processo de formalização de contratos, com a intenção de facilitar o mercado de crédito imobiliário e a recuperação de crédito, essas mudanças geraram instabilidade normativa.

Inquestionavelmente, a instabilidade normativa do artigo 38 decorreu das inúmeras alterações legislativas ao longo dos anos, gerando indefinição e falta de previsibilidade nas regras que regem a formalização dos contratos de alienação fiduciária.

Por fim, cabe destacar que, atualmente, a principal indagação em torno do referido dispositivo legal é a seguinte: *o instrumento particular com eficácia de escritura pública é privativo às entidades financeiras integrantes do Sistema de Financiamento Imobiliário?*

4. DA AUSÊNCIA DE ANTINOMIA ENTRE O ART. 22, § 1º, E O ART. 38 DA LEI 9.514/1997

Com efeito, o outro fundamento arguido por aqueles que defendem o uso amplo e irrestrito do instrumento particular com eficácia de escritura pública está baseado na leitura no § 1º, do art. 22, da já mencionada Lei 9.514/1997, que assim assevera:

Art. 22. A alienação fiduciária regulada por esta Lei é o negócio jurídico pelo qual o fiduciante, com o escopo de garantia de obrigação própria ou de terceiro, contrata a transferência ao credor, ou fiduciário, da propriedade resolúvel de coisa imóvel. (Redação dada pela Lei 14.711, de 2023)

§ 1º A alienação fiduciária poderá ser contratada por pessoa física ou jurídica, não sendo privativa das entidades que operam no SFI, podendo ter como objeto, além da propriedade plena: (Redação dada pela Lei 11.481, de 2007)

Como se pode notar, esse artigo parece conferir permissão a todos, *pessoa física ou jurídica*, para que se utilizem do instrumento particular com eficácia de escritura pública.

No entanto, como veremos a seguir, não existe nenhuma confusão ou antinomia entre o § 1º do art. 22 e o art. 38, ambos da Lei 9.515/1997.

Indubitavelmente, o § 1º, do art. 22, da norma em comento, trata do conceito de *negócio jurídico de direito material* (representado pela alienação fiduciária), *i.e.*, o uso da garantia representada pela alienação fiduciária poderá ser utilizada por todos, *pessoas naturais ou jurídicas*, em contrapartida, o art. 38 trata da formalização do contrato firmado naquele Sistema de Financiamento.

No passado, havia uma grande controvérsia em torno da alienação fiduciária de bens móveis, como automóveis. De um lado, argumentava-se que apenas as instituições financeiras poderiam utilizar essa forma de garantia, pois a Lei 4.728/1965, ao regular o Mercado de Capitais, deveria restringir a aplicação da alienação fiduciária a essas entidades. Nesse entendimento, as demais pessoas físicas ou jurídicas deveriam recorrer à compra e venda com reserva de domínio.

Por outro lado, havia quem sustentasse que, embora a Lei 4.728/1965 fosse direcionada ao Mercado de Capitais, ela não proibia expressamente que outras pessoas, fora do Sistema Financeiro Nacional, utilizassem a alienação fiduciária. Essa interpretação era baseada no princípio do direito privado segundo o qual "tudo o que não é proibido, é permitido."

Após longa discussão, a exclusividade desse tipo de garantia para as instituições financeiras foi superada com a promulgação da Lei 10.931/2004. Essa legislação alterou o cenário anterior e explicitou, em seu artigo 22, § 1º, que "a alienação fiduciária poderá ser contratada por pessoa física ou jurídica, não sendo privativa das entidades que operam no Sistema Financeiro Imobiliário (SFI). Assim, a alienação fiduciária passou a ser acessível a qualquer pessoa física ou jurídica, independentemente de sua vinculação ao sistema financeiro.

Nesse ensejo, é de se atentar que essa mudança legislativa trouxe maior flexibilidade e acessibilidade, permitindo que a alienação fiduciária fosse amplamente utilizada em operações envolvendo bens móveis e imóveis, como veículos, bens de consumo e imóveis, além de outras transações de crédito. O § 1º do artigo 22 da Lei 9.514/1997 deve ser interpretado nesse contexto: trata-se de uma garantia real acessível a todos, e não restrita a um grupo específico, tal como ocorre com a hipoteca e o penhor, que também são amplamente disponíveis.

Urge, por conseguinte, a necessidade de enfatizar que o § 1º do artigo 22 estabelece uma regra de direito material, garantindo a todos o direito de utilizar a alienação fiduciária como garantia. Por outro lado, o artigo 38 da mesma lei regula aspectos procedimentais ou instrumentais dessa garantia. Portanto, é crucial não confundir as disposições do § 1º do artigo 22 com as do artigo 38, já que tratam de questões distintas dentro do ordenamento jurídico.

5. DA REGRA GERAL E DAS EXCEÇÕES LEGAIS

A formalização de contratos que envolvem a transmissão ou constituição de direitos reais sobre imóveis, historicamente, segue a regra da escritura pública, conforme disposto nos artigos 134 do Código Civil de 1916 e 108 do Código Civil de 2002. A fé pública notarial está respaldada no art. 236 da Constituição Federal de 1988, regulamentado pela Lei 8.935/94, e no art. 215 do Código Civil. Dessa forma, o Estado delega aos Notários a prática de atos cuja forma pública é obrigatória em algumas situações ou opcional por convenção entre as partes.

Entre os casos de obrigatoriedade estão transações imobiliárias com valor superior a 30 (trinta) salários mínimos, mandatos para alienação de imóveis, pactos antenupciais e renúncias à herança, conforme previsto nos artigos 108, 657, 1.653 e 1.806 do Código Civil. Além disso, o art. 406 do Código de Processo

Civil determina que, quando a lei exige instrumento público como condição de validade do ato, nenhuma outra prova pode suprir sua ausência.

Embora a escritura pública seja exigida em certos atos, as partes podem optar por esse modelo contratual mesmo quando não haja obrigatoriedade, a fim de conferir maior segurança jurídica ao documento. Entretanto, a legislação também prevê exceções à regra, como o § 5º, do art. 61, da Lei 4.380/1964, que permitiu a utilização de instrumentos particulares com efeitos de escritura pública nos contratos do Sistema Financeiro de Habitação (SFH), dadas as circunstâncias excepcionais de 1964.

Posteriormente, a Lei 9.514/97 trouxe outra flexibilização no art. 38, permitindo que contratos relacionados à alienação fiduciária sejam formalizados por escritura pública ou instrumento particular com efeitos equivalentes.

No entanto, nesse caso, aplica-se a regra geral da obrigatoriedade da escritura pública, quando a transação for de valor superior a 30 (trinta) salários mínimos; e a regra excepcional, quando o negócio jurídico envolver a participação de instituição financeira.

Para ilustrar melhor essa questão, consideremos o seguinte exemplo: João vende sua casa a José por R$ 1.000.000,00 (um milhão de reais). Nesse caso, o contrato de compra e venda deve obrigatoriamente ser formalizado por meio de escritura pública. Agora, suponha que João venda a mesma casa a José pelo mesmo valor, mas nesta segunda hipótese, José contrai um empréstimo de R$ 50.000,00 (cinquenta mil reais) com João e, como garantia, aliena fiduciariamente o imóvel a ele. Será que o simples fato de essa segunda situação envolver uma alienação fiduciária dispensaria a necessidade de escritura pública? *A resposta, sem dúvida alguma, é negativa.*

Continuando no mesmo exemplo, se a garantia escolhida pelas partes fosse a hipoteca? Haveria alguma dúvida quanto à forma do instrumento?

6. DA RELEVÂNCIA DA INTERVENÇÃO ESTATAL

O artigo 108 do Código Civil, ao exigir a formalização por escritura pública nos contratos de transferência ou oneração de bens imóveis, visa assegurar a segurança jurídica e a proteção patrimonial. Essa exigência tem o objetivo de garantir a autenticidade e a clareza dos atos jurídicos, prevenindo fraudes e erros nas transações imobiliárias, e, ao mesmo tempo, garantindo que as partes envolvidas estejam plenamente cientes das implicações jurídicas de suas decisões.

Em nosso sistema jurídico, a intervenção estatal nos contratos envolvendo imóveis é fundamental para garantir a validade e a eficácia desses atos, mesmo quando as partes envolvidas são privadas.

Os serviços notariais e de registro público exercem uma função de grande relevância ao conferir aos contratos autenticidade, segurança e eficácia, estabelecendo uma vinculação formal entre o ato jurídico e o Estado. A segurança jurídica proporcionada por esse processo notarial e registral é fundamental para prevenir fraudes e assegurar a proteção do patrimônio imobiliário.

Assim, é inquestionável que a presença do Tabelião de Notas, *como intermediário imparcial dotado de fé pública*, assegura a legalidade e a conformidade do contrato com a legislação, estabelecendo um mecanismo de proteção para todas as partes.

A fé pública notarial está respaldada no art. 236 da Constituição Federal de 1988, regulamentado pela Lei 8.935/94, e no art. 215 do Código Civil. Dessa forma, o Estado delega aos notários a prática de atos cuja forma pública é obrigatória em algumas situações ou opcional por convenção entre as partes.

Entre os casos de obrigatoriedade estão transações imobiliárias com valor superior a 30 (trinta) salários mínimos, mandatos para alienação de imóveis, pactos antenupciais e renúncias à herança, conforme previsto nos artigos 108, 657, 1.653 e 1.806 do Código Civil. Além disso, o art. 406 do Código de Processo Civil determina que, quando a lei exige instrumento público como condição de validade do ato, nenhuma outra prova pode suprir sua ausência.

Embora a escritura pública seja exigida em certos atos, as partes podem optar pela escritura pública mesmo quando não obrigatória, para atribuir maior segurança jurídica ao documento.

Em contrapartida, há algumas exceções à exigência de escritura pública, especialmente em situações relacionadas ao Sistema Financeiro da Habitação (SFH) e ao Sistema de Financiamento Imobiliário. Nessas circunstâncias, é permitida a formalização por instrumento particular, *desde que* a parte envolvida seja uma instituição financeira ou outra entidade integrante do sistema financeiro. Nesses casos, a atuação do Estado ocorre por meio da regulação e fiscalização das instituições financeiras, autorizadas pelo Banco Central do Brasil.

Assim, embora o processo não exija o envolvimento de um Notário, ele ainda está sujeito a um rigoroso controle público, que visa garantir a legalidade e a proteção das partes envolvidas.

Sem dúvida, a interpretação mais flexível do artigo 38 da Lei 9.514/97, permitindo a formalização de contratos de compra e venda com alienação fiduciária por simples instrumento particular, sem a intermediação das instituições financeiras ou do Notário, pode/poderá comprometer todo o nosso sistema jurídico, além de gerar insegurança e criar um ambiente favorável a atos e negócios fraudulentos.

Assim, a ampliação do alcance do artigo 38 da Lei 9.514/97, autorizando a formalização por instrumento particular de contratos de alienação fiduciária por particulares, sem intervenção estatal, mostra-se, no mínimo, temerária.

Certamente situações como essa são fontes de conflitos futuros e anomalias, posto que não à toa, como já exposto acima, o artigo 108 da legislação civil exige a escritura pública como forma obrigatória para negócios jurídicos com valor superior a 30 (trinta) salários mínimos.

Por fim, é importante lembrar que a dispensa da escritura pública nas operações de alienação fiduciária foi inicialmente prevista, dentro de um contexto histórico peculiar, para agilizar os processos dentro do Sistema Financeiro da Habitação (SFH), de forma a atender a demandas operacionais e de economia processual. No entanto, como toda regra excepcional, seguindo nossa hermenêutica jurídica, deverá ser interpretada restritivamente.

7. LEIS RECENTES QUE CONFIRMAM O ENTENDIMENTO DO USO EXCLUSIVO DAS ENTIDADES INTEGRANTES DO SFI

Com o intuito de reforçar o entendimento de que o instrumento particular com eficácia de escritura pública, previsto na Lei 9.514/1997, é exclusivo às entidades que integram o SFI, vejamos o que determina a Lei 14.620/2023, que alterou o inciso II e § 5º, da Lei 6.0615/1973 (Lei de Registros Públicos) art. 17-A, da Lei 14.063/2020 (Lei das Assinaturas Eletrônicas) e inciso IV, § 1º, do art. 6º da Lei 14.382/2022 (Lei do Sistema Eletrônico dos Registros Públicos).

As leis supramencionadas são recentes e deixa claro, sem margem para dúvidas, *que o uso do instrumento particular com eficácia de escritura pública é restrito às entidades que integram o SFI.*

A seguir, vejamos as leis que confirmam e dirimem qualquer dúvida, quanto à restrição aos entes que integram o Sistema Financeiro Nacional para firmarem instrumentos particulares com eficácia de escritura pública, *in verbis*:

Lei 6.015/1973

Art. 221. Somente são admitidos registro: (Renumerado do art. 222 com nova redação pela Lei 6.216, de 1975).

II – escritos particulares autorizados em lei, assinados pelas partes, dispensados as testemunhas e o reconhecimento de firmas, quando se tratar de atos praticados por instituições financeiras que atuem com crédito imobiliário, autorizadas a celebrar instrumentos particulares com caráter de escritura pública; (Redação dada pela Medida Provisória 1.162, de 2023) (revogado)

§ 5º Os escritos particulares a que se refere o inciso II do *caput* deste artigo, quando relativos a atos praticados por instituições financeiras que atuem com crédito imobiliário autorizadas a celebrar instrumentos particulares com caráter de escritura pública, dispensam as testemunhas e o reconhecimento de firma. (Incluído pela Lei 14.620, de 2023)

Lei 14.063/2020

Art. 17-A. As instituições financeiras que atuem com crédito imobiliário autorizadas a celebrar instrumentos particulares com caráter de escritura pública e os partícipes dos contratos correspondentes poderão fazer uso das assinaturas eletrônicas nas modalidades avançada e qualificada de que trata esta Lei. (Incluído pela Lei 14.620, de 2023)

Lei 14.382/2022

Art. 6º Os oficiais dos registros públicos, quando cabível, receberão dos interessados, por meio do Serp, os extratos eletrônicos para registro ou averbação de fatos, de atos e de negócios jurídicos, nos termos do inciso VIII do *caput* do art. 7º desta Lei.

§ 1º Na hipótese de que trata o *caput* deste artigo:

IV – os extratos eletrônicos relativos a bens imóveis produzidos pelas instituições financeiras que atuem com crédito imobiliário autorizadas a celebrar instrumentos particulares com caráter de escritura pública, bem como os relativos a garantias de crédito rural em cédulas e títulos de crédito do agronegócio, poderão ser apresentados ao registro eletrônico de imóveis, e as referidas instituições financeiras arquivarão o instrumento contratual ou título em pasta própria. (Incluído pela Lei 14.620, de 2023)

CONSIDERAÇÕES FINAIS

Diante das inadequações e das incoerências geradas pelo instrumento particular com eficácia de escritura pública, seria razoável, a elaboração/criação de projeto de lei com a finalidade de extirpar esse modelo contratual do nosso ordenamento jurídico, de forma a promover uma harmonização do sistema jurídico atualmente existente no Brasil.

Com a modernização dos serviços notariais promovida a partir da Carta Magna de 1988, esses serviços foram significativamente aprimorados, trazendo maior eficiência e acessibilidade à população. Esse avanço também contribuiu para o fortalecimento do Poder Judiciário, ao garantir o direito fundamental da dignidade humana e o amplo acesso à Justiça.

Cabe destacar que, em muitos casos, os valores cobrados por instituições financeiras e entes privados, para a elaboração de instrumentos particulares são superiores aos custos de escrituras públicas, cujos emolumentos são tabelados por lei e boa parte desses valores revertem em prol do próprio Estado. Além disso, esses instrumentos particulares não oferecem o mesmo nível de segurança jurídica proporcionado pelos atos realizados por Notários.

Os Notários possuem ampla expertise jurídica na elaboração de documentos relacionados a imóveis, o que reduz os riscos de litígios e problemas jurídicos decorrentes de contratos mal redigidos. A formalização de contratos por meio de escrituras públicas também assegura maior publicidade e transparência, além de garantir maior proteção aos direitos das partes envolvidas.

Por fim, a eliminação do uso ampliado do instrumento particular com eficácia de escritura pública fortaleceria o papel dos serviços notariais, promovendo mais segurança jurídica, transparência, combate à lavagem de dinheiro e eficiência no mercado imobiliário.

O BEM DE FAMÍLIA NO DIREITO PROCESSUAL DO TRABALHO E SEUS IMPACTOS NO DIREITO IMOBILIÁRIO

Cíntia Possas Machado

Mestranda de Direito Público. Pós-graduanda em Direito da Saúde e Hospitalar. Professora. Vice-Presidente da Comissão de Direito do Trabalho da Associação Brasileira dos Advogados do Mercado Imobiliário. Diretora adjunta da Associação Brasileira de Advogados do Rio de Janeiro.

Lina Coiatelli

Pós-graduada em Processo Civil Ucam. Pós-graduada Extensão de Direito de Família e Sucessões Puc; Membro da Comissão de Jurisprudência, Precedentes e Súmulas Trabalhistas OAB.

Sandra Morais Patricio Silva

Pós-graduada em direito do trabalho pela Universidade Gama Filho. Palestrante. Secretária-geral da Comissão de Processo do Trabalho da ABA RJ. Membro da Comissão de Direito e Processo do Trabalho da ABAMI. Pesquisadora e estudiosa do assunto de gênero.

Valéria Ribeiro

Professora. Advogada. Consultora. Coautora de Livros.

Sumário: Introdução – 1. Bem de família: conceito e finalidade social – 2. Espécies de bem de família – 3. Bem de família na execução trabalhista – 4. Possibilidade de desmembramento do bem de família – 5. Jurisprudência do Tribunal Superior do Trabalho reconhecendo imóvel de uso comercial como bem de família – Conclusão – Referências.

INTRODUÇÃO

O bem de família é um direito fundamental no ordenamento jurídico brasileiro, concebido para proteger a entidade familiar e garantir o direito à moradia, conforme a teoria do patrimônio mínimo. Pelo que se extrai da nossa legislação podemos dizer que o bem de família é o imóvel residencial urbano ou rural, destinado à moradia permanente da entidade familiar, juntamente com os itens móveis que o guarnecem.

Quando um imóvel atende a esses requisitos, ele pode ser declarado como bem de família, tornando-se impenhorável. Isso significa que não pode ser usado para satisfazer dívidas de natureza civil, comercial, fiscal, previdenciária ou trabalhista contraídas pelos cônjuges, pais ou filhos que nele residam. No entanto, essa impenhorabilidade é realmente absoluta? Este artigo propõe examinar a aplicação da garantia do bem de família em contraste com o princípio constitucional da dignidade da pessoa humana, com um enfoque nas execuções trabalhistas. A análise também abordará os impactos dessa proteção no direito imobiliário.

1. BEM DE FAMÍLIA: CONCEITO E FINALIDADE SOCIAL

O Bem de Família é um instituto jurídico que tem como finalidade a proteção da habitação familiar. Esta proteção é uma prerrogativa do Estado, que visa assegurar a proteção da família, conforme o artigo 226 da Constituição Federal, o qual reconhece a família como base da sociedade.

A moradia é elevada à condição de direito social pelo artigo 6º da Constituição Federal, combinado com o artigo 5º, inciso I, reforçando a importância da inviolabilidade da residência, que é o objetivo principal do capítulo XV do diploma constitucional. O Bem de Família, portanto, não deve ser confundido com o direito à herança ou com a mera residência; trata-se de um conceito jurídico que foi desenvolvido ao longo dos anos.

Conforme as lições de Maria Berenice Dias,[1] o direito à moradia é considerado um direito fundamental e está intrinsecamente ligado aos direitos da personalidade, que são inerentes à pessoa humana. Tais direitos são pressupostos para a integridade física e moral do indivíduo. Para essa autora, o conceito de moradia vai além de simplesmente habitar um local; trata-se de um direito subjetivo que representa um poder de vontade, ao qual é atribuído o dever jurídico de respeito.

Atualmente, o Bem de Família é compreendido como o imóvel utilizado como residência por uma entidade familiar, seja decorrente de casamento, união estável, entidade monoparental, ou qualquer outra origem, sendo protegido por previsão legal específica. A essência deste instituto é garantir a impenhorabilidade do imóvel, protegendo-o, em regra, contra execuções por dívidas.

Conforme a Súmula 364 do Superior Tribunal de Justiça (STJ), essa proteção é extensível também ao imóvel onde residam pessoas solteiras, separadas ou viúvas, abrangendo, assim, uma ampla gama de situações familiares.

Pablo Stolze Gagliano e Rodolfo Pamplona Filho definem o bem de família como "o bem jurídico que protege o devedor – seja individualmente ou como

---

1. DIAS, Maria Berenice. *Manual de Direito das Famílias*. 8. ed. São Paulo: RT, 2011.

parte de um núcleo existencial –, com o propósito de garantir a preservação do mínimo patrimonial necessário para uma vida digna".[2]

Assim, percebe-se que essa proteção visa assegurar o direito à moradia e, por extensão, a proteção da família.

No contexto da proteção do bem de família, uma das questões fundamentais é a sua função social. Os tribunais têm reafirmado a importância de interpretar o bem de família conforme a função social da propriedade, buscando equilibrar a proteção patrimonial com os interesses coletivos, já que a propriedade deve atender às demandas sociais.

Esse entendimento tem resultado em decisões que permitem a penhora de imóveis destinados à moradia, desde que tal medida não comprometa o sustento da família.

Assim, torna-se evidente que o bem de família, enquanto patrimônio, deve ser devidamente valorizado. A impenhorabilidade desse bem é protegida em virtude da dignidade das pessoas que nele residem e fazem uso, e não meramente por pertencer a uma família.

Embora essa proteção não seja absoluta, as exceções previstas pelo legislador são fundamentadas em uma hierarquia de valores, conforme estabelecido pela função social da propriedade, de acordo com o artigo 5º, inciso XXIII, da Constituição Federal.

A propriedade deve ser abordada de forma interdisciplinar. Para alguns, ela pode ser vista como uma questão complexa, pois envolve um conjunto de obrigações do proprietário. No entanto, o seu alcance é muito mais amplo. A funcionalidade social da propriedade estabelece não apenas os deveres de conduta do proprietário em relação ao uso do bem, mas também orienta as políticas públicas do Estado para garantir que o proprietário cumpra seus deveres, utilizando a propriedade de maneira regular quando os valores a serem protegidos, como a moradia e a alimentação, sejam considerados superiores.

A própria Constituição Federal assegura que esses direitos constituem o mínimo necessário para a existência digna da pessoa humana e, em alguns casos, são considerados verdadeiros direitos fundamentais, conforme evidenciado pela Emenda Constitucional 26.

A Carta Magna impõe o respeito à dignidade humana, que se fundamenta, entre outros princípios, no conceito de mínimo existencial, conforme exposto por Joyce Araújo dos Santos:

---

2. *Novo curso de direito civil*: direito de família – As famílias em perspectiva constitucional. São Paulo: Saraiva, 2011, p. 389.

O mínimo existencial seria, neste contexto, o conjunto de condições e circunstâncias materiais mínimas a que tem direito todo ser humano, revelando-se como núcleo irredutível da dignidade humana, cuja concretização, como dito, fora eleita no Estado de Direito, agora Estado Democrático de Direito, como principal objetivo dos poderes estatais.[3]

Nesse contexto, a proteção do mínimo existencial deve ser aplicada e estendida a todos, sem distinção, tendo como fundamento legal a aplicação do artigo 7º da Constituição.

No entanto, destaca-se que existem exceções à proteção do patrimônio mínimo existencial legalmente previstas para o Bem de Família.

2. ESPÉCIES DE BEM DE FAMÍLIA

O bem de família pode ser dividido em duas categorias: convencional ou voluntário e legal.

Conforme o artigo 1.711 do Código Civil, o bem de família voluntário é estabelecido pela vontade do casal ou da entidade familiar, por meio de um registro formal no cartório de imóveis. Essa formalização resulta em dois efeitos principais: a impenhorabilidade, que protege o imóvel de ser penhorado por dívidas futuras, com exceção das obrigações tributárias referentes ao bem e das despesas condominiais, conforme previsto no artigo 1.715 do Código Civil; e a inalienabilidade relativa, que significa que, uma vez registrado como bem de família voluntário, o imóvel só pode ser vendido com o consentimento dos interessados e com a autorização do proprietário. A seguir, são apresentados os dispositivos legais mencionados:

> Art. 1.711. Podem os cônjuges, ou a entidade familiar, mediante escritura pública ou testamento, destinar parte de seu patrimônio para instituir bem de família, desde que não ultrapasse um terço do patrimônio líquido existente ao tempo da instituição, mantidas as regras sobre a impenhorabilidade do imóvel residencial estabelecida em lei especial.
>
> Parágrafo único. O terceiro poderá igualmente instituir bem de família por testamento ou doação, dependendo a eficácia do ato da aceitação expressa de ambos os cônjuges beneficiados ou da entidade familiar beneficiada.
>
> Art. 1.715. O bem de família é isento de execução por dívidas posteriores à sua instituição, salvo as que provierem de tributos relativos ao prédio, ou de despesas de condomínio.
>
> Parágrafo único. No caso de execução pelas dívidas referidas neste artigo, o saldo existente será aplicado em outro prédio, como bem de família, ou em títulos da dívida pública, para sustento familiar, salvo se motivos relevantes aconselharem outra solução, a critério do juiz.

---

3. SANTOS apud, JOYCE ARAUJO DOS – Aspectos Fundamentais do Princípio da Dignidade Humana e sua relação com a evolução do Estado de Direito: a dignidade como vetor na ponderação de interesses. *Revista Palavra Mundo Direito*. Maceió: FRM. ano 1, n. 1, jun.-dez. 2008.

BEM DE FAMÍLIA NO DIREITO PROCESSUAL DO TRABALHO E IMOBILIÁRIO

Art. 1.717. O prédio e os valores mobiliários, constituídos como bem da família, não podem ter destino diverso do previsto no art. 1.712 ou serem alienados sem o consentimento dos interessados e seus representantes legais, ouvido o Ministério Público.

Ressalte-se que após a instituição do patrimônio como bem de família pelos cônjuges, a entidade familiar ou terceiros, esse patrimônio ficará resguardado de execuções e penhoras decorrentes de dívidas. Dívidas anteriores não são atingidas pela proteção.

Com a finalidade de se evitar fraudes, o artigo 1.711 do Código Civil limitou o valor do bem de família voluntário ao teto de 1/3 do patrimônio líquido de seus instituidores.

A questão relativa ao bem de família legal, regulada pela Lei 8.009/90, trata da impenhorabilidade do bem de família de forma legal, independentemente de sua inscrição voluntária em cartório, coexistindo com o bem de família voluntário.

Nesse contexto, caso haja dois imóveis, a proteção será conferida ao de menor valor. No entanto, se os proprietários optarem por registrar o imóvel de maior valor como bem de família voluntário, este também será protegido.

Ressalte-se que o bem de família, seja ele legal ou voluntário, não está sujeito a um limite de valor, o que se fundamenta pelos artigos 1º e seu parágrafo único, e artigo 3º, ambos da Lei 8.009/90:

Art. 1º O imóvel residencial próprio do casal, ou da entidade familiar, é impenhorável e não responderá por qualquer tipo de dívida civil, comercial, fiscal, previdenciária ou de outra natureza, contraída pelos cônjuges ou pelos pais ou filhos que sejam seus proprietários e nele residam, salvo nas hipóteses previstas nesta lei.

Parágrafo único. A impenhorabilidade compreende o imóvel sobre o qual se assentam a construção, as plantações, as benfeitorias de qualquer natureza e todos os equipamentos, inclusive os de uso profissional, ou móveis que guarnecem a casa, *desde que quitados*.

Art. 3º A impenhorabilidade é oponível em qualquer processo de execução civil, fiscal, previdenciária, trabalhista ou de outra natureza, salvo se movido:

I – em razão dos créditos de trabalhadores da própria residência e das respectivas contribuições previdenciárias;

II – pelo titular do crédito decorrente do financiamento destinado à construção ou à aquisição do imóvel, no limite dos créditos e acréscimos constituídos em função do respectivo contrato;

III – pelo credor de pensão alimentícia;

IV – para cobrança de impostos, predial ou territorial, taxas e contribuições devidas em função do imóvel familiar;

V – para execução de hipoteca sobre o imóvel oferecido como garantia real pelo casal ou pela entidade familiar;

VI – por ter sido adquirido com produto de crime ou para execução de sentença penal condenatória a ressarcimento, indenização ou perdimento de bens;

VII – por obrigação decorrente de fiança concedida em contrato de locação.

Destaca-se que o parágrafo único do artigo 1º do citado diploma legal vincula a condição dos bens móveis estarem quitados, o que deve ser observado para a sua admissibilidade.

O artigo 4º, § 2º, do mencionado diploma legal protege o imóvel residencial rural, colocando-os como impenhoráveis, para, em regra, não responderem por qualquer tipo de dívida civil, comercial, fiscal, previdenciária ou de oura natureza, desde que contraída pelos cônjuges ou pelos pais ou filhos que sejam seus proprietários e nele residam.

Chama-se atenção para os requisitos de admissibilidade: que as dívidas tenham sido contraídas pelos cônjuges, pelos pais ou filhos, que sejam proprietários e nele residam.

Outrossim, importante salientar que no legal a dissolução da sociedade conjugal não extingue o bem de família, ainda que não tenha filhos, enquanto que no voluntário ou convencional pode extinguir-se com a dissolução da sociedade conjugal.

Em outubro de 2008, o Superior Tribunal de Justiça (STJ) introduziu um avanço significativo com a edição da Súmula 364, que ampliou o conceito de impenhorabilidade dos bens de família, estendendo essa proteção também aos imóveis pertencentes a pessoas solteiras, separadas e viúvas.

Essa decisão ressalta a importância de fundamentar a impenhorabilidade do bem de família na sua finalidade essencial: assegurar a manutenção da moradia, a subsistência e o respeito ao princípio constitucional da dignidade da pessoa humana, conforme o artigo 1º, inciso III, da Constituição Federal de 1988.

Outra inovação que merece destaque do bem de família voluntário ou convencional é em relação à possibilidade de instituição de valores mobiliários como bem de família vinculados a um imóvel residencial, ambos impenhoráveis por dívidas posteriores à instituição.

Assim, quando o imóvel pertencente a pessoas solteiras, separadas ou viúvas é utilizado para exercer esse direito fundamental, ele deve ser protegido como bem de família, demonstrando a abrangência e a relevância desse conceito na promoção da dignidade humana.

O bem de família é um instituto jurídico fundamental que tem como objetivo proteger o direito à moradia e assegurar a dignidade das pessoas e das suas famílias. Ao assegurar a impenhorabilidade do imóvel usado como residência familiar, o bem de família garante a proteção patrimonial necessária para a subsistência, contribuindo para a estabilidade e segurança social. Essa proteção é aplicável a diversas configurações familiares, o que demonstra sua relevância na proteção dos direitos fundamentais e na função social da propriedade.

3. BEM DE FAMÍLIA NA EXECUÇÃO TRABALHISTA

A execução trabalhista visa garantir o efetivo cumprimento dos direitos reconhecidos em sentença, mas não raras vezes precisa enfrentar algumas barreiras, dentre elas, a proteção constitucional concedida ao bem de família, que é utilizado pelos devedores como uma forma de frustrar a execução. Essa fase processual se inicia com o não pagamento voluntário da dívida por parte do executado, dando-se início à via *crusis* do credor para ver satisfeito seu crédito.

Conforme estabelecido pela Lei 8.009/1990, o bem de família é, em regra, impenhorável. Essa proteção reflete o princípio constitucional da dignidade da pessoa humana e tem por objetivo garantir o direito à moradia, impedindo que o devedor e sua família fiquem desabrigados.

A proteção do imóvel como bem de família busca assegurar que o devedor tenha um lar, independentemente de suas obrigações financeiras. A ideia central é que a perda da residência compromete a dignidade e a estabilidade da família, podendo gerar graves consequências sociais e econômicas.

No contexto das execuções trabalhistas, no entanto, surgem conflitos entre direitos fundamentais. De um lado, temos o direito do trabalhador ao recebimento de verbas alimentares, essenciais à sua subsistência e à de sua família. De outro, a proteção ao bem de família do devedor, igualmente fundamentada na dignidade da pessoa humana além do direito à moradia. A questão que se impõe é: como equilibrar esses direitos de igual importância constitucional?

Os créditos perseguidos nas execuções trabalhistas são de caráter alimentar, verbas essenciais à subsistência do trabalhador e de sua família para a manutenção de uma vida digna. O conflito entre a necessidade de garantir o pagamento das verbas alimentares e a proteção ao bem de família do devedor não tem solução fácil. A dificuldade reside no fato de que a penhora do bem de família pode ser a única forma de assegurar o pagamento ao trabalhador, mas, ao mesmo tempo, pode deixar o devedor e sua família desabrigados. Isso coloca em confronto dois direitos fundamentais garantidos constitucionalmente: o direito à moradia e o direito à subsistência.

Os Tribunais brasileiros têm enfrentado esse dilema, buscando, em muitos casos, um equilíbrio. Embora a lei não vincule a impenhorabilidade do bem de família ao valor do imóvel, algumas decisões têm relativizado essa proteção, permitem a penhora quando a dívida trabalhista representa o único meio de subsistência do trabalhador, especialmente se o imóvel for de elevado valor. Nesses casos, é considerada a possibilidade de venda do imóvel para aquisição de outro mais simples, destinando-se o valor remanescente ao pagamento da dívida trabalhista.

A decisão se mostra bem razoável diante do conflito existente entre direitos de mesma natureza e garantidos constitucionalmente. No entanto, vale ressaltar que a relativização da impenhorabilidade do bem de família ainda não é majoritária. Existem casos, em que a proteção ao bem de família prevalece, mesmo diante de créditos trabalhistas. O Superior Tribunal de Justiça (STJ) e o Tribunal Superior do Trabalho (TST) têm, em suas jurisprudências, assegurado a impenhorabilidade do bem de família, independentemente do valor do imóvel, defendendo de forma reiterada e inequívoca que a Lei 800/90 não estabelece distinção baseada no valor do bem, descabendo ao julgador interpretar de forma diversa, apresentando argumento que a lei não prevê.

De qualquer forma, entendemos que a melhor interpretação deve buscar o equilíbrio entre o direito do trabalhador ao crédito e o direito do devedor à moradia, ambos embasados no princípio da dignidade da pessoa humana. Não é razoável que o exercício de um direito inviabilize o outro. A ponderação entre esses dois princípios é essencial para alcançar a justiça.

Como bem destacado pelo Desembargador Ney José de Freitas (1990), do TRT-PR: "Não é justo assegurar como bem de família um imóvel que vale milhões, enquanto o que se está devendo é uma pequena fração. É preciso encontrar uma solução para isso, para que o trabalhador não tenha apenas um quadro emoldurado da justiça dizendo que tem direito, mas não recebe o que lhe foi assegurado".

Quando se reconhece como bem de família um bem de alto valor, sob o argumento de que não deve ser penhorado, pois a lei não traz como requisito de admissibilidade o valor do bem, o imóvel acaba sendo utilizado como uma forma de blindagem do patrimônio do devedor, utilizando a lei como uma forma de se esquivar de suas obrigações.

De qualquer forma, para que a prestação jurisdicional atinja a tão almejada justiça é preciso que o julgador, na análise do caso concreto, tome alguns cuidados ao reconhecer ou afastar a qualidade de bem de família de um imóvel. Um dos cuidados é aferir se realmente o imóvel indicado preenche os requisitos legais. Esse simples cuidado pode evitar longas discussões jurídicas e facilitar o deslinde do processo. É preciso se certificar se o imóvel é utilizado para moradia permanente da entidade familiar do devedor, se afastando uma falsa alegação.

Além disso, é importante lembrar que o bem de família é aquele cujo endereço é oficialmente declarado pelo proprietário como seu domicílio tributário, conforme o art. 28 do Decreto 3000/1999 (Regulamento do Imposto sobre a Renda e Proventos de Qualquer Natureza). Durante uma execução trabalhista, é essencial verificar essa informação por meio da ferramenta eletrônica INFOJUD (funcionalidade DIRPF), comparando o endereço informado nos autos com o declarado na declaração de imposto de renda do devedor.

No delicado equilíbrio entre a proteção ao bem de família e a satisfação dos créditos trabalhistas, nos encontramos diante de um verdadeiro dilema jurídico que testa os limites de nossas leis e princípios constitucionais. A impenhorabilidade do bem de família, enquanto proteção vital à dignidade humana e ao direito à moradia, não pode ser usada como escudo absoluto para frustrar direitos igualmente fundamentais, como a garantia dos créditos alimentares de um trabalhador. O que se exige dos operadores do direito é uma análise cuidadosa e ponderada de cada caso, onde o julgador deve, com sabedoria, discernir entre o que é justo e o que é legal, buscando soluções que honrem a essência da justiça. Como bem pontuou o Desembargador Ney José de Freitas, não podemos permitir que a Justiça se transforme em uma promessa vazia, onde o trabalhador, após árdua batalha judicial, se veja apenas com um direito reconhecido em papel, mas sem a devida execução prática. Em última análise, a verdadeira justiça é aquela que, ao reconhecer os direitos, também se preocupa em efetivá-los, sem desrespeitar a dignidade das partes envolvidas. Assim, cabe ao Direito Processual do Trabalho encontrar o ponto de convergência que permita a coexistência harmônica entre a proteção ao bem de família e a necessidade imperiosa de garantir o sustento do trabalhador, assegurando que ambos os princípios constitucionais possam ser respeitados e efetivados, sem que um anule o outro.

4. POSSIBILIDADE DE DESMEMBRAMENTO DO BEM DE FAMÍLIA

A impenhorabilidade do bem de família foi introduzida com Lei 8.009/90 e em regra, absoluta, ou seja, não pode ser desconsiderada em ações de execução, salvo em casos específicos, como dívida de pensão alimentícia, que pode levar à penhora do imóvel.

Para ser impenhorável, o imóvel precisa ser o único residencial do devedor e ser utilizado efetivamente para moradia ou de sua entidade familiar.

Ressalte-se que, mesmo o imóvel esteja locado, se a renda da locação for utilizada para subsistência familiar, conforme entendimento do STJ na Súmula 486, poderá ser considerado bem de família.

Para que a impenhorabilidade seja reconhecida, é preciso que o bem esteja registrado como bem de família no RGI. Outra forma de fazer essa prova é juntar comprovantes de contas de consumos mensais (contas de luz, gás, cartão de crédito), fotos da família no local, bem como depoimento de vizinhos ou porteiros, que atestem o tempo e a morada, dentre outros documentos que comprovem a vivência da família.

Algumas exceções à impenhorabilidade incluem dívidas relacionadas a impostos, taxas e contribuições que recaem sobre o imóvel.

A impenhorabilidade do bem de família é um importante instrumento de proteção social, assegurando que as famílias possam manter sua habitação mesmo em momentos de crise financeira.

Caso a penhora seja efetivada sem o conhecimento do proprietário, a impenhorabilidade do bem de família pode ser arguida a qualquer tempo para invalidar o ato.

É inquestionável que o bem de família tem como intuito a proteção da morada onde reside o devedor e sua família em caráter definitivo, assegurando, leia-se: "a proteção da moradia representa a proteção da própria pessoa humana, pois é em sua casa que o ser humano se concretiza" (Tartuce, Flávio. A penhora do bem de família do fiador p. 3).

Deixando um pouco de lado o aspecto protetor do bem de família, no caso de imóvel de grande extensão, especialmente o rural, não trabalhado, é possível a penhora da parte do bem não utilizado como moradia.

Por sua vez, o desmembramento pode ocorrer pelas dívidas do próprio imóvel como IPTU, prestação de financiamento, despesas condominiais ou despesas dos funcionários domésticos.

Pode ocorrer também um desmembramento consensual, entre os proprietários, respeitando o direito dos demais e de forma judicial, contudo, sem prejudicar a função social do imóvel.

5. JURISPRUDÊNCIA DO TRIBUNAL SUPERIOR DO TRABALHO RECONHECENDO IMÓVEL DE USO COMERCIAL COMO BEM DE FAMÍLIA

Não obstante as considerações expostas no presente artigo, importante colacionar recente entendimento do Tribunal Superior do Trabalho que, em julgamento do Ag-RR – 108100-45.2009.5.08.0015, afastou a penhora de imóvel do dono de um Colégio em Belém do Pará que seria utilizado para pagamento dos créditos trabalhistas de um professor.

Por análise da Terceira Turma do Tribunal Superior do Trabalho restou constatado que o imóvel penhorado, onde funcionava o Colégio, estava protegido por ser bem de família, malgrado os argumentos do credor em sentido contrário.

O Tribunal entendeu pela aplicação da Lei 8.009 de 1990, no sentido de que o imóvel era destinado à moradia do devedor e de sua família, sendo, portanto, bem de família. Outrossim, entendeu que, não havendo prova da existência de outros imóveis utilizados como moradia permanente, o fato de o local também ser utilizado com finalidade comercial não afasta sua natureza de bem de família.

BEM DE FAMÍLIA NO DIREITO PROCESSUAL DO TRABALHO E IMOBILIÁRIO

Agravo do exequente. Decisão monocrática de provimento do recurso de revista do executado. Bem de família. Executado residente no imóvel comercial penhorado. Argumento do exequente no sentido de que o executado é proprietário de outros imóveis, não reside no bem penhorado e cometeu fraude processual. Premissas fáticas não registradas no acórdão regional. Súmula 126. Impõe-se confirmar a decisão monocrática, mediante a qual foi provido o recurso de revista do executado.

Agravo conhecido e não provido.

É certo que o princípio da efetividade da prestação jurisdicional determina a satisfação da decisão judicial trabalhista em sua integralidade, respondendo o devedor pelo débito da coisa julgada na forma da expropriação de seus bens. A execução da sentença se faz integralmente voltada ao interesse do credor trabalhista, detentor de crédito de natureza alimentar.

Entretanto, não estão sujeitos à execução os bens que a lei considera impenhoráveis ou inalienáveis, em resguardo a determinadas situações em que a dignidade da pessoa humana poderia ser afrontada justamente pela continuidade da execução, gerando, assim, um encargo social muito maior do que o não pagamento da dívida.

É o caso da proteção do bem de família, assim considerado aquele destinado à moradia do devedor e de sua família, segundo o disposto no artigo 1º da Lei 8.009/90, verbis: "O imóvel residencial próprio do casal, ou da entidade familiar é impenhorável por qualquer tipo de dívida civil, comercial, fiscal, previdenciária ou de outra natureza, contraída pelos cônjuges ou pelos pais ou filhos que sejam seus proprietários e nele residam, salvo nas hipóteses previstas nesta lei".

A norma em questão visa, precipuamente, proteger o imóvel familiar e os bens que lá se encontram, resguardando a dignidade dos membros da família. Com efeito, a família, conforme preconiza a Constituição Federal de 1988 em seu art. 226, constitui a "base da sociedade" e a ela é destinada "especial proteção do Estado".

Por sua vez, o direito à moradia foi erigido ao patamar constitucional, integrando o rol de direitos sociais previstos no art. 6º da Constituição Federal, como direito fundamental da pessoa humana. E, a par dessa proteção específica, não se pode olvidar também do direito de propriedade insculpido no art. 5º, XXII, da CF, inclusive pelo atendimento, no caso, de sua indiscutível função social (art. 5º, XXIII, da CF).

Desse modo, a proteção do bem de família, tratada na Lei 8.009/90 e no Código Civil de 2002, embora tenha sua conformação delineada pelo legislador ordinário, é um instituto que possui matriz constitucional, vindo a concretizar os princípios insculpidos naqueles dispositivos, de modo que, ao se reconhecer exceção não prevista em lei a tal garantia de impenhorabilidade, conferindo-se, pois, interpretação que nega efetividade ao direito de moradia da família, tem-se por afrontada diretamente a Constituição Federal.

Por sinal, o Supremo Tribunal Federal, no exame do RE 612.360/SP, embora analisando situação distinta e tendo ratificado seu entendimento acerca da compatibilidade da exceção prevista no art. 3º, VII, da Lei 8.009/90 com o direito à moradia consagrado no art. 6º da Constituição Federal, com redação dada pela EC 26/2000, reconheceu a existência de repercussão geral da questão constitucional suscitada.

Diante da expressão legal "entidade familiar", vale esclarecer, considerando o executado ser pessoa divorciada, que, conforme entendimento do STJ consolidado na sua Súmula 364, "O conceito de impenhorabilidade de bem de família abrange também o imóvel pertencente a pessoas solteiras, separadas e viúvas."

Destaco, ainda, que o entendimento jurisprudencial desta Corte é no sentido de que, não havendo prova da existência de outros imóveis utilizados como moradia permanente, o fato de o imóvel também ser utilizado com finalidade comercial não afasta a natureza de bem de família. (...)

Conforme registrado no acórdão regional, foram juntados "comprovante de residência, laudos de avaliação e penhora, notas fiscais de compra de mobília, carta de recadastramento da SUSEP, recibos de imposto de renda informando o endereço do imóvel, seguro de vida, documentos pessoais e fotos do imóvel".

Ao se pronunciar sobre os documentos juntados pelo ora embargante, diz o TRT apenas que "nenhum desses documentos são aptos a provar que o referido imóvel se trata de bem de família".

Ora, a caracterização ou não do imóvel como bem da família é um conceito, bastando, para a sua configuração, que atenda a requisitos objetivos, os quais foram elencados pelo próprio TRT, a saber: "a propriedade do imóvel, a residência e a entidade familiar, solteiro ou casado que esteja o residente".

No caso, não há notícia, entre as premissas fáticas consignadas no acórdão regional, da existência de outros imóveis, ônus que compete à parte exequente. E, é inviável nessa instância ordinária conhecer de fatos não registrados no acórdão regional, sob pena de contrariedade à Súmula 126 do TST.

Dessa forma, porquanto ausente notícia no acórdão da pluralidade de imóveis, irrelevante a ausência de registro ou averbação do imóvel como bem de família (bem de família voluntário).

A caracterização da entidade familiar, por sua vez, foi reconhecida pelo próprio Tribunal Regional. Além de registrado no acórdão a juntada, pelo embargante, dos documentos acima listados, entre os quais, comprovantes de residência, notas fiscais de compra de mobília e recibos de imposto de renda informando o endereço do imóvel, afirma o próprio exequente nas contrarrazões aos embargos de declaração que, "Após o início da presente execução, o embargante, (...), instalou-se nas dependências da escola para abraçá-la a fim de evitar sua alienação, anexando documentos duvidosos de que estaria sob o pálio de bem de família" (fl. 1923 – destaquei). Nessa quadra, cumpre assinalar que a comprovação de que o embargante reside de forma fraudulenta no referido imóvel é ônus do exequente, não havendo nenhuma menção a esse respeito no acórdão regional.

Ainda que assim não o fosse, a questão relativa à utilização do único imóvel como residência, para efeitos de impenhorabilidade a que alude o art. 5º da Lei 8.009/90, também vem ganhando novos contornos, conforme se infere da jurisprudência do Superior Tribunal de Justiça.

(...)

Com efeito, aquela Corte Superior consagra em sua Súmula 486 o entendimento de que "É impenhorável o único imóvel residencial do devedor que esteja locado a terceiros, desde que a renda obtida com a locação seja revertida para a subsistência ou a moradia da sua família". E, tal proteção, conforme acima registrado, também se estende ao imóvel comercial.

(...)

Portanto, a circunstância de imóvel estar ocupado pela unidade familiar não se revela condição imprescindível para a caracterização do bem de família, bastando que aquele esteja afetado a sua subsistência. Nesse sentido, o seguinte julgado:

(...)

Esclareço, ainda, que não há registro no acórdão regional de que o imóvel é suscetível de divisão cômoda, sendo que tal fato é ônus do exequente. Dessa forma, constata-se que o imóvel objeto da penhora goza da proteção conferida ao bem de família. Processo TST-Ag-RR – 108100-45.2009.5.08.0015, Hugo Carlos Scheuermann, Ministro Relator, Publicação em 06.10.2023.

CONCLUSÃO

Este artigo procurou evidenciar os requisitos necessários para que um imóvel seja declarado como bem de família, sendo um direito fundamental no ordenamento jurídico brasileiro, tendo em vista que visa proteger a entidade familiar e garantir o direito à moradia.

Ficou comprovado, neste artigo, que a moradia é elevada à condição de direito social através de preceito Constitucional, e, atualmente, o bem de família é compreendido como o imóvel utilizado como residência por uma entidade familiar, seja decorrente de casamento, união estável, entidade monoparental, ou qualquer outra origem, sendo protegido por previsão legal específica.

Ademais, essa proteção é extensível ao imóvel onde residam pessoas solteiras, separadas ou viúvas, abrangendo, assim, uma ampla gama de situações familiares, conforme dispõe a Súmula 364 do Superior Tribunal de Justiça.

Evidencia-se que a essência do instituto do bem de família reside na garantia de impenhorabilidade do imóvel em detrimento das execuções por dívidas contraídas pelo proprietário, restando preservado um mínimo patrimonial necessário para a vida com dignidade.

Destarte, restou comprovado que a proteção não é absoluta, havendo exceções previstas em lei e situações que descortinam a proteção de impenhorabilidade.

Nesse contexto, realizada análise sobre o bem de família e as execuções trabalhistas, cujos créditos a serem satisfeitos possuem natureza alimentar, sendo destinados à garantia da subsistência mínima de seus credores e garantia da vida com dignidade restando demonstrado que, para a satisfação dos créditos trabalhistas, algumas barreiras são enfrentadas no curso da execução citando-se, dentre elas, o óbice a penhora de imóvel reconhecido como bem de família, pois, conforme estabelecido pela Lei 8.009/1990, é, em regra, impenhorável.

Todavia, ao tratarmos das execuções trabalhistas surgem conflitos entre direitos fundamentais. O conflito entre a necessidade de garantir o pagamento das verbas alimentares e a proteção ao bem de família do devedor.

Diante dessa celeuma os Tribunais brasileiros têm buscado equilíbrio quando da análise de determinados casos em concreto e, embora a lei não vincule a impenhorabilidade do bem de família ao valor do imóvel, algumas decisões têm relativizado essa proteção, permitindo a penhora quando a dívida trabalhista representa o único meio de subsistência do trabalhador, especialmente se o imóvel for de elevado valor. Nesses casos, é considerada a possibilidade de venda do imóvel para aquisição de outro mais simples, destinando-se o valor remanescente ao pagamento da dívida trabalhista.

As decisões proferidas nesse sentido vêm se mostrando razoáveis e eficazes para a solução do conflito existente entre direitos de mesma natureza e garantidos constitucionalmente.

Para conclusão desse artigo é importante ressaltar que a relativização da impenhorabilidade do bem de família não se configura como entendimento majoritário existindo casos em que prevalece a proteção da propriedade em detrimento aos créditos trabalhistas. O Superior Tribunal de Justiça (STJ) e o Tribunal Superior do Trabalho (TST) têm, em suas jurisprudências, assegurado a impenhorabilidade do bem de família, independentemente do valor do imóvel, defendendo de forma reiterada e inequívoca que a Lei 800/90 não estabelece distinção baseada no valor do bem, descabendo ao julgador interpretar de forma diversa, apresentando argumento que a lei não prevê.

De qualquer forma, para que a prestação jurisdicional atinja a tão almejada justiça é preciso que o julgador analise o caso concreto buscando o equilíbrio entre o direito do trabalhador ao crédito de natureza alimentar e o direito do devedor à moradia, ambos direitos constitucionalmente garantidos e embasados na dignidade da pessoa humana, não havendo o afastamento de um direito em detrimento de outro. A ponderação dos princípios é essencial, devendo o aferir se, realmente, o imóvel indicado preenche os requisitos legais e se constitui, genuinamente, como bem de família.

REFERÊNCIAS

BRASIL. Agravo de Instrumento 0026287-53.2015.4.03.0000/SP. Publicado em 13.05.2016. Relatora Desembargadora Monica Nobre. Disponível em: http://web.trf3.jus.br/acordaos/Acordao/BuscarDocumentoGedpro/5099862. Acesso em: 26 ago. 2024.

BRASIL. Agravo de petição. Processo-TRT-AP-0143100-13.1995.5.01.0203. 21 de maio de 2013. Disponível em: https://www.conjur.com.br/dl/acordao-trt-rj-flexibilizacao.pdf. Acesso em: 26 ago. 2024.

BRASIL. agravo de Instrumento 0108100-45.2009.5.08.0015/PA. Publicado em 06.10.2023. Relatora Ministro Hugo Carlos Scheuermann. Disponível em: https://consultaprocessual.tst.jus.br/consultaProcessual/resumoForm.do?consulta=1&numeroInt=167325&anoInt=2012. Acesso em: 29 ago. 2024.

BRASIL. Código Civil. Lei 10406, de 10 de janeiro de 2002. Disponível em: http://www.planalto.gov. br/ccivil_03/leis/2002/l10406.htm. Acesso em: 26 ago. 2024.

CONSTITUIÇÃO, 1988. Constituição da República Federativa do Brasil de 1988. Brasília, DF: Presidência da República. Acesso em 26 de agosto de 2024.

GUIMARÃES, Rafael; CALCINI, Ricardo e JAMBERG, Richard Wilson. *Execução Trabalhista na Prática*. São Paulo: Mizuno, 2021.

CONTRATO DE *BUILT TO SUIT*: A SOLUÇÃO IDEAL PARA EXPANSÃO E PERSONALIZAÇÃO NO MERCADO IMOBILIÁRIO

Daniel Marinho de Oliveira

Membro da Associação Brasileira dos Advogados – ABA. Membro do Instituto Brasileiro de Advocacia Pública – IBAP. Membro da Associação Brasileira de Advogados do Mercado Imobiliário – ABAMI. Advogado concursado da Petróleo Brasileiro S.A. – PETROBRAS. Sócio fundador de Marinho & Frias Sociedade de Advogados.

Eduardo Luiz de Medeiros Frias

Membro da Associação Brasileira dos Advogados – ABA. Membro da Comissão de Mentoria Jurídica da OAB/Niterói-RJ. Membro da Comissão de Mentoria Jurídica da OAB/RJ. Membro da Associação Brasileira de Advogados do Mercado Imobiliário – ABAMI. Advogado concursado da Petróleo Brasileiro S.A. – PETROBRAS. Sócio fundador de Marinho & Frias Sociedade de Advogados.

Sumário: Introdução – 1. Histórico – 2. A inserção e contexto do contrato *built and suit* no Brasil – 3. A inserção e contexto do contrato *built and suit* nos Estados Unidos – 4. Utilização em outros países – 5. Definição e estrutura – 6. Principais características – 7. Vantagens comerciais; 7.1 Para o locatário; 7.2 Para o locador; 7.3 Vantagens econômicas e contábeis; 7.3.1 Para o locatário; 7.3.2 Para o locador – 8. Dispositivos legais que tratam da matéria – 9. Divergências doutrinárias a respeito do contrato *built to suit;* 9.1 Natureza jurídica do contrato; 9.2 Aplicabilidade da lei do inquilinato; 9.3 Validade da renúncia ao direito de revisão do aluguel – 10. Divergências jurisprudenciais a respeito do contrato *built to suit;* 10.1 Natureza jurídica do contrato e aplicabilidade da lei do inquilinato; 10.2 Validade da renúncia ao direito de revisão do aluguel – 11. Casos famosos; 11.1 Casos internacionais; 11.2 Casos no Brasil; 11.3 Casos na administração pública brasileira – 12. Perspectiva atual; 12.1 Mercado brasileiro; 12.2 Tendências futuras – Conclusão – Referências.

INTRODUÇÃO

O contrato de *built to suit* (BTS) é uma modalidade contratual que tem ganhado destaque no mercado imobiliário, especialmente em projetos comerciais e industriais. Este artigo visa explorar de maneira detalhada e didática os aspectos históricos, vantagens, casos famosos, dispositivos legais e a perspectiva atual dessa forma de contrato.

1. HISTÓRICO

O conceito de *built to suit* surgiu nos Estados Unidos na década de 1950, como uma resposta à necessidade de empresas que buscavam imóveis personalizados para suas operações, mas não desejavam ou não podiam investir diretamente na construção. Com o tempo, essa prática se espalhou para outros países, incluindo o Brasil, onde começou a ganhar popularidade a partir dos anos 2000. *Built to suit*, numa tradução livre, seria "construído para servir", ou "construído para ajustar".

2. A INSERÇÃO E CONTEXTO DO CONTRATO *BUILT AND SUIT* NO BRASIL

Os contratos de *built to suit*, originários do mercado imobiliário norte-americano, foram introduzidos no Brasil na década de 1990, um período marcado por um aquecimento econômico que incentivou novos investimentos empresariais. Este contexto favorável foi acompanhado pela promulgação da Lei 9.514, de 20 de novembro de 1997, cujo objetivo era promover o financiamento imobiliário e estimular o investimento no setor.

Com os incentivos econômicos, investidores do setor imobiliário começaram a adotar novas alternativas contratuais para viabilizar negócios, incluindo a importação do modelo de contrato *built to suit*.

No Brasil, essa modalidade já era utilizada antes mesmo de possuir uma previsão legal específica, o que gerou controvérsias jurídicas e insegurança para aqueles que optavam por esse tipo de contratação.

Mesmo diante da ausência de uma descrição legal explícita, os contratantes utilizavam o artigo 425 do Código Civil para formalizar suas negociações. O contrato *built to suit* envolve o empreendedor/locador investindo antecipadamente uma quantia significativa no imóvel, com o propósito de customizá-lo, visando atender às necessidades do futuro empresário/locatário. O investimento aportado é feito com a expectativa de recuperar o capital investido, uma vez que a remuneração paga pelo locatário não se limita ao aluguel, mas inclui os custos de adequação do imóvel.

É importante salientar que a falta de regulamentação legal gerava insegurança, especialmente em casos de rescisão antecipada do contrato, onde havia divergências sobre a proporcionalidade das multas aplicadas. Além disso, decisões judiciais variavam em relação à ação revisional de aluguel, conforme o artigo 19 da Lei 8.729/91.

Somente em 19 de dezembro de 2012, com a entrada em vigor da Lei 12.744, que o contrato *built to suit* foi regulamentado pela Lei 8.245 de 18 de outubro de 1991 (Lei do Inquilinato), através dos artigos 4º e 54-A.

Destaca-se que o termo em inglês não foi utilizado na legislação, embora a prática continue a adotar a nomenclatura norte-americana, que significa, em tradução livre, "construído para servir".

Conforme o artigo 54-A da Lei 8.245/91, o contrato *built to suit* refere-se à locação não residencial de imóvel urbano, com prazo determinado, onde o locador realiza a aquisição, construção ou reforma substancial do imóvel para adequá-lo às necessidades do locatário. Esta modalidade respeita o princípio da autonomia da vontade, permitindo que as partes estabeleçam livremente as regras, desde que em conformidade com a lei.

O artigo 421-A do Código Civil assegura que os contratos civis e empresariais são, em princípio, paritários, garantindo às partes a liberdade de negociação. O § 1º do artigo 54-A da Lei 8.245/91 permite a renúncia ao direito de revisão dos aluguéis durante a vigência do contrato.

No que se refere à ação revisional prevista na Lei do Inquilinato, é esclarecido pela autora Fernanda Benemond que esse tipo de ação prevista na Lei de Locação visa ajustar o valor do aluguel ao nível de mercado, todavia, no contrato *built to suit*, no valor pago incluída a construção ou reforma substancial, o que justificaria um valor acima do mercado.

Ainda com relação à ação revisional, o Tribunal de Justiça de São Paulo (TJ--SP 21910448420178260000) proferiu decisão reconhecendo que, na ausência de previsão contratual sobre a renúncia à revisão, esta não é aplicável, pois não se trata de simples ajuste ao valor de mercado.

Mencionando mais uma peculiaridade do contrato *built to suit* está relacionada ao caso de inadimplência pelo locatário, em que é possível cobrar encargos locatícios pela reforma do imóvel, conforme o artigo 54-A, § 2º, da Lei 8.245/91. Essa remuneração visa não apenas o uso do imóvel, mas também a amortização dos investimentos do locador.

Vale destacar a divergência existente sobre a adequação da inclusão dos contratos *built to suit* na Lei do Inquilinato (Lei 8.245/91). Alguns doutrinadores entendem que essa regulamentação pode não ser a mais apropriada para esse tipo específico de contrato. Nesse sentido, a autora Gabriela Wallau Rodrigues defende o seguinte ponto de vista:

> A existência de forte teor de dirigismo contratual no sistema da Lei do Inquilinato demonstra a inadequação ao contrato de *built to suit* construído sobre modelo de ampla liberdade contratual e assunção de riscos pelas partes.

3. A INSERÇÃO E CONTEXTO DO CONTRATO *BUILT AND SUIT* NOS ESTADOS UNIDOS

Os contratos de *built to suit* tiveram sua origem nos Estados Unidos, na década de 1950, em um contexto de mercado imobiliário mais dinâmico e flexível do que o encontrado no Brasil.

A *Common Law* americana proporciona maior liberdade contratual, permitindo que as partes negociem termos de forma mais livre em comparação ao nosso ordenamento civil.

No entanto, ao serem introduzidos no Brasil, esses contratos enfrentaram desafios devido às limitações impostas pela Lei do Inquilinato e pelas normas de locação comercial.

Nos Estados Unidos, os contratos *built to suit* geralmente envolvem arrendamentos de longo prazo, onde o inquilino paga um aluguel fixo e pode assumir algumas despesas operacionais do imóvel. Ao final do contrato, o proprietário tem a opção de renegociar o arrendamento, buscar um novo inquilino ou vender o imóvel. O processo de contratação inclui etapas como o *Request for Qualification (RFQ)* e o *Request for Proposal (RFP)* que são, respectivamente, as requisições para qualificação e para proposta, bem como ajudam a selecionar potenciais locadores e a definir os requisitos do locatário. As propostas devem atender a critérios de funcionalidade, segurança, saúde e sustentabilidade.

Ressalte-se que as requisições para qualificação, *Request for Qualification (RFQ)*, são definidas por meio de um "edital de concorrência" que é disponibilizado para consulta prévia dos interessados. O objetivo desse edital é selecionar um número limitado de empresas, que serão os futuros locadores, e que atendam aos requisitos necessários. Por outro lado, a requisição para proposta, *Request for Proposal (RFP)*, é um documento onde o locatário ou contratante especifica as características contratuais e técnicas do empreendimento, além de estabelecer os critérios para a seleção do locador ou contratado.

Para os investidores, é crucial considerar a valorização do imóvel ao longo do tempo, pois isso impacta diretamente o sucesso do investimento. Locais com alto potencial de crescimento são preferidos, enquanto áreas com menor potencial de valorização são geralmente evitadas.

Em resumo, enquanto nos Estados Unidos a liberdade contratual permite a utilização de contratos *built to suit* sem comprometer a segurança jurídica, no Brasil são necessárias adaptações para equilibrar os interesses públicos e privados, garantindo que a modalidade seja vantajosa e juridicamente segura.

4. UTILIZAÇÃO EM OUTROS PAÍSES

Como visto anteriormente, o tipo contratual *built to suit* é amplamente utilizado nos Estados Unidos, especialmente em setores como o varejo, logística e tecnologia. A flexibilidade contratual e a possibilidade de personalização são os principais atrativos.

Na Europa, o modelo também é popular, embora existam variações nas práticas contratuais devido às diferenças nas legislações nacionais. Países como o Reino Unido e a Alemanha têm adotado o modelo contratual *built to suit* em projetos de grande escala, especialmente em áreas urbanas.

Na Ásia, o *built to suit* tem se expandido rapidamente, impulsionado pelo crescimento econômico e pela urbanização acelerada. Países como China e Índia estão adotando este modelo para atender à demanda por infraestrutura moderna.

5. DEFINIÇÃO E ESTRUTURA

O contrato de *built to suit* é um acordo pelo qual uma parte (locador) se compromete a construir um imóvel de acordo com as especificações da outra parte (locatário), que, por sua vez, se compromete a alugá-lo por um período determinado. Este tipo de contrato é especialmente útil para empresas que necessitam de instalações específicas para suas operações, como fábricas, centros de distribuição e escritórios. O contrato *built to suit* é bem mais que a locação convencional de imóvel urbano, tendo em vista previsões referentes a securitização e ao rigoroso detalhamento das características do imóvel, prazos e multas aplicáveis.

O contrato do tipo *built to suit* é de uma modalidade de operação imobiliária que pode ser definida como construção *taylor made*,[1] tratando-se de um contrato em que o investidor viabiliza um empreendimento imobiliário de acordo com as necessidades do futuro inquilino, que irá locá-lo por um período de tempo predeterminado contratualmente de forma a garantir o retorno do investimento e a remuneração pelo uso do imóvel.

6. PRINCIPAIS CARACTERÍSTICAS

As principais características são as seguintes:

(i) personalização – o imóvel é construído sob medida para atender às necessidades específicas do locatário com especificações técnicas rigorosamente definidas pelo futuro locatário;

(ii) longo prazo – geralmente, esses contratos têm prazos mais longos do que os contratos de locação tradicionais, frequentemente entre 10 e 20 anos;

(iii) investimento inicial – o locador arca com os custos iniciais de construção, que são recuperados ao longo do período de locação; e,

(iv) cláusulas de rescisão – normalmente, incluem cláusulas rigorosas de rescisão para proteger o investimento do locador. Tais cláusulas costumam prever que na hipótese de eventual rescisão do contrato pelo locatário, de-

---

1. Em tradução livre "feito sob medida".

verá ser estabelecida uma multa equivalente a soma dos valores contratados, garantindo assim as obrigações assumidas, em especial os fluxos financeiros previstos.

7. VANTAGENS COMERCIAIS

7.1   Para o locatário

(i) Personalização – o imóvel é construído de acordo com as necessidades específicas da empresa que será a futura locatária.

(ii) *Capex* Reduzido – a empresa não precisa investir capital próprio na construção do imóvel.

(iii) Foco no Core *Business* – permite que a empresa concentre seus recursos e esforços em suas atividades principais.

7.2   Para o locador

(i) Retorno garantido – contratos de longo prazo garantem um fluxo de caixa estável, o que permite a securitização deste contrato, por meio da distribui- ção de títulos a investidores, que terão como garantia o pagamento das parcelas contratadas.

(ii) Valorização do imóvel – o imóvel pode se valorizar ao longo do tempo, aumentando o patrimônio do locador.

(iii) Diversificação de investimentos – permite ao locador diversificar seus investimentos no mercado imobiliário.

7.3   Vantagens Econômicas e Contábeis

7.3.1   Para o locatário

(i) Otimização de recursos – ao optar por um contrato BTS, a empresa pode direcionar seus recursos financeiros para outras áreas estratégicas, como inovação e expansão de mercado.

(ii) Previsibilidade de custos – contratos de longo prazo permitem uma melhor previsão e controle dos custos operacionais, facilitando o planejamento financeiro.

(iii) Benefícios fiscais – dependendo da estrutura do contrato e da legislação vigente, os pagamentos de aluguel podem ser dedutíveis do imposto de renda, reduzindo a carga tributária da empresa.

CONTRATO DE *BUILT TO SUIT* 77

(iv) *Off-Balance Sheet* – em alguns casos, o imóvel não precisa ser registrado como ativo no balanço patrimonial da empresa, melhorando indicadores financeiros como o retorno sobre ativos (ROA[2]).

7.3.2 Para o locador

(i) Fluxo de caixa estável – contratos de longo prazo garantem uma receita constante e previsível, facilitando o planejamento financeiro e a gestão de caixa.

(ii) Valorização do imóvel – a construção de um imóvel sob medida para um locatário específico pode aumentar seu valor de mercado, proporcionando ganhos de capital no futuro.

(iii) Diversificação de riscos – ao investir em imóveis no modelo *built to suit*, o locador pode diversificar seu portfólio de investimentos, reduzindo a exposição a riscos específicos de mercado.

(iv) Amortização do investimento – o contrato de longo prazo permite que o locador recupere o investimento inicial na construção do imóvel de forma gradual e segura.

8. DISPOSITIVOS LEGAIS QUE TRATAM DA MATÉRIA

No Brasil, o contrato de *built to suit* já era utilizado antes mesmo de ser regulamentado pela Lei 12.744/2012, que alterou a Lei 8.245/1991 – Lei do Inquilinato. Uma das principais características da Lei 12.744/2012 que regulamentou o contrato *built to suit* no ordenamento jurídico pátrio foi a previsão que em caso de rescisão antecipada do contrato pelo locatário, este deve indenizar o locador pelos prejuízos de tal rescisão antecipada.

Essa previsão se fundamenta nos vultosos investimentos do locador necessários para viabilizar uma locação do tipo *built to suit*.

A lei passou a tratar o contrato *built to suit*, prevendo, ao contrário dos princípios protetivos ao locatário existentes na Lei 8.245/1991, maior valorização da autonomia da vontade.

Nessa linha, as cláusulas livremente pactuadas são válidas e não serão consideradas nulas, vez que pressuposto das locações convencionais de que o locatário é a parte vulnerável da relação é afastado nos contratos *built to suit*.

Um exemplo é a previsão de que é possível ajustar a renúncia ao direito de revisão do valor dos aluguéis durante o período da locação, exatamente pelo

---

2. Retorno Sobre o Ativo, ou Return On Asset (ROA) em inglês, é uma métrica utilizada para avaliar a lucratividade da empresa mediante seus lucros ativos. Para chegar a esse indicador, é preciso coletar dados como a lucratividade líquida e os ativos da companhia.

fato de ser comum nos contratos *built to suit* a renúncia do locatário ao direito de pleitear tal revisão. Esse fenômeno ocorre, pois o valor da locação não reflete necessariamente ao valor de mercado de locação daquele imóvel, tendo em vista que costuma contemplar também o investimento realizado para construção ou reforma do imóvel para atender as necessidades do locatário.

Vale ressalvar que a cláusula de renúncia ao direito de revisão do valor do aluguel deixa de valer se o contrato passar a viger por prazo indeterminado, contudo as demais cláusulas continuam valendo.

Seguem alguns dos principais dispositivos legais relacionados ao *built to suit*:

Lei 8.245/1991 – Lei do Inquilinato

Art. 54-A: Introduzido pela Lei 12.744/2012, este artigo dispõe sobre a locação não residencial na modalidade *built to suit*, permitindo que as partes pactuem livremente sobre as condições do contrato, inclusive sobre a renúncia ao direito de revisão do valor dos aluguéis durante o prazo de vigência do contrato.

Art. 54-A, § 1º Estabelece que, no caso de rescisão antecipada do contrato por parte do locatário, este deverá indenizar o locador pelos prejuízos decorrentes da rescisão, conforme estipulado contratualmente.[3]

Código Civil Brasileiro – Lei 10.406/2002

Art. 421. Princípio da função social do contrato, que deve ser observado em todas as relações contratuais, incluindo os contratos de *built to suit*.

Art. 422. Princípio da boa-fé objetiva, que impõe às partes o dever de agir com lealdade e honestidade durante a execução do contrato.[4]

9. DIVERGÊNCIAS DOUTRINÁRIAS A RESPEITO DO CONTRATO *BUILT TO SUIT*

9.1 Natureza jurídica do contrato

Uma das principais divergências na doutrina jurídica brasileira diz respeito à natureza jurídica do contrato *built to suit*.

Corrente 1: Contrato de Locação Atípico

- *Autores*: Luiz Antonio Scavone Junior e Sylvio Capanema de Souza.

- *Argumentos*: Defendem que o *built to suit* é essencialmente um contrato de locação, mas com características atípicas que o diferenciam da locação comum.

- *Fundamentação*: Baseiam-se na Lei 12.744/2012, que incluiu o art. 54-A na Lei do Inquilinato, reconhecendo expressamente o *built to suit* como uma modalidade de locação.

---

3. BRASIL, 1991.
4. BRASIL, 2002.

CONTRATO DE *BUILT TO SUIT* **79**

Corrente 2: Contrato Atípico Misto

- *Autores*: Gustavo Tepedino e Cristiano Chaves de Farias.

- *Argumentos*: Sustentam que o *built to suit* é um contrato atípico misto, que combina elementos de locação, empreitada e financiamento.

- *Fundamentação*: Argumentam que as peculiaridades do *built to suit*, como a construção sob medida e o longo prazo contratual, o afastam significativamente do conceito tradicional de locação.

9.2 Aplicabilidade da Lei do Inquilinato

Outro ponto de divergência existente na doutrina jurídica brasileira se refere à aplicabilidade da Lei do Inquilinato aos contratos *built to suit*.

Corrente 1: Aplicação Integral

- *Autores*: Maria Helena Diniz e José Roberto Neves Amorim.

- *Argumentos*: Defendem a aplicação integral da Lei do Inquilinato aos contratos *built to suit*, incluindo as disposições sobre revisão do aluguel e denúncia vazia.

Corrente 2: Aplicação Parcial

- *Autores*: Flávio Tartuce e Nelson Rosenvald.

- *Argumentos*: Propõem uma aplicação seletiva da Lei do Inquilinato, excluindo dispositivos incompatíveis com a natureza específica do *built to suit*, como a revisão do valor do aluguel.

9.3 Validade da renúncia ao direito de revisão do aluguel

A doutrina ainda não é pacífica com relação à validade da renúncia ao direito de revisão do aluguel nos contratos de *built to suit*.

Corrente 1: Renúncia Válida

- *Autores*: Rodrigo Ruete Gasparetto e Thiago Ferreira Cardoso Neves.

- *Argumentos*: Defendem a validade da renúncia ao direito de revisão do aluguel, baseando-se no princípio da autonomia da vontade e na especificidade do *built to suit*.

Corrente 2: Renúncia Inválida

- *Autores*: Sílvio de Salvo Venosa e Pablo Stolze Gagliano.

- *Argumentos*: Consideram que a renúncia ao direito de revisão do aluguel é inválida, por se tratar de direito indisponível do locatário.

10. DIVERGÊNCIAS JURISPRUDENCIAIS A RESPEITO DO CONTRATO *BUILT TO SUIT*

10.1 Natureza jurídica do contrato e aplicabilidade da lei do inquilinato

Caso 1: TJ-MG – AC: 10702110518694007 MG, Relator: Vicente de Oliveira Silva, Data de Julgamento: 08.03.2016, Data de Publicação: 18.03.2016.

> Ementa: apelação cível. Ação revisional de aluguel. Contrato 'built to suit'. Assunção de obrigações de construir. Locação futura para fins não residenciais. Modalidade atípica de avença. Regras da lei do inquilinato. Inaplicabilidade. I – Conforme a jurisprudência do Superior Tribunal de Justiça, as operações imobiliárias denominadas "built to suit" podem ser traduzidas como uma construção sob medida, que consiste em um negócio jurídico análogo ao contrato de locação, no qual um contratante se compromete a construir um imóvel para atender às necessidades do outro e este, por sua vez, se obriga a locar o bem por prazo determinado, por quantia mensal correspondente não apenas à contraprestação pelo uso e gozo do imóvel, mas também para remunerar os custos de aquisição do terreno e da construção do imóvel pelo locatário, bem como o capital investido. II – *Apesar de abarcar o aluguel do imóvel em uma de suas cláusulas, o contrato conhecido como "built to suit" possui relação contratual muito mais complexa que a mera locação de imóvel, uma vez que envolve uma série de outras obrigações, tais como a busca adequada de espaço, contratação de construtora, elaboração de projeto, entre outros, devendo, pois, ser analisado sob a ótica da atipicidade, não se lhe aplicando as disposições da Lei do Inquilinato.*

Caso 2: TJ-SP – AC: 10020195720168260274 Itápolis, Relator: Alfredo Attié, Data de Julgamento: 27.09.2019, 27ª Câmara de Direito Privado, Data de Publicação: 27.09.2019

> Locação de imóvel. Ação de despejo por falta de pagamento c/c cobrança de aluguéis. Preliminar de nulidade da sentença por cerceamento de defesa afastada. Prova exclusivamente documental. Julgamento antecipado da lide. Possibilidade. Inaplicabilidade do CDC. Previsão contratual de renúncia ao direito de revisão dos locativos. Possibilidade. Não configurada onerosidade excessiva decorrente da superveniência de um evento imprevisível, alterador da base econômica objetiva do contrato. Multa contratual compensatória. Réus que apontam abusividade em cláusula contratual que impõe indenização com base na remuneração mensal vigente ao tempo da rescisão até a data do termo final do pacto firmado pelo período de dez anos. *Contrato de locação não residencial atípico, com contornos da modalidade built to suit. Construção do prédio para atender às necessidades dos locatários.* Redução da cláusula penal. Possibilidade. Valor que se mostra excessivo. Autora que continua proprietária do imóvel e que firmou contrato locação com outra empresa logo após a desocupação do imóvel pelos locatários. Cláusula penal que deve ser reduzida equitativamente pelo juiz se o montante da penalidade for manifestamente excessivo, tendo em vista a natureza e a finalidade do negócio. Inteligência do art. 413 do Código Civil. Recurso provido em parte.

Caso 3: TJ-PR – ES: 00587706720208160000 PR 0058770-67.2020.8.16.0000 (Acórdão), Relator: Desembargador Marcelo Gobbo Dalla Dea, Data de Julgamento: 03.03.2021, 18ª Câmara Cível, Data de Publicação: 03.03.2021

Agravo de instrumento. Ação revisional de contrato de locação. Decisão agravada que fixou aluguel provisório em 50% do valor estipulado em contrato. Contrato firmado na modalidade *built to suit*. Natureza hibrida configurada. Tipo contratual que oferta maior risco a contratada. Possibilidade de fixação de aluguel provisório. Advento da pandemia da covid 19. Agravado que presta serviço essencial. Redução do percentual de desconto concedido pelo magistrado *a quo*. Recurso parcialmente provido. 1. A Lei 8.245/91 que trata sobre a locação dos imóveis urbanos, permite ao Magistrado que, ao designar audiência de conciliação, fixe alugueres em valor não superior a 80% (oitenta por cento) do pedido efetivado pelo locador em sua pretensão revisional. 2. *No caso concreto, vale observar que as partes firmaram contrato na modalidade built to suit. Esta modalidade contratual, importada do direito norte-americano, configura modalidade de contrato atípico, resultado de uma operação comercial complexa que envolve características de empreitada e de locação. 3. A remuneração mensal de um contrato de built to suit difere dos valores envolvidos no contrato típico de locação comercial. A considerar que o imóvel é construído sob medida para o ocupante, bem como o fato de que o empreendimento pode ser desenvolvido em local distante, o risco do contrato ao empreendedor é maior, o que justificaria, portanto, uma remuneração maior do que comparada a um aluguel de um imóvel já construído.* 4. Não se pode ignorar que a fixação de aluguel provisório deve considerar o impacto causado não só na locadora como em toda a cadeia produtiva de fornecedores, empregados e demais participantes desta modalidade contratual. Por esta razão, a redução do aluguel em 50% representa brusca queda de faturamento, podendo gerar a grave iminente dano grave e de difícil reparação. 5. Há possibilidade de acolhida do pedido subsidiário de redução do aluguel em 20% do valor originário, conquanto tenha a agravada demonstrado efetiva queda de faturamento mensal, conforme gráfico de atendimentos (mov. 1.10) e relatório de faturamento (mov. 1.11) acostados à inicial. Ainda, vê-se que a agravada presta serviço essencial à população e possui altos custos de insumos necessários ao atendimento de pacientes, o que justifica, portanto, a redução de percentual do aluguel, ainda que o contrato de locação tenha ocorrido na modalidade built to suit. (TJPR – 18ª C.Cível – 0058770-67.2020.8.16.0000 – Londrina – Rel.: Desembargador Marcelo Gobbo Dalla Dea – J. 03.03.2021)

Caso 4: TJ-MG – AC: 10000220689509001 MG, Relator: Manoel dos Reis Morais, Data de Julgamento: 22.06.2022, Câmaras Cíveis / 20ª Câmara Cível, Data de Publicação: 23.06.2022

Apelação cível – Ação de cobrança – Locação comercial – Rescisão antecipada – Multa – Restituição – aporte ("build to suit") – imóvel sem condições de uso. *Nos contratos na modalidade "built to suit" (trad. livre: construído para se adequar), em que as partes convencionam a realização de investimento em construção ou reforma no imóvel pelo locador no interesse do locatário, a autonomia da vontade das partes não afasta a aplicação da lei de locações. O pagamento de aluguel corresponde à utilização do imóvel, sendo que compete ao locador entregar o imóvel alugado ao locatário em estado de servir ao uso a que se destina e garantir seu uso. Sem que o locador tenha dado condições ao locatário de utilizar o imóvel, afigura-se incabível a cobrança de multa pela rescisão antecipada do contrato, pois o descumprimento do prazo para a inauguração do empreendimento dá causa ao desfazimento do negócio. No mesmo sentido, se o imóvel não chegou a servir à finalidade da contratação, afigura-se incabível a restituição proporcional do aporte realizado pelo locador. Recurso desprovido.*

10.2 Validade da renúncia ao direito de revisão do aluguel

Caso 1: TJ-SP – AC: 10103363220178260008 SP 1010336-32.2017.8.26.0008, Relator: Antonio Rigolin, Data de Julgamento: 12.07.2022, 31ª Câmara de Direito Privado, Data de Publicação: 12.07.2022

> Locação. Ação revisional de aluguel. Contratação "built to suit". Hipótese em que a parte demandada promoveu a construção de hospital no imóvel, segundo as especificações da autora. Pleito de redução do aluguel sob a assertiva da alteração do valor locativo. Inadmissibilidade. Prazo contratual ainda não esgotado. Hipótese em que a contraprestação convencionada traduz, sobretudo, o retorno do capital investido, e não apenas a remuneração pelo uso da coisa. Contratação anterior à vigência da disciplina legal específica. Irrelevância da ausência de renúncia expressa ao direito de revisão. Improcedência reconhecida. Recurso provido. 1. As partes realizaram a contratação na modalidade "Built to Suit", que envolveu, por parte da contratada, a construção de hospital em imóvel mediante indicação e com as especificações da parte contratante, que passou a desfrutá-lo a título de locação. 2. A fixação do aluguel, segundo a livre estipulação das partes, levou em conta não apenas a finalidade de servir de contraprestação pelo uso do bem, mas, sobretudo, de retorno do investimento realizado no local. 3. *Assim, diante dessa particularidade, inviável se apresenta cogitar de revisão do valor da contraprestação enquanto não se esgotar o prazo estabelecido no contrato*. Tratando-se de negócio jurídico realizado antes da entrada em vigor da lei que disciplinou a matéria, introduzindo o artigo 54-A na Lei 8.245/1991, *não tem relevância o fato de o contrato não conter previsão específica de renúncia ao direito de revisão do contrato por quaisquer das partes. A impossibilidade de revisão do aluguel, é da essência da contratação, por envolver equação financeira, de modo que qualquer iniciativa em sentido diverso implicaria ofensa ao princípio da boa-fé objetiva. 4. Inviável se apresenta o acolhimento do pleito de revisão do aluguel enquanto não ocorrer o termo do prazo contratual previsto pelas partes (1º de dezembro de 2025)*. Daí advém a improcedência do pedido.

Caso 2: STJ – REsp: 2042594 SP 2022/0384346-0, Relator: Ministro Ricardo Villas Bôas Cueva, Data de Julgamento: 12.09.2023, T3 – Terceira Turma, Data de Publicação: DJe 28.09.2023

> Direito civil e processual civil. Recurso especial. Ação revisional de aluguel. Contrato de locação com construção ajustada (built to suit). Negativa de prestação jurisdicional. Ausência. Negócio jurídico complexo. Revisão que deve observar as peculiaridades da modalidade contratual. Requisitos específicos. Hipótese dos autos. Possibilidade. Recurso especial provido. 1. O propósito recursal consiste em decidir se é cabível a ação revisional, prevista no art. 19 da Lei 8.245/1991, nos contratos de locação com construção ajustada (*built to suit*). 2. Devidamente analisadas e discutidas as questões de mérito, e suficientemente fundamentado o acórdão recorrido, de modo a esgotar a prestação jurisdicional, não há falar em violação dos arts. 489 e 1.022 do CPC/15. 3. A possibilidade de revisão do valor da contraprestação nos contratos built to suit deve observar as peculiaridades dessa modalidade contratual, que congrega uma pluralidade de propósitos, isto é, englobando tanto a remuneração do uso do bem quanto a restituição do investimento previamente realizado. 4. *É possível a revisão do valor da contraprestação devida pelo locatário nos contratos de locação com construção ajustada (built to suit) desde que (I) não haja renúncia ao direito de revisão do valor dos aluguéis; (II) seja*

possível pormenorizar a parcela destinada a remunerar exclusivamente o uso do imóvel – sobre a qual recairá a pretensão revisional –, desagregando-a da amortização dos investimentos sobre o bem; e (III) esteja comprovada a desproporção entre o valor do locativo e o preço de mercado para empreendimentos semelhantes. 5. Na hipótese dos autos, as instâncias ordinárias consignaram que (I) a recorrida/locadora não prestou as informações solicitadas pelo perito, necessárias para identificar as taxas estipuladas nos empréstimos tomados para aquisição e construção do imóvel; (II) o laudo pericial apresentou solução para a omissão e concluiu que a restituição do valor investido no imóvel se deu em maio de 2018 e que, portanto, o valor das prestações a partir de junho de 2018 deve corresponder apenas ao valor do aluguel; (III) há desproporção entre o valor de mercado para empreendimentos semelhantes e aquele atualmente pago pelo recorrente/locatário; e (IV) inexiste cláusula de renúncia ao direito de revisão do valor dos aluguéis no contrato estabelecido entre as partes. 6. Recurso especial conhecido e provido para reformar o acórdão recorrido e reestabelecer a sentença prolatada pelo Juízo de primeiro grau.

11. CASOS FAMOSOS

11.1 Casos internacionais

(i) A *Amazon* é um exemplo notável de empresa que utiliza contratos de *built to suit* para expandir sua rede de centros de distribuição. Em vários países, a empresa firmou contratos *built to suit* para garantir que seus centros de distribuição fossem construídos de acordo com suas especificações rigorosas.

(ii) A *Walmart* é outro exemplo, que frequentemente utiliza contratos de *built to suit* para a construção de seus centros de distribuição e lojas. Isso permite que a empresa mantenha um padrão consistente em suas instalações, independentemente da localização.

11.2 Casos no Brasil

(i) A Magazine Luiza, uma das maiores redes de varejo do Brasil, utilizou contratos *built to suit* para a construção de seus centros de distribuição. Esses contratos permitiram à empresa expandir sua capacidade logística de maneira eficiente, atendendo à crescente demanda do comércio eletrônico.

(ii) A Brasil *Foods* (BRF), uma das maiores empresas de alimentos do mundo, também adotou contratos de *built to suit* para a construção de suas unidades industriais e centros de distribuição. Esses contratos permitiram à empresa construir instalações sob medida para suas operações, garantindo eficiência e conformidade com as normas sanitárias e ambientais.

(iii) A Ambev, gigante do setor de bebidas, utilizou contratos de *built to suit* para a construção de várias de suas fábricas e centros de distribuição no Brasil.

Esses contratos permitiram à empresa otimizar suas operações logísticas e de produção, garantindo instalações modernas e eficientes.

11.3 Casos na Administração Pública Brasileira

(i) O Tribunal de Justiça do Estado de São Paulo (TJ-SP) utilizou o modelo de *built to suit* para a construção de novos fóruns em diversas cidades do estado. Esses contratos permitiram a construção de edifícios modernos e adequados às necessidades específicas do judiciário, sem a necessidade de desembolso imediato de grandes quantias de capital.

(ii) A Receita Federal do Brasil também adotou contratos de *built to suit* para a construção de suas novas unidades de atendimento e centros de processamento de dados. Esses contratos garantiram que as instalações fossem construídas de acordo com as especificações técnicas e de segurança necessárias para o funcionamento eficiente do órgão.

(iv) A Polícia Federal utilizou contratos de *built to suit* para a construção de novas delegacias e unidades operacionais em várias regiões do Brasil. Esses contratos permitiram a construção de instalações modernas e seguras, adequadas às necessidades específicas das operações da Polícia Federal.

12. PERSPECTIVA ATUAL

12.1 Mercado brasileiro

No Brasil, o contrato de *built to suit* tem se mostrado uma solução eficiente para empresas que buscam expandir suas operações sem comprometer grandes quantias de capital. O mercado brasileiro tem visto um aumento na demanda por esse tipo de contrato, especialmente em setores como logística, varejo e indústria.

12.2 Tendências futuras

(i) Sustentabilidade – a crescente preocupação com a sustentabilidade está levando a um aumento na demanda por construções *built to suit* que incorporam práticas e materiais sustentáveis.

(ii) Tecnologia – a incorporação de tecnologias avançadas, como automação e IoT (Internet das Coisas), está se tornando uma exigência comum em contratos *built to suit*.

(iii) Flexibilidade – a necessidade de flexibilidade nos negócios está impulsionando a criação de contratos *built to suit* mais adaptáveis, que permitem ajustes ao longo do tempo.

CONCLUSÃO

O contrato de *built to suit* representa uma solução vantajosa tanto para locadores quanto para locatários, oferecendo personalização, segurança e retorno financeiro.

Com um histórico sólido e uma perspectiva promissora, essa modalidade contratual continua a evoluir e a se adaptar às necessidades do mercado moderno. Empresas que buscam expandir suas operações de maneira eficiente e estratégica devem considerar o *built to suit* como uma opção viável e vantajosa.

REFERÊNCIAS

BRASIL. Lei do Inquilinato – Lei 8.245, de 18 de outubro de 1991. Dispõe sobre as locações dos imóveis urbanos e os procedimentos a elas pertinentes. Disponível em: http://www.planalto. gov.br/ccivil_03/leis/L8245.htm. Acesso em: 28 jul. 2024.

BRASIL. Lei 12.744, de 19 de dezembro de 2012. Altera o art. 4º e acrescenta art. 54-A à Lei 8.245, de 18 de outubro de 1991, que "dispõe sobre as locações dos imóveis urbanos e os procedimentos a elas pertinentes", para dispor sobre a locação nos contratos de construção ajustada. Disponível em: http://www.planalto.gov.br/ccivil_03/_Ato2011-2014/2012/Lei/L12744.htm. Acesso em: 28 jul. 2024.

BRASIL. Código Civil Brasileiro – Lei 10.406, de 10 de janeiro de 2002. Disponível em: http://www. planalto.gov.br/ccivil_03/leis/2002/L10406.htm. Acesso em: 28 jul. 2024.

DINIZ, Maria Helena. *Lei de Locações de Imóveis Urbanos Comentada*. 14. ed. São Paulo: Saraiva, 2018.

FARIAS, Cristiano Chaves de; ROSENVALD, Nelson. *Curso de Direito Civil*: contratos. 9. ed. Salvador: JusPodivm, 2019.

GAGLIANO, Pablo Stolze; PAMPLONA FILHO, Rodolfo. *Novo Curso de Direito Civil*. 3. ed. São Paulo: Saraiva, 2020. v. 4: Contratos.

GASPARETTO, Rodrigo Ruete. *Contratos Built to Suit*: Um Estudo da Natureza, Conceito e Aplicabilidade dos Contratos de Locação Atípicos no Direito Brasileiro. São Paulo: Almedina, 2016.

GOMES, Orlando. *Contratos*. 26. ed. Rio de Janeiro: Forense, 2020.

SCAVONE JUNIOR, Luiz Antonio. *Direito Imobiliário* – Teoria e Prática. 15. ed. Rio de Janeiro: Forense, 2020.

SOUZA, Sylvio Capanema de. *A Lei do Inquilinato Comentada*. 10. ed. Rio de Janeiro: Forense, 2017.

TARTUCE, Flávio. *Direito Civil*: Teoria Geral dos Contratos e Contratos em Espécie. 15. ed. Rio de Janeiro: Forense, 2020.

TEPEDINO, Gustavo. *Temas de Direito Civil*. 4. ed. Rio de Janeiro: Renovar, 2019.

ROSENVALD, Nelson; FARIAS, Cristiano Chaves de. *Curso de Direito Civil*: Contratos. 9. ed. Salvador: JusPodivm, 2019.

VENOSA, Sílvio de Salvo. *Direito Civil*: Contratos em Espécie. 11. ed. São Paulo: Atlas, 2019.

VENOSA, Sílvio de Salvo. *Lei do Inquilinato Comentada*: Doutrina e Prática. 14. ed. São Paulo: Atlas, 2015.

CONCISO ESTUDO DO DIREITO POTESTATIVO NA LEI 8.245/1991

Claudio Habib Gomes

Vice-Presidente da ABAMI.

Sumário: Introdução – 1. Do direito potestatvio na lei do inquilinato – 2. Da entrega das chaves antes do fim do contrato; 2.1 Entrega das chaves com prazo mínimo de 30 dias; 2.2 Prazo máximo de 30 dias para comunicação sobre a entrega das chaves; 2.3 Inclusão de cláusula de perdas e danos pela entrega antecipada das chaves – 3. Da ação renovatória – imóveis para fins comerciais – 4. Do direito potestativo do locador em não aceitar a purga da mora no lapso temporal de 24 meses – 5. O princípio da função social do contrato *versus* o princípio da propriedade – Conclusão – Referências.

INTRODUÇÃO

Este artigo homenageia os trinta e cinco (35) anos de existência da ABAMI – Associação Brasileira dos Advogados do Mercado Imobiliário. O ambiente em homenagem foi oportunizado a este signatário que, com muita satisfação e deferência, escreve as linhas abaixo na expectativa de que sirvam para boa discussão jurídica.

O tema proposto, neste artigo, cinge-se à aplicação do Direito Potestativo, capitulado na Lei 8.245/91. Num primeiro olhar, o tema parece ser um direito de fácil aplicação, mas não se apresenta tão simples assim, pois o assunto possui um caminho sinuoso e que merece o cuidado do advogado imobiliarista.

Diante disso, a ideia deste artigo é relacionar, de maneira exemplificativa, alguns artigos nos quais se pode exercer o direito potestativo e, dentre eles, escolhi dois temas para uma análise mais aprofundada, mas não exauriente, em razão do espaço destinado.

Então, capitaneado pelos ensinamentos advindos de cursos, palestras e trocas de ideias com outros associados, adquiridos nos muitos anos como associado da ABAMI, o presente artigo se mostra como verdadeiro desafio, cujo entusiasmo me faz ultrapassar a insegurança para escrever.

1. DO DIREITO POTESTATVIO NA LEI DO INQUILINATO

A Lei do Inquilinato, que teve nascimento nas ideias e nos ideais de alguns ilustres Abamianos, como Sylvio Capanema, Geraldo Beire Simões, Pedro Cantizano, entre outros, atribuiu ao locador, locatário, fiador e novo adquirente, na locação residencial ou não residencial, o exercício do direito potestativo.

Dentre muitos conceitos e explicações, pode-se dizer que o direito potestativo se conceitua como sendo a *"virtude da qual a pessoa se investe no poder de adquirir direitos, alinear direitos, ou exercer sobre seus direitos toda ação de uso, fruição, alienação ou proteção, que lhe é assegurada pela lei.* (De Plácido e Silva. *Vocabulário Jurídico.* 4. ed. Forense, v. III e IV).

Importante salientar que o pensamento de que o direito potestativo é absoluto, sem oposição, não constitui um dogma na lei inquilinaria. A inclusão do direito potestativo na Lei 8245/91 constitui um mecanismo de freios e contrapesos na busca de uma relação harmoniosa entre locador e locatário, onde encontraremos limitações e até condições ou requisitos obrigatórios para sua aplicação.

Nessa toada, pode-se observar que, na Lei do Inquilinato, o direito potestativo está inserido no: a) artigo 4º (*devolução do imóvel pelo locatário, durante a vigência do contrato);* b) artigo 6º (*denúncia do contrato com prazo indeterminado);* c) artigos 10 e 11 (*sub-rogação aos direitos e obrigações em caso de falecimento do locador e locatá-rio);* d) artigo 40 (*exoneração do fiador em caso de prazo indeterminado);* e) artigo 50 (*renovação do contrato na locação não residencial);* f) artigo 54 (*direito do locatário exigir contas nas relações locatícias em shopping center*) e g) parágrafo único do artigo 62 (*impede o exercício da purga da mora mais de uma vez nos 24 meses anteriores).*

Dentre os artigos aludidos, o autor desse opúsculo opta, como dito alhures, por analisar os itens *a*, art. 4º, *e*, art. 50 e *g*, art. 62, parágrafo único, de forma simples e objetiva, e, ao fim, tece uma sucinta análise acerca do paralelo entre o direito potestativo, o princípio da função social do contrato e o princípio da propriedade.

2. DA ENTREGA DAS CHAVES ANTES DO FIM DO CONTRATO

Em primeira análise, e, sem adentrar demasiadamente em doutrina, verifica-se que a norma disposta no artigo 4º, da Lei 8.245/91, cinge-se sobre as seguintes questões abaixo examinadas: *i)* é legal a entrega das chaves pelo locatário durante a vigência do contrato?; *ii)* é válida a cláusula contratual que condiciona a notifi-cação prévia para entrega do imóvel antes do fim do prazo e com prazo superior a trinta (30) dias?; *iii)* é legal inserir na avença locatícia perdas e danos, em favor do locador, pela entrega antecipada do imóvel?

2.1 Entrega das chaves com prazo mínimo de 30 dias

A entrega das chaves com a resilição unilateral do contrato é um direito potestativo do locatário. Todavia, esse direito está condicionado à notificação prévia do locador, com prazo mínimo de trinta (30) dias.

DIREITO POTESTATIVO NA LEI 8.245/1991   **89**

Este direito, por sua vez, não acompanha o locador, que é obrigado a aguardar o fim do contrato para denunciá-lo. A exceção fica para os casos de infração contratual *lato sensu*.

Todavia, o direito potestativo do locatário tem seu preço (ônus), qual seja: o pagamento da multa proporcional ao tempo restante da avença, conforme parte final do citado artigo 4º, em caso de locação ainda vigente, salvo nas condições contidas no parágrafo único do referido artigo.

Por outro lado, ressalta-se que, se no contrato de locação for fixada multa superior a três (03) meses do valor do aluguel para entrega antecipada, a jurisprudência entende pela redução da pena equitativamente para 3 meses, em atenção ao que dispõe o referido artigo da Lei do Inquilinato, como também segundo interpretação do artigo 413, do Código Civil.

Dessa forma, não é de titubear que o inquilino tem o direito de impor a entrega do imóvel (estando até inadimplente) sem que possa o locador contraditar, desde que haja a notificação prévia.

2.2   Prazo máximo de 30 dias para comunicação sobre a entrega das chaves

O fato do contrato estipular a notificação prévia para desocupação do locatário em prazo superior a trinta (30) dias, a nosso pensar, esta cláusula é abusiva, vez que contraria a finalidade da locação, conforme artigo 45, da Lei de Regência, a qual dispõe ser nula de pleno direito as cláusulas do contrato que visem apagar os objetivos da Lei do Inquilinato.

Nessa linha, abre-se um breve viés sobre nulidade. A Lei de Regência da locação urbana expressa dois paralelos acerca da nulidade, quais são: *i)* as declaradas na lei e; *ii)* as que visem ilidir o conteúdo da Lei de Locação.

Em relação à primeira hipótese, a própria lei menciona o que é proibido, não sendo de complexidade, como, por exemplo, proibir duas (02) modalidades de caução (fiador e depósito) como garantia da locação.

Na segunda hipótese, cabe ao intérprete analisar os diversos dispositivos contidos na Lei 8245/91 que protegem o locador e locatário, de modo a sopesá-los ao caso concreto. Com auxílio do mestre Nagib Slabi Filho e Romar Navarro de Sá, tem-se como exemplo dessa nulidade o contrato de locação não residencial com prazo de cinco (05) anos, no qual consta uma cláusula que proíbe a ação renovatória.

Em suma, não se mostra jurídica a cláusula contratual que determina ao locatário notificar o locador com o prazo mínimo superior a trinta (30) dias, uma vez que viola a intenção da lei.

2.3 Inclusão de cláusula de perdas e danos pela entrega antecipada das chaves

Por fim, aborda-se a questão mais tortuosa a ser analisada, a inclusão no contrato de locação de cláusula de perdas e danos em favor do locador ante a entrega antecipada do imóvel feita pelo locatário.

A Lei do Inquilinato, ao ser sancionada há mais de trinta (30) anos, retratava um mercado imobiliário minguado de oferta, o que permitia ao locador ter sempre seu bem imóvel locado.

Sucede que, com as alterações da economia, a Pandemia da COVID-19 e outros tantos infortúnios, o mercado imobiliário sofreu séria modificação e não é hoje tão atrativo para novas locações.

Isso faz com que o locador imponha na avença locatícia cláusula a fim de se proteger contra a faculdade do locatário na entrega do imóvel, como visto alhures.

Nesse ponto, vê-se que alguns contratos, em diálogo com o Código Civil, precisamente o parágrafo único do artigo 416, estipula, de forma expressa, uma indenização suplementar (perdas e danos) em caso de resilição do contrato antecipadamente.

Malgrado entendimento contrário do nosso colega Abamiano Gabriel Feijó, a melhor opção, capitaneada por Sylvio Capanema, é não permitir a inclusão de perdas e danos, pois a intenção da Lei de Locação foi de proteger e mitigar os efeitos contrários ao inquilino.

Indaga o referido Mestre "*de que adiantaria, sob o aspecto econômico, assegurar ao locatário a faculdade de devolver o imóvel antes do vencimento, se tivesse ele de pagar, a título de multa, todos os aluguéis vincendos?*".

Diante do sobredito, conclui-se que o Poder Judiciário deve ser refratário a esse tipo de prática, ou seja, a imposição de cláusula penal em caso de entrega do imóvel antes do fim do contrato, uma vez que a Lei do Inquilinato deu ao locatário o direito potestativo de entrega das chaves antecipada.

Por fim, vale observar que, em todos os casos citados, na hipótese do locador resistir à resilição e à entrega de chaves, a medida judicial a ser proposta é a ação de consignação de chaves, com objetivo do locatário se liberar da obrigação, ante a clara idoneidade na recusa do senhorio.

3. DA AÇÃO RENOVATÓRIA – IMÓVEIS PARA FINS COMERCIAIS

Neste ponto, é essencial trazer o auxílio luxuoso do professor Thiago Ferreira Cardoso Neves. A Lei do Inquilinato estabeleceu a terminologia de locação residencial para imóvel urbano residencial ou temporada e, para as demais locações, a denominação de locação não residencial.

Não obstante a controvérsia sobre a viabilidade na renovação judicial do contrato não residencial de associação, fundação e profissional liberal, o artigo abordará somente a locação comercial ou industrial.

Malgrado o conceito de locação não residencial, a bem da verdade é na locação comercial/empresarial que é agraciada pela Lei 8.245/91, com o direito potestativo à renovação do contrato, desde que atendidos os requisitos elencados no artigo 51, da Lei de Regência.

Por certo, cumpridas as obrigações contidas no artigo sobredito, a renovação contratual estará fadada ao sucesso, pois não é de titubear que a intenção da norma neste ponto é proteger o locatário, cabendo ao locador, na forma do artigo 373, II, do CPC, fazer a prova contrária à renovação, mediante os termos do artigo 52 e incisos, da Lei 8245/91.

O direito potestativo para renovação do contrato não residencial carrega como matriz a preservação da atividade econômica da empresa, cuja continuidade no mesmo endereço garante a fidelidade da sua freguesia.

Mas, além disso, não se deve ser deslembrado como composição para formação do direito potestativo a norma constitucional, que confere proteção ao contrato de locação para fins empresariais, consubstanciada no artigo 170, a qual visa proteger a ordem econômica e a livre iniciativa, fundamentos que estão ligados diretamente ao direito à renovação do contrato de locação não residencial.

A bem da verdade, o corolário dessa afirmação é a preservação da sociedade empresária comercial e sua atividade comercial, conforme definido no inciso IV, do artigo 1º da Constituição.

Além disso, o sobredito preceito constitucional se conjuga com os termos da Lei 13.874/19, que institui a liberdade econômica, protegendo, ainda, a livre iniciativa, o livre exercício da atividade econômica, abarcando a proteção ao comerciante e permitindo sua essencial tranquilidade na atividade comercial.

Então, até que ponto o direito à renovação do contrato de locação não residencial de fundo comercial será encarado como direito potestativo do locatário?

A resposta finca-se na ideia de que o direito potestativo não está somente incluído na Lei de Regência e no seu atendimento aos requisitos ali normatizados, mas numa visão de maior alcance, em verdadeiro diálogo das fontes, uma vez que trazem os preceitos legais protetivos da atividade econômica e da livre iniciativa, cuja consequência é a conquista e a preservação da clientela, pois sem ela o insucesso do comércio é inequívoco.

Dito o sobredito, a percepção é de que o locatário de imóvel não residencial, comercial ou empresarial está munido de inúmeras normas legais (constitucionais e infraconstitucionais) para proteção de seu fundo de comércio, que lhe permite a renovação do contrato como direito potestativo.

4. DO DIREITO POTESTATIVO DO LOCADOR EM NÃO ACEITAR A PURGA DA MORA NO LAPSO TEMPORAL DE 24 MESES

O Parágrafo Único, do artigo 62, da Lei 8245/91, alterado pela Lei 12.112/09, limitou o exercício da purga da mora a um pedido, no lapso temporal de vinte e quatro (24) meses anteriores à primeira solicitação.

A imposição do novo texto se mostrou clara, pois objetivou impedir o abuso de direito do locatário em purificar sua inadimplência reiterada e continuar na locação, desrespeitando à avença locatícia e, principalmente, a boa-fé contratual.

Nessa linha, pode-se dizer que o abuso de direito nada mais é do que exercício anormal do direito, sem motivo idôneo ou sem justa causa, com vista a prejudicar a outra parte da relação jurídica ou terceiros.

O juízo de direito deparando-se com a sobredita situação deve de ofício ou a requerimento do locador, conceder ao locatário o direito a resposta à ação de despejo por falta de pagamento, mas rejeitar, de plano, o pedido de alimpar a insolvência.

Tal situação traduz de maneira direta e objetiva o inequívoco exercício do direito potestativo do locador em ver rescindido o contrato de locação por falta de pagamento.

Tarimbados doutrinadores, que se dedicam à Lei de locações, invocam a possibilidade do locatário galgar êxito no pedido de purga numa segunda vez, mesmo dentro do período de vinte quatro meses.

Para tanto, entendem os estudiosos que cabe ao locatário demonstrar o justo impedimento (circunstância eventual), permitindo ao juízo, com parcimônia, um alongamento na aplicação da lei, o que de certa forma estaria negando o direito potestativo do locador.

O hábil Sylvio Capanema sustenta que: "Nosso entendimento é no sentido de se mitigar o comando da lei, sendo possível, em circunstâncias excepcionais, e devidamente comprovadas, à critério do juiz, admitir-se mais uma purgação de mora, no período de 24 meses".

Todavia, no entendimento deste comedido autor deste impresso, a norma legal referida é luminosa e bastante impositiva em não permitir a segunda purga no período de 24 meses.

Ora, se a diretriz do referido parágrafo único autorizasse ao juízo uma interpretação ampliativa sobre o citado texto legal o faria com verbos mitigadores em desfavor do novo pedido de despejo por falta de pagamento, dentro dos vinte e quatro meses.

Como não há qualquer vocábulo nesse sentido não parece idôneo, juridicamente, ao juízo de direito, definir o que é ou não circunstância eventual para o requerimento de nova purga da mora.

De sorte que o entendimento ora esposado é no sentido reto, agudo e certeiro de que o parágrafo único, do artigo 62, é norma legal potestativa que garante ao locador não aceitar nova purga da mora dentro dos 24 meses do primeiro pedido.

5. O PRINCÍPIO DA FUNÇÃO SOCIAL DO CONTRATO *VERSUS* O PRINCÍPIO DA PROPRIEDADE

Em arremate, farei uma sucinta abordagem acerca do confronto entre o Princípio da Função Social do Contrato com o Princípio da Propriedade.

Apesar de o Código Civil mitigar o princípio da obrigatoriedade ou da força obrigatória dos contratos, no artigo 421-A, é vedado, de maneira unilateral, a revogação unilateral e a alteração de cláusula contratual, uma vez que o alicerce da vontade das partes contratantes é que o contrato seja cumprido nos exatos termos definidos.

Desta sorte, o princípio da função social do contrato é um vetor que constitui instrumento necessário, útil e imprescindível ao desenvolvimento da atividade comercial/empresarial, garantindo o objeto do contrato, que é a preservação do comércio, renda e lucro.

Portanto, a aplicação da função social do contrato constitui legítima interferência na lei de regência inquilinaria, impondo ao proprietário a renovação do contrato de locação não residencial, pois atendido, no contexto social, o fundo de comércio, a livre iniciativa, o direito do empreendedorismo e a clientela formada.

Em sendo assim, ao se mesclar o direito potestativo com o princípio da função social do contrato, a nosso sentir, o princípio do direito de propriedade, esculpido no inciso, XXII, do artigo 5º da Constituição, será superado, ante o claro benefício que se faz à coletividade, à livre iniciativa e ao comércio através da geração de renda e empregos.

CONCLUSÃO

Dessa forma, o que se propôs nesse artigo foi mostrar que o locatário tem o direito potestativo na entrega das chaves do imóvel durante a vigência do contrato, sendo nula a fixação de prazo superior a trinta (30) dias para a notificação prévia, como também a inserção de cláusula que estipule perdas e danos pela entrega antecipada do imóvel pelo locatário.

Além disso, a renovação da locação não residencial não está adstrita somente aos ditames previstos na Lei 8245/91, mas em normas constitucionais que protegem a livre iniciativa, o comércio, o emprego, o lucro e o empreendedorismo.

Por fim, conclui-se que o direito potestativo em comunhão com o princípio da função social do contrato sobrepõe ao princípio da propriedade, uma vez que o interesse da coletividade, em largo alcance, é mais valioso socialmente do que o exercício puro da propriedade.

REFERÊNCIAS

ABAMI. Curso "Oficina de Contrato de Locação" – 18 a 25 jul. 2024.

DE PLÁCIDO E SILVA. *Vocabulário Jurídico*. 4. ed. Rio de Janeiro: Forense, 1961. v. III e IV.

LOURENÇO, Haroldo. Consultas e respostas oriundas do Instagran, @PROF_HAROLDOLOURENCO – anos de 2024 e 2025.

NEVES, Thiago. Direito Potestativo à Renovação do Contrato de Locação de Imóvel Para Fins Empresariais. *Lei do Inquilinato* – Exame dos 30 anos da Lei de Locação Urbana. Indaiatuba: Foco, 2021.

SOUZA, Sylvio Capanema de. *A Lei do Inquilinato Comentada*. 13. ed. Rio de Janeiro: Forense, 2021.

A MULTIAPLICABILIDADE DA NOVA CONTA NOTARIAL (*ESCROW ACCOUNT*) NO MERCADO IMOBILIÁRIO

Fernanda de Freitas Leitão

Tabeliã do 15º Ofício de Notas da Comarca da Capital do Estado do Rio de Janeiro desde 1998, cartório reconhecido com inúmeros prêmios de qualidade como a certificação internacional do GPTW, possuindo passagens pela Procuradoria Geral do Município e do Estado, além de experiência valiosa na iniciativa privada. Palestrante e autora, colaboradora com o IBM, foi pioneira no desenvolvimento do primeiro blockchain notarial. Honrada com o Prêmio Líderes do Rio 2021 na categoria Destaque Inovação Jurídica.

Sumário: Introdução – 1. Do fundamento legal – 2. Como funciona a conta notarial no Brasil? – 3. Resumo e benefícios – 4. Origem histórica da *escrow account,* conta garantida ou vinculada – 5. Da natureza jurídica da conta garantida notarial: contrato trilateral inominado ou atípico, com função de garantia – 6. Caso *Cavallini v. Galassi (Corte di Cassazione,* 1937) – 7. Comparações e maior confiabilidade do sistema brasileiro – 8. Da multiaplicabilidade da conta notarial no direito imobiliário – Referência.

INTRODUÇÃO

A Lei 14.711/2023, conhecida como novo *Marco Legal das Garantias,* apesar de seu nome sugerir um enfoque exclusivo nas garantias, aborda uma série de outros temas relevantes, além das garantias propriamente ditas.

Entre os destaques dessa legislação, sancionada em 30.10.2023, foi a criação de um instrumento inovador no Brasil, inspirado e que se assemelha a *escrow account,* conta garantida ou conta vinculada.

Por seu turno, necessário que se frise, de plano, que, como se trata de um produto financeiro único e transformador, só existente no Brasil, criado pelo Banco Safra especificamente para atender o comando legal expresso na Lei 14.711/2023, esse produto revolucionário ganha denominação própria: a *Conta Notarial,* por ser uma conta com características únicas, como dito anteriormente, criada especialmente para o Colégio Notarial do Brasil, Conselho Federal.

Esse novo mecanismo foi criado para proporcionar maior segurança às relações jurídicas, especialmente em negociações imobiliárias.

Conquanto haja referência ao termo *escrow account,* conta garantida ou conta vinculada, no preâmbulo desse artigo, o novo produto criado tem características próprias e específicas e, daqui em diante será denominado apenas *Conta Notarial*.

Ressalte-se igualmente que esse novo recurso atenderá a uma necessidade prática comum no mercado imobiliário: o impasse gerado pela desconfiança mútua entre vendedor e comprador, em que nenhuma das partes deseja prosseguir com a transação sem a garantia de que a outra também cumprirá a sua parte. Essas situações, que frequentemente resultavam em desgaste emocional e horas de trabalho, agora podem ser solucionadas de forma simples, eficaz e segura.

Destaque-se ainda que com a *Conta Notarial*, o valor da negociação é depositado em uma conta de titularidade do Colégio Notarial do Brasil – Conselho Federal, além de contar com a intervenção de um Tabelião, que certificará, por meio de ata notarial, o cumprimento ou inadimplemento de determinada obrigação constante de um negócio jurídico. Ademais, a aludida *Conta* é protegida contra qualquer tipo de constrição judicial ou extrajudicial alheia ao negócio.

Já em outros países, normalmente, o titular da conta *escrow* (que a tradução é garantia) é uma pessoa natural, ficando, portanto, a referida conta sob a responsabilidade de uma única pessoa, que, conforme veremos adiante, poderá não conferir tanta segurança como a nova conta notarial do Colégio Notarial do Brasil.

1. DO FUNDAMENTO LEGAL

Mencione-se, em seguida, que a previsão legal da *Conta Notarial* está no art. 7º-A, conforme a alteração introduzida pela Lei 14.711/2023 (Marco Legal das Garantias) e abaixo transcrito:

Art. 7º-A Aos tabeliães de notas também compete, sem exclusividade, entre outras atividades:

I – *certificar o implemento ou a frustração* de condições e outros elementos negociais, respeitada a competência própria dos tabeliães de protesto;

II – atuar como mediador ou conciliador;

III – atuar como árbitro.

§ 1º O preço do negócio ou os valores conexos poderão ser recebidos ou consignados por meio do tabelião de notas, *que repassará o montante à parte devida ao constatar a ocorrência ou a frustração das condições* negociais aplicáveis, não podendo o depósito feito em conta vinculada ao negócio, nos termos de convênio firmado entre a entidade de classe de âmbito nacional e instituição financeira credenciada, que constituirá patrimônio segregado, ser constrito por autoridade judicial ou fiscal em razão de obrigação do depositante, de qualquer parte ou do tabelião de notas, por motivo estranho ao próprio negócio.

(destaques acrescentados)

§ 2º O tabelião de notas lavrará, a pedido das partes, ata notarial para constatar a verificação da ocorrência ou da frustração das condições negociais aplicáveis e certificará o repasse dos

A MULTIAPLICABILIDADE DA NOVA *ESCROW ACCOUNT* NO MERCADO IMOBILIÁRIO

valores devidos e a eficácia ou a rescisão do negócio celebrado, o que, quando aplicável, constituirá título para fins do art. 221 da Lei 6.015, de 31 de dezembro de 1973 (Lei de Registros Públicos), respeitada a competência própria dos tabeliães de protesto.

2. COMO FUNCIONA A CONTA NOTARIAL NO BRASIL?

A princípio o uso da *Conta Notarial* será voltado às negociações que envolvam altos valores ou bens valiosos, como imóveis, mas, também, poderá atender a negociações de menor valor.

Salienta-se que o custo pelo uso da conta notarial é de 0,08%, incidente sobre o valor depositado na mencionada *Conta*, tendo como custo mínimo a quantia de R$ 50,00, com a ressalva de que a alíquota é fixa em 0,08%, não havendo previsão de progressividade em função do valor depositado.

Certamente, um dado relevante é que, para valores depositados acima de R$ 250.000,00 (duzentos e cinquenta mil reais), desde que o pagamento do boleto seja efetivado até às 15 horas (pelo comprador), e o Tabelião ateste o cumprimento da obrigação, o pagamento e a transferência do valor (ao vendedor), ocorrerão no mesmo dia. Para valores depositados inferiores a R$ 250.000,00, a transferência será realizada no dia seguinte.

No tocante ao prazo do depósito, o valor poderá permanecer depositado na *Conta Notarial* pelo prazo de 180 (cento e oitenta) dias, podendo esse prazo ser prorrogado, mediante justificativa das partes.

Assinale-se que a finalidade precípua da *Conta Notarial* é minimizar riscos e proporcionar uma camada extra de proteção para as partes envolvidas na negociação.

Esclareça-se, em sequência, que a conta notarial tem as seguintes funções:

1. Segurança: O montante é depositado na *Conta Notarial* e supervisionado por um terceiro imparcial, no caso, o Tabelião, que só fará a certificação para liberação dos recursos ao vendedor ou a devolução ao comprador, respectivamente, se todas as condições do contrato forem cumpridas ou se for constatada a frustração das referidas condições.

2. Garantia de pagamento: O vendedor ou prestador de serviço tem a certeza de que os valores depositados estão reservados e serão liberados após o cumprimento integral das condições acordadas.

3. Gerenciamento de riscos: Em situações de incertezas, os valores depositados permanecem na conta até que os riscos sejam mitigados, respeitado o prazo máximo 180 (cento e oitenta) dias, prorrogáveis mediante justificativa.

4. Cumprimento de prazos e regulamentações: A *Conta Notarial* garante que obrigações, como pagamento de impostos ou transferência de propriedade, sejam respeitadas.

5. Imparcialidade: Como agente neutro, o Tabelião age para assegurar que as partes cumpram os termos do contrato antes de liberar os valores. Frise-se que os documentos lavrados pelo Tabelião são dotados de fé pública e fazem prova plena. Além disso, no negócio jurídico avençado, poderão as partes determinar que, caso haja discordância entre elas, o Tabelião atue como árbitro, mediador ou conciliador, desde que haja previsão contratual no instrumento negocial ou que haja concordância posterior das partes neste sentido, a fim de se evitar o ingresso de ação perante o Poder Judiciário.

3. RESUMO E BENEFÍCIOS

A *Conta Notarial* é um novo instrumento que, iniludivelmente, conferirá mais segurança, imparcialidade e garantia de cumprimento das obrigações contratuais, contando com a intervenção do Notário, durante toda a transação, como terceiro imparcial e confiável.

Essa inovação tem o potencial de transformar o mercado imobiliário e outros setores, resolvendo impasses e simplificando negociações complexas, de forma segura, simples, eficaz e com baixo custo financeiro.

4. ORIGEM HISTÓRICA DA *ESCROW ACCOUNT*, CONTA GARANTIDA OU VINCULADA

O conceito de *escrow* começou a se formalizar no sistema jurídico inglês, particularmente no direito de propriedade.

No século XVI, na Inglaterra, os acordos de compra de terras frequentemente utilizavam um sistema de custódia (*escrow*), em que um terceiro mantinha os documentos de transferência até que todas as condições contratuais fossem satisfeitas. Isso proporcionava segurança tanto para o comprador quanto para o vendedor, garantindo que as obrigações fossem cumpridas antes da transferência efetiva da propriedade.

Em muitos casos, o comprador e o vendedor não tinham confiança mútua ou acesso imediato para se encontrarem pessoalmente. Assim, surgiu a figura de um intermediário confiável, muitas vezes uma pessoa respeitada da comunidade, como um notário ou uma instituição financeira, para garantir que o dinheiro ou bens fossem liberados apenas quando certas condições fossem cumpridas.

Com o decorrer do tempo, o conceito de *escrow* se expandiu para além do setor imobiliário e se aplicou a outras transações, especialmente em áreas como financiamentos, fusões e aquisições, e agora também em transações digitais.

Com o surgimento da era digital, o uso de serviços de custódia *online* cresceu exponencialmente, especialmente em plataformas de comércio eletrônico e em criptomoedas, onde a confiança entre as partes é crucial.

De fato, a conta *escrow* passou a ser uma ferramenta essencial para facilitar transações que exigem um nível adicional de segurança e confiança, consolidando sua importância na economia contemporânea.

5. DA NATUREZA JURÍDICA DA CONTA GARANTIDA NOTARIAL: CONTRATO TRILATERAL INOMINADO OU ATÍPICO, COM FUNÇÃO DE GARANTIA

A esse respeito, vale ressaltar que o ordenamento jurídico brasileiro, assim como em outros países que seguem o sistema jurídico da *civil law*, enfrenta desafios significativos para definir e regulamentar institutos importados do sistema da *common law*.

A fim de corroborar o que foi mencionado acima, confira-se o valioso ensinamento do autor português João Tiago Morais Antunes, no seu Livro do *Contrato de Depósito Escrow*, 2. ed., Editora Almedina, p. 61:

> É curioso notar que nos ordenamentos jurídicos de maior afinidade como o português, apenas o italiano consagra expressamente o depósito com funções de garantia. Com efeito, nos códigos civis espanhol, francês e alemão, esta categoria negocial não se encontra prevista na lei, constituindo em tais ordenamentos, um exemplo de contrato legalmente atípico ou inominado.
>
> Relativamente a Espanha, importa notar que o depósito com funções de garantia se encontra legalmente consagrado no Direito Navarro, desde 1973. Com efeito, com a publicação da Lei 1/1973 de 1 de Março (que procedeu à compilação do Direito Civil Foral da Comunidade Navarra), este contrato deixou de ser apenas *socialmente* típico, para passar igualmente a ser *juridicamente* típico. Na verdade, dispõe a Lei 552 da referida compilação:
>
> *Depósito em interés de tercero.* En el depósito hecho en interés de tercero que ha notificado al depositante y al depositário su aceptácion, el despositario no podrá devolver la cosa al depositante sin el consentimiento del tercero interesado. *En este contrato se estará a lo establecido para la estipulación a favor de tercero en la ley 523*. (destaques nossos)

Nesse contexto, de acordo com a legislação brasileira, por força do disposto no art. 627 do Código Civil,[1] o contrato de depósito se aplica a bens móveis infungíveis, enquanto o artigo 586,[2] também da lei civil, que trata do mútuo, refere-se a bens móveis fungíveis.

Por essa razão, o depósito em conta garantida ou vinculada não pode ser enquadrado nem como contrato de depósito nem como mútuo, não lhe sendo igualmente aplicável os arts. 901 a 906 do Código de Processo Civil.

Poder-se-ia, ainda, argumentar que seria aplicável ao depósito em conta garantida, o disposto no 632 do Código Civil, que regula o depósito em favor de terceiro. No entanto, esse mencionado artigo também não seria aplicável nesse cenário, isso porque, na hipótese prevista no art. 632, o depositário deve entregar

---

1. Art. 627. Pelo contrato de depósito recebe o depositário um objeto móvel, para guardar, até que o depositante o reclame.
2. Art. 586. O mútuo é o empréstimo de coisas fungíveis. O mutuário é obrigado a restituir ao mutuante o que dele recebeu em coisa do mesmo gênero, qualidade e quantidade.

o bem objeto do depósito ao terceiro, a menos, que esse terceiro autorize o depositário entregar o bem ao depositante.

Confira-se abaixo o disposto no já mencionado art. 632, da lei substantiva, *in verbis*:

> Art. 632. Se a coisa houver sido depositada no interesse de terceiro, e o depositário tiver sido cientificado deste fato pelo depositante, não poderá ele exonerar-se restituindo a coisa a este, sem consentimento daquele.

Conforme se constata, essa situação não acontece necessariamente com a *Conta Notarial*, posto que, nesse caso, o valor depositado poderá alternativamente, dependendo ou não do cumprimento das obrigações estipuladas no contrato, que deverão ser certificadas pelo Tabelião, reverter a favor do terceiro ou do próprio depositante.

Dessa forma, a *Conta Notarial* se caracteriza como um contrato trilateral com função de garantia, no qual as partes de um negócio jurídico confiam o depósito de determinada importância a um terceiro, no caso, o Tabelião.

Além disso, o Notário, seguindo as instruções dos contratantes e as circunstâncias do negócio subjacente, é responsável por certificar se as condições acordadas entre as partes foram cumpridas ou descumpridas, e por devolver, se for o caso, os bens ao depositante ou entregá-los ao beneficiário do depósito.

Outro aspecto distintivo desse tipo de contrato é a ausência de autonomia do depositário, que deve cumprir rigorosamente as instruções das partes expressas em instrumento negocial, destinando os bens de acordo com as condições previamente estipuladas e os desdobramentos do negócio jurídico.

Assim, o depósito efetivado na *Conta Notarial*, regulamentado pelo art. 7º.-A da Lei 8.935/1994, se configura como um contrato inominado e atípico, com função de garantia em favor de um sujeito alternativamente determinado. Repita-se, sem se enquadrar em qualquer dos modelos contratuais previstos na nossa legislação civil.

6. CASO *CAVALLINI V. GALASSI* (*CORTE DI CASSAZIONE*, 1937)

O caso *Cavallini v. Galassi* é um exemplo emblemático do contrato de depósito com função de garantia. A controvérsia envolveu a venda de um imóvel pertencente a um menor de idade, sujeita à condição suspensiva de obtenção de alvará judicial que autorizasse a transação.

Para garantir o negócio, as partes concordaram em depositar o preço da venda com um terceiro, que deveria:

A MULTIAPLICABILIDADE DA NOVA *ESCROW ACCOUNT* NO MERCADO IMOBILIÁRIO **101**

- Liberar o montante em favor do vendedor caso o juiz autorizasse a venda;
- Restituir o valor ao comprador caso o juiz negasse a autorização.

Apesar de o alvará ter sido expedido, o terceiro depositário não entregou o valor ao vendedor e desapareceu. A Justiça italiana decidiu que, embora o comprador não fosse responsável pelo desaparecimento do montante, ele não tinha direito à transferência da propriedade do imóvel. Isso porque, sendo proprietário do valor depositado, cabia a ele suportar os riscos da má-fé do depositário.

No caso acima, a *Corte di Cassazione* italiana entendeu por aplicar o princípio *res perit domino* (a coisa perece para o dono).

7. COMPARAÇÕES E MAIOR CONFIABILIDADE DO SISTEMA BRASILEIRO

Nos Estados Unidos, especialmente no estado da Flórida, o corretor de imóveis costuma ser o responsável pela conta *escrow*, gerenciando toda a negociação. Contudo, esse sistema envolve riscos relacionados à confiança no terceiro encarregado, algo que não ocorre com a *Conta Notarial*, instituída pela legislação brasileira.

No Brasil, o depósito em conta garantida é administrado pelo Colégio Notarial do Brasil – Conselho Federal, entidade representativa dos notários em âmbito nacional. Essa *Conta Notarial* é protegida contra qualquer tipo de constrição, judicial ou extrajudicial, o que a torna consideravelmente mais segura do que outros sistemas de contas garantidas ou vinculadas, como aqueles utilizados na Itália ou nos Estados Unidos.

8. DA MULTIAPLICABILIDADE DA CONTA NOTARIAL NO DIREITO IMOBILIÁRIO

a) Quando o vendedor estrangeiro ou mesmo brasileiro, seja pessoa física ou jurídica, domiciliada no exterior, alienar bens localizados no Brasil, caberá ao comprador a responsabilidade pelo recolhimento do imposto de renda incidente sobre o ganho de capital. Nessa situação, o preço atinente ao valor do imposto a ser pago, poderá ser depositado na conta notarial, como forma de se precaver de eventual inadimplemento por parte do vendedor;

b) Usar a conta notarial como um "substituto" ao contrato de arras ou princípio de pagamento em transação em que haja pendências judiciais ou para garantir o pagamento de tributos e outras despesas;

c) Negociação em que a efetiva imissão na posse será postergada, a pedido do vendedor. Nesse contexto, poderá o comprador reter parte do preço e depositar na conta notarial, sendo o valor depositado posteriormente liberado, após a certificação pelo Notário do cumprimento integral das obrigações estipuladas no contrato, como a entrega das chaves, o perfeito estado do imóvel, o pagamento de todas as despesas e tributos, que incidirem sobre aquele bem;

102 FERNANDA DE FREITAS LEITÃO

d) Quando o pagamento alusivo ao negócio jurídico for realizado do exterior e o vendedor não dispuser de conta no Brasil;

e) Quando a venda envolver vários vendedores ou compradores, em diferentes locais e bancos, o uso da conta notarial facilitará a divisão dos valores e depósitos em diferentes instituições financeiras.

f) Na alienação que envolva menor de idade, nesse cenário, que depende de alvará judicial autorizativo da venda, o valor do preço seria depositado na conta notarial, sendo liberado, após a concessão do alvará.

REFERÊNCIA

ANTUNES, João Tiago Morais. *Do contrato de depósito escrow*. 2. ed. Coimbra: Almedina, 2023.

A CONTRIBUIÇÃO DO PROCEDIMENTO DA ADJUDICAÇÃO EXTRAJUDICIAL NA (DES)JUDICIALIZAÇÃO DE CONFLITOS RELACIONADOS À REGULARIZAÇÃO IMOBILIÁRIA

Jordan Reis da Silva

Mestre em Direito (UNIRIO). Professor Universitário da Universidade da Estácio. Presidente da Comissão de Direito e Políticas Públicas (CDPP) da 5ª Subseção da OAB-VR. Secretário-Geral da Comissão de Regularização Imobiliária da ABAMI. Advogado Orientador do Núcleo de Práticas Jurídicas (NPJ) da Universidade da Estácio.

Júlio César Flores da Cunha Belaguarda Nagy de Oliveira

Especialista em Direito de Saúde Pública, Complementar e Suplementar. Vice--Presidente da Comissão de Regularização Imobiliária da ABAMI. Advogado.

Sumário: Introdução – 1. O fenômeno da (des) judicialização na regularização dos bens imóveis e o papel dos serviços notariais e registrais diante desses conflitos no direito brasileiro – 2. Aspectos teóricos e fundamentos da adjudicação compulsória judicial e extrajudicial – 3. Os requisitos que norteiam a aplicação da adjudicação compulsória extrajudicial – Considerações finais – Referências.

INTRODUÇÃO

É amplamente reconhecido que todas as pessoas têm necessidades e interesses que, quando não atendidos, frequentemente levam ao surgimento de conflitos. Quando esses conflitos surgem, os indivíduos buscam algum meio para garantir e realizar suas pretensões. No Brasil, devido à sua formação cultural, o Judiciário tem sido o paradigma predominante para a resolução dessas questões.

Todavia, o ordenamento jurídico brasileiro está em constante transformação para se adaptar à realidade e oferecer soluções para problemas existentes. Uma das metas dessas mudanças é permitir que situações específicas sejam resolvidas de forma extrajudicial e, portanto, mais rápida. Nesse contexto, a alteração legislativa possibilitou que a adjudicação compulsória seja realizada extrajudicialmente pelos cartórios, o que é crucial para acelerar a regularização de imóveis no Brasil.

A nova modalidade ocorreu através do Provimento 150 de 11 de setembro de 2023, responsável por alterar o Código Nacional de Normas da Corregedoria Nacional de Justiça do Conselho Nacional de Justiça – Foro Extrajudicial (CNN/CN/CNJ-Extra), instituído pelo Provimento n 149, de 30 de agosto de 2023, responsável por estabelecer regras para o processo de adjudicação compulsória pela via extrajudicial, nos termos do art. 216-B da Lei 6.015, de 31 de dezembro de 1973 e dá outras providências permitindo a realização da adjudicação compulsória pelos cartórios de registro de imóveis.

Com efeito, a adjudicação compulsória extrajudicial surge com o objetivo de aliviar a carga do Judiciário e acelerar o processo de regularização de imóveis, motivo pelo qual leva o presente trabalho analisar como essa modalidade pode acelerar o processo de regularização, reduzir a sobrecarga do Judiciário e trazer maior segurança jurídica para as partes envolvidas.

Portanto, a escolha para propor a discussão consiste tanto em razão da sua relevância jurídica, haja vista o alto índice de demandas que recaem para judiciário envolvendo o procedimento da adjudicação compulsória, antes vista como única alternativa para a regularização dos registros imobiliários, bem como por sua relevância social, a qual consistiu em analisar de que maneira a possibilidade desse procedimento de forma estrajudicial contribuirá para estimular nos proprietários tanto a antecipação do registro dos seus imóveis quanto a utilização da via alternativa ao sistema de justiça.

Na tentativa de buscar responder esta e outras questões, a pesquisa utilizará a abordagem qualitativa por meio de uma pesquisa exploratória e descritiva. Para tanto, o artigo se encontra dividido em 4 (quatro) partes, além desta introdução, através das quais serão apresentados os procedimentos metodológicos da pesquisa. No capítulo inaugural é abordado a tendência crescente de buscar soluções extrajudiciais para conflitos e questões jurídicas, revelando para tanto a contribuição que os serviços notariais e registrais exercem nessa corrente de forma a desistimular o fenômeno da judicialização. Em seguida, no capítulo 2 é realizado um estudo prático sobre os aspectos que envolvem a aplicação da adjudicação compulsória judicial e extrajudicial, enquanto o capítulo 3 se dedica apenas a analisar o procedimento da adjudicação extrajudicial na regularização dos bens imóveis, com base no provimento que regula sua aplicação. Sendo, por fim, feitas as considerações finais.

1. O FENÔMENO DA (DES) JUDICIALIZAÇÃO NA REGULARIZAÇÃO DOS BENS IMÓVEIS E O PAPEL DOS SERVIÇOS NOTARIAIS E REGISTRAIS DIANTE DESSES CONFLITOS NO DIREITO BRASILEIRO

No brasil, em se tratando dos direitos relacionados à compra e venda de bens imóveis a judicialização cada vez mais tem se tornado um fenômeno relevante e presente no cenário jurídico. A respeito disso, antes de analisar quais são as possíveis causas que concorrem para esse acontecimento, necessário se faz inicialmente compreeder o que se trata especificamente a judicialização, para tanto deve-se relacionar esse movimento com o direito fundamental ao acesso à justiça, previsto no inciso XXXV do art. 5º da Constituição Cidadã, segundo o qual "a lei não excluirá da apreciação do Poder Judiciário, lesão ou ameaça a direito".[1]

Neste sentido, de acordo com Cappelletti e Garth este direito além de ser visto como "o requisito fundamental – o mais básico dos direitos humanos – de um sistema jurídico moderno e igualitário que pretenda garantir e não apenas proclamar os direitos de todos" demonstra, desde já, que o Judiciário deverá entrar em cena quando demandado por alguém, seja este o carecedor de um serviço, o cidadão ou até mesmo um representante seu como é o caso do Ministério Público.[2] A outra permissão e justificativa que permite com que o judiciário encontre margem para atuar é dada pela moderna teoria constitucional na medida em que promove o alargamento das garantias e lhe confere aplicabilidade imediata, de forma que isso reclame o controle das políticas públicas por parte daquele poder para que haja a efetivação dos direitos sociais.[3]

Com efeito, em que pese às políticas públicas terem como atores principais o Poder Executivo e a administração pública, é justamente através da judicialização que será percebido esta exceção, uma vez que o Judiciário, embora não tenha qualidade para tanto, irá interferir, através de suas decisões, em questões antes adstritas ao cenário individual ou ao espaço político-partidário como forma de garantir a implementação dessas políticas.Ou seja, as atuações feitas pelo Poder Judiciário passam a ser compreendidas como sendo fruto de decisões dadas em questões de larga repercussão política ou social, as quais, via de regra, deveriam ser decididas pelas instâncias políticas tradicionais: o Congresso Nacional e o Poder Executivo.[4]

Quanto a esse cenário, cumpre destacar que essa ampliação concedida ao Judiciário não ocorre somente no Brasil, pelo contrário, na realidade, trata-se de um fenômeno mundial onde a busca pela realização do texto da Constituição e

---

1. BRASIL, Constituição da República Federativa do Brasil de 1988. Brasília, DF. Disponível em: https://www.planalto.gov.br/ccivil_03/constituicao/constituicao.htm. Acesso em: 15 ago. 2024.
2. CAPPELLETTI, Mauro; GARTH, Bryant. *Acesso à justiça*. Trad. Ellen Gracie Northfleet. Porto Alegre: Sérgio Antônio Fabris, 1988.
3. SARMENTO, Daniel. A Proteção Judicial dos Direitos Sociais: alguns parâmetros Ético-Jurídicos. *Por um Constitucionalismo Inclusivo*. Rio de Janeiro: Lumen Juris, 2010.
4. BARROSO, Luís Roberto. Judicialização, ativismo judicial e legitimidade democrática. *(Syn) thesis*, Rio de Janeiro, v. 5, n. 1, 2012. Disponível: http://www.oab.org.br/editora/revista/users/revista/1235066670174218181901.pdf. Acesso em: 10 ago. 2024.

dos direitos fundamentais sociais justifica a expansão da judicialização como sendo um fenômeno mundial.[5]

No caso do modelo brasileiro, a ocorrência é justificada, em suma, por três grandes motivos, quais sejam: "redemocratização do país", efeito consequente, sobretudo, da promulgação da Constituição Cidadã; "constitucionalização abrangente", a qual trouxe para o âmbito do Direito Constitucional matérias que antes pertenciam ao "processo político majoritário e para a legislação ordinária".[6] Quando esse fenômeno envolve transações imobiliárias, sobretudo a regularização desses bens adquiridos, por meio do direito da compra e venda, é possível constatar o impacto que tais relações tendem a provocarem no panorama jurídico brasileiro.

Afinal, é amplamente reconhecido que, frequentemente e por diversos motivos, a transferência de um imóvel – que só se efetiva com a averbação do título translativo no Cartório competente – é frequentemente negligenciada pelos contratantes. Neste sentido, com o tempo essa negligência que deveria ter sido facilmente superada pode transformar a regularização do imóvel em um verdadeiro desafio para aqueles que desejam cumprir suas obrigações e assegurar a correta atualização da cadeia dominial no registro imobiliário.

Tanto é verdade que segundo o Ministério da Integração e do Desenvolvimento Regional, com dados de 2019, 50% dos imóveis no Brasil têm algum tipo de irregularidade. A irregularidade mais comum é a falta de escritura, a qual é responsável por atingir metade dos 60 milhões de domicílios urbanos no país.[7] Portanto, na prática jurídica é comum encontrar situações em que uma das partes não demonstra interesse em regularizar a transferência de propriedade, principalmente devido à necessidade de pagamento dos impostos relacionados ao ato, tornando, dessa forma, a judicialização da regularização imobiliária, por meio da adjudicação compulsória, uma alternativa de solução.

Todavia, embora a Constituição Federal de 1988 determine que seja de responsabilidade do Estado proporcionar ao sistema jurisdicional mecanismos eficazes para resolver as demandas apresentadas ao juiz e que as mesmas devam ocorrer dentro de um prazo razoável e com foco exclusivo na justiça, garantindo uma tutela imparcial e justa, é evidente que o tempo necessário para resolver processos judiciais se revela extremamente extenso e moroso. Portanto, embora o Judiciário seja eficaz, é essencial que ele também se torne eficiente para alcançar

---

5. XIMENES, Julia Maurmann; RIBEIRO, Ana Cândida Eugênio Pinto. Efetivação dos direitos fundamentais e ativismo judicial. Uma proposta de análise empírica. *Jus Navigandi*, Teresina, ano 14, n. 2306, 24 out. 2009. Disponível em: http://jus.com.br/revista/texto/13752. Acesso em: 10 ago. 2024.

6. BARROSO, op. cit., p. 3.

7. ANOREG, cartório em números edição 2022. Disponível em: https://www.anoreg.org.br/site/wp-content/uploads/2022/12/Carto%CC%81rios-emNu%CC%81meros-Edic%CC%A7a%CC%83o-2022.pdf. Acesso em: 15 maio 2023.

a "efetividade". Este conceito complexo, por sua vez, está relacionado principalmente com a avaliação de como uma organização cumpre sua missão, atinge seus objetivos estabelecidos e se adapta às constantes mudanças no ambiente.[8]

Dessa forma, levando em conta a deficiência do judiciário e os princípios constitucionais da celeridade processual e da dignidade da pessoa humana tem-se a base do processo de desjudicialização, o qual buscará resolver casos específicos de maneira eficiente, promovendo a pacificação social, a manutenção da ordem pública e a segurança jurídica – aspectos essenciais do Estado democrático de direito.[9] Nesse contexto, o fenômeno da desjudicialização acaba por facilitar uma reforma efetiva no Judiciário, permitindo que os magistrados se concentrem em questões que realmente exijam a intervenção da autoridade judicial para decisões definitivas.[10]

Com razão, o legislativo, compreendendo essa necessidade, acaba propondo medidas para solucionar esse gargalo, a exemplo do que ocorreu com o divórcio, inventário e usucapião, os quais passaram a ser realizados pela via extrajudicial. A implementação dessas medidas, no caso do inventário, resultou, segundo a Associação dos Notários e registradores (ANOREG), por meio do "cartório em números", em um aumento na busca pela sociedade por essa forma de resolução no ano de 2022, com um total de 213.728 inventários extrajudiciais no Brasil, quando comparado com 2021 período em que esse número foi bem menor.

Dessa relação, conclui-se que o sucesso na implementação da desjudicialização está fortemente associado à adoção de diversas mudanças, tanto na consciência humana quanto na legislação e na estrutura sistêmica, entre outras áreas. É uma função típica do Poder Legislativo perceber as necessidades sociais e ajustar a legislação ao contexto real, garantindo a efetividade dos direitos, interesses e demandas da sociedade. No entanto, como observa Flávia de Almeida Montingelli Zanferdini, "é preciso lembrar que é mais fácil para a sociedade mudar a lei do que para a lei mudar a sociedade. Portanto, a mudança de mentalidade é crucial para resolver essa crise".

Embora o termo "desjudicializar" ainda não seja amplamente conhecido e não tenha um conceito único e fixo, pode ser compreendido, neste contexto, como a possibilidade de as partes resolverem suas demandas fora da esfera judicial, desde que atendam a certos requisitos e pressupostos específicos do caso. Mais precisamente, a desjudicialização refere-se ao processo de transferir alguns

---

8. HANNAN, M.T. e Freeman, J. Obstacles to comparative studies. In: GOODMAN, P.S. e PENNINGS, J.M. (Ed.). *New Perspectives on Organizational Effectiveness*. San Francisco: Jossey Bass, 1977.
9. PEREIRA, Caio Mario da Silva. *Instituições de Direito Civil*. Rio de Janeiro: Forense, 2002.
10. HELENA, Eber Zoehler Santa. O fenômeno da desjudicialização. *Revista Jus Navigandi*, ISSN 1518-4862, Teresina, ano 11, n. 922, 11 jan. 2006.

serviços e atribuições, anteriormente exclusivos ao Poder Judiciário, para as serventias extrajudiciais de tabelionato e registro. O objetivo é aumentar a eficiência e a agilidade em situações onde não há litígio que exija obrigatoriamente a intervenção judicial. Logo, a transferência da competência dessas demandas para os cartórios extrajudiciais não só permite aumentar a eficiência, como diminui a carga sobre o judiciário.

Quanto a atuação das atividades dos serventuários extrajudiciais, desempenhada pelos notários e registradores, a mesma encontra-se fundamentada na Lei 8.935/94 e nos artigos 6º e 1.295 do Código Civil, que definem suas funções de redigir, formalizar e autenticar documentos com atos jurídicos extrajudiciais das partes interessadas. Sendo que no caso dos serviços de registro, sua função é assegurar a publicidade necessária para que os títulos de interesse privado ou público tenham efeito *erga omnes*.[11]

Assim, as atividades dos notários e registradores são estruturadas tanto técnica quanto administrativamente, garantindo publicidade, autenticidade, segurança e eficácia aos atos jurídicos.[12] No entanto, apesar de as ações notariais e de registro terem um caráter público, são exercidas de maneira privada por meio de delegação pública. O artigo 236 da Constituição Federal de 1988 reforça essa natureza pública, mas ressalta que as atividades são realizadas em caráter privado, com delegação do Poder Público.[13]

Além das particularidades das práticas das serventias extrajudiciais, observa-se uma maior capilaridade dos tabelionatos e cartórios no Brasil em comparação com as unidades judiciais nas comarcas, estando presentes em locais onde o poder judiciário não atua.[14] Diante das dificuldades do poder judiciário brasileiro em atender de maneira eficiente às demandas da sociedade, a desjudicialização surge, portanto, como uma inovação, tornando-se uma realidade crescente no país.

Portanto, a (des)judicialização tem um impacto significativo na regularização dos bens imóveis no Brasil, proporcionando uma alternativa eficiente ao sistema judicial tradicional. Para tanto, os serviços notariais e registrais desempenham papéis cruciais nesse processo, oferecendo segurança jurídica, agilidade e eficiência na formalização e regularização de transações imobiliárias. Uma vez que a

---

11. SOUZA, Lígia Arlé Ribeiro de. A importância das serventias extrajudiciais no processo de desjudicialização. *Revista Jus Navigandi*, ISSN 1518-4862, Teresina, ano 16, n. 3029, 17 out. 2011.
12. CHAVES, Luisa Helena Cardoso. A importância da função dos cartórios na desburocratização e desjudicialização das relações privadas. *Âmbito Jurídico*, Rio Grande, XIII, n. 74, abr. 2010.
13. BRASIL. Lei 8.935, de 18 de novembro de 1994. Regulamenta o art. 236 da Constituição Federal, dispondo sobre serviços notariais e de registro. (Lei dos cartórios). Brasília, 18 de novembro de 1994. Disponível em: http://www.planalto.gov.br/ccivil_03/leis/l8935.htm. Acesso em: 17 ago. 2024.
14. SILVA, Marcelo Lessa da. A Usucapião Extrajudicial: A Contradição do Silêncio como Discordância. *Revista Cidadania e Acesso à Justiça*, ISSN: 2526-026X, Rio de Janeiro, v. 2, n. 2. 2016.

integração e a colaboração entre esses serviços são essenciais para promover uma maior eficácia na resolução de conflitos e na regularização imobiliária, beneficiando tanto os proprietários quanto o sistema jurídico como um todo.

Levando em conta essas premissas, surge, a partir desse instante, a necessidade de melhor compreender como a adjudicação extrajudicial, introduzida pelo Provimento 150 de 11 de setembro de 2023, responsável por alterar o Código Nacional de Normas da Corregedoria Nacional de Justiça do Conselho Nacional de Justiça – Foro Extrajudicial (CNN/CN/CNJ-Extra), instituído pelo Provimento 149, de 30 de agosto de 2023, responsável por estabelecer regras para o processo de adjudicação compulsória pela via extrajudicial, nos termos do art. 216-B da Lei 6.015, de 31 de dezembro de 1973, contribuirá nas práticas de regularização imobiliária através desses serviços notariais e registrais bem como quais são os fundamentos teóricos que distinguem esse procedimento daquele já existente, qual seja, a adjudicação judicial.

2. ASPECTOS TEÓRICOS E FUNDAMENTOS DA ADJUDICAÇÃO COMPULSÓRIA JUDICIAL E EXTRAJUDICIAL

A adjudicação compulsória, tradicionalmente utilizada no âmbito de uma relação jurídico-processual instrumentalizada por meio do desenvolvimento da atividade jurisdicional, vem sendo objeto de uma transformação paradigmática com a introdução do procedimento extrajudicial, conforme regulamentado pelo Provimento 150/2023 do Conselho Nacional de Justiça (CNJ). Essa mudança se insere no contexto mais amplo da desjudicialização, um movimento que visa a transferir certas competências que antes necessitavam da intervenção do Poder Judiciário para o âmbito extrajudicial com o intuito de promover maior celeridade, eficiência e economia processual. Para compreender plenamente as implicações dessa inovação, é crucial analisar os fundamentos jurídicos tanto da adjudicação compulsória judicial quanto da extrajudicial, à luz dos dispositivos legais e regulamentares pertinentes.

O instituto da adjudicação compulsória instrumentalizada pela via judicial, afigura-se como sendo um direito conferido ao promitente comprador de imóvel que estabelece que o adquirente poderá exigir judicialmente a outorga da escritura definitiva de compra e venda após a quitação integral do preço ou a garantia de seu pagamento, e desde que o instrumento particular de contrato de promessa de compra e venda tenha sido celebrado sem que às partes contratantes tenha sido conferido o direito de arrependimento. Este direito deriva do contrato de promessa de compra e venda, que cria uma obrigação de fazer para o promitente vendedor, consistente na transferência da propriedade do imóvel mediante a outorga da escritura pública após constatado o adimplemento integral das obrigações instituídas contratualmente pelas partes.

O rito judicial para fins de instrumentalização da adjudicação compulsória hodiernamente utilizado é o procedimento comum. Consequentemente, a sentença que julga ação de adjudicação compulsória possui natureza de tutela jurisdicional de natureza declaratória-constitutiva, porquanto, uma vez demonstrado o direito do autor e a inadimplência do réu, que se caracteriza pela demonstração das seguintes condições:

i) validade do contrato celebrado entre as partes;

ii) quitação integral do preço ajustado contratualmente; e

iii) inexistência de cláusula relativa ao direito de arrependimento, o juiz proferirá sentença que declarará o preenchimento dos requisitos legais e, consequentemente, substituirá a vontade do promitente vendedor que se recusou a outorgar a escritura pública, cuja sentença constituirá verdadeiro título hábil para o registro da propriedade no Cartório de Registro de Imóveis, a teor do que prevê o art. 515, inciso I, do Código de Processo Civil (Lei 13.105/2015), que deverá ser interpretado em conjunto com o art. 167, item 25, da Lei de Registros Públicos (Lei 6.015/73), este último que dispôs que as sentenças de adjudicação constituem-se como sendo registráveis para fins de transferência da propriedade imobiliária.

A ação de adjudicação compulsória judicial, no entanto, é marcada pela morosidade e pelos custos processuais, características inerentes ao processo judicial. O contraditório e a ampla defesa, princípios basilares do devido processo legal, exigem que o procedimento observe prazos processuais, inúmeras fases processuais, o que pode prolongar significativamente o tempo necessário para a obtenção da sentença final. Além disso, as custas judiciais e os honorários advocatícios representam um ônus adicional para as partes, desestimulando a rápida resolução do litígio.

O Provimento 150/2023 do CNJ, ao introduzir a adjudicação compulsória extrajudicial, representa uma mudança significativa no tratamento das disputas imobiliárias, alinhando-se à política de desjudicialização que visa a reduzir a sobrecarga do Poder Judiciário e a promover maior eficiência na resolução de conflitos, o que se dá por intermédio da sobreposição da autonomia negocial inerente às partes contratantes em detrimento da excessiva burocracia anteriormente existente.

Por sua vez, o art. 440-Y do Provimento 150/2023 do CNJ estabelece os requisitos e procedimentos para a realização da adjudicação compulsória diretamente em cartório, sem que as partes necessitem externar, por intermédio da morosa atividade jurisdicional, a pretensão adjudicatória, desde que preenchidas as condições estabelecidas, os quais passarão a ser analisados a seguir.

3. OS REQUISITOS QUE NORTEIAM A APLICAÇÃO DA ADJUDICAÇÃO COMPULSÓRIA EXTRAJUDICIAL

O procedimento extrajudicial é iniciado mediante requerimento, por parte do promitente comprador, de instauração do processo de adjudicação compulsória, o qual deverá ser apresentado ao Oficial de Registro de Imóveis competente da localidade do imóvel.

Para tanto, conforme prevê o art. 440-G do Provimento 150/2023 do CNJ, o promitente comprador deverá cumprir alguns requisitos dispostos no provimento em referência, dentre eles a obrigatoriedade de o requerimento inicial de instauração estar instruído com ata notarial lavrada por tabelião de notas, a quem competirá comprovar e/ou atestar:

I – a referência à matrícula ou à transcrição, e a descrição do imóvel com seus ônus e gravames;

II – a identificação dos atos e negócios jurídicos que dão fundamento à adjudicação compulsória, incluído o histórico de todas as cessões e sucessões, bem como a relação de todos os que figurem nos respectivos instrumentos contratuais;

III – as provas do adimplemento integral do preço ou do cumprimento da contraprestação à transferência do imóvel adjudicando;

IV – a identificação das providências que deveriam ter sido adotadas pelo requerido para a transmissão de propriedade e a verificação de seu inadimplemento;

V – o valor venal atribuído ao imóvel adjudicando, na data do requerimento inicial, segundo a legislação local.

O tabelião, ao verificar a regularidade da documentação e a conformidade com os requisitos legais, lavrará a respectiva ata notarial, a qual se afigura como sendo imprescindível à instauração do processo de adjudicação extrajudicial a ser requerida perante o Oficial de Registro de Imóvel competente, considerando-se que a ata notarial conferirá fé pública de que todos os requisitos para fins de viabilizar a pretensão adjudicatória foram efetivamente cumpridos.

O Provimento 150/2023 do CNJ, ao retirar da atividade jurisdicional a competência exclusiva para fins operacionalizar eventuais pretensões adjudicatórias, promoveu uma significativa redução do tempo necessário para a regularização da propriedade imobiliária. Além disso, o custo envolvido é consideravelmente menor, uma vez que o procedimento dispensa as custas judiciais e diversos outros custos, limitando-se aos emolumentos cartorários.

A introdução deste procedimento reflete a valorização do princípio da autonomia privada, conforme disposto no artigo 421 do Código Civil, que assegura às partes a liberdade de regular o complexo de interesses envolvidos por intermédio da liberdade contratual, observando-se os limites da função social do contrato. A possibilidade de renúncia ao direito de impugnação, prevista no artigo 440-Y do Provimento 150/2023, permite que as partes acordem previamente as condições para a transferência da propriedade, eliminando a necessidade de intervenção judicial e prevenindo futuros litígios.

A adjudicação compulsória extrajudicial, conforme estabelecida pelo Provimento 150/2023 do CNJ, oferece uma alternativa célere e eficiente para a regularização de imóveis, afastando a necessidade de intervenção judicial em casos em que não há litígio substancial entre as partes. A aplicação prática desse procedimento não só promove a celeridade e a economia processual, como também fortalece a autonomia negocial, permitindo que as partes ajustem previamente as condições para a adjudicação compulsória e renunciem ao direito de impugnação, se assim desejarem.

Registre-se, entretanto, que tal direito à renúncia prévia ao direito de o promitente vendedor opor-se a eventual pedido de adjudicação extrajudicial externada pelo promitente comprador, poderá ser tida e tratada, por parte do comprador, como sendo condição sine quo non à celebração do contrato de promessa de compra e venda, considerando-se que se objetiva evitar que o comprador venha a prejudicar-se por eventual inadimplemento do vendedor no que tange à outorga da escritura pública definitiva de compra e venda de bem imóvel, sobretudo quando se está diante de um negócio jurídico celebrado em razão de interesses que envolvem operações de investimento no âmbito do mercado imobiliário, cuja hipótese, decerto, envolve uma universalidade de interesses.

A autonomia privada é um dos pilares do direito civil brasileiro, consagrado no artigo 421 do Código Civil, que assegura às partes a liberdade de estipular as cláusulas e condições de seus contratos, desde que respeitados os limites impostos pela lei, pela ordem pública e pela função social do contrato. No contexto da adjudicação compulsória extrajudicial, a autonomia privada se manifesta de forma particularmente relevante em razão da instituição regulamenta referente à possibilidade de renúncia prévia ou a qualquer tempo ao direito de impugnação, conforme previsto no artigo 440-Y do Provimento 150/2023 do CNJ.

Essa anuência e renúncia prévia ao direito de opor-se a eventual pretensão adjudicatória promovida pela via extrajudicial, poderá ser acordada entre as partes no momento da celebração do contrato de promessa de compra e venda, como uma cláusula contratual que previna a ocorrência de disputas futuras e assegure a celeridade do procedimento de adjudicação compulsória ou, até mesmo, posteriormente à celebração do contrato, porquanto permite-se que a renúncia seja perfectibilizada a qualquer tempo, a teor do que prevê o art. 440-Y do Provimento 150/2023 do CNJ. Ao renunciar expressamente ao direito de impugnar o pedido de adjudicação compulsória extrajudicial, o promitente vendedor manifesta sua concordância com a transferência da propriedade nos termos pactuados, eliminando a necessidade de intervenção judicial e promovendo a resolução extrajudicial do conflito.

A possibilidade de o vendedor anuir e renunciar ao direito de impugnação, cuja impugnação se afigura como sendo uma concretização do Princípio do Contraditório em uma relação processual do âmbito extrajudicial, é amparada pelo art. 190 do Código de Processo Civil (Lei 13.105/2015), que permite que as partes, de comum acordo, estipulem alterações no procedimento processual no âmbito judicial, inclusive renunciando a determinados direitos. Essa flexibilização do procedimento é uma característica importante do direito moderno, que busca adaptar as normas processuais às necessidades e expectativas das partes, promovendo a eficiência e a efetividade dos negócios jurídicos.

Registre-se, inclusive, que a renúncia prévia ao direito de impugnação por parte do promitente vendedor, importa na dispensação da notificação prevista no art. 440-R e art. 440-S, ambos do Provimento 150/2023 do CNJ, a qual é encaminhada ao promitente vendedor por parte do oficial de registro de imóveis competente para fins de dar-lhe ciência quanto à pretensão adjudicatória proposta e permitir-lhe o exercício do contraditório substancial e da ampla defesa plena, cujos princípios possuem *status* de Princípios Constitucionais.

Todavia, acaso o oficial de registro de imóveis se depare com a hipótese de eventual anuência previamente externada pelo promitente vendedor a uma eventual pretensão adjudicatória promovida pelo comprador, cuja anuência e renúncia ao direito de impugnação tenha sido aposta em instrumento particular de contrato com firma devidamente reconhecida ou em instrumento público de contrato, este deverá proceder, conforme prevê o art. 440-F do Provimento 150/2023 do CNJ:

I – expedirá nota devolutiva para que se supram as exigências que ainda existirem; ou
II – deferirá ou rejeitará o pedido, em nota fundamentada.

Dessa forma, concluiu-se que eventual anuência externada previamente pelo promitente vendedor no ato da celebração do instrumento particular de contrato de promessa de compra e venda, poderá conferir, substancialmente, maior segurança jurídica ao promitente comprador e, sobretudo, celeridade a um eventual procedimento de adjudicação compulsória extrajudicial, porquanto o oficial de registro de imóveis poderá, uma vez reconhecida como sendo válida a anuência previamente externada pelo vendedor, deferir diretamente o pedido adjudicatório pretendido pelo comprador, dispensando-se a manifestação de vontade expressa do vendedor, conforme permite o art. 216-B da Lei de Registros Públicos.

CONSIDERAÇÕES FINAIS

A análise da contribuição do procedimento da adjudicação extrajudicial na (des)judicialização de conflitos relacionados à regularização imobiliária revela um impacto significativo e multifacetado na eficiência e eficácia do sistema de resolução de disputas. Este modelo de conclusão sintetiza os principais pontos discutidos e oferece uma visão abrangente sobre o papel desse mecanismo no contexto jurídico e imobiliário.

A adjudicação extrajudicial tem se mostrado uma ferramenta valiosa para a desjudicialização de conflitos imobiliários, oferecendo uma alternativa eficiente ao tradicional processo judicial. Sua principal contribuição reside na celeridade com que pode resolver questões de regularização imobiliária, permitindo que processos que antes se arrastavam por anos em tribunais sejam concluídos de forma mais rápida e com menor custo. Este ganho em eficiência não apenas alivia a carga do sistema judicial, mas também proporciona uma solução mais acessível para as partes envolvidas, reduzindo a burocracia e os custos associados ao litígio judicial.

A redução da carga sobre o judiciário é um dos benefícios mais evidentes da adjudicação extrajudicial. Com o aumento da demanda por processos judiciais e a crescente complexidade dos casos, a possibilidade de resolver disputas imobiliárias fora dos tribunais representa um alívio significativo para o sistema judiciário. Isso permite que os tribunais se concentrem em questões de maior complexidade e relevância, melhorando a eficiência geral do sistema judicial. Além disso, a adjudicação extrajudicial contribui para uma maior segurança jurídica ao proporcionar uma alternativa que, quando bem conduzida, pode oferecer maior estabilidade nas soluções de disputas. A presunção de veracidade e autenticidade dos atos realizados em cartório fortalece a confiança no sistema, garantindo que as partes tenham um meio confiável para a regularização de seus imóveis.

Contudo, para maximizar esses benefícios, é essencial abordar alguns desafios e limitações inerentes ao processo. A variação na aplicação das normas entre diferentes cartórios e a necessidade de uma padronização mais consistente são questões que devem ser enfrentadas. A implementação de diretrizes claras e a capacitação contínua dos profissionais envolvidos são passos cruciais para melhorar a uniformidade e a eficácia do procedimento. Outro aspecto importante é a necessidade de revisão e atualização da legislação para garantir que o procedimento de adjudicação extrajudicial continue a atender às necessidades da sociedade e a promover a justiça de forma adequada. Reformas legislativas, acompanhadas de uma avaliação contínua da prática, podem ajudar a solucionar lacunas e aprimorar o processo.

Em resumo, a adjudicação extrajudicial representa uma contribuição significativa para a desjudicialização de conflitos relacionados à regularização imobiliária. Seu impacto positivo na eficiência, redução de custos e segurança jurídica é evidente, mas a eficácia plena do procedimento depende da constante melhoria das práticas cartoriais e da atualização das normas legais. Ao continuar a investir na modernização e padronização do processo, bem como na educação dos profissionais e cidadãos, é possível fortalecer ainda mais o papel da adjudicação extrajudicial como uma solução eficaz e acessível para a resolução de disputas imobiliárias.

REFERÊNCIAS

ANOREG. Cartório em números edição 2022. Disponível em: https://www.anoreg.org. br/site/wp-content/uploads/2022/12/Carto%CC%81rios-emNu%CC%81meros-Edic%CC%A7a%CC%83o-2022.pdf. Acesso em: 15 maio 2023.

BARROSO, Luís Roberto. Judicialização, ativismo judicial e legitimidade democrática. *(Syn) thesis.* Rio de Janeiro, v. 5, n. 1, 2012. Disponível: http://www.oab.org.br/editora/revista/users/revista/1235066670174218181901.pdf. Acesso em: 10 ago. 2024.

BRASIL. Lei 8.935, de 18 de novembro de 1994. Regulamenta o art. 236 da Constituição Federal, dispondo sobre serviços notariais e de registro (Lei dos cartórios). Brasília, 18 de novembro de 1994. Disponível em: http://www.planalto.gov.br/ccivil_03/leis/l8935.htm. Acesso em: 17 ago. 2024.

BRASIL, Constituição da República Federativa do Brasil de 1988. Brasília.

BRASIL. Lei 13.105, de 16 de março de 2015. Código de Processo Civil. Disponível em: https://www.planalto.gov.br/ccivil_03/_ato2015-2018/2015/lei/l13105.htm. Acesso em: 31 ago. 2024.

BRASIL. Lei 6.015, de 31 de dezembro de 1973. Dispõe sobre os registros públicos e dá outras providências. Disponível em: https://www.planalto.gov.br/ccivil_03/leis/l6015compilada.htm. Acesso em: 31 ago. 2024.

BRASIL. Lei 10.406, de 10 de janeiro de 2002. Institui o Código Civil. Disponível em: https://www.planalto.gov.br/ccivil_03/leis/2002/l10406compilada.htm?ref=blog.suitebras.com. Acesso em: 31 ago. 2024.

CAPPELLETTI, Mauro; GARTH, Bryant. Acesso à justiça. Trad. Ellen Gracie Northfleet. Porto Alegre: Sérgio Antônio Fabris, 1988.

CHAVES, Luisa Helena Cardoso. A importância da função dos cartórios na desburocratização e desjudicialização das relações privadas. *Âmbito Jurídico.* Rio Grande, XIII, n. 74, abr. 2010.

CNJ. Provimento 150, de 2023. Estabelece procedimentos para a adjudicação compulsória extrajudicial no âmbito dos cartórios de registro de imóveis. Disponível em: https://atos.cnj.jus.br/atos/detalhar/5258. Acesso em: 31 ago. 2024.

HANNAN, M.T. e Freeman, J. Obstacles to comparative studies. In: GOODMAN, P.S. e PENNINGS, J.M. (Ed.). New Perspectives on Organizational Effectiveness. San Francisco: Jossey Bass, 1977.

HELENA, Eber Zoehler Santa. O fenômeno da desjudicialização. *Revista Jus Navigandi*, ISSN 1518-4862, Teresina, ano 11, n. 922, 11 jan. 2006.

PEREIRA, Caio Mario da Silva. *Instituições de Direito Civil.* Rio de Janeiro: Forense, 2002.

SARMENTO, Daniel. A Proteção Judicial dos Direitos Sociais: alguns parâmetros Ético Jurídicos. Por *um Constitucionalismo Inclusivo.* Rio de Janeiro: Lumen Juris, 2010.

SILVA, Marcelo Lessa da. A Usucapião Extrajudicial: A Contradição do Silêncio como Discordância. *Revista Cidadania e Acesso à Justiça,* ISSN: 2526-026X, Rio de Janeiro, v. 2, n. 2. 2016.

SOUZA, Lígia Arlé Ribeiro de. A importância das serventias extrajudiciais no processo de desjudicialização. *Revista Jus Navigandi*, ISSN 1518-4862, Teresina, ano 16, n. 3029, 17 out. 2011.

XIMENES, Julia Maurmann; RIBEIRO, Ana Cândida Eugênio Pinto. Efetivação dos direitos fundamentais e ativismo judicial. Uma proposta de análise empírica. *Jus Navigandi,* Teresina, ano 14, n. 2306, 24 out. 2009. Disponível em: http://jus.com.br/revista/texto/13752. Acesso em: 10 ago. 2024.

DESDOBRAMENTOS DA ATUAÇÃO IMOBILIÁRIA REGISTRAL E NOTARIAL NA ADVOCACIA EXTRAJUDICIAL

Daniela Capanema

Especialista em Direito Imobiliário pela PUC Rio. Vice-Presidente do Conselho Deliberativo da ABAMI – Associação Brasileira de Advogados do Mercado Imobiliário. Integrante da Comissão de Direito Notarial e Registral Sudeste da ABA – Associação Brasileira de Advogados. Integrante da Comissão de Direito Imobiliário da OAB/RJ Barra da Tijuca. Mentora da OAB/RJ.

Sumário: Introdução – 1. A atuação registral e notarial no Brasil; 1.1 Cartórios de registro e notas; 1.2 Função registral e regularização fundiária – 2. A advocacia extrajudicial e a desjudicialização; 2.1 A criação do novo Código de Processo Civil (2015); 2.2 Desjudicialização: impactos econômicos e sociais – 3. Procedimentos extrajudiciais na advocacia imobiliária; 3.1 A função fundamental da *due diligence* na assessoria extrajudicial – 4. O papel do advogado na *due diligence* imobiliária; 4.1 Análise documental; 4.2 Verificação de conformidade urbanística e ambiental; 4.3 Verificação de ônus e gravames; 4.4 Análise da situação fiscal e tributária; 4.5 Verificação de litígios e processos judiciais; 4.6 Riscos da ausência de *due diligence* adequada – 5. Usucapião extrajudicial; 5.1 Conceito e fundamentação da usucapião extrajudicial; 5.2 O papel do advogado; 5.3 Análise da posse; 5.4 Reunião de documentação; 5.5 Elaboração da minuta a ser entregue ao tabelião de notas que fará a ata notarial; 5.6 Protocolo da documentação no cartório de notas; 5.7 Registro da escritura de usucapião – 6. Inventário extrajudicial; 6.1 Contexto jurídico da desjudicialização; 6.2 Levantamento e regularização dos bens imóveis; 6.3 Análise de certidões e documentos necessários; 6.4 Mediação e negociação entre os herdeiros; 6.5 Cálculo de impostos; 6.6 Lavratura da escritura pública de partilha ou de adjudicação – 7. Adjudicação compulsória extrajudicial; 7.1 Conceito e fundamentação; 7.2 Análise do contrato de compra e venda; 7.3 Levantamento da documentação necessária; 7.4 Notificação ao vendedor; 7.5 Elaboração da minuta da escritura pública; 7.6 Registro da escritura no cartório de registro de imóveis; 7.7 Vantagens – 8. Compra e venda de imóveis; 8.1 Importância da assessoria jurídica na compra e venda de imóveis; 8.2 Principais etapas; 8.3 Lavratura da escritura pública; 8.4 Registro da escritura – 9. Outras atuações do advogado na advocacia extrajudicial; 9.1 Consultoria e assessoria imobiliária; 9.2 Mediação e conciliação; 9.3 Regularização de imóveis – 10. Impactos da advocacia extrajudicial no mercado imobiliário; 10.1 Agilidade nas transações imobiliárias; 10.2 Redução de custos e eficácia econômica; 10.3 Aumento da segurança jurídica – 11. O futuro da advocacia extrajudicial e os desafios; 11.1 A ampliação dos serviços extrajudiciais; 11.2 Capacitação e formação dos profissionais; 11.3 Harmonização entre a atuação judicial e extrajudicial – 12. Considerações finais – Referências.

INTRODUÇÃO

A advocacia extrajudicial tem desempenhado um papel crescente na solução de questões patrimoniais e familiares no Brasil, com o suporte dos serviços notariais e registrais. Mudanças legislativas recentes, como o Novo Código de

Processo Civil (CPC/2015) e a Lei 13.465/2017, permitiram que uma série de procedimentos, antes restritos à esfera judicial, passassem a ser realizados em cartórios, com a intermediação de advogados.

Entre os principais procedimentos que se beneficiaram dessa desjudicialização estão a usucapião, o inventário, o divórcio, a adjudicação compulsória, a compra e venda de imóveis e a doação de bens. Esses processos agora podem ser conduzidos de forma extrajudicial, resultando em maior celeridade, economia e segurança jurídica para as partes envolvidas. A atuação do advogado é indispensável nesses procedimentos, garantindo o cumprimento da legislação e a preservação dos direitos das partes.

Este artigo tem como objetivo aprofundar a análise sobre os desdobramentos da atuação imobiliária registral e notarial na advocacia extrajudicial, abordando os principais procedimentos extrajudiciais e os desafios que essa prática ainda enfrenta no Brasil.

1. A ATUAÇÃO REGISTRAL E NOTARIAL NO BRASIL

1.1 Cartórios de Registro e Notas

Os cartórios de registro de imóveis e de notas desempenham funções cruciais na formalização de atos e negócios jurídicos no Brasil. Eles garantem a segurança jurídica das transações e promovem a publicidade e autenticidade dos atos. A Lei 6.015/1973, que regula os registros públicos, estabelece que atos como compra e venda de imóveis, hipotecas, doações e contratos que envolvem direitos reais devem ser registrados para produzir efeitos perante terceiros.

Os cartórios de notas, por outro lado, são responsáveis por lavrar escrituras públicas, testamentos, procurações e outros documentos que conferem autenticidade e segurança aos negócios jurídicos. A atuação dos tabelionatos de notas é preventiva, evitando litígios futuros e assegurando a legalidade dos atos praticados.

1.2 Função registral e regularização fundiária

A regularização fundiária é uma questão relevante no Brasil, especialmente em áreas rurais e urbanas de ocupação irregular. A Lei 13.465/2017 facilitou a titulação de terras e a formalização da posse de imóveis por meio de processos simplificados, como a usucapião extrajudicial. A regularização fundiária, realizada com o apoio de cartórios de registro de imóveis, é essencial para promover segurança jurídica e permitir o desenvolvimento econômico, uma vez que os proprietários podem utilizar suas propriedades como garantia para obtenção de crédito.

2. A ADVOCACIA EXTRAJUDICIAL E A DESJUDICIALIZAÇÃO

2.1 A criação do novo Código de Processo Civil (2015)

A Advocacia Extrajudicial ganhou força com o advento do Novo Código de Processo Civil (Lei 13.105/2015), que incentiva a resolução consensual de conflitos. A possibilidade de realizar determinados procedimentos fora do Judiciário, como inventários, divórcios consensuais e usucapião extrajudicial, demonstra a eficácia desse modelo. Essa nova perspectiva tem se mostrado vantajosa não apenas pela celeridade, mas também pela redução de custos e desoneração do Poder Judiciário.

2.2 Desjudicialização: impactos econômicos e sociais

O movimento de desjudicialização reflete uma importante mudança no cenário jurídico brasileiro, onde questões anteriormente submetidas ao crivo do Judiciário podem ser resolvidas com a intervenção de advogados, notários e registradores. Além da economia de recursos públicos, esse processo tem contribuído para a pacificação social, uma vez que as partes envolvidas conseguem solucionar suas questões de forma mais rápida, eficaz e sem o desgaste emocional de longas batalhas judiciais.

3. PROCEDIMENTOS EXTRAJUDICIAIS NA ADVOCACIA IMOBILIÁRIA

3.1 A função fundamental da *due diligence* na assessoria extrajudicial

Muitas das assessorias extrajudiciais de um advogado imobiliarista, se inicia por meio da *due diligence ou* diligência devida, que nada mais é do que um trabalho investigativo, que visa a apuração minuciosa de informações sobre o imóvel e suas condições jurídicas, fiscais, ambientais e urbanísticas, que implica em uma série de verificações detalhadas que devem ser realizadas antes da conclusão de uma transação imobiliária, seja ela uma compra e venda, um financiamento ou uma incorporação.

O principal objetivo da *due diligence* é garantir que a parte compradora (ou financiadora) conheça, de forma completa e transparente, todas as condições do imóvel, incluindo possíveis ônus, pendências ou restrições. Ela também serve para proteger os envolvidos de eventuais litígios futuros, assegurando que a transação ocorra dentro dos parâmetros legais e com segurança jurídica.

4. O PAPEL DO ADVOGADO NA *DUE DILIGENCE* IMOBILIÁRIA

O advogado imobiliarista desempenha um papel central em todas as etapas da *due diligence*. A sua função é garantir que o imóvel está em conformidade com as exigências legais e que não há nenhum tipo de irregularidade que possa prejudicar a transação. Para isso, o advogado deve atuar em várias frentes, como:

4.1 Análise documental

A primeira fase da *due diligence* é a análise da documentação relacionada ao imóvel e às partes envolvidas. O advogado é responsável por verificar a cadeia dominial do imóvel (histórico de propriedade), analisando a matrícula atualizada no cartório de registro de imóveis, escrituras anteriores e eventuais contratos de compra e venda. Essa análise é essencial para confirmar se o imóvel está registrado corretamente, se houve sucessão de proprietários de forma legal e se não existem entraves que impeçam a transferência de propriedade.

Além disso, o advogado examina certidões emitidas por diferentes órgãos, como:

– Certidão de matrícula do imóvel atualizada;

– Certidão negativa de ônus reais;

– Certidão negativa de ações reais e pessoais reipersecutórias;

– Certidão de débitos fiscais municipais (IPTU);

– Certidões fiscais federais e estaduais (quando aplicável);

– Certidões trabalhistas e de protestos das partes envolvidas.

4.2 Verificação de conformidade urbanística e ambiental

O advogado imobiliarista também verifica se o imóvel está em conformidade com as normas urbanísticas e ambientais vigentes. Isso inclui a análise de aspectos como:

– Zoneamento e uso do solo: se o imóvel pode ser utilizado para a finalidade desejada pelo comprador, de acordo com as normas municipais de zoneamento.

– Licenças e alvarás: verificação da existência de alvarás de construção, licenças de funcionamento e autorizações ambientais, caso o imóvel esteja inserido em áreas de proteção ambiental ou tenha atividade potencialmente poluidora.

– Habite-se: documento que comprova que o imóvel foi construído ou reformado de acordo com as normas de segurança, permitindo o seu uso.

Esse trabalho é essencial, pois a ausência de conformidade com as normas pode gerar multas ou até mesmo inviabilizar a utilização do imóvel para determinadas finalidades.

4.3 Verificação de ônus e gravames

O advogado imobiliarista também é responsável por investigar se o imóvel está sujeito a ônus, gravames ou restrições, que possam impactar a transação, como:

– Hipotecas: verificar se o imóvel está dado em garantia de dívidas.

– Penhoras: verificar se há ordens judiciais que possam levar à penhora do imóvel.

– Usufrutos: verificar se o imóvel está vinculado a direitos de uso por terceiros.

– Impenhorabilidade: se o imóvel for bem de família, sua penhora é restrita.

4.4 Análise da situação fiscal e tributária

Outro aspecto que o advogado deve observar na due diligence é a regularidade fiscal do imóvel e de seus proprietários. Certidões de regularidade fiscal (IPTU, ITR) são necessárias para garantir que não há débitos fiscais que possam comprometer a negociação ou gerar encargos futuros ao comprador. O advogado também deve analisar possíveis dívidas de natureza fiscal ou tributária que possam recair sobre o imóvel.

4.5 Verificação de litígios e processos judiciais

A análise de litígios em que o imóvel ou as partes envolvidas estejam incluídos é um aspecto crucial. O advogado deve verificar se há ações judiciais que possam afetar a propriedade, como ações de usucapião, desapropriação, demolição, cobranças judiciais, ou qualquer tipo de ação que envolva o imóvel. Essa pesquisa é feita com a obtenção de certidões forenses, federais, estaduais e municipais.

4.6 Riscos da ausência de *due diligence* adequada

A falta de uma *due diligence* imobiliária adequada pode trazer uma série de riscos às partes envolvidas. Entre os principais riscos estão:

– Aquisição de imóveis com ônus ocultos, como hipotecas, penhoras ou dívidas fiscais, que podem recair sobre o comprador;

– Impedimentos urbanísticos ou ambientais que inviabilizam a utilização pretendida do imóvel;

– Riscos de litígios futuros, em virtude de irregularidades na cadeia dominial ou de processos judiciais que envolvam o imóvel;

– Perda financeira por aquisição de imóveis com pendências que não foram devidamente levantadas e esclarecidas durante a *due diligence*.

Esses riscos podem comprometer o investimento ou a utilização do imóvel, trazendo prejuízos financeiros e dificuldades jurídicas que poderiam ser evitadas com uma verificação diligente.

Dessa forma, podemos afirmar que a *due diligence* imobiliária é um procedimento indispensável para a segurança das transações imobiliárias. A atuação do advogado imobiliarista é essencial para garantir que o imóvel esteja regularizado e que a transação ocorra com a máxima segurança jurídica. Ao realizar uma análise detalhada dos aspectos documentais, fiscais, urbanísticos e ambientais, o advogado protege as partes envolvidas de riscos potenciais, assegurando que o negócio seja concretizado de forma segura e eficiente.

A prática de *due diligence* não só preserva a integridade da transação, mas também resguarda os envolvidos de problemas futuros, promovendo maior transparência e confiança nas operações imobiliárias. Portanto, a presença de um advogado especializado é fundamental para o sucesso de qualquer transação imobiliária de grande porte.

5. USUCAPIÃO EXTRAJUDICIAL

A usucapião extrajudicial é um importante instrumento jurídico que possibilita a aquisição da propriedade de bens imóveis por meio da posse prolongada e mansa, sem a necessidade de um processo judicial. Regulada pela Lei 13.465/2017, a usucapião extrajudicial permite que a formalização do direito à propriedade ocorra de maneira célere e simplificada, diretamente em cartório.

A figura do advogado imobiliarista é essencial nesse processo, pois ele possui a expertise necessária para orientar seus clientes quanto às exigências legais, documentação e procedimentos a serem seguidos, trazendo segurança jurídica das transações imobiliárias.

5.1 Conceito e fundamentação da usucapião extrajudicial

A usucapião é uma forma de aquisição da propriedade que se baseia na posse contínua e ininterrupta do bem por um período determinado, conforme disposto no artigo 1.238 do Código Civil. A usucapião extrajudicial, em específico, foi introduzida como uma alternativa mais ágil para formalizar a aquisição de imóveis.

Os requisitos básicos para a usucapião extrajudicial incluem:

– Posse mansa e pacífica: O possuidor deve ter a posse do imóvel sem contestação ou oposição.

– Tempo de posse: O período de posse necessário varia de acordo com o tipo de imóvel, sendo de cinco anos para bens urbanos e dez anos para bens rurais.

ATUAÇÃO IMOBILIÁRIA REGISTRAL E NOTARIAL NA ADVOCACIA EXTRAJUDICIAL

– Justo título e boa-fé: Em alguns casos, é necessário comprovar que a posse se deu de boa-fé e com um título que justifique a ocupação do imóvel.

– Inexistência de litígios: O imóvel não pode estar envolvido em disputas judiciais.

5.2   O Papel do advogado

O advogado imobiliarista desempenha diversas funções importantes na usucapião extrajudicial, sendo fundamental para garantir que todos os aspectos legais sejam atendidos e que o processo seja conduzido de forma adequada. As principais atribuições incluem:

5.3   Análise da posse

A primeira etapa para a usucapião extrajudicial é a análise da posse do imóvel. O advogado deve avaliar se a posse é mansa e pacífica, bem como o tempo de permanência do possuidor no imóvel. Esta análise é crucial para determinar se o requerente cumpre os requisitos necessários para a usucapião.

5.4   Reunião de documentação

O advogado deve reunir toda a documentação necessária para a formalização do pedido de usucapião extrajudicial. Isso pode incluir:

– Comprovantes de posse: Recibos de pagamento de impostos, contas de serviços públicos, contratos de compra, entre outros.

– Certidões: Certidões de ônus reais, matrícula do imóvel, certidão de inteiro teor e certidões negativas de débitos.

– Documentos pessoais: Identificação e comprovantes de residência do requerente.

A reunião dessa documentação é fundamental para comprovar a posse e a legitimidade do pedido.

5.5   Elaboração da minuta a ser entregue ao tabelião de notas que fará a ata notarial

Após reunir a documentação necessária, o advogado deve elaborar a minuta da escritura de usucapião. Esse documento deve conter:

– Identificação das partes: Informações do requerente e dos eventuais confrontantes.

– Descrição do imóvel: Detalhes que caracterizam o bem imóvel em questão.

– Justificativa da usucapião: Cláusulas que demonstrem o cumprimento dos requisitos legais para a usucapião.

5.6 Protocolo da documentação no Cartório de Notas

O advogado protocoliza a documentação no cartório de Notas para realização da Ata Notarial e realiza:

– Acompanhamento do processo: O advogado deve acompanhar o andamento do processo, respondendo a eventuais solicitações do cartório e corrigindo exigências que possam surgir.

– Notificações: Caso haja confrontantes, o advogado deve garantir que eles sejam notificados sobre o processo de usucapião, conforme exige a legislação.

5.7 Registro da escritura de usucapião

De posse da Ata Notarial, o advogado realizará o protocolo da mesma acompanhado de toda a documentação, junto ao cartório de registro.

Após a análise do cartório e a verificação da documentação, o próximo passo é o registro da escritura de usucapião. O advogado deve:

– Garantir o registro: Acompanhar a finalização do registro, assegurando que a propriedade seja formalmente transferida ao possuidor.

– Obter a certidão de ônus reais com a averbação na matrícula atualizada, comprovando a titularidade do novo proprietário.

A presença do advogado imobiliarista no processo de usucapião extrajudicial traz diversas vantagens:

– Segurança Jurídica: O advogado garante que todos os requisitos legais sejam atendidos, prevenindo litígios futuros e protegendo os direitos do possuidor.

– Eficiência: A atuação do advogado acelera o processo, evitando a morosidade do Judiciário e permitindo que a regularização da propriedade ocorra de forma mais célere.

– Orientação: O advogado oferece orientação especializada, esclarecendo dúvidas e orientando o cliente sobre os melhores caminhos a seguir no processo.

– Resolução de Conflitos: Em caso de contestações ou dúvidas sobre a posse, o advogado pode atuar como mediador, buscando soluções amigáveis e evitando a judicialização do conflito.

ATUAÇÃO IMOBILIÁRIA REGISTRAL E NOTARIAL NA ADVOCACIA EXTRAJUDICIAL **125**

A usucapião extrajudicial representa uma importante inovação no direito imobiliário brasileiro, permitindo que a aquisição da propriedade ocorra de maneira mais rápida e eficiente. A atuação do advogado imobiliarista é fundamental nesse processo, garantindo que todos os aspectos legais sejam respeitados e que a segurança jurídica seja assegurada.

6. INVENTÁRIO EXTRAJUDICIAL

O inventário extrajudicial surgiu como uma alternativa célere e menos burocrática ao inventário judicial, permitindo a partilha de bens do falecido sem a necessidade de intervenção judicial. Esse procedimento, instituído pela Lei 11.441/2007, trouxe eficiência à resolução de questões patrimoniais, desde que cumpridos alguns requisitos, como a concordância entre os herdeiros e a inexistência de testamento.

A presença do advogado imobiliarista nesse processo é indispensável. Ele atua como responsável por conduzir o procedimento, garantindo o cumprimento das exigências legais e resguardando os direitos das partes envolvidas. O advogado não apenas orienta na divisão dos bens, mas também assegura que toda a documentação esteja em conformidade com as normas do Direito Civil e do Direito Imobiliário.

6.1 Contexto jurídico da desjudicialização

A Lei 11.441/2007 foi um marco na desjudicialização de procedimentos no Brasil, ao permitir que inventários, separações e divórcios consensuais fossem realizados diretamente em cartório, por meio de escritura pública. Para o inventário extrajudicial ser uma opção viável, é necessário que:

– Haja consenso entre os herdeiros quanto à partilha dos bens;

– Não exista testamento válido (salvo nos casos em que houver expressa autorização judicial). Se houver, primeiro abre-se o testamento de forma judicial e em seguida realiza-se o inventário de forma extrajudicial.

A grande vantagem desse procedimento é a sua rapidez em comparação ao inventário judicial, que pode se prolongar por anos, dependendo da complexidade do patrimônio ou de conflitos entre os herdeiros. No inventário extrajudicial, o processo pode ser concluído em semanas, desde que a documentação esteja correta.

O advogado imobiliarista tem uma atuação essencial em todas as fases do inventário extrajudicial, desde o levantamento dos bens até a formalização da escritura pública de partilha. Sua atuação engloba diversas tarefas:

6.2 Levantamento e regularização dos bens imóveis

Uma das primeiras funções do advogado é realizar o levantamento detalhado de todos os bens deixados pelo falecido, especialmente os bens imóveis. O profissional verifica se esses bens estão devidamente registrados no cartório de registro de imóveis e, se necessário, regulariza pendências, como:

– Falta de registro da propriedade;

– Divergências nas informações da matrícula do imóvel;

– Pendências fiscais, como IPTU em atraso.

Além disso, o advogado precisa garantir que os imóveis estejam livres de quaisquer ônus, como hipotecas, penhoras ou outras restrições que possam interferir na partilha.

6.3 Análise de certidões e documentos necessários

A documentação é fundamental para que o inventário extrajudicial possa ser concluído de forma segura e rápida. O advogado é responsável por reunir e verificar a regularidade de documentos como:

– Certidão de óbito do falecido;

– Certidões de casamento ou de união estável dos herdeiros;

– Certidões de nascimento dos filhos;

– Documentos de identificação dos herdeiros e do cônjuge sobrevivente (se houver);

– Matrículas atualizadas dos imóveis;

– Certidões negativas de débitos federais, estaduais e municipais;

– Certidões de inexistência de testamento.

Uma análise detalhada dessas certidões evita surpresas durante o processo, como a descoberta tardia de dívidas ou a existência de um testamento.

6.4 Mediação e negociação entre os herdeiros

A função de mediação do advogado imobiliarista é de suma importância, pois ele atua para manter o consenso entre os herdeiros, evitando possíveis litígios. O advogado deve garantir que a partilha seja justa e equilibrada, de acordo com a legislação e a vontade das partes.

Em casos onde existam divergências, o advogado pode intervir para negociar e buscar soluções consensuais, evitando que o processo precise ser levado ao

Judiciário. Essa capacidade de mediação contribui diretamente para a celeridade e eficiência do inventário extrajudicial.

6.5 CÁLCULO DE IMPOSTOS

Outra etapa importante no inventário extrajudicial é o cálculo e a quitação dos impostos devidos, especialmente o Imposto de Transmissão Causa Mortis e Doação (ITCMD), em que o advogado é responsável por orientar os herdeiros sobre o valor do imposto, que varia conforme a alíquota aplicada em cada estado, e garantir que esse tributo seja pago para que a escritura de partilha possa ser lavrada.

Além do ITCMD, é necessário verificar se existem outros tributos pendentes relacionados aos bens imóveis, como o pagamento de IPTU, taxas de ocupação ou contribuições de melhoria.

6.6 Lavratura da escritura pública de partilha ou de adjudicação

Após a conferência de toda a documentação, o pagamento de tributos e a regularização dos bens, o advogado acompanha a lavratura da escritura pública de partilha ou adjudicação (em caso de herdeiro único) em cartório. Nesse ato, os herdeiros formalizam a divisão dos bens deixados pelo falecido, de acordo com o que foi acordado previamente.

O advogado atua diretamente nesse momento, garantindo que o texto da escritura seja elaborado de forma clara e precisa, refletindo os termos do acordo entre os herdeiros e evitando futuras disputas. Após a lavratura da escritura, o documento deve ser levado ao cartório de registro de imóveis para o devido registro, assegurando a transmissão da propriedade dos bens aos herdeiros.

A presença de um advogado especializado no inventário extrajudicial proporciona diversas vantagens para as partes envolvidas:

– Rapidez: O advogado assegura que o processo seja concluído de maneira ágil, evitando os longos prazos da via judicial.

– Economia: O inventário extrajudicial tende a ser menos oneroso, já que reduz custos com taxas judiciais e honorários prolongados.

– Segurança Jurídica: O acompanhamento de um advogado especializado garante que a partilha dos bens seja realizada em conformidade com a legislação vigente, minimizando riscos de nulidades ou disputas futuras.

– Conciliação entre os Herdeiros: A presença do advogado como mediador contribui para a manutenção do acordo entre os herdeiros, prevenindo conflitos que poderiam inviabilizar o inventário extrajudicial.

O inventário extrajudicial é uma solução prática e eficiente para a partilha de bens, quando todos os requisitos legais são atendidos. O papel do advogado imobiliarista é fundamental para o sucesso desse procedimento, uma vez que ele é o responsável por garantir que todas as etapas sejam cumpridas com segurança, celeridade e conformidade legal.

Além de assessorar na regularização dos bens, o advogado é essencial para mediar eventuais divergências entre os herdeiros, calculando tributos e conduzindo o processo de lavratura da escritura pública de partilha. A atuação do advogado imobiliarista não só protege os direitos das partes, como também evita a necessidade de recorrer ao Judiciário, tornando o processo mais ágil e menos oneroso para todos os envolvidos.

7. ADJUDICAÇÃO COMPULSÓRIA EXTRAJUDICIAL

A adjudicação compulsória é um mecanismo jurídico que visa garantir ao comprador o direito à propriedade do bem adquirido, especialmente em situações em que o vendedor se recusa a transferir a titularidade do imóvel. Este procedimento, previsto no Código de Processo Civil (CPC) de 2015, pode ser realizado de forma extrajudicial, o que oferece maior celeridade e menos formalidades em comparação ao processo judicial.

A presença do advogado especializado na adjudicação compulsória extrajudicial é fundamental para assegurar que todos os requisitos legais sejam cumpridos, protegendo os direitos das partes envolvidas e garantindo a segurança jurídica da transação. Este artigo explora o papel do advogado imobiliarista nesse processo, abordando suas funções, responsabilidades e a importância de sua atuação.

7.1 Conceito e fundamentação

A adjudicação compulsória é uma forma de proteção ao adquirente de um imóvel que, por diversas razões, não consegue obter a transferência formal da propriedade pelo vendedor. As situações mais comuns que justificam a utilização desse mecanismo incluem:

– Recusa do vendedor em outorgar a escritura pública de venda.

– Morte do vendedor antes da transferência.

– Impedimentos que impossibilitam a formalização da venda.

O artigo 1.417 do Código Civil Brasileiro estabelece que, na hipótese de descumprimento da obrigação de transferir a propriedade, o comprador pode requerer a adjudicação da propriedade. Com a promulgação do CPC de 2015, a

ATUAÇÃO IMOBILIÁRIA REGISTRAL E NOTARIAL NA ADVOCACIA EXTRAJUDICIAL **129**

possibilidade de adjudicação compulsória também foi estendida ao âmbito extrajudicial, o que torna o procedimento mais ágil e menos burocrático.

A atuação do advogado na adjudicação compulsória extrajudicial é crucial em várias etapas do processo. Suas principais responsabilidades incluem:

7.2 Análise do contrato de compra e venda

O primeiro passo para a adjudicação compulsória é a análise do contrato de compra e venda. O advogado deve verificar se o contrato está formalizado e contém todas as cláusulas necessárias, como:

– Identificação das partes envolvidas.

– Descrição detalhada do imóvel.

– Valor da transação e forma de pagamento.

– Cláusulas que estabeleçam obrigações do vendedor.

Uma análise criteriosa do contrato é fundamental, pois a adjudicação compulsória depende da comprovação do vínculo contratual entre as partes.

7.3 Levantamento da documentação necessária

A documentação é um aspecto essencial no processo de adjudicação compulsória. O advogado deve reunir e analisar toda a documentação necessária, incluindo:

– Contrato de compra e venda.

– Comprovante de pagamento (recibos, extratos bancários).

– Certidões do imóvel, como matrícula atualizada e certidão de ônus reais.

– Documentos pessoais das partes (RG, CPF, comprovante de residência).

Esses documentos serão fundamentais para comprovar a relação entre o comprador e o vendedor e a negativa deste último em formalizar a transferência.

7.4 Notificação ao vendedor

Antes de ingressar com a solicitação de adjudicação compulsória, o advogado deve notificar formalmente o vendedor sobre a intenção de adjudicação. Essa notificação pode ser feita por meio de uma carta registrada ou um notificador, dando ciência ao vendedor da solicitação e concedendo um prazo para a regularização da situação.

DANIELA CAPANEMA

Esse passo é importante, pois demonstra a boa-fé do comprador e a intenção de resolver a questão amigavelmente, antes de recorrer à via extrajudicial.

7.5 Elaboração da minuta da escritura pública

Após o envio da notificação, se o vendedor não se manifestar ou se recusar a atender à solicitação, o advogado deve elaborar a minuta da escritura pública de adjudicação. Este documento deve conter todas as informações necessárias, como:

– Identificação das partes.

– Descrição do imóvel.

– Justificativa para a adjudicação, mencionando a recusa do vendedor.

– Cláusulas que garantam os direitos do comprador.

A escritura pública de adjudicação deve ser assinada pelo advogado e pelas partes envolvidas, garantindo a sua validade e a formalização da transferência da propriedade.

7.6 Registro da escritura no Cartório de Registro de Imóveis

O último passo é o registro da escritura pública de adjudicação no cartório de registro de imóveis. O advogado imobiliarista deve acompanhar esse procedimento, garantindo que todos os documentos estejam corretos e completos, e que a escritura seja devidamente registrada.

O registro é essencial para que o comprador se torne oficialmente o proprietário do imóvel, garantindo segurança jurídica e a proteção de seus direitos.

7.7 Vantagens

A adjudicação compulsória extrajudicial apresenta diversas vantagens, especialmente quando conduzida com a assistência de um advogado especializado:

– Celeridade: O procedimento extrajudicial é mais rápido do que o judicial, permitindo que a transferência de propriedade seja realizada em menos tempo.

– Menos Burocracia: A simplificação dos trâmites administrativos torna o processo mais acessível.

– Segurança Jurídica: A atuação de um advogado imobiliarista assegura que todos os passos legais sejam cumpridos, reduzindo o risco de litígios futuros.

– Economia: Ao evitar a via judicial, as partes economizam em custos processuais e honorários.

A adjudicação compulsória extrajudicial é um instrumento valioso para a efetivação dos direitos do comprador, especialmente em situações em que o vendedor se recusa a formalizar a transferência de propriedade. A atuação do advogado imobiliarista é fundamental em todas as etapas desse processo, garantindo que todas as exigências legais sejam cumpridas e que os direitos das partes sejam respeitados.

A adjudicação compulsória extrajudicial é uma inovação da Lei 13.465/2017, que permite a obtenção da propriedade de um imóvel quando o vendedor se recusa a formalizar a escritura. O procedimento, antes restrito à esfera judicial, agora pode ser realizado diretamente em cartório, desde que o comprador apresente o contrato de compra e venda e os comprovantes de pagamento.

Esse mecanismo oferece maior celeridade na regularização da propriedade e evita a necessidade de uma ação judicial, representando um avanço significativo para o mercado imobiliário.

8. COMPRA E VENDA DE IMÓVEIS

A compra e venda de imóveis é uma das transações mais comuns no mercado imobiliário e envolve um complexo conjunto de normas legais e regulatórias. Nesse contexto, a atuação do advogado se torna fundamental para assegurar que todas as etapas do processo sejam conduzidas de acordo com a legislação vigente, garantindo segurança jurídica para as partes envolvidas.

8.1 Importância da assessoria jurídica na compra e venda de imóveis

A compra e venda de imóveis é uma operação que envolve riscos, sendo essencial a presença de um advogado especializado. Os principais aspectos que justificam a contratação de um advogado imobiliarista incluem:

– Segurança Jurídica: A atuação do advogado minimiza riscos de fraudes e litígios, assegurando que todas as etapas do negócio sejam conduzidas de acordo com a legislação.

– Conformidade Legal: O advogado é responsável por garantir que toda a documentação esteja em conformidade com as exigências legais e que as partes envolvidas tenham plena capacidade para realizar a transação.

– Evitar Problemas Futuros: Uma assessoria jurídica adequada pode prevenir conflitos futuros, como disputas sobre a titularidade do imóvel ou problemas relacionados a débitos existentes.

8.2 Principais etapas

A transação de compra e venda de imóveis é composta por várias etapas, nas quais o advogado imobiliarista desempenha um papel fundamental:

Elaboração do Contrato de Compra e Venda: Após a análise da documentação, o advogado elabora o contrato de compra e venda, que deve conter:

– Identificação das Partes: Dados completos do comprador e do vendedor, incluindo CPF/CNPJ e endereços.

– Descrição do Imóvel: Detalhamento do imóvel, incluindo localização, características e número da matrícula.

– Preço e Condições de Pagamento: Estabelecer o valor da transação, forma de pagamento e prazos.

O contrato deve também incluir cláusulas que protejam os direitos das partes, como cláusulas de rescisão, garantias e responsabilidades.

8.3 Lavratura da escritura pública

Após a assinatura do contrato, o advogado deve preparar a minuta com do documento em que constará todas as informações acerca dos documentos obtidos, com o objetivo de protocolar junto ao Tabelião de Notas de sua confiança, para que seja minutada pelo mesmo a escritura pública de compra e venda, que é o documento que formaliza a transação.

Após a aprovação da minuta pelas partes, marca-se o dia e hora para a assinatura da escritura pública, que poderá ser realizada de forma virtual ou presencial.

8.4 Registro da escritura

Após a lavratura da escritura, o advogado acompanha o registro do imóvel no cartório de registro de imóveis. Este passo é crucial, pois a propriedade só é transferida após o registro. O advogado deve:

– Protocolar a Escritura: Assegurar que a escritura seja protocolada corretamente e no prazo.

– Obter a Matrícula Atualizada: Após o registro, solicitar a matrícula do imóvel atualizada para comprovar a titularidade do comprador.

A atuação do advogado imobiliarista na compra e venda de imóveis é fundamental para garantir a segurança jurídica e a conformidade legal de toda a transação. Desde a análise da documentação até o registro da escritura, o advogado desempenha um papel crucial em cada etapa do processo, assegurando que os direitos das partes sejam respeitados e que eventuais conflitos sejam evitados ou resolvidos de forma eficaz.

9. OUTRAS ATUAÇÕES DO ADVOGADO NA ADVOCACIA EXTRAJUDICIAL

9.1 Consultoria e assessoria imobiliária

O advogado desempenha papel fundamental como consultor em transações imobiliárias, sendo responsável pela análise de riscos, verificação da regularidade de documentos e orientação jurídica. A advocacia extrajudicial, nesse contexto, permite que muitas transações sejam realizadas de forma mais segura e eficiente, com a devida conformidade aos requisitos legais.

9.2 Mediação e conciliação

A prática de mediação e conciliação, incentivada pelo Novo CPC, coloca o advogado como um facilitador de acordos entre as partes, evitando conflitos e litígios judiciais. A advocacia extrajudicial, neste sentido, também promove um ambiente mais colaborativo para a solução de conflitos patrimoniais e familiares.

9.3 Regularização de imóveis

Outro campo relevante é a regularização de imóveis, que abrange desde a adequação de documentos até a formalização de contratos de compra e venda, doação, entre outros. O advogado pode atuar diretamente junto aos cartórios, garantindo que todas as exigências legais sejam cumpridas e que o registro da propriedade seja efetivado de forma segura.

10. IMPACTOS DA ADVOCACIA EXTRAJUDICIAL NO MERCADO IMOBILIÁRIO

10.1 Agilidade nas transações imobiliárias

A atuação extrajudicial tem gerado impactos positivos no mercado imobiliário, sobretudo pela agilidade na transferência de propriedade e regularização de imóveis. A desburocratização de processos, como a usucapião e o registro de títulos, tem facilitado o acesso ao crédito e fomentado o mercado imobiliário.

10.2 Redução de custos e eficácia econômica

Além da agilidade, a advocacia extrajudicial representa uma redução significativa nos custos associados a processos judiciais. Com menos despesas

DANIELA CAPANEMA

processuais e maior rapidez na resolução de questões patrimoniais, o mercado imobiliário ganha em dinamismo e segurança jurídica.

10.3 Aumento da segurança jurídica

A segurança jurídica é um dos principais benefícios da advocacia extrajudicial no contexto imobiliário. A atuação de advogados e notários, aliada à fiscalização dos cartórios, garante que todos os trâmites sejam realizados conforme a legislação vigente, o que evita fraudes e disputas posteriores.

11. O FUTURO DA ADVOCACIA EXTRAJUDICIAL E OS DESAFIOS

11.1 A ampliação dos serviços extrajudiciais

Com o sucesso da desjudicialização, espera-se que mais serviços possam ser transferidos para o âmbito extrajudicial, ampliando ainda mais o campo de atuação dos advogados. Processos como a execução de dívidas e partilhas mais complexas podem, eventualmente, ser realizadas fora do Judiciário, desde que haja consenso entre as partes e regulamentação adequada.

11.2 Capacitação e formação dos profissionais

Um dos grandes desafios para a advocacia extrajudicial é a capacitação dos advogados para atuar nesse novo cenário. A formação técnica, aliada ao conhecimento das práticas notariais e registrais, é essencial para garantir o sucesso desse modelo. O advogado precisa estar apto a oferecer soluções eficazes e de alta qualidade, tanto na mediação de conflitos quanto na elaboração de documentos e contratos.

11.3 Harmonização entre a atuação judicial e extrajudicial

Embora a advocacia extrajudicial tenha se mostrado eficiente em muitos aspectos, há ainda a necessidade de maior harmonização entre os procedimentos judiciais e extrajudiciais. É fundamental que as duas esferas atuem de maneira complementar, para que se evite o aumento da litigiosidade quando as vias extrajudiciais não forem suficientes para resolver os conflitos.

Os desdobramentos da atuação imobiliária registral e notarial na Advocacia Extrajudicial apontam para um caminho de modernização e desburocratização no cenário jurídico brasileiro. Com a adoção de práticas extrajudiciais, a resolução de conflitos patrimoniais e familiares se torna mais rápida e eficiente, beneficiando tanto os envolvidos quanto o sistema jurídico como um todo. A figura do advogado, nesse contexto, é imprescindível para garantir que os direitos das partes

ATUAÇÃO IMOBILIÁRIA REGISTRAL E NOTARIAL NA ADVOCACIA EXTRAJUDICIAL **135**

sejam respeitados e que os procedimentos sigam a legalidade. Assim, a Advocacia Extrajudicial não apenas desonera o Judiciário, mas também contribui para a segurança jurídica e o desenvolvimento econômico e social do país.

12. CONSIDERAÇÕES FINAIS

A atuação imobiliária registral e notarial na advocacia extrajudicial representa um avanço significativo na modernização do sistema jurídico brasileiro. Procedimentos como usucapião, inventário, adjudicação compulsória, compra e venda, regularização de imóveis, dentre outros, podem ser realizados de forma mais célere e econômica, promovendo segurança jurídica e reduzindo a sobrecarga do Poder Judiciário.

Ademais, por meio da análise cuidadosa da posse e da propriedade, da documentação e da condução dos procedimentos em cartório, o advogado imobiliarista desempenha um papel crucial na formalização dos negócios imobiliários também de forma extrajudicial.

Principalmente, em um cenário onde a regularização fundiária é cada vez mais necessária, a figura do advogado se torna indispensável para a proteção dos interesses de seus clientes e para a efetividade das transações imobiliárias.

No entanto, para que essa prática seja plenamente eficaz, é necessário que os advogados estejam capacitados para atuar nesse novo cenário e que haja uma harmonização entre os procedimentos judiciais e extrajudiciais. A advocacia extrajudicial tem um futuro promissor, com a possibilidade de ampliação dos serviços prestados, sempre em busca de maior eficiência e segurança para os cidadãos.

Por meio de sua expertise, o advogado não só facilita a resolução de conflitos e agiliza o processo, como também proporciona segurança jurídica, assegurando que a adjudicação ocorra de forma transparente e eficiente. Em um mercado imobiliário cada vez mais dinâmico, a assistência de profissionais capacitados é essencial para o sucesso das transações e a proteção dos direitos dos adquirentes.

Logo, em um mercado imobiliário em constante crescimento e transformação, a presença de um advogado especializado é uma garantia de proteção e eficiência nas transações, contribuindo para a construção de um ambiente mais seguro e confiável para compradores e vendedores.

REFERÊNCIAS

BRASIL. Lei 11.441, de 4 de janeiro de 2007. Altera dispositivos da Lei 5.869, de 11 de janeiro de 1973 – Código de Processo Civil, relativos à realização de inventário, partilha, separação consensual e divórcio consensual por via administrativa. Disponível em: http://www.planalto. gov.br. Acesso em: 04 out. 2024.

BRASIL. Lei 13.097, de 19 de janeiro de 2015. Dispõe sobre a concentração de atos na matrícula dos imóveis. Disponível em: http://www.planalto.gov.br. Acesso em: 04 out. 2024.

BRASIL. Lei 13.105, de 16 de março de 2015. Código de Processo Civil. Disponível em: http://www.planalto.gov.br/ccivil_03/_ato2015-2018/2015/lei/l13105.htm. Acesso em: 04 out. 2024.

BRASIL. Lei 13.465, de 11 de julho de 2017. Dispõe sobre a regularização fundiária rural e urbana, sobre a liquidação de créditos concedidos aos assentados da reforma agrária, sobre a regularização fundiária no âmbito da Amazônia Legal. Disponível em: http://www.planalto.gov.br/ccivil_03/_ato2015-2018/2017/lei/L13465.htm. Acesso em: 04 out. 2024.

BRASIL. Lei 6.015, de 31 de dezembro de 1973. Dispõe sobre os registros públicos, e dá outras providências. Disponível em: http://www.planalto.gov.br/ccivil_03/leis/L6015compilado.htm. Acesso em: 04 out. 2024.

DIAS, Maria Berenice. *Manual de Direito das Famílias*. 12. ed. São Paulo: RT, 2022.

FARIAS, Cristiano Chaves de; ROSENVALD, Nelson. *Direito Civil*: teoria geral. 12. ed. Rio de Janeiro: Atlas, 2023.

FIUZA, César. *Direito Civil*: Curso Completo. 15. ed. Belo Horizonte: Del Rey, 2020.

GONÇALVES, Carlos Roberto. *Direito Civil Brasileiro*: Direito das Coisas. 12. ed. São Paulo: Saraiva, 2023.

GONÇALVES, Carlos Roberto. *Direito Civil Brasileiro*: Direito das Coisas. 13. ed. São Paulo: Saraiva, 2020.

GONÇALVES, Carlos Roberto. *Direito Civil Brasileiro*: Direito das Sucessões. 11. ed. São Paulo: Saraiva, 2020.

LOUREIRO, Francisco Eduardo. *Código Civil Comentado*: Doutrina e Jurisprudência. 3. ed. São Paulo: Saraiva, 2021.

MELO, Marcelo Terra. *Direito Imobiliário*: Comentários à Lei 11.441/2007. São Paulo: RT, 2018.

MONTEIRO, Washington de Barros. *Curso de Direito Civil*: Direito das Coisas. 42. ed. São Paulo: Saraiva, 2022.

NERY JUNIOR, Nelson; NERY, Rosa Maria de Andrade. *Código de Processo Civil Comentado e Legislação Extravagante*. 20. ed. São Paulo: RT, 2021.

PEREIRA, Caio Mário da Silva. *Instituições de Direito Civil*: Coisas. 30. ed. Rio de Janeiro: Forense, 2018.

PEREIRA, Caio Mário da Silva. *Instituições de Direito Civil*: Sucessões. 30. ed. Rio de Janeiro: Forense, 2018.

RODRIGUES, Silvio. *Direito Civil*. 45. ed. São Paulo: Saraiva, 2022.

SILVA, Gustavo Filipe Barbosa. *Usucapião Extrajudicial*: O Novo Processo de Regularização da Propriedade. São Paulo: Atlas, 2019.

TEIXEIRA, Sálvio de Figueiredo. *Direito Notarial e Registral Brasileiro*. 4. ed. Belo Horizonte: Editora Fórum, 2022.

VENOSA, Sílvio de Salvo. Direito Civil: Direito das Coisas. 21. ed. São Paulo: Atlas, 2022.

VENOSA, Sílvio de Salvo. *Direito Civil*: Sucessões. 16. ed. São Paulo: Atlas, 2020.

DISPOSIÇÕES GERAIS SOBRE AS AÇÕES LOCATÍCIAS: UMA VISÃO PRÁTICO-PROCESSUAL

Haroldo Lourenço

Pós-doutor (UERJ). Doutor e Mestre em Direito Processual. Professor Adjunto (UFRJ). Diretor Jurídico na ABAMI (Associação Brasileira de Advogados do Mercado Imobiliário). Membro da ABA (Associação Brasileira de Advogados), do Instituto Brasileiro de Direito Processual (IBDP) e do Instituto dos Advogados Brasileiros (IAB). Advogado no Direito Imobiliário desde 2005, sócio fundador do BLP Advogados (RJ/SP).

Sumário: Introdução – 1. Sobre a incidência e não incidência da Lei 8.245/91 – 2. Sub-rogação da locação pela morte, divórcio e fiança – 3. Das garantias locatícias – 4. Dos procedimentos locatícios – Conclusão – Referências.

INTRODUÇÃO

A Lei 8.245/91 (LI – Lei do Inquilinato) sofreu profundas alterações pela Lei 12.112/09, bem como o mercado imobiliário tem sofrido modificações sociais decorrentes das oscilações econômicas, dos novos modelos locatícios, entre vários outros fatores.

A LI desafia a argúcia do estudioso, justamente por ser um exemplo clássico de legislação heterotópica ou híbrida,[1] contudo, mantendo-se fiel ao escopo da presente obra, manteremos foco nos aspectos mais relevantes para a prática processual.

No Direito Civil três modelos mostram-se relevantes para esse momento, o (a) liberal ou individualista, (b) social e o (c) pós-positivismo.

A tônica do primeiro modelo era exprimir a afirmação do indivíduo ante a sociedade e o Estado, sendo a liberdade individual, a propriedade privada e limitação do poder do Estado pontos centrais, fase em que se consagrou a isonomia formal, bem como a regra do *pacta sunt servanda*.

Em um segundo momento, no modelo social, o Estado começou a intervir na atividade dos particulares, assegurando uma isonomia material, evitando os desequi-

---

1. Assim são designadas as normas que possuem temas diversos temas, como direito material, processual e até penal ou que, apesar de estarem em determinado diploma, possuem natureza distinta do diploma a qual está inserida. Há na lei do inquilinato aspectos de direito material em sua preponderância, mas há valiosos aspectos processuais e, até mesmo, penais.

líbrios contratuais, devido à vulnerabilidade da parte mais fraca na relação contratual. Há inúmeras legislações que demonstram tal ideia, inclusive, tal movimento é denominado descodificação, pois desconcentrou a legislação do Código Civil de 1916. Nesse contexto, dois diplomas legislativos refletem bem essa preocupação: a Lei 8.245/1991 (Lei do Inquilinato) e a Lei 8.078/1990 (Código de Defesa do Consumidor).

Sobre esse dirigismo contratual, Caio Mário da Silva Pereira:[2]

> (...) na convicção de que o Estado tem de intervir na vida do contrato, seja mediante a aplicação de leis de ordem pública, que estabelecem restrições ao princípio da autonomia da vontade em benefício do interesse coletivo, seja com a adoção de uma intervenção judicial na economia do contrato, instituindo a contenção dos seus efeitos, alterando-os ou mesmo liberando o contratante lesado, por tal arte que logre evitar que por via dele se consume atentado contra a justiça.

A LI pode ser considerada um ícone no dirigismo contratual, tendo como ênfase coibir os excessos praticados pelos locadores, criando mecanismos no sentido de assegurar o equilíbrio e a equidade do negócio jurídico, protegendo o locatário.

Diversos são os exemplos dessa intervenção do Estado, como, por exemplo, a proibição da fixação do aluguel em moeda estrangeira, sob pena de nulidade (art. 17) e a possibilidade de resilição unilateral pelo locatário arcando com a multa pactuada proporcionalmente[3] (art. 4º Lei do Inquilinato c/c art. 413 do CC/2002), sem igual previsão para o locador. Trata-se, tal multa, de uma cláusula penal compensatória, a qual funciona como uma prefixação de perdas e danos para o caso de não se cumprir o contrato celebrado.

De igual modo, o contrato de locação pode ser ajustado por qualquer prazo (art. 3º), contudo, durante o prazo estipulado, não pode o locador reaver o imóvel (denúncia vazia), salvo nas hipóteses do art. 9º ou art. 46, § 2º, quando houver prorrogação por prazo indeterminado, em que o locatário terá o prazo de trinta dias para desocupação.

Observe-se que o locador somente pode reaver nas hipóteses legais, já o locatário, pagando proporcionalmente a multa pactuada, pode devolvê-lo imoti-

---

2. PEREIRA, Caio Mário da Silva. *Instituições de direito civil*. 13. ed. Rio de Janeiro: Forense, 1999. v. 3, p. 18-20.

3. A Lei 12.112/2009, nesse ponto, substituiu a remissão que havia no art. 4º da LI ao art. 924 do CC/1916, que já não fazia sentido, pela expressão proporcionalmente, nos termos do art. 413 do atual CC. Afirmando que, a rigor, nada mudou: CÂMARA, Alexandre Freitas. *Comentários à reforma da Lei de Locações*. Rio de Janeiro: Lumen Juris, 2010. p. 3. Posteriormente, o *caput* do art. 4º da LI sofreu alteração em sua redação pela Lei 12.744/2012, dispondo que: "Durante o prazo estipulado para a duração do contrato, não poderá o locador reaver o imóvel alugado. Com exceção ao que estipula o § 2º do art. 54-A, o locatário, todavia, poderá devolvê-lo, pagando a multa pactuada, proporcional ao período de cumprimento do contrato, ou, na sua falta, a que for judicialmente estipulada".

DISPOSIÇÕES GERAIS SOBRE AS AÇÕES LOCATÍCIAS

vadamente, todavia ficará isento de tal multa se esta for em decorrência de pedido do empregador para transferência (art. 4º, parágrafo único).[4] Nos casos de despejo para uso próprio, o locador não paga multa, salvo se desviar a finalidade.[5]

A locação, em regra, não pode ser transferida pelo locatário, no todo ou em parte, sem o consentimento do locador (art. 13). Havia no projeto de lei, que resultou na Lei 12.112/09, um §3º no art. 13 que equiparava a cessão da locação a qualquer negócio jurídico que importasse na transferência do controle societário da pessoa jurídica, quando esta fosse locatária; nessa linha, andou bem o veto presidencial, eis que a transferência do controle societário não poderia ser tratada como uma cessão da locação, pois permaneceria como locatária a mesma pessoa jurídica.[6]

Ocorre que, diante de tamanha preocupação em proteger o mais fraco, bem como com o movimento de acesso à justiça, que permitiu um mais fácil e rápido ingresso no Poder Judiciário, este não suportou tal demanda, encontrando-se, atualmente, emperrado diante do excessivo número de processos em face de uma estrutura ainda incipiente. Enfim, permitiu-se o acesso, mas não se cogitou na saída, ou seja, o jurisdicionado ingressa com sua demanda, todavia não tem previsão de uma data para a efetiva proteção jurisdicional.

Nessa linha, com a expansão do pós-positivismo, em que houve uma releitura dos valores constitucionais e, atendendo ao forte apego social, o legislador editou a Lei 12.112/09, em raciocínio direcionado para o locador, buscando uma rápida prestação jurisdicional, em notório confronto com a legislação anterior, que visava proteger o locatário.

Fato é que a alteração realizada pela Lei 12.112/09 não guarda nenhuma simetria com a Lei 8.245/91 em sua versão original, sobrecarregando o instituto da tutela provisória, pois, a maior garantia dada ao Locador foi a ampliação das hipóteses de desalijo liminar.

Há, ainda, que se considerar que, recentemente, foi editada a Lei 13.874/19 (Liberdade Econômica), onde, novamente, se tentou equalizar o sistema, buscando se retornar a um sistema mais "liberal", onde o *pacta sunt servanda* novamente volta aos holofotes, como se observa da redação dada aos parágrafos do art. 113 do Código Civil, bem como ao parágrafo único do art. 421, consagrando, expressamente, uma intervenção estatal mínima estatal nos contratos, bem como a sua revisão somente em casos excepcionais.

---

4. STJ, 6ª T, REsp 77457/SP, Min. rel. Hamilton Carvalhido, j. 03.10.2001.
5. STJ, 6ª T., REsp 63423/SP, Min. rel. Vicente Leal, j. 13.12.1998.
6. SOUZA, Sylvio Capanema de. *A Lei do Inquilinato comentada*. 6. ed. Rio de Janeiro: GZ Ed., 2010. p. 89.

1. SOBRE A INCIDÊNCIA E NÃO INCIDÊNCIA DA LEI 8.245/91

Superadas tais considerações, a lei do inquilinato regula a locação de bens imóveis urbanos (art. 1º) e o conceito de *urbano* envolve tudo que é destinado à moradia, ao comércio e à indústria e, ao contrário do que se pode imaginar, não decorre necessariamente da localização no perímetro das cidades.

Nessa linha, o importante para sua determinação é a *destinação*, não a localização, portanto, mais coerente a expressão lei de locações ou do inquilinato.

Têm-se com a Lei 8.245/91 um microssistema locatícios, com tratamento especial e peculiar para as locações de imóveis urbanos, afastando, inclusive, as previsões em sentido contrário do Código Civil.

Destaca-se que o STJ já decidiu pela aplicação da Lei de Locações aos contratos de locação em espaços de *shopping center*,[7] o que sequer é controvertido, por estar expresso no art. 54 da lei.

A simples definição do contrato revela o seu caráter bilateral e oneroso, sendo, ainda, consensual, comutativo e não solene. Nas palavras de Silvio Rodrigues[8] tem-se que o contrato de locação é: *(i)* bilateral, porque envolve prestações recíprocas de cada uma das partes; *(ii)* oneroso, dado ao seu propósito especulativo; *(iii)* consensual, porque independe da entrega da coisa para o seu aperfeiçoamento, opondo-se, assim, aos contratos reais em que a tradição é elemento constitutivo do contrato; *(iv)* comutativo, porque cada uma das partes, desde o momento da feitura do ajuste, pode antever e avaliar a prestação que lhe será fornecida e que, pelo menos subjetivamente, é equivalente da prestação que se dispõe a dar; *(v)* não solene, porque a lei não impõe forma determinada para seu aperfeiçoamento.

Sendo bilateral, emerge do contrato de locação uma reciprocidade de obrigações, o que se chama de sinalagma, do que decorre que ambas as partes suportam obrigações, sendo, ao mesmo tempo, credora e devedora uma da outra.

Ademais disso, sendo comutativo, é lícito às partes elaborarem e discutirem as cláusulas que regerão a futura relação jurídica, não havendo, portanto, que se falar em *"imposição de cláusulas"* (contrato de adesão) por uma ou outra parte.

Nessa linha, aplicam-se aos contratos de locação de imóvel urbano, além das regras específicas, todas as demais que se referem aos contratos bilaterais, onerosos e comutativos, como a exceção do contrato não cumprido (art. 476 e 477 CC/02) ou a teoria dos vícios redibitórios e da evicção.

---

7. STJ, 5ª T., REsp 331365/MG, rel. Min. Jorge Scartezzini, j. 09.04.2002.
8. RODRIGUES, Silvio. Contrato de locação. In: FRANÇA, R. Limongi. (Coord.). *Enciclopédia Saraiva do Direito*. São Paulo: Saraiva, 1977. v. 19, p. 395.

DISPOSIÇÕES GERAIS SOBRE AS AÇÕES LOCATÍCIAS

Assim, apresentando o imóvel vícios que o tornem imprestável ao fim a que se destina, ou lhe diminuam o valor, poderá o locatário propor a ação redibitória, para dissolver o contrato, ou a ação estimatória ou *quanti minoris*, para reduzir o valor do aluguel.[9]

Nessa linha, cumpre ressaltar que a jurisprudência afirma não incidir aplicação do CDC em contratos de locação de imóveis,[10] sustentando que a Lei do Inquilinato é norma específica e o Código de Defesa do Consumidor, norma geral, de modo que, em face do princípio da especificidade, norma especial revoga norma geral.

Não fosse só isso, a Lei 8.245/91 é de igual hierarquia legislativa que a Lei 8.078/90 (CDC) e posterior a esta. Além disso, se, ainda assim, houvesse o entendimento para aplicabilidade em face do caráter público do Código de Defesa do Consumidor, falta à locação de imóvel urbano o fornecedor (art. 3º do CDC), figura essencial para a caracterização da relação de consumo.

Todavia, há de se mencionar que a jurisprudência[11] e a doutrina,[12] quando se tratar de ação que envolve locador, locatário e administradora de imóveis, por entender que há relação de consumo entre locador e administradora ou entre locatário e administradora, pode ser usado o estatuto consumerista, pois estariam presentes os requisitos dos arts. 2º e 3º.

Não se exige na locação o rigor da compra e venda, assim não é preciso a outorga uxória para o ajuste de uma locação, salvo se esta for superior a dez anos (art. 3º).

Há, contudo, algumas locações para as quais não se aplicam as disposições ora analisadas, como se observa do art. 1º, parágrafo único, da LI.

Assim, em um rol taxativo,[13] temos a *(i)* locação de imóveis de propriedade da União, dos Estados e dos Municípios, de suas autarquias e fundações públicas, *(ii)* locação de vagas autônomas de garagem ou de espaços para estacionamento de veículos, desde que tal locação não objetive a exploração da atividade econômica de estacionamento,[14] *(iii)* locação de espaços destinados à publicidade; *(iv)* locação

---

9. SOUZA, Sylvio Capanema de. *A Lei do Inquilinato comentada* cit., 6. ed., p. 11.
10. STJ, 5ª T., REsp 575.020/RS, rel. Min. José Arnaldo Da Fonseca, j. 05.10.2004.
11. Admitindo relação de consumo entre locador/locatário e administradora de imóveis: TJRJ, 16ª CC, AgIn 2009.002.36972, Des. Marco Aurélio Bezerra de Melo, j. 13.07.2010; TJRJ, 3ª CC, AgIn 2009.001.26125, Des. Fernando Foch Lemos, j. 26.01.2010.
12. MARQUES, Claudia Lima. *Contratos no Código de Defesa do Consumidor*. São Paulo: RT, 2002. p. 364.
13. Afirmando se tratar de *numerus clausus*: SOUZA, Sylvio Capanema de. *A Lei do Inquilinato comentada* cit., 6. ed. p. 13.
14. STJ, 3ª T., AgRg no REsp 1.230.012-SP, Rel. Min. Massami Uyeda, julgado em 02.10.2012. Precedentes citados: REsp 1.046.717-RJ, DJe 27.04.2009, e REsp 769.170-RS, DJ 23.04.2007.

de apart-hotéis, hotéis-residência ou equiparados e, por fim, a *(v)* arrendamento mercantil, em qualquer de suas modalidades.

Ao se excluir o pálio protetor da Lei do Inquilinato, as locações elencadas no art. 1º, parágrafo único, ficam regulamentadas, em sua maior parte, pelo Código Civil, contudo, nesse diploma, não há alusão à ação de despejo.

Nesse sentido, tratando-se de infração contratual cometida pelo locatário, será admissível ação pelo procedimento comum, com pedido de rescisão do contrato, cumulada com reintegração de posse e eventuais perdas e danos, ficando, desde logo, afastada a faculdade de emenda da mora prevista na Lei 8.245/91, por exemplo.

De igual modo, se ao locador não mais convier a locação, deverá notificar o locatário para que, ao término do contrato, o desocupe e, do contrário, será admissível ação possessória por força do esbulho.[15]

2. SUB-ROGAÇÃO DA LOCAÇÃO PELA MORTE, DIVÓRCIO E FIANÇA

Nos casos de separação de fato, divórcio, dissolução de união estável ou de união homoafetiva,[16] a locação prosseguirá automaticamente com o cônjuge ou companheiro que permanecer no imóvel (art. 12).

Na morte do locador, a locação se transfere aos herdeiros (art. 10) e, morrendo o locatário, ocorre uma sub-rogação nos seus direitos e obrigações para as pessoas indicadas no art. 11.

Na linha das hipóteses acima exposta, ocorrendo durante um processo, será aplicável o art. 108 do CPC/15. Caso não tenha sido ajuizada a ação, a legitimidade se transfere para o cônjuge ou companheiro, bem como se transferirá para as pessoas listadas no art. 11 da LI.

O divórcio ou a separação agora só operam o efeito de sub-rogação subjetiva na relação locatícia após a comunicação por escrito do fato ao locador e ao fiador. Registre-se que não havia previsão de comunicação ao fiador, cuja inclusão se justifica por ser esse um dos maiores interessados.

A sub-rogação é, assim, faculdade das pessoas referidas no inciso I do art. 11, e não dever.

Manifestado o desejo de sub-rogar-se no contrato, não pode a ele se opor o locador, salvo se não ocorrerem as hipóteses da lei. A única defesa do locador, para resistir à pretensão de sub-rogação, é alegar que não se enquadra o pretendente nas hipóteses do art. 11, inciso I, o que envolve matéria de prova.

---

15. Idem, p. 20.
16. Visualizando o ponto, mesmo sem expressa previsão legal: CÂMARA, Alexandre Freitas. *Comentários à reforma da Lei de Locações* cit., 2010, p. 7.

Caberá ao pretendente, que alega o fato gerador do seu direito, o ônus da prova de sua existência. Ao locador, que resiste, caberá a prova em contrário.[17]

Nas hipóteses de separação[18] (art. 12) ou morte do locatário (art. 11), a sub-rogação será comunicada por escrito ao locador e eventual fiador.

Observe-se que tal sub-rogação somente se aplica à locação residencial,[19] diferentemente da antiga redação do art. 12 que se referia genericamente às três espécies de locações disciplinadas pela lei, ou seja, residencial, para temporada e a não residencial.

Nesses casos, o fiador pode se exonerar das suas responsabilidades no prazo de 30 dias, contado do recebimento da comunicação oferecida pelo sub-rogado. Tal comunicação pode ser por escrito, judicial ou extrajudicial[20] (art. 835 do CC/2002). Feita a comunicação, o fiador ficará, ainda, responsável durante 120 dias após a notificação do locador (art. 12, § 2º). Então, o locador pode, em 30 dias, exigir do sub-rogado a substituição do fiador ou outra garantia, sob pena de desfazimento da locação (art. 40, parágrafo único), sendo possível, inclusive, na ação de despejo, o deferimento de liminar (art. 62, IX), pois como o fiador responde em 120 dias, o locador não fica desprotegido.

Ocorre que o STJ[21] é firme no entendimento de ser a fiança contrato de natureza *intuitu personae*, portanto, a morte do locatário importa em extinção da fiança e exoneração da obrigação do fiador. Entretanto, com os parágrafos do art. 12 previu-se que o contrato de fiança não se extingue, ainda que o sub-rogado não seja, sequer, parente do locatário, bastando, por exemplo, que conviva sob a dependência econômica do locatário.

Por outro lado, com o falecimento do fiador a fiança estará extinta, bem como a obrigação dela decorrente a partir de então, respondendo o espólio pelas obrigações contratuais assumidas pelo fiador somente até o momento do falecimento.[22]

---

17. SOUZA, Sylvio Capanema de. *A Lei do Inquilinato comentada* cit., 6. ed. p. 74.
18. Predominantemente em doutrina não se admite mais separação judicial, somente divórcio, por força da EC 66/10 que modificou o art. 226, § 6º, da CF, contudo esse não tem sido o entendimento do CNJ, que manteve às referências à separação da Resolução 35 (Processo 0005060-32.2010.2.00.0000), bem como pelo STJ, 3ª T., REsp 1.431.370-SP, Rel. Min. Ricardo Villas Bôas Cueva, julgado em 15.08.2017.
19. THEODORO JR., Humberto. *Inovações na Lei do Inquilinato*: visão esquemática das alterações provocadas pela Lei 12.112 de 09.12.2009. Rio de Janeiro: GZ Ed., 2010. p. 5.
20. STJ, 5ª T., AgRg no Ag 851.060/RJ, rel. Min. Laurita Vaz, j. 09.10.2007. THEODORO JR., Humberto. *Inovações na Lei do Inquilinato* cit., 2010. p. 5.
21. STJ, 6ª T., REsp 555.615/RS, Min. rel. Paulo Gallotti, j. 04.10.2004. No mesmo sentido: STJ, 5ª T., AgRg Ag 803.977/SP, Min. rel. Arnaldo Esteves Lima, j. 01.03.2007.
22. STJ, 4ª T., AgRg no Ag 772.179/PR, rel. Min. Raul Araujo, julgado 27.08.2013.

3. DAS GARANTIAS LOCATÍCIAS

As garantias locatícias que podem ser exigidas pelo locador estão no art. 37 da LI, sendo, inclusive, contravenção penal por se exigir mais de uma garantia no mesmo contrato (art. 43, II), de igual modo, eventual cláusula dispondo nesse sentido será nula (art. 37, parágrafo único).[23]

O rol trazido pelo legislador é taxativo, sendo nula estipulação em sentido contrário.[24]

O art. 39 deixa claro que, não havendo convenção em contrário, a fiança e outras garantias, acaso ajustadas, devem subsistir até a efetiva devolução do imóvel, ainda que prorrogada a locação por prazo indeterminado por força da lei de locações.

Todavia, nesse caso, o fiador pode desonerar-se (art. 40, X), ficando obrigado por cento e vinte dias podendo, inclusive, notificar o locador antes do término do contrato, porém tal notificação somente produzirá efeitos a partir do momento que o contrato se tornar por prazo indeterminado.[25]

O legislador estabeleceu regra da manutenção das garantias até a devolução do imóvel, inclusive a fiança, mesmo estando o contrato prorrogado por prazo indeterminado, *ex vi legis*.

Observe-se que o legislador prevê que o fiador, após a sua exoneração, ficará responsável por cento e vinte dias, criando regra especial para fiança inserida em contratos de locação sobre imóveis urbanos, posto que, não sendo o caso será aplicável o art. 835 do Código Civil, com regas totalmente diferenciadas.

Cumpre distinguirmos prorrogação convencional (aditamento) de prorrogação legal, com ou sem cláusula de responsabilidade até a entrega das chaves.

Para o STJ,[26] a prorrogação convencional ou o aditamento se equipara a uma novação objetiva, ficando o fiador desvinculado se não anuiu como aditamento e de maneira automática.

Na hipótese de ocorrer prorrogação legal, não havendo cláusula de responsabilidade até entrega das chaves, pois a boa-fé objetiva revela que a interpretação deve ser feita no sentido de somente obrigá-lo pelo tempo estipulado contratualmente.

---

23. Em relação à fiança, o fiador pode exonerar-se no caso de morte do locatário, na forma dos arts. 11 c/c art. 12, § 2º, como dito no tópico anterior.
24. SOUZA, Sylvio Capanema de. *A Lei do Inquilinato comentada* cit., 6. ed., p. 163.
25. STJ, 3ª T., REsp 1.798.924-RS, Rel. Min. Paulo de Tarso Sanseverino, julgado em 14.05.2019.
26. Enunciado 214 do STJ: "O fiador na locação não responde por obrigações resultantes de aditamento ao qual não anuiu".

DISPOSIÇÕES GERAIS SOBRE AS AÇÕES LOCATÍCIAS **145**

Havendo cláusula de responsabilidade até a entrega das chaves, o garante responde pela prorrogação do contrato até a efetiva entrega das chaves do imóvel, a menos que tenha se exonerado.[27]

Assim, o fiador responde pelas obrigações futuras após a prorrogação do contrato por tempo indeterminado, se assim anuiu expressamente e não se exonerou na forma da lei (art. 40, X).

Nessa linha, percebe-se que a fiança não é perpétua, eis que o fiador pode exonerar-se caso o gravame passe a vigorar por prazo indeterminado (art. 835, CC). O fiador pode se exonerar por meio de notificação judicial ou extrajudicial.

O locador, por sua vez, pode exigir novo fiador nas hipóteses art. 40, como na hipótese da quebra da idoneidade da fiança, diante da crise de solvabilidade do fiador, da recuperação judicial, todavia, exige-se a sentença pronunciando o estado jurídico do fiador (inciso II) ou no caso da exoneração (Inciso X).

Frise-se que, nesses casos, não sendo apresentada nova garantia será cabível ação de despejo, inclusive, com o cabimento de liminar (art. 59, § 1º, VII).

Cabe registrar, ainda, que o STJ reconhece válido o instituto da fiança recíproca, que ocorre quando havendo mais de um locatário, é válida a fiança prestada por um deles em relação aos demais, sendo válido o contrato.[28]

Outro fator a se observar é a interrupção da prescrição em relação ao fiador. Sendo proposta a ação somente contra o Locatário, que é o devedor principal, prejudicará o fiador, como determina o art. 204, § 3º, do CC.[29]

4. DOS PROCEDIMENTOS LOCATÍCIOS

A LI, em seu Título II, é totalmente processual, somente sendo possível se aplicar o CPC/15 naquilo que não conflitar com a lei do inquilinato, por ser especial.

As disposições gerais sobre os procedimentos locatícios encontram-se no art. 58 da LI, o qual já informa, inicialmente, quais são as ações locatícias: despejo, consignação em pagamento de aluguel e acessórios, revisionais e renovatórias.

Como anteriormente comentado, tais ações não são aplicáveis às locações previstas no art. 1º, parágrafo único, da LI, devendo ser aplicável as disposições gerais do CPC, bem como do Código Civil. Assim, por exemplo, sendo locação de uma vaga de garagem, não será admissível ação de despejo, mas uma ação de reintegração de posse.

---

27. STJ, 3ª S., EREsp 661.344/RS, Min. rel. Arnaldo Esteves Lima, j. 22.04.2009.
28. STJ, 5ª T., Resp 911.993/DF, rel. Min. Laurita Vaz, julgado 02.09.10.
29. STJ, Resp 1276778/MS, rel. Min. Luis Felipe Salomão, julg. 28.03.2017.

Nessa linha, as disposições previstas no referido dispositivo aplicam-se somente às mencionadas ações, ainda que outra demanda verse sobre locação, como uma ação de cobrança decorrente de contrato de locação ou execução extrajudicial.

Afirma o legislador (art. 58, I) que os processos das ações locatícias "tramitam durante as férias forenses e não se suspendem pela superveniência delas", contudo, apesar de proposta imbuída de boas intenções tornou-se, literalmente, letra morta, pois com a EC 45/2004, o art. 93, XII, é vedada a existência de férias forenses nos juízos e tribunais de segundo grau, determinando que a atividade jurisdicional seja ininterrupta.

Determina o inciso II do art. 58 que é competente para conhecer e julgar tais ações o foro do lugar da situação do imóvel, salvo se outro houver sido eleito no contrato.

Nesse sentido, adotou o legislador a regra geral de competência do foro da situação da coisa, portanto, um critério territorial relativo,[30] que comporta modificação, entre outras causas, por foro de eleição (art. 63 CPC/15), em típico exemplo de negócio jurídico processual (art. 190 CPC).

As ações derivadas da locação predial não são reais e, sim, pessoais imobiliários, portanto, não atraem aplicação do art. 73 do CPC, dispensando outorga uxória ou litisconsórcio entre os cônjuges ou companheiros para intentá-las.

Como observado, o legislador estimula a autonomia privada, permitindo a eleição de foro diverso da situação do imóvel, não obstante ser mais fácil a tramitação no foro do local do imóvel.

Assim, havendo cláusula de foro de eleição, mas sendo proposta a demanda no foro da situação da coisa, deverá o réu apresentar contestação com preliminar de incompetência relativa (art. 337, II CPC/15), sob pena de prorrogação da competência.

Há quem sustente que se a demanda não for proposta no foro da situação do imóvel, nem no local eleito pelas partes, haverá uma incompetência absoluta, devendo ser reconhecida de ofício pelo juízo.[31] Não concordamos com tal posicionamento, pois o fato de se ajuizar a demanda no juízo territorialmente incompetente não faz da competência absoluta.

Cumpre, por fim, registrar uma controvérsia com muito efeito prático.

Nas comarcas em que foram criadas regiões administrativas, estabelecendo uma competência para os foros regionais, há controvérsia sobre a natureza de

---

30. Idem, p. 250.
31. Idem, p. 251.

DISPOSIÇÕES GERAIS SOBRE AS AÇÕES LOCATÍCIAS **147**

competência. Amplamente majoritário que tais foros regionais possuem competência absoluta, por se tratar de um critério territorial funcional, não admitindo foro de eleição nessa hipótese.[32] Há, contudo, quem advogue a tese de que os foros regionais possuem competência relativa, por levar em consideração o interesse particular,[33] com o que não concordamos.

No que se refere ao valor da causa, afirma o legislador que o valor da causa corresponderá a doze meses de aluguel, afirmando que a única exceção a tal regra está no art. 47, inciso II, caso em que o valor da causa corresponderá a três salários vigentes por ocasião do ajuizamento, referindo-se às ações de despejo com base nos contratos de locação oriundos de contratos de trabalho.

Observe-se que o legislador se refere a salário vigente, contudo, pode não haver mais o contrato de trabalho, não havendo salário vigente. Nesse sentido, a ação de despejo virá acompanhada da prova da extinção do contrato de trabalho.

Desde que autorizado no contrato, a citação, intimação ou notificação far-se-á mediante correspondência com aviso de recebimento, ou, tratando-se de pessoa jurídica ou firma individual, também mediante telex ou *fac-símile*, ou, ainda, sendo necessário, pelas demais formas previstas no Código de Processo Civil.

Perceba-se que a legislação, em 1991, já previa a possibilidade de celebração de um negócio jurídico processual, inovador para essa época, tendo sido previsto posteriormente no art. 190 do CPC/15.

Ocorre, contudo, que a Lei de locações deve ser lida em sintonia com o CPC, principalmente após a alteração trazida pela Lei 14.195/21, que deu nova redação aos arts. 246 e 247 do CPC, consagrando a regra da citação por e-mail.

Interessante que o art. 246 exige, além da regulamentação pelo CNJ que ocorreu pela Resolução 455/22 do CNJ, que criou PDPJ-BR (Plataforma Digital do Poder Judiciário), que o citando indique nessa plataforma o seu endereço eletrônico, porém, já tendo as partes ajustado previamente a citação por e-mail no contrato, tais exigências do CPC podem ser dispensadas, na forma do art. 190 do próprio CPC.

De igual modo, na linha da celebração de um negócio jurídico processual, nada impede que no contrato de locação se insira uma cláusula mandato, onde os Locatários e/ou os Fiadores concedam poderes recíprocos para recebimento de citação e notificações, facilitando bastante o processo judicial, dispensando a citação de todos os réus.[34]

---

32. DIDIER JR. Fredie. *Curso de direito processual civil.* 11. ed. Salvador: JusPodivm. v. 1, p. 121.
33. FUX, Luiz. *Locações: processo e procedimento.* 5. ed. Rio de Janeiro: Impetus, 2008. p. 27.
34. STJ, Resp 1.236.712/GO, Rel. Ministro Mauro Campbell Marques, Segunda Turma, julgado em 03.11.2011, DJe 11.11.2011.

Determina a lei que os recursos interpostos contra as sentenças terão efeito somente devolutivo, adotando a regra geral do CPC/15, prevista no art. 995, autorizando execução provisória (art. 520 CPC).

Ocorre, contudo, que a apelação no CPC/15 possui efeito suspensivo, como se observa do art. 1.012, *caput*, só na possuindo nas hipóteses do art. 1.012, § 1º, onde se enquadram as ações locatícias.

Assim, por exemplo, nas ações renovatórias, quando a sentença não renovar a locação, será de decretado o despejo, se houver pedido na contestação (art. 74 LI), bem como nas ações de despejo, ainda que cumuladas com cobrança de aluguéis, pois o STJ entende que a apelação tem somente efeito devolutivo.[35]

Por outro lado, nas ações revisionais, quando se apurar que são devidas diferenças entre o aluguel provisório e o que foi fixado em sentença, elas **só** poderão ser exigidas após o trânsito em julgado da decisão que fixar o novo aluguel (art. 69), gerando uma exceção ao art. 58, V.

Por outro lado, havendo cumprimento provisório da sentença nas ações locatícias, nada obsta a aplicação do art. 1.012, §§ 3º e 4º, CPC, sendo admissível requerimento autônomo de efeito suspensivo diretamente ao Tribunal.

CONCLUSÃO

A Lei 8.245/91, conhecida como Lei do Inquilinato, permanece, após quase quatro décadas de vigência, um marco regulatório de suma importância no ordenamento jurídico brasileiro, particularmente no campo do Direito Imobiliário.

A sua complexidade e abrangência refletem uma tentativa contínua de harmonizar interesses contrapostos entre locadores e locatários, equilibrando princípios como autonomia da vontade e dirigismo contratual, enquanto responde às demandas sociais e econômicas de diferentes contextos históricos.

Essa legislação se destaca por sua dualidade, pois ao mesmo tempo em que preserva a liberdade contratual das partes, estabelece limites claros para proteger a parte mais vulnerável na relação locatícia, principalmente o locatário.

Tal proteção é evidente em dispositivos que proíbem cláusulas abusivas, impõem restrições à rescisão unilateral pelo locador e garantem mecanismos de defesa contra despejo, enquanto proporcionam, com as alterações da Lei 12.112/09, maior agilidade processual em favor do locador nas situações de inadimplência.

---

35. STJ, 5ª T., AgRg no REsp 665.692/SC, rel. Min. Gilson Dipp, j. 04.11.2004.

DISPOSIÇÕES GERAIS SOBRE AS AÇÕES LOCATÍCIAS **149**

Além disso, a Lei 8.245/91 não se limita ao campo material, sendo também um exemplo notável de legislação híbrida que apresenta um microssistema processual robusto.

As ações locatícias específicas, como despejo, revisionais e renovatórias, demonstram a preocupação do legislador em oferecer ferramentas práticas para a solução de conflitos, promovendo eficiência e celeridade nos trâmites judiciais. Essa abordagem processual, alinhada às inovações trazidas pelo Código de Processo Civil de 2015, fortalece o papel da Lei do Inquilinato como instrumento de pacificação social e organização das relações contratuais urbanas.

No entanto, a aplicação prática dessa legislação não é isenta de desafios, pois a evolução constante das dinâmicas de mercado exige do intérprete jurídico uma análise criteriosa e atualizada, principalmente diante do surgimento de novos modelos contratuais, como locações por plataformas digitais e *coworking*, levanta debates sobre a necessidade de ajustes legislativos para abarcar novas realidades.

A Lei do Inquilinato não apenas regulamenta as relações locatícias, mas também simboliza a evolução do Direito Civil brasileiro ao longo de um processo histórico marcado pela tensão entre o liberalismo contratual e o dirigismo social, onde seu conteúdo, ao mesmo tempo técnico e adaptável, continua a ser um ponto de referência indispensável para o mercado imobiliário e para a proteção dos direitos das partes envolvidas.

Assim, a aplicação criteriosa de seus dispositivos, complementada pela interpretação constitucional e pela jurisprudência atualizada, é essencial para garantir a segurança jurídica e a equidade nas relações contratuais, consolidando seu papel como um dos mais relevantes diplomas do Direito Imobiliário nacional.

REFERÊNCIAS

CÂMARA, Alexandre Freitas. *Comentários à reforma da Lei de Locações*. Rio de Janeiro: Lumen Juris, 2010.

DIDIER JR. Fredie. *Curso de direito processual civil*. 11. ed. Salvador: JusPodivm, 2009. v. 1.

FUX, Luiz. *Locações*: processo e procedimento. 5. ed. Rio de Janeiro: Impetus, 2008.

MARQUES, Claudia Lima. *Contratos no Código de Defesa do Consumidor*. São Paulo: RT, 2002.

PEREIRA, Caio Mário da Silva. *Instituições de direito civil*. 13. ed. Rio de Janeiro: Forense, 1999. v. 3.

RODRIGUES, Silvio. Contrato de locação. In: FRANÇA, R. Limongi. (Coord.). *Enciclopédia Saraiva do Direito*. São Paulo: Saraiva, 1977. v. 19.

SOUZA, Sylvio Capanema de. *A Lei do Inquilinato comentada*. 6. ed. Rio de Janeiro: GZ Ed., 2010.

THEODORO JR., Humberto. *Inovações na Lei do Inquilinato*: visão esquemática das alterações provocadas pela Lei 12.112 de 09.12.2009. Rio de Janeiro: GZ Ed., 2010.

A LIBERAÇÃO PARCIAL DA ALIENAÇÃO FIDUCIÁRIA DE IMÓVEIS: UMA ANÁLISE CRÍTICA DA FLEXIBILIZAÇÃO DAS GARANTIAS NO DIREITO BRASILEIRO

Augusto Dorea

L.L.M em Direito Empresarial. Graduando em Ciências Econômicas (UFF). Membro do Instituto Brasileiro de Direito da Construção (IBDiC), da Association for the Advancement of Cost Engineering (AACE International) e da Associação Brasileira de Direito e Economia (ABDE). Advogado.

Sumário: Introdução – 1. Aspectos conceituais da alienação fiduciária; 1.1 Natureza jurídica da alienação fiduciária; 1.2 Características essenciais do instituto; 1.3 Princípios norteadores das garantias reais – 2. O princípio da indivisibilidade das garantias; 2.1 Fundamentos históricos e jurídicos; 2.2 Análise do artigo 1.421 do Código Civil; 2.3 A disponibilidade da indivisibilidade – 3. A liberação parcial das garantias; 3.1 Conceituação e natureza jurídica; 3.2 Diferenciação entre liberação e cancelamento de garantia – 4. Das alterações da Lei 14.711/2023; 4.1 Marco legal das garantias: contextualização histórica e legislativa; 4.2 Quadro de credores e distribuição dos recursos; 4.3 Concurso de credores na execução extrajudicial – 5. Dos aspectos práticos e desafios; 5.1 Previsão contratual da liberação gradual da garantia; 5.2 Desafios e obstáculos na implementação da liberação parcial de garantias – Conclusão – Referências.

INTRODUÇÃO

A alienação fiduciária de imóveis consolidou-se como um dos principais instrumentos de garantia real no ordenamento jurídico brasileiro, destacando-se pela sua efetividade na recuperação do crédito e pela segurança jurídica proporcionada aos credores.[1] No atual cenário econômico, caracterizado pela dinamicidade das relações negociais e pela necessidade de instrumentos jurídicos que conciliem segurança e flexibilidade, emerge a discussão sobre a possibilidade e os efeitos da liberação parcial desta garantia.

A problemática central reside na aparente contradição entre o princípio da indivisibilidade das garantias, previsto no artigo 1.421 do Código Civil,[2] e a necessidade prática de flexibilização das garantias imobiliárias para atender às demandas

---

1. FARIAS, Cristiano Chaves; ROSENVALD, Nelson. *Direitos Reais*. 3. ed. Rio de Janeiro: Lumen Júris, 2006, p. 614.
2. Brasil. Lei 10.406, de 10 de janeiro de 2002. Institui o Código Civil. Diário Oficial da União, Brasília, DF, 11 jan. 2002.

do mercado contemporâneo. Como observa Moreira Alves,[3] a indivisibilidade não decorre da natureza do instituto, mas de disposição legal em benefício do credor, sendo, portanto, passível de modulação pela vontade das partes.

O tema ganha especial relevância quando se considera que a liberação parcial da garantia pode representar importante instrumento de otimização do crédito imobiliário. Conforme destaca Cristiano Chaves de Farias,[4] a indivisibilidade da obrigação decorre da própria razão determinante do negócio jurídico, e não do objeto em si, o que permite sua flexibilização mediante acordo entre as partes.

A compreensão adequada do instituto demanda a diferenciação precisa entre "liberação de garantia" e "cancelamento de garantia".[5] Enquanto o cancelamento representa o ato registral de extinção do assento inscrito, a liberação configura espécie de renúncia ao assento registral, sem implicar novação da dívida ou extinção do direito subjacente.

O presente estudo busca analisar os fundamentos jurídicos que sustentam a possibilidade da liberação parcial da alienação fiduciária, examinando seus efeitos práticos e suas implicações no sistema de garantias reais brasileiro. Como ressalta Caio Mário da Silva Pereira,[6] a liberação parcial pode decorrer tanto de previsão no título constitutivo original quanto de manifestação posterior do credor, representando importante mecanismo de dinamização das garantias imobiliárias.

A análise proposta se justifica pela necessidade de estabelecer parâmetros seguros para a operacionalização da liberação parcial de garantias, contribuindo para a segurança jurídica nas operações imobiliárias e para o desenvolvimento do mercado de crédito nacional.

1. ASPECTOS CONCEITUAIS DA ALIENAÇÃO FIDUCIÁRIA

1.1 Natureza jurídica da alienação fiduciária

A alienação fiduciária constitui-se como uma das mais relevantes modalidades de garantia real no ordenamento jurídico brasileiro, caracterizando-se pela transferência da propriedade resolúvel do bem ao credor, que passa a ser

---

3. MOREIRA ALVES, José Carlos. *Da Alienação Fiduciária em Garantia*. 2. ed. Rio de Janeiro: Forense, 1979. p. 116.
4. FARIAS, Cristiano Chaves de; ROSENVALD, Nelson. op. cit., p. 615.
5. CARVALHO, Afrânio de. *Registro de imóveis*: comentários ao sistema de registro em face da Lei 6.015, de 1973. Rio de Janeiro: Forense, 1976. p. 245.
6. PEREIRA, Caio Mário da Silva. *Instituições de direito civil*. 2. ed. Rio de Janeiro: Forense, 2016. v. 4. p. 356.

proprietário fiduciário enquanto perdurar a garantia.[7] Esta modalidade de garantia apresenta características peculiares que a distinguem das demais formas de garantia real, especialmente pela efetividade na recuperação do crédito.[8]

A natureza jurídica do instituto revela-se complexa, pois envolve simultaneamente aspectos obrigacionais e reais. Como destaca Moreira Alves,[9] trata-se de negócio jurídico uno, porém funcionalmente complexo, que combina elementos do direito das obrigações com elementos do direito das coisas, resultando em uma propriedade resolúvel com função de garantia.

O caráter fiduciário da propriedade transmitida ao credor evidencia-se pela temporariedade e pela finalidade específica da transmissão. Como ensina Caio Mário da Silva Pereira,[10] a propriedade fiduciária não se confunde com a propriedade plena, pois está condicionada ao cumprimento da obrigação principal, resolvendo-se automaticamente com o adimplemento da dívida garantida.

A estrutura do instituto comporta uma relação triangular entre fiduciante (devedor), fiduciário (credor) e o bem objeto da garantia, sendo que o fiduciante mantém a posse direta do bem, enquanto o fiduciário detém a propriedade resolúvel e a posse indireta.[11] Esta configuração peculiar permite conciliar os interesses do credor, que mantém uma garantia robusta, com as necessidades do devedor, que pode continuar utilizando o bem dado em garantia.

1.2 Características essenciais do instituto

O sistema jurídico brasileiro contempla a alienação fiduciária como um instituto de características singulares, cuja compreensão demanda uma análise aprofundada de seus elementos estruturantes. A complexidade do instituto reflete-se em um conjunto de características que o distinguem das demais modalidades de garantia real, conferindo-lhe particular efetividade no cenário das relações negociais contemporâneas.

Em uma perspectiva sistemática, destaca-se primeiramente a acessoriedade como característica fundamental. Esta peculiaridade manifesta-se na intrínseca relação de dependência entre a garantia e o negócio jurídico principal, estabele-

---

7. CHALHUB, Melhim Namem. *Negócio fiduciário*. 4. ed. Rio de Janeiro: Renovar, 2009. p. 223.
8. FARIAS, Cristiano Chaves de; ROSENVALD, Nelson. *Direitos Reais*. 3. ed. Rio de Janeiro: Lumen Juris, 2006. p. 614.
9. MOREIRA ALVES, José Carlos. *Da Alienação Fiduciária em Garantia*. 2. ed. Rio de Janeiro: Forense, 1979. p. 116.
10. PEREIRA, Caio Mário da Silva. *Instituições de direito civil*. 2. ed. Rio de Janeiro: Forense, 2016. v. 4. p. 356.
11. CARVALHO, Afrânio de. *Registro de imóveis*: comentários ao sistema de registro em face da Lei 6.015, de 1973. Rio de Janeiro: Forense, 1976. p. 245.

cendo um vínculo indissociável entre ambos. A natureza acessória da alienação fiduciária implica que sua existência está condicionada à vigência da obrigação garantida, de modo que a extinção desta última acarreta, inexoravelmente, o desaparecimento da garantia.[12]

O instituto também se caracteriza pela sequela, atributo que confere ao credor fiduciário o poder de perseguição do bem onde quer que este se encontre. Esta característica reveste-se de particular importância no contexto das garantias reais, pois assegura a efetividade do direito do credor mesmo diante de eventuais transferências do bem a terceiros.[13]

No que tange à excussão, verifica-se uma das mais significativas vantagens da alienação fiduciária em comparação com outras modalidades de garantia. Esta característica permite ao credor promover a venda forçada do bem para satisfação do crédito, mediante procedimento específico previsto em lei, conferindo maior celeridade e efetividade à recuperação do crédito.[14]

Por fim, mas não menos importante, destaca-se a indivisibilidade como característica que tem suscitado relevantes debates doutrinários e jurisprudenciais. Esta característica, prevista no artigo 1.421 do Código Civil, determina que a garantia permanece íntegra até a completa satisfação da dívida. Contudo, diferentemente das demais características, a indivisibilidade não decorre da natureza do instituto, mas de disposição legal em benefício do credor, sendo, portanto, passível de flexibilização mediante convenção entre as partes.[15]

A compreensão adequada destas características essenciais é fundamental para a operacionalização do instituto e para o desenvolvimento de soluções jurídicas que atendam às necessidades do mercado, sem comprometer a segurança jurídica das relações negociais.[16]

1.3 Princípios norteadores das garantias reais

O sistema de garantias reais no direito brasileiro é estruturado sobre princípios fundamentais que orientam sua interpretação e aplicação. A compreensão

---

12. CHALHUB, Melhim Namem. *Alienação Fiduciária*: Negócio Fiduciário. 5. ed. Rio de Janeiro: Forense, 2017. p. 178.
13. TEPEDINO, Gustavo. *Comentários ao Código Civil*: direito das coisas. São Paulo: Saraiva, 2011. v. 14. p. 432.
14. DINIZ, Maria Helena. *Curso de direito civil brasileiro*: direito das coisas. 25. ed. São Paulo: Saraiva, 2010. v. 4. p. 567.
15. MOREIRA ALVES, José Carlos. *Da Alienação Fiduciária em Garantia*. 2. ed. Rio de Janeiro: Forense, 1979. p. 116.
16. GOMES, Orlando. *Direitos Reais*. 21. ed. Rio de Janeiro: Forense, 2012. p. 384.

sistemática destes princípios é essencial para a adequada operacionalização das garantias no tráfego jurídico contemporâneo.

O princípio da publicidade, materializado através do sistema registral, constitui pilar fundamental do sistema. Nas lições de Afrânio de Carvalho,[17] a publicidade registral confere eficácia *erga omnes* às garantias reais, permitindo que terceiros tomem conhecimento da existência do gravame. Este princípio encontra respaldo na jurisprudência do STJ, conforme Súmula 375: "O reconhecimento da fraude à execução depende do registro da penhora do bem alienado ou da prova de má-fé do terceiro adquirente".[18]

A especialidade, segundo princípio estruturante, exige a individualização precisa tanto do bem objeto da garantia quanto do crédito garantido. O Superior Tribunal de Justiça consolidou este entendimento através do Tema 961 dos recursos repetitivos: "A hipoteca firmada entre a construtora e o agente financeiro, anterior ou posterior à celebração da promessa de compra e venda, não tem eficácia perante os adquirentes do imóvel".[19]

O princípio da acessoriedade estabelece uma relação de dependência entre a garantia e a obrigação principal. Este princípio foi recentemente reafirmado pelo STJ no Informativo 753, que estabeleceu: "É inviável a manutenção da garantia quando já extinta a obrigação principal".[20]

Na prática negocial, estes princípios se inter-relacionam de forma dinâmica. Até por força do art. 489 do Código de Processo Civil, deve-se necessariamente realizar a ponderação entre os valores e entendimentos postos, motivos pelos quais a falta de especialidade na descrição do bem dado em garantia pode levar à invalidação do gravame, em exemplo hipotético, o que demonstra a importância da observância conjunta dos princípios.

2. O PRINCÍPIO DA INDIVISIBILIDADE DAS GARANTIAS

Para além das questões formais já abordadas, impõe-se analisar criticamente a possibilidade de liberação parcial da garantia fiduciária, tema que tem suscitado relevantes debates na doutrina e jurisprudência contemporâneas.

---

17. CARVALHO, Afrânio de. *Registro de imóveis*: comentários ao sistema de registro em face da Lei 6.015, de 1973. Rio de Janeiro: Forense, 1976. p. 245.
18. Súmula 375, STJ – Disponível em: https://www.stj.jus.br/publicacaoinstitucional/index.php/sumstj/article/view/6335/6461. Acesso em: 25 nov. 2024.
19. Tema 961/STJ – Disponível em: https://processo.stj.jus.br/repetitivos/temas_repetitivos/pesquisa.jsp?novaConsulta=true&tipo_pesquisa=T&cod_tema_inicial=961. Acesso em: 27 nov. 2024.
20. Informativo 753/STJ - Disponível em: https://processo.stj.jus.br/jurisprudencia/externo/informativo/?acao=pesquisar&livre=753. Acesso em: 28 nov. 2024.

2.1 Fundamentos históricos e jurídicos

Da antiguidade romana aos dias atuais, a concepção da indivisibilidade das garantias tem passado por significativa evolução. O brocardo "Hypoteca est tota in todto et tota in qualibet parte", que por séculos orientou a matéria, encontra hoje uma interpretação mais flexível e adequada às necessidades contemporâneas.

No direito pátrio, como evidenciado no artigo especializado da Revista Consultor Jurídico[1], a indivisibilidade não decorre da natureza do instituto, mas de disposição legal em benefício do credor. Esta compreensão representa uma ruptura significativa com a tradição romanística, que concebia a indivisibilidade como elemento essencial das garantias reais.

Neste sentido, merece destaque a lição de Caio Mário da Silva Pereira, citada no referido artigo:

"Enquanto não liquidada, a hipoteca subsiste por inteiro sobre a totalidade dos bens gravados, ainda que ocorra pagamento parcial: Hypoteca est tota in todto et tota in qualibet parte (Código de Justiniano, L. 8, T. 27, § 6).[21] Este caráter da hipoteca que não é da sua essência mas uma criação da lei, pode ser afastado convencionalmente".

A evolução doutrinária demonstra que a indivisibilidade, longe de ser um dogma inflexível, apresenta-se como característica disponível, estabelecida em favor do credor. Como ressalta Moreira Alves, também citado no artigo: "a propriedade fiduciária, como as demais garantias reais, não é indivisível por natureza, mas, sim, por força da lei, para assegurar, de maneira mais cabal, o cumprimento de obrigação".[22]

2.2 Análise do artigo 1.421 do Código Civil

O artigo 1.421 do Código Civil brasileiro estabelece uma das normas fundamentais do sistema de garantias reais, dispondo que "O pagamento de uma ou mais prestações da dívida não importa exoneração correspondente da garantia, ainda que esta compreenda vários bens, salvo disposição expressa no título ou na quitação".

A estrutura normativa do dispositivo revela uma clara dicotomia entre regra e exceção. Em seu núcleo principal, o artigo consagra o princípio da indivisibilidade da garantia, estabelecendo que o adimplemento parcial da obrigação não resulta

---

21. PEREIRA, Caio Mário da Silva. *Instituições de direito civil*. 2. ed. Rio de Janeiro: Forense, 2016. v. IV. p. 356. O autor cita o brocardo do Código de Justiniano (L. 8, T. 27, § 6): "Hypoteca est tota in todto et tota in qualibet parte".
22. MOREIRA ALVES, José Carlos. *Da Alienação Fiduciária em Garantia*. 2. ed. Rio de Janeiro: Forense, 1979, p. 116-126.

em liberação proporcional do gravame. Esta regra se mantém mesmo quando a garantia abrange uma pluralidade de bens, reforçando a amplitude da proteção conferida ao credor.

Entretanto, o mesmo dispositivo traz em sua parte final uma importante flexibilização, ao prever a possibilidade de disposição em contrário, seja no título constitutivo da garantia, seja no momento da quitação. Esta exceção legal evidencia o caráter dispositivo da norma, permitindo sua modulação conforme a vontade das partes.

A razão de ser desta estrutura normativa reside na própria natureza do instituto. A indivisibilidade não constitui elemento essencial da garantia real, mas sim uma construção legal destinada a reforçar a posição do credor. Tanto é assim que o próprio legislador permitiu sua derrogação mediante acordo entre as partes, o que mais tarde seria ratificada por alterações legislativas do setor.

Na prática negocial, esta flexibilidade poderia ter permitido importantes arranjos econômicos, como a liberação parcial de garantias em financiamentos imobiliários e a estruturação de garantias compartilhadas em operações financeiras complexas. A possibilidade de modulação da indivisibilidade, desde que expressamente pactuada, pode se mostrar um instrumento valioso para a adequação das garantias às necessidades concretas das partes.

Esta interpretação sistemática do artigo 1.421 revela sua dupla função: ao mesmo tempo em que estabelece uma proteção robusta ao credor através da regra da indivisibilidade, permite a adaptação do instituto às necessidades práticas do mercado por meio da exceção expressa em sua parte final.

2.3 A disponibilidade da indivisibilidade

A indivisibilidade das garantias reais, tradicionalmente considerada como característica intrínseca do instituto, revela-se, na verdade, como norma disponível, estabelecida primordialmente em benefício do credor. Esta compreensão moderna permite uma flexibilização importante do instituto, adaptando-o às necessidades práticas do mercado.

A natureza dispositiva da indivisibilidade manifesta-se em dois aspectos fundamentais. Primeiro, ela não decorre da própria natureza do negócio jurídico, mas sim de uma opção legislativa voltada à proteção do credor. Segundo, por ser norma disponível, pode ser afastada pela vontade das partes, seja no momento da constituição da garantia, seja posteriormente.

Na prática negocial, esta disponibilidade se materializa de diversas formas. É possível, por exemplo, que o título constitutivo da garantia já preveja hipóteses específicas de liberação parcial, estabelecendo critérios objetivos para sua ocorrência. Alternativamente, as partes podem acordar a liberação em momento posterior, mediante simples manifestação do credor.

Do ponto de vista registral, a liberação parcial se efetiva através de averbação na matrícula do imóvel, indicando precisamente qual fração ideal foi liberada e qual permanece garantindo a dívida. Este procedimento preserva a segurança jurídica ao mesmo tempo em que permite a flexibilização necessária às operações negociais.

Esta moderna compreensão da disponibilidade da indivisibilidade representa um importante avanço na interpretação do sistema de garantias reais, permitindo sua adaptação às necessidades econômicas contemporâneas sem comprometer a segurança jurídica que fundamenta o instituto.

3. A LIBERAÇÃO PARCIAL DAS GARANTIAS

3.1 Conceituação e natureza jurídica

Eis que chegamos a um ponto que merece especial atenção hermenêutica: a liberação parcial da garantia fiduciária. Em termos objetivos, a liberação parcial da garantia fiduciária constitui instituto jurídico que permite a desoneração de fração específica de um bem imóvel dado em garantia, sem que isso implique a extinção total do gravame ou a novação da dívida garantida.

Na prática, isso significa que um imóvel integralmente alienado em garantia fiduciária pode ter parte de sua fração ideal liberada, tornando-a apta a receber nova garantia.

A natureza jurídica deste instituto – e aqui precisamos fazer um giro linguístico necessário – revela-se em sua dupla dimensão: real e obrigacional. No aspecto real, manifesta-se como modulação do princípio da indivisibilidade das garantias. No aspecto obrigacional, representa uma faculdade do credor em reduzir quantitativamente sua garantia.

É fundamental compreender que a liberação parcial não se confunde com novação ou renovação da dívida garantida. O objetivo único é reduzir a quantidade da garantia, mantendo-se inalterada a obrigação principal. Assim, sem que a dívida esteja totalmente satisfeita, o credor pode optar pela liberação de determinada fração ideal do gravame.

Esta possibilidade decorre da própria natureza da indivisibilidade da garantia que, diferentemente do que pensava a tradição romanística, não constitui característica essencial do instituto, mas sim norma disponível estabelecida em favor do credor. É como se disséssemos: a indivisibilidade não está no DNA da garantia real.

3.2 Diferenciação entre liberação e cancelamento de garantia

A distinção entre liberação e cancelamento de garantia ainda continua sendo elemento de confusão doutrinária e, essencialmente, prática registral. Em sentido estrito, o cancelamento constitui ato registral de extinção do assento inscrito na matrícula do imóvel. Importante notar que o cancelamento atinge apenas o registro, não o título formal que lhe deu causa ou o negócio jurídico subjacente.

O cancelamento, como ato material praticado pelo ofício registral, pode ocorrer em duas situações distintas: tanto para o ato válido, cujos efeitos foram esgotados e demandam a extinção do assento, quanto para o ato invalidado, hipótese em que o cancelamento possui retroação de efeitos. Em relação à garantia imobiliária, o cancelamento pode se dar por três motivos principais: (1) pela extinção da obrigação garantida, (2) pela invalidação do título registrado e (3) pela liberação da garantia.

A liberação, por sua vez, assume o sentido de espécie de renúncia ao assento registral, jamais se confundindo com a renúncia do próprio direito subjacente ao registro. Trata-se do ato do titular do direito ou da ordem inscrita, autorizativo do cancelamento do registro. Como regra geral, todo direito inscrito (registrado) na matrícula é passível de renúncia em sentido material, conforme se depreende, por exemplo, da previsão de renúncia da propriedade no artigo 1.275, II do Código Civil.

Aqui vale o registro de que nem todo registro em vigor é passível de liberação. A penhora e o arrolamento fiscal, por exemplo, podem ser inscritos e liberados a qualquer tempo, por serem circunstâncias que não são elementos do direito real principal registrado. O direito real principal registrado, em si, não é passível de "liberação", porque somente existe enquanto registrado.

Ainda destaca-se que o cancelamento da garantia não implica presunção de extinção da dívida (dado que o principal não segue o acessório); o inverso, por regra, sim. O levantamento da penhora, o cancelamento de uma cláusula resolutiva expressa, a liberação de uma garantia, nada disso implica, por si, reconhecimento da satisfação do crédito. Todavia, a comprovação do pagamento do crédito pela forma adequada será título suficiente para cancelamento da constrição que existia no imóvel.

4. DAS ALTERAÇÕES DA LEI 14.711/2023

4.1 Marco legal das garantias: contextualização histórica e legislativa

O sistema de garantias no direito brasileiro passou por significativa evolução nas últimas décadas, tendo como marcos fundamentais a Lei 9.514/1997, que instituiu a alienação fiduciária de bens imóveis, e mais recentemente, a Lei 14.711/2023, que trouxe importantes inovações ao regime jurídico das garantias.

A Lei 9.514/1997 representou uma revolução no mercado imobiliário brasileiro ao introduzir a alienação fiduciária de bens imóveis, oferecendo maior segurança aos credores e, consequentemente, facilitando o acesso ao crédito imobiliário. Este instituto rapidamente se consolidou como a principal forma de garantia imobiliária no país, superando em muito a tradicional hipoteca.

Com o passar dos anos e a evolução do mercado, novas demandas surgiram, especialmente relacionadas à necessidade de maior flexibilização das garantias e à possibilidade de utilização mais eficiente dos bens imóveis como instrumento de garantia. Neste contexto, a Lei 14.711/2023 surge como resposta legislativa a estas demandas, embora não tão inovadora.

Ao regulamentar expressamente as alienações fiduciárias sucessivas e a liberação parcial de garantias, a alteração legislativa não representa propriamente uma inovação no ordenamento jurídico brasileiro, mas sim uma confirmação legislativa de práticas já consolidadas e fundamentadas em normas anteriores, especialmente no artigo 1.421 do Código Civil.

Ainda assim, entre as principais contribuições da nova lei, destaca-se a regulamentação expressa das alienações fiduciárias sucessivas, a sistematização do procedimento de excussão em caso de múltiplos credores e o estabelecimento de regras claras sobre a ordem de preferência entre credores. Estas inovações representam importante avanço na modernização do sistema de garantias, permitindo maior segurança jurídica e eficiência nas operações de crédito garantidas por bens imóveis.

A nova legislação se insere em um contexto mais amplo de aperfeiçoamento do sistema de garantias, buscando equilibrar a necessidade de segurança jurídica com a flexibilidade demandada pelo mercado, de forma a estabelecer bases mais sólidas para o desenvolvimento do mercado de crédito imobiliário, ao mesmo tempo em que preserva as características fundamentais que fizeram da alienação fiduciária um instrumento tão bem-sucedido no direito brasileiro.

Esta evolução legislativa demonstra a importância de se compreender as inovações legais não como rupturas abruptas com o sistema anterior, mas como parte de um processo contínuo de aperfeiçoamento do ordenamento jurídico, que busca adequar os instrumentos normativos às necessidades práticas do mercado.

4.2   Quadro de credores e distribuição dos recursos

A lei ainda estabelece um sistema estruturado para a organização e distribuição dos recursos em casos de múltiplos credores, atribuindo papel central ao oficial do registro de imóveis na elaboração e gestão do quadro de credores. Este sistema visa conferir maior transparência e eficiência ao processo de execução extrajudicial.

O quadro de credores, elaborado pelo oficial do registro de imóveis, passa a estabelecer formalmente a ordem de preferência e os valores devidos a cada credor. Esta certidão deve refletir com precisão a situação atualizada dos créditos, considerando não apenas os valores originais, mas também suas atualizações e eventuais alterações na ordem de preferência.

Na definição dos graus de prioridade sobre o produto da excussão da garantia, a lei adota como critério principal a antiguidade do crédito real. Este critério objetivo busca conferir previsibilidade ao procedimento e segurança jurídica aos credores, permitindo que avaliem antecipadamente sua posição no quadro de credores e as perspectivas de satisfação de seus créditos.

A distribuição dos recursos obtidos com a excussão da garantia foi atribuída ao credor exequente, inovação que busca conferir maior celeridade ao procedimento. Esta escolha legislativa evita a necessidade de judicialização para a distribuição dos valores, embora mantenha a possibilidade de controle judicial em caso de irregularidades ou contestações.

O procedimento de distribuição deve observar rigorosamente a ordem estabelecida no quadro de credores, respeitando a antiguidade dos créditos reais e eventuais preferências legais. A transparência neste processo é fundamental, devendo o credor exequente prestar contas de forma clara e documentada sobre a distribuição realizada.

Um aspecto relevante do novo sistema é a previsão de mecanismos de controle e impugnação, permitindo que credores insatisfeitos com sua classificação ou com os valores atribuídos possam questionar o quadro de credores. Estes mecanismos são essenciais para garantir a correção e justiça do procedimento.

A questão da prevalência entre a antiguidade da garantia real e a liberação parcial da garantia merece análise cuidadosa, considerando os princípios que regem o sistema de garantias imobiliárias.

Se por um lado a antiguidade da garantia real é um critério objetivo que estabelece a ordem de preferência entre credores, permitindo que os credores avaliem antecipadamente sua posição no eventual concurso de credores, por outro, a liberação parcial da garantia representa uma flexibilização voluntária do direito real de garantia, fundamentada na autonomia da vontade das partes e na disponibilidade do princípio da indivisibilidade.

A liberação parcial, quando validamente realizada pelo credor mais antigo, modifica a própria extensão da garantia original, reduzindo-a à fração remanescente. Esta modificação é oponível aos demais credores, pois decorre do exercício regular de um direito pelo credor preferencial.

A antiguidade da garantia continua a prevalecer sobre a fração remanescente, não afetada pela liberação parcial. Os credores subsequentes não podem questionar a ordem de preferência em relação à parte não liberada da garantia.

Assim, temos que a fração liberada se torna disponível para novas garantias, que seguirão sua própria ordem de antiguidade a partir do momento de seu registro, independentemente da garantia original.

4.3   Concurso de credores na execução extrajudicial

Por fim, temos que o art. 10 da Lei 14.711/2023 trouxe significativa inovação ao estabelecer um procedimento específico e estruturado para situações envolvendo múltiplos credores garantidos pelo mesmo imóvel e, mais uma vez, reforça o caráter múltiplo do imóvel enquanto garantia real.

O novo procedimento estabelece um rito claro e objetivo, iniciando-se com a intimação simultânea de todos os credores concorrentes para habilitação de seus créditos no prazo de 15 dias. Esta sistemática visa garantir isonomia entre os credores e eficiência no procedimento executório, evitando a multiplicidade de execuções sobre o mesmo bem.

Para a habilitação, os credores devem apresentar documentação completa que comprove seus créditos, incluindo cálculo atualizado, documentos comprobatórios do desembolso e saldo devedor, bem como eventual sentença judicial ou arbitral que torne líquido o montante devido. Esta exigência documental busca conferir transparência ao procedimento e segurança na definição dos valores devidos a cada credor.

Um aspecto fundamental da nova sistemática é a atribuição ao oficial do registro de imóveis da responsabilidade pela elaboração de certidão com quadro atualizado de credores. Este documento tem papel central no procedimento, pois estabelece formalmente a ordem de preferência e os valores devidos a cada credor.

Na definição dos graus de prioridade sobre o produto da excussão da garantia, a lei adota como critério principal a antiguidade do crédito real. Este parâmetro objetivo busca conferir previsibilidade ao procedimento e segurança jurídica aos credores, que podem avaliar antecipadamente sua posição no quadro de credores.

Uma inovação relevante é a atribuição ao credor exequente da responsabilidade pela distribuição dos recursos obtidos com a excussão da garantia. Esta

LIBERAÇÃO PARCIAL DA ALIENAÇÃO FIDUCIÁRIA DE IMÓVEIS **163**

escolha legislativa busca conferir maior celeridade ao procedimento, evitando a necessidade de judicialização para a distribuição dos valores.

O novo procedimento representa importante avanço na modernização do sistema de garantias imobiliárias brasileiro, alinhando-se às melhores práticas internacionais e às necessidades do mercado de crédito. A regulamentação clara do concurso de credores na execução extrajudicial tende a reduzir a insegurança jurídica e estimular operações com garantias múltiplas, contribuindo para o desenvolvimento do mercado imobiliário e de crédito.

5. DOS ASPECTOS PRÁTICOS E DESAFIOS

5.1 Previsão contratual da liberação gradual da garantia

A possibilidade de liberação gradual da garantia mediante previsão contratual representa importante mecanismo de flexibilização do princípio da indivisibilidade das garantias reais. Em termos práticos, o instrumento constitutivo da garantia pode (e deve) estabelecer critérios objetivos e verificáveis para a liberação gradual, preferencialmente vinculados a percentuais específicos do saldo devedor, conferindo segurança jurídica e previsibilidade à operação.

A estruturação da liberação gradual deve contemplar uma correlação matemática precisa entre os pagamentos realizados e as frações a serem liberadas. Esta correlação pode se dar, por exemplo, através de uma tabela progressiva que estabeleça marcos específicos de liberação: a) após o pagamento de 25% do valor total, libera-se 20% da fração ideal; b) atingidos 50% do valor total, procede-se à liberação adicional de 30%; e assim sucessivamente até a quitação integral.

Um aspecto fundamental a ser considerado na estruturação da liberação gradual é a manutenção de margem de segurança adequada para o credor. Isto significa que o percentual liberado deve ser sempre inferior ao percentual já quitado da dívida, garantindo que o valor remanescente do bem seja suficiente para cobrir o saldo devedor em caso de inadimplemento.

A operacionalização da liberação gradual demanda procedimento específico, que se inicia com a verificação do adimplemento dos marcos estabelecidos contratualmente. Esta verificação deve ser realizada através de demonstrativo financeiro atualizado, que comprove inequivocamente o atingimento dos percentuais necessários à liberação. Uma vez confirmado o adimplemento, procede-se à emissão do termo de liberação parcial pelo credor.

O termo de liberação parcial constitui documento fundamental do procedimento, devendo indicar com precisão três elementos essenciais: o percentual da dívida já quitado, a fração ideal específica que está sendo liberada e a fração remanescente em garantia. A clareza e precisão deste documento são fundamentais para evitar questionamentos futuros e garantir a segurança jurídica da operação.

Do ponto de vista registral, a liberação ingressará na matrícula como uma averbação, que indicará qual a fração ideal liberada e qual a que remanesce em garantia da dívida. Esta averbação é fundamental para dar publicidade à alteração da garantia e permitir eventual utilização da fração liberada em novas operações de crédito, contribuindo para a dinamização do mercado imobiliário.

A previsão contratual da liberação gradual representa importante evolução no sistema de garantias imobiliárias, permitindo maior eficiência na utilização dos bens imóveis como garantia de operações de crédito. Esta flexibilização, quando adequadamente estruturada, beneficia tanto credores quanto devedores: para os primeiros, mantém a segurança necessária através da preservação de margem adequada; para os segundos, permite a utilização gradual do bem à medida que a dívida é amortizada, liberando-a como ativo apto a circular no movimento econômico.

5.2 Desafios e obstáculos na implementação da liberação parcial de garantias

Ainda diante das previsões legislativas, a implementação prática da liberação parcial de garantias enfrenta diversos desafios que merecem atenção especial dos operadores do direito e do mercado. A ausência de uma regulamentação específica e detalhada sobre o procedimento continua a gerar insegurança jurídica e diferentes interpretações pelos agentes envolvidos.

Um segundo desafio relevante diz respeito à precificação adequada das frações liberadas e remanescentes. A avaliação do bem para fins de liberação parcial deve considerar não apenas o valor de mercado atual, mas também a potencial desvalorização ou valorização futura, de modo a manter a proporcionalidade e segurança da garantia para o credor.

Do ponto de vista operacional, os cartórios de registro de imóveis precisarão padronizar o procedimento de averbação das liberações parciais, idealmente através das corregedorias estaduais ou por norma do Conselho Nacional de Justiça (CNJ). A ausência de uniformidade no tratamento da matéria pode resultar em exigências distintas conforme a serventia, gerando insegurança jurídica e custos adicionais para as partes.

A questão da divisibilidade física do imóvel também representa um obstáculo significativo. Em muitos casos, a liberação parcial pode envolver frações ideais que não correspondem a unidades autônomas, dificultando sua comercialização ou utilização como garantia em novas operações de crédito.

Outro aspecto desafiador é a necessidade de coordenação entre múltiplos credores quando existem garantias sobrepostas. A liberação parcial em um contexto de garantias múltiplas demanda cautela e coordenação para evitar conflitos e preservar os direitos de todos os envolvidos.

Do ponto de vista do mercado, ainda falta maturidade e confiança no segmento econômico para desenvolver produtos financeiros que incorporem de forma eficiente a possibilidade de liberação parcial. Isto envolve não apenas aspectos jurídicos, mas também a adequação de sistemas de controle, monitoramento e precificação das operações.

A superação destes desafios demanda esforço conjunto dos diversos atores do mercado, bem como possível aperfeiçoamento do marco regulatório, de modo a conferir maior segurança e eficiência ao instituto da liberação parcial de garantias.

CONCLUSÃO

A análise desenvolvida ao longo deste estudo permite concluir que a liberação parcial da alienação fiduciária de imóveis representa importante avanço na modernização do sistema de garantias reais brasileiro, especialmente após as inovações trazidas pela Lei 14.711/2023.

A compreensão moderna da indivisibilidade como característica disponível, e não como elemento essencial das garantias reais, permite maior flexibilidade na estruturação de operações de crédito, sem comprometer a segurança jurídica que fundamenta o instituto. Esta flexibilização encontra respaldo tanto na doutrina quanto na legislação, especialmente no artigo 1.421 do Código Civil.

A possibilidade de previsão contratual da liberação gradual da garantia, quando adequadamente estruturada, beneficia tanto credores quanto devedores: para os primeiros, mantém a segurança necessária através da preservação de margem adequada; para os segundos, permite a utilização gradual do bem à medida que a dívida é amortizada.

O novo marco legal das garantias, ao estabelecer procedimentos específicos para situações envolvendo múltiplos credores e regular expressamente a distribuição dos recursos, confere maior segurança e previsibilidade às operações com garantias múltiplas. A atribuição de papel central ao oficial do registro de imóveis na elaboração do quadro de credores e a definição clara dos critérios de preferência contribuem para a eficiência do sistema.

Contudo, persistem desafios significativos na implementação prática da liberação parcial, especialmente quanto à padronização dos procedimentos registrais, à precificação adequada das frações liberadas e à coordenação entre múltiplos credores. A superação destes obstáculos demandará esforço conjunto dos diversos atores do mercado e possível aperfeiçoamento do marco regulatório.

Em suma, a liberação parcial da alienação fiduciária revela-se como instrumento fundamental para a dinamização do mercado de crédito imobiliário, permitindo utilização mais eficiente dos bens em garantia e contribuindo para o desenvolvimento econômico nacional, desde que observados os requisitos e procedimentos necessários à preservação da segurança jurídica.

REFERÊNCIAS

ALVES, José Carlos Moreira. *Da Alienação Fiduciária em Garantia*. 2. ed. Rio de Janeiro: Forense, 1979.

BRASIL. Lei 9.514, de 20 de novembro de 1997. Dispõe sobre o Sistema de Financiamento Imobiliário, institui a alienação fiduciária de coisa imóvel e dá outras providências. Diário Oficial da União: seção 1, Brasília, DF, ano 135, n. 224, p. 27182, 21 nov. 1997.

BRASIL. Lei 10.406, de 10 de janeiro de 2002. Institui o Código Civil. Diário Oficial da União, Brasília, DF, 11 jan. 2002.

BRASIL. Lei 14.711, de 30 de outubro de 2023. Dispõe sobre o aprimoramento das regras de garantia e dá outras providências. Diário Oficial da União: seção 1, Brasília, DF, ano 161, n. 207, p. 1, 31 out. 2023.

CARVALHO, Afrânio de. *Registro de Imóveis*. 4. ed. Rio de Janeiro: Forense, 2017.

CHALHUB, Melhim Namem. *Alienação Fiduciária*: Negócio Fiduciário. 5. ed. Rio de Janeiro: Forense, 2017.

CHALHUB, Melhim Namem. *Negócio fiduciário*. 4. ed. Rio de Janeiro: Renovar, 2009.

DINIZ, Maria Helena. *Curso de direito civil brasileiro*: direito das coisas. 25. ed. São Paulo: Saraiva, 2010. v. 4.

FARIAS, Cristiano Chaves de; ROSENVALD, Nelson. *Curso de Direito Civil*: Direitos Reais. 15. ed. Salvador: JusPodivm, 2019.

FARIAS, Cristiano Chaves de; ROSENVALD, Nelson. *Direitos Reais*. 3. ed. Rio de Janeiro: Lumen Juris, 2006.

PEREIRA, Caio Mário da Silva. *Instituições de direito civil*. 2. ed. Rio de Janeiro: Forense, 2016. v. 4.

SUPERIOR TRIBUNAL DE JUSTIÇA. Súmula 375. O reconhecimento da fraude à execução depende do registro da penhora do bem alienado ou da prova de má-fé do terceiro adquirente. Brasília: Superior Tribunal de Justiça, 2009.

SUPERIOR TRIBUNAL DE JUSTIÇA. Tema 961/STJ. A hipoteca firmada entre a construtora e o agente financeiro, anterior ou posterior à celebração da promessa de compra e venda, não tem eficácia perante os adquirentes do imóvel. Brasília: Superior Tribunal de Justiça, 2018.

TEPEDINO, Gustavo. *Comentários ao Código Civil*: direito das coisas. São Paulo: Saraiva, 2011. v. 14.

DUE DILIGENCE NA EXPROPRIAÇÃO JUDICIAL DE IMÓVEIS: ALGUNS PONTOS DE ATENÇÃO

Felipe Rhamnusia de Lima

Mestre em Direito (UNIRIO). Presidente da Comissão de Regularização Imobiliária da ABAMI. Advogado Público.

Marcela Ribeiro de Freitas da Rosa

Pós-graduada pela ESA. Especialista em leilão de imóveis. Membro da Comissão de Regularização Imobiliária da ABAMI. Advogada.

Sumário: Introdução – 1. *Due diligence* e a sua importância para a expropriação judicial de imóveis – 2. Adjudicação, alienação por iniciativa particular e leilão de imóveis: alguns cuidados antecedentes – Considerações Finais – Referências.

INTRODUÇÃO

A escolha do tema do presente artigo se deu em função da íntima e relevante relação que a *due diligence* na expropriação judicial guarda com a regularização imobiliária. Enquanto o momento da *due diligence* antecede à aquisição, a regularização imobiliária se sucede ao ato aquisitivo. Contudo, naquela primeira fase, necessariamente se vislumbra, de modo prospectivo, a segunda para fins de avaliação de riscos e possibilidades de prosseguimento com a transação imobiliária.

Diversos fatores justificam a escolha do tema, frente a sua relevância e atualidade no contexto jurídico e imobiliário. Dois desses fatores são a complexidade e a importância da expropriação judicial, que envolve a retirada compulsória de bens do devedor para satisfazer uma dívida em meio a um processo. A complexidade do conjunto ordenado de atos para a expropriação judicial exige uma análise detalhada e criteriosa dos documentos e informações relacionadas ao imóvel e às partes envolvidas, o que torna a *due diligence* um elemento essencial para a segurança jurídica e a eficácia das transações.

Quanto à atualidade do tema, que é o segundo aspecto que justifica a sua escolha, observam-se as mudanças legislativas recentes, como a promulgação da Lei 14.382/2022. Tal norma trouxe mudanças significativas para o cenário da *due diligence* imobiliária, simplificando alguns procedimentos e viabilizando o incremento da segurança jurídica das transações, se bem gerido o procedimento expropriatório. As alterações legislativas tornam o tema bastante atual, pois profissionais do Direito e do mercado imobiliário precisam se adaptar às novas regras e compreender seus impactos práticos.

O mercado imobiliário é um setor de grande importância econômica e social. A expropriação judicial de imóveis e a *due diligence* são temas diretamente relacionados à segurança das transações imobiliárias, impactando investidores, compradores, vendedores e credores. Então, a compreensão aprofundada desses processos é essencial para a estabilidade e o desenvolvimento do mercado.

A *due diligence* na expropriação judicial de imóveis reflete as necessidades e desafios do mercado imobiliário contemporâneo. Portanto, trata-se de um tema que demanda atenção e atualização constantes.

Este artigo aborda, primeiramente, a *due diligence* e a sua importância para a expropriação judicial de imóveis. Em seguida, direciona a sua análise sobre alguns cuidados antecedentes à adjudicação, à alienação por iniciativa particular e ao leilão de imóveis. Por fim, são tecidas considerações sobre o panorama geral.

1. *DUE DILIGENCE* E A SUA IMPORTÂNCIA PARA A EXPROPRIAÇÃO JUDICIAL DE IMÓVEIS

Due diligence é um termo de origem inglesa que pode ser traduzido como "devida diligência". Trata-se de um processo de investigação e auditoria detalhada que visa a avaliar a situação de um bem ou empresa antes de uma transação. No caso da expropriação judicial de imóveis, a *due diligence* envolve a análise minuciosa de documentos, registros e condições do imóvel a ser expropriado.

A *due diligence* envolvendo a expropriação judicial de imóveis se reveste, em linhas gerais, em uma análise de risco prévia em meio a atos de constrição patrimonial de um bem imóvel que são promovidos com o objetivo original da satisfação de um crédito perseguido em execução, ainda que o adquirente não seja o credor, interessando-se apenas na aquisição do bem. Procura-se, portanto, prevenir eventuais surpresas negativas após a conclusão da aquisição. Com isso, possibilita-se a tranquilidade em se adquirir um imóvel com amplo conhecimento sobre sua real situação legal e possibilidades de regularização, colhendo as respectivas vantagens dessa situação que costuma depreciar o seu preço frente a uma transação ordinária.

A expropriação judicial imobiliária é um procedimento complexo que envolve a retirada compulsória de bem imóvel do patrimônio do devedor para satisfazer uma dívida. Nesse contexto, a *due diligence* emerge como um processo essencial de conforto às transações. Neste passo, este artigo tem como objetivo explorar alguns pontos de atenção estratégicos na realização da *due diligence* em meio à expropriação judicial de imóvel, destacando a importância desse procedimento para todas as partes envolvidas.

A *due diligence* imobiliária consiste na análise detalhada dos documentos e informações relacionadas ao imóvel e às partes envolvidas na transação. Esse processo é fundamental para identificar possíveis riscos e irregularidades que possam comprometer a validade da expropriação. Entre os aspectos analisados estão a regularidade documental, a existência de ônus e gravames, a situação fiscal e tributária do imóvel, bem como eventuais pendências judiciais.

A promulgação da Lei 14.382/2022 trouxe mudanças significativas para o cenário da *due diligence* imobiliária, simplificando alguns procedimentos e aumentando a segurança jurídica das transações. No entanto, a aplicação prática dessa legislação ainda requer atenção e cautela por parte dos profissionais envolvidos, especialmente no que diz respeito à caracterização da boa-fé do adquirente e à prevenção de fraudes.

Contextualiza-se a importância da *due diligence* na expropriação judicial de imóveis, apresentando os principais desafios e pontos de atenção que serão aprofundados subsequentemente. A análise cuidadosa desses aspectos é crucial para que o processo de expropriação ocorra de maneira justa e transparente, protegendo os direitos de todas as partes envolvidas e promovendo a segurança jurídica nas transações imobiliárias.

Embora haja uma tendência crescente em direção à resolução extrajudicial de conflitos, especialmente no âmbito das execuções de dívidas, a via judicial ainda é amplamente utilizada no Brasil. A resolução extrajudicial busca solucionar disputas fora do sistema judicial, por meio de acordos, mediação ou arbitragem. No entanto, a via judicial continua sendo a principal escolha, ou mesmo legalmente impositiva em muitos casos, especialmente quando há resistência entre as partes, complexidade jurídica ou necessidade de medidas coercitivas.

Existem diversos motivos pelos quais a *due diligence* deve ser aplicada na expropriação judicial de imóveis. Para além da tentativa de evitar fatores de risco, também se pode fazer uso do procedimento com vistas a visualizar a viabilidade de desenvolvimento, como (i) análise de oportunidades de desmembramento e loteamento, (ii) verificação de zoneamento e (iii) avaliação de potencial de valorização a longo prazo.

Sem dúvida, prevenir riscos é basilar para proporcionar segurança em qualquer tipo de aquisição de bens, quanto mais em imóveis, que normalmente possuem valor significativo. A realização da *due diligence* na expropriação judicial de imóveis é crucial para evitar litígios futuros e buscar que o processo seja conduzido de maneira justa. Por meio dessa prática, é possível identificar eventuais problemas legais, como pendências judiciais, dívidas fiscais, restrições ambientais, entre outros. Além disso, a *due diligence* permite avaliar o valor real do imóvel, assegurando que o valor pago ao proprietário seja justo e adequado, considerando que, apesar de a execução ser movida em benefício do credor, deve-se atentar para o princípio da menor gravosidade da execução, como posto, respectivamente, pelos arts. 797 e 805 do CPC, sob pena de anulações.

A importância da *due diligence* no contexto preliminarmente delineado reside na sua capacidade de proporcionar uma visão clara e abrangente da situação do imóvel. Isso inclui a identificação de possíveis riscos, que poderiam comprometer o bom desfecho do processo expropriatório. Ao realizar uma *due diligence*, o adquirente pode tomar decisões bem informadas e juridicamente fundamentadas, minimizando a possibilidade de erros, que podem implicar perda de tempo e prejuízos financeiros.

Como sinalizado, as diligências antecedentes à expropriação de imóvel, além de buscarem minimizar os riscos de surpresas negativas quanto às características do imóvel, também visam a evitar contramarchas no processo. Para o seguimento adequado da execução, é proveitoso que se atenda às etapas da *due diligence* na expropriação judicial.

Um dos autores que defendem a institucionalização e a consolidação da profissão/especialidade do Analista de Riscos em *Due Diligence* Imobiliária ou simplesmente Analista em *Due Diligence* Imobiliária é Alan Gaspar.[1] Isso como uma nova atividade, com formação inclusive em caráter *lato sensu* em grade multidisciplinar, ofertando a devida certificação profissional e número de inscrição, tal como já ocorre com os avaliadores e peritos imobiliários. A toda evidência, isso não dispensaria a figura de um advogado especialista em Direito Imobiliário, por se demandar, em pontos fundamentais da análise, da habilitação profissional específica.

O mercado imobiliário tem se diversificado e com muita frequência tem surgido novas espécies de transações imobiliárias, com alto grau de complexidade, se distanciando daquelas transações imobiliárias corriqueiras, tais como operações de compra e venda, bem como aquelas relativas às locações imobiliárias. Se as transações imobiliárias têm se tornado cada vez mais complexas e detalhadas, em mesmo grau de profundidade e precisão, as análises de riscos em *due diligence* imobiliária também precisam evoluir, trazendo maior segurança para a sociedade e o mercado.

Ao abordar o posicionamento de alguns autores, Tatiana Bonatti Peres[2] destaca que a *due diligence* exerce relevante função ao possibilitar que o adquirente

---

1. GASPAR, Alan. *Caixa preta da* due diligence *imobiliária*: o manual de técnicas avançadas para analistas de riscos. São Paulo: Fontenele Publicações, 2023.
2. PERES, Tatiana Bonatti. *Temas de direito imobiliário e responsabilidade civil*. 4. ed. Londrina: Thoth, 2019, p. 19.

confira as características do imóvel, como esperadas por ele. Isso porque podem ser notadas situações que demandem providências particulares para a adequação do imóvel. Assim, a importância da *due diligence* na expropriação judicial de imóveis se dá em diversas frentes, como será estudado no tópico adiante.

2. ADJUDICAÇÃO, ALIENAÇÃO POR INICIATIVA PARTICULAR E LEILÃO DE IMÓVEIS: ALGUNS CUIDADOS ANTECEDENTES

Rodrigo Tissot elucida[3] que a expropriação é a remoção compulsória de bens móveis ou imóveis do devedor para satisfazer uma dívida. Em outras palavras, por solicitação do credor, o Poder Judiciário pode ordenar a retirada de bens ou valores do patrimônio do devedor. O professor explica que, no Direito Administrativo, também existe um instituto chamado de expropriação (ou confisco), embora o seu conceito seja distinto daquele abordado neste artigo. Aqui se estudam as modalidades de expropriação dispostas pelos arts. 825, incisos I e II, 879 e 904 do CPC, aplicáveis à execução por quantia certa.

A Seção IV, "Da Expropriação de Bens", do Capítulo IV, "Da Execução Por Quantia Certa", do CPC segmenta-se em duas subseções. Enquanto a primeira cuida da adjudicação, a segunda se desdobra em alienação por iniciativa particular e leilão.

O art. 825 do CPC estabelece três tipos de expropriação judicial de bens:

I. Adjudicação: transferência do bem penhorado ao patrimônio do exequente ou de um terceiro, como forma de pagamento.

II. Alienação: venda do bem, que pode ser realizada por iniciativa particular ou em leilão público.

III. Apropriação de frutos e rendimentos: apropriação dos frutos e rendimentos de empresa, estabelecimentos ou outros bens.

O presente artigo se volta apenas aos dois primeiros tipos do gênero expropriação: adjudicação e alienação. Essas formas de expropriação visam a satisfazer o crédito do exequente, retirando do executado os bens necessários para tal.

Como salientam Clarissa Santos Lucena e Jaqueline Mielke Silva,[4] os arts. 879 e seguintes do CPC introduzem algumas inovações em relação à alienação na legislação processual anterior. A primeira delas é o próprio conceito de alienação, que antes estava vinculado unicamente à chamada alienação por iniciativa

---

3. TISSOT, Rodrigo. Entenda o que é expropriação, como fazer e o que diz o novo CPC. *Aurum*, 18 out. 2023. Disponível em: https://www.aurum.com.br/blog/expropriacao/. Acesso em: 30 ago. 2024.
4. OAB/RS. *Novo Código de Processo Civil anotado*. Porto Alegre: OAB/RS, 2015, p. 634-635.

particular. Agora, essa é apenas uma das formas de alienação, ao lado daquela realizada por leilão judicial.

A retromencionada alteração de conceito ocorre porque o novo diploma processual não trata mais da arrematação em hasta pública como antes, quando se dedicava a distinguir as figuras do leilão, para bens móveis, e da praça, destinada aos bens imóveis, ambas pertencentes ao gênero hasta pública. Com a vigência do CPC de 2015, os meios expropriatórios se subdividem em adjudicação e alienação, sendo que essa última pode ocorrer de duas formas: por iniciativa particular ou por leilão judicial, conforme estabelecido no art. 879.

Sobre o art. 904 do CPC, como explica Ernesto José Toniolo,[5] a expropriação na execução de quantia certa não deve ser confundida com a satisfação do crédito, que só se concretiza, a princípio, com a entrega do dinheiro ao exequente. Todavia, a adjudicação dos bens penhorados também faz parte dos meios expropriatórios e só coincide com a satisfação do crédito executado (arts. 876 a 879 do CPC) se for realizada a pedido do próprio exequente.

Sabe-se que a adjudicação consiste na transferência do bem penhorado para a propriedade do exequente (credor) ou de outros sujeitos legitimados. Quando o exequente é o único interessado no bem, ele pode requerer a adjudicação diretamente. Essa modalidade é prioritária em relação à alienação particular e ao leilão público. Portanto, àquele que se interessa na aquisição por leilão público, é preciso verificar se na disputa há pedido de adjudicação ou mesmo de alienação por iniciativa particular, que a ele preferem.

A mencionada preferência da adjudicação e o tempo de sua realização se mostram relevantes para a *due diligence*. Por exemplo, a Terceira Turma do STJ já decidiu que o direito de requerer a adjudicação de um bem penhorado, conforme o art. 876 do CPC, não está sujeito à preclusão enquanto o bem não for alienado. Isso significa que a adjudicação pode ser solicitada a qualquer momento antes da alienação do bem, como o leilão:

> Processual civil. Recurso especial. Execução de garantias hipotecárias. Negativa de prestação jurisdicional. Ausência. Alegação de violação do art. 47 da Lei 11.101/02. Súmula 284/STF. Adjudicação. Termo final. Inexistência de prazo preclusivo. Intimação dos terceiros devedores e do locatário dos bens. Desnecessidade.
>
> 1. Execução de garantias hipotecárias, da qual foi extraído o presente recurso especial interposto em 1º.08.2022 e concluso ao gabinete em 15.12.2022.
>
> 2. O propósito recursal consiste em dizer sobre a) a ocorrência de negativa de prestação jurisdicional; b) o termo final para a formulação do pedido de adjudicação de bem penhorado; c) a

---

5. OAB/RS. *Novo Código de Processo Civil anotado.* Porto Alegre: OAB/RS, 2015, p. 664.

necessidade de intimação do terceiro devedor, que não compõe o polo passivo da execução, e do locatário do bem, acerca do requerimento de adjudicação.

3. Na hipótese em exame deve ser afastada a existência de omissão no acórdão recorrido, pois as matérias impugnadas foram enfrentadas de forma objetiva e fundamentada no julgamento do agravo de instrumento, naquilo que o Tribunal a quo entendeu pertinente.

4. A adjudicação consiste na transferência do bem penhorado (móvel ou imóvel) ao exequente ou a outro legitimado (art. 876, *caput* e §§ 5º e 7º, do CPC/2015), que passará a ser o seu proprietário. Essa técnica de expropriação goza de preferência em relação aos demais mecanismos expropriatórios (arts. 876 e 880, caput, do CPC/2015).

5. Uma vez realizadas a penhora e a avaliação do bem, abre-se a possibilidade para o requerimento de adjudicação (art. 875 do CPC/2015). Além de o mecanismo expropriatório ser preferencial, a adjudicação propicia uma maior economia de recursos e viabiliza a satisfação do direito do exequente de forma mais célere. Assim, o requerimento de adjudicação não se sujeita a um prazo preclusivo, podendo ser formulado a qualquer tempo, desde que ainda não realizada a alienação do bem. Se tal faculdade for exercida após já iniciados os atos preparatórios à alienação, deverão ser atribuídas ao adjudicante as despesas a eles concernentes.

6. Formulado requerimento de adjudicação, deve-se proceder à intimação do executado, na forma prevista no art. 876, § 1º, do CPC/2015. Também devem ser intimados os colegitimados à adjudicação elencados no art. 876, § 5º, do CPC/2016, para, querendo, exercerem o direito de preferência a que têm direito. Não há necessidade de intimação de outros devedores do débito que não ocupam o polo passivo da execução, tampouco do locatário do imóvel penhorado, se houver, ante a inexistência de previsão legal nesse sentido e da ausência de direito de preferência do locatário na hipótese de adjudicação (art. 32 da Lei 8.245/91).

7. Na espécie, a recorrida (exequente) postulou a adjudicação dos bens penhorados depois de nomeado o leiloeiro, mas antes de efetivada a alienação dos imóveis. Ademais, todas as intimações determinadas pela lei foram efetivadas. Sendo assim, não há óbice à adjudicação.

8. Recurso especial não provido.

(REsp 2.041.861/SP, relatora Ministra Nancy Andrighi, Terceira Turma, julgado em 13.06.2023, DJe de 22.06.2023).

No caso do aresto cuja ementa foi transcrita, uma fabricante de bebidas requereu a adjudicação de dois imóveis das devedoras após o início dos trâmites para o leilão judicial. O pedido foi aceito pelo juízo de primeira instância e mantido pelo TJSP. As partes executadas argumentaram que o direito à adjudicação estava precluso e que as locatárias dos imóveis não foram intimadas para exercer o direito de preferência.

A Ministra Nancy Andrighi destacou que a adjudicação é uma técnica preferencial de execução, sem prazo preclusivo, podendo ser requerida até a alienação do bem. Ela também mencionou que a manifestação tardia do interesse pela adjudicação pode implicar o pagamento de despesas já realizadas. Além disso, a preferência para aquisição prevista na Lei do Inquilinato não se aplica em casos de perda da propriedade ou venda judicial, e a recuperação judicial das locatárias não impede a adjudicação.

Segundo explica Tiago Fachini,[6] a correta avaliação do imóvel é particularmente importante para a adjudicação. Ao passo que o art. 876 do CPC dispõe ser lícito ao exequente requerer que lhe seja adjudicado bem penhorado, o preço não pode ser inferior ao da avaliação. Apesar disso, salienta o autor, nada impede que o credor adquira, por meio de adjudicação, um bem que tenha um valor maior do que o da dívida. Para isso, o § 4º do art. 876 define o regramento em tal situação, pelo pagamento do que sobejar.

Adicionalmente, Tiago Fachini[7] esclarece que a adjudicação é um meio de assegurar que o credor em uma ação de execução judicial receba o valor devido pela parte devedora, mediante a transferência de um bem do executado para o credor, cujo valor seja equivalente ao montante devido.

Portanto, a adjudicação se apresenta como a forma mais vantajosa de pagamento indireto de uma dívida para ambas as partes, pois pode ser realizada rapidamente. Caso o valor do bem exceda a dívida, o credor deve pagar a diferença ao devedor, garantindo que nenhuma das partes seja prejudicada, sob pena de caracterização de enriquecimento sem causa.

Por consequência, sobressai a importância, em *due diligence*, da verificação, não apenas da situação registral do imóvel que se pretende adjudicar, mas à análise processual quanto, por exemplo, no caso da adjudicação, a intimação do executado, na forma prevista no art. 876, § 1º, do CPC. Também devendo ser apurada a intimação dos colegitimados à adjudicação elencados no art. 876, § 5º, do CPC, para, querendo, exercerem a preferência a que têm direito.

Soma-se às devidas verificações prévias, apurar se há adjudicação do imóvel em vias de ser realizada, ainda que depois de nomeado o leiloeiro, mas antes de efetivada a arrematação em leilão, de modo a evitar óbice à adjudicação. Com isso, a adjudicação direta se mostra uma alternativa mais simples e eficiente do que outras formas de expropriação judicial, especialmente quando o executado não possui dinheiro suficiente para a satisfação do crédito.

O processo de *due diligence* na expropriação judicial de imóveis pode ser dividido em várias etapas, incluindo:

(i) Análise documental: verificação de toda a documentação relacionada ao imóvel, como escrituras, certidões negativas, registros de propriedade, entre outros. A matrícula do imóvel é o documento que registra todas as informações relevantes sobre ele. É essencial conferir se não há ônus, gravames, penhoras ou outras restrições que possam afetar a transferência de

---

6. FACHINI, Tiago. *Adjudicação no novo CPC*: regras gerais e o que mudou. IBDFAM, 17.04.2020. Disponível em: https://ibdfam.org.br/artigos/1418/Adjudica%c3%a7%c3%a3o+no+Novo+CPC:+regras+gerais+e+o+que+mudou. Acesso em: 30 ago. 2024.
7. Op. cit.

propriedade. Além disso, cabe verificar se o imóvel está regularizado nos órgãos competentes, como prefeitura e cartório.

(ii) Inspeção física: avaliação das condições físicas do imóvel, incluindo a verificação de possíveis danos estruturais, condições de manutenção e conformidade com normas técnicas.

(iii) Avaliação financeira: análise das dívidas e obrigações fiscais associadas ao imóvel, bem como a avaliação do valor de mercado.

(iv) Verificação legal: investigação de possíveis pendências judiciais, restrições de uso e ocupação, e conformidade com a legislação vigente.

Um risco que deve ser avaliado na *due diligence* aqui tratada é o histórico de alienações sucessivas. O entendimento recente do STJ exteriorizado no AgInt no Recurso Especial 1.820.873 aponta que, mesmo em casos de alienações sucessivas do imóvel, a fraude pode ser declarada e o negócio anulado se a primeira compra e venda já estiver sido maculada. Portanto, investigar a cadeia de propriedade do imóvel e se certificar de que os antigos proprietários também não possuíam dívidas se mostra prudente.

A alienação por iniciativa particular ocorre quando o exequente (credor) ou o próprio devedor (executado) propõe a venda do bem diretamente, sem a necessidade de leilão público. Essa modalidade é regulamentada pelo art. 880 do CPC e permite que o exequente requeira a alienação por sua própria iniciativa ou por meio de corretor ou leiloeiro público credenciado no órgão judiciário.

Já a alienação por leilão público segue regras específicas. Na legislação processual atual, independentemente da natureza do bem, se móvel ou imóvel, a arrematação ocorre por leilão judicial, com a nomeação de leiloeiro público (§ 1º do art. 881 do CPC), exceto nos casos em que a alienação estiver a cargo de corretores de bolsa de valores (§ 2º do art. 881 do CPC). Em relação à designação do leiloeiro público, compete ao juiz, sendo subsidiária a indicação pelo exequente (art. 883 do CPC).

Desde a Lei 11.382/2006, não é mais necessário realizar hastas públicas prévias para solicitar e efetuar a adjudicação. Agora, essa última modalidade de pagamento indireto pode ser requerida diretamente pelo exequente (credor), sem a necessidade de leilão público, embora também seja possível a sua realização até antes da arrematação, como mencionado.

Seja qual for a modalidade de expropriação de imóveis, há de se observar, dentre outros tipos de impenhorabilidade, o bem de família, estabelecido pela Lei nº 8.009/1990. Por assim dizer, o imóvel residencial próprio do casal, ou de entidade familiar, não poderá responder por dívidas de qualquer natureza, com as exceções previstos naquela lei.

Como orienta a Súmula 364 do STJ, a impenhorabilidade de bem de família abrange também o imóvel de pessoas solteiras, separadas e viúvas. Por outro lado, vale dizer que a suscitação de bem de família para imóvel suntuoso pode ser impugnada:

> Agravo de instrumento. Bem de família. Imóvel de valor vultoso. Penhora. Possibilidade excepcional. Reserva de parte do valor ao devedor. Necessidade. Valor que deve ser gravado com cláusula de impenhorabilidade. Preservação do patrimônio mínimo e da dignidade humana do devedor.
>
> 1. A interpretação sistemática e teológica do art. 1º da Lei 8.009/90, mediante ponderação dos princípios constitucionais que informam a impenhorabilidade do bem de família e garantem o direito de ação com duração razoável do processo, à luz dos princípios da razoabilidade e proporcionalidade, permite a penhora de imóvel de valor vultoso (R$ 24.000.000,00), ainda que destinado à moradia do devedor.
>
> 2. A penhora de bem de família de valor vultoso, no entanto, exige que se reserve ao devedor valor condizente com sua situação social, visando a possibilitar-lhe a aquisição de outro imóvel para morar com dignidade.
>
> 3. A reserva de parte do produto da alienação do imóvel penhorado deve ser gravada com cláusula de impenhorabilidade, visando a dar cumprimento ao disposto no art. 1º da Lei 8.009/90, conforme sua interpretação conforme à Constituição Federal.
>
> 4. Decisão reformada. Agravo parcialmente provido.
>
> (TJSP; Agravo de Instrumento 2075933-13.2021.8.26.0000; Relator Des. Ademir Modesto de Souza; 16ª Câmara de Direito Privado; julgado em 08.06.2021).

O art. 879 do CPC desdobra a alienação judicial em duas modalidades: alienação por iniciativa particular e leilão judicial, como já explicitado. Essas modalidades são regulamentadas nos dispositivos subsequentes da lei processual.

A alienação por iniciativa particular é menos burocrática do que o leilão, dispensando a publicação de editais e simplificando a procura por interessados. O magistrado deve fixar as condições básicas para a alienação, como publicidade, preço mínimo e condições de pagamento.

Esta alienação particular requer uma série de cuidados prévios de *due diligence* para que o processo seja seguro e eficaz. Pontos de atenção específicos são:

> i) Proposta formal: apresentação de uma proposta formal nos autos do processo, detalhando todas as condições da venda, incluindo preço, forma de pagamento e prazos.
>
> ii) Autorização judicial: autorização judicial para a alienação do imóvel. Esse passo é crucial para formalizar o processo e seguir pela sua legalidade.
>
> iii) Publicidade adequada: garantir que a oferta de venda seja amplamente divulgada para atrair potenciais compradores e evitar alegações de falta de transparência.

Esses cuidados ajudam a assegurar que a alienação por iniciativa particular seja realizada de maneira legal, protegendo os interesses de todas as partes envolvidas.

No caso de expropriação judicial na modalidade de leilão de imóvel, além de toda a análise documental do bem, das partes envolvidas e da pesquisa no que se refere à obtenção de certidões de ambos, a diligência inclui diversas outras análises. Faz-se necessário, por exemplo, o estudo do edital de leilão, bem como, uma verificação minuciosa de todo o processo que originou a penhora que antecedeu a hasta pública, a fim de evitar inesperados prejuízos ao arrematante.

Por se tratar, mormente, de uma refinada análise objetivando a segurança da aquisição de imóveis por meio de leilão judicial, no que se refere aos pontos de suma importância para serem verificados nessa modalidade, destacam-se, além do edital de leilão, a apreciação da matrícula do imóvel e de todo o processo em que o imóvel está sendo alienado, para maximizar as possibilidades de sucesso da aquisição.

No que tange ao edital de leilão, trata-se de um documento oficial, elaborado pelo leiloeiro público, e que detalha tudo o que diz respeito ao leilão e ao bem a ser alienado, contendo as partes envolvidas no litígio, número do processo, local, horário, datas do leilão, valor da avaliação, valor mínimo para arrematação, se há execuções, penhoras, hipotecas, alienações fiduciárias, débitos de IPTU, condomínio, comissão do leiloeiro, formas de pagamento, entre outros aspectos importantes para a tomada de decisão pelo interessado.

Por conter as informações gerais sobre o evento, ler atentamente o edital é obrigatório, para possibilitar a tomada de decisões estratégicas, uma vez que, nele constam as "regras gerais do jogo". É altamente recomendável que tal leitura seja realizada com o auxílio de um advogado especialista em Direito Imobiliário, tendo em vista o caráter técnico envolvido e a percepção frente a todo o sistema jurídico brasileiro.

Embora o leiloeiro oficial forneça informações importantes sobre a matrícula, as averbações e os gravames do imóvel, somente se ater ao edital de leilão não garante dirimir os riscos provenientes desse negócio. Isso porque não necessariamente todas as informações cruciais sobre o imóvel e as condições da alienação constam no edital de leilão, demandando análise processual e quanto ao sistema jurídico como um todo, múnus do qual somente um advogado especializado estará apto a se desincumbir.

A matrícula do imóvel, igualmente ao edital de leilão, deverá ser analisada ponto a ponto, por trazer as informações pertinentes a ele, incluindo características e confrontações do bem, localização, área, logradouro, número e designação cadastral, se houver, informações sobre o proprietário, penhoras, contratos de alienação fiduciária, hipotecas, bem como, outros ônus e gravames que possam impedir a alienação.

Todas as operações envolvendo o imóvel são consignadas em sua matrícula. Essas informações são cruciais para quem deseja comprar o imóvel ou conhecer sua situação atual. Após a arrematação de um imóvel em leilão, o ato deverá ser registrado na matrícula do bem, permitindo a transferência da propriedade ao arrematante, o que se dá por meio da expedição da carta de arrematação.

Quanto à análise processual, trata-se de um componente crucial da *due diligence* na expropriação de bens imóveis. Esse procedimento não apenas envolve a verificação detalhada de processos judiciais em que o proprietário do imóvel é parte, com o objetivo de identificar possíveis litígios que possam impactar a transação, mas também uma análise profunda do processo que originou a expropriação, objetivando certificar a regularidade do leilão, assim como, verificar riscos potenciais daquela aquisição, sobretudo, no que diz respeito ao comportamento dos executados e eventuais terceiros envolvidos.

A obtenção de certidões de distribuição de ações cíveis, trabalhistas e fiscais é essencial para verificar a existência de processos judiciais contra o proprietário do imóvel. Essas certidões fornecem informações sobre ações em andamento que podem resultar em penhoras ou outras restrições sobre o bem, inclusive com preferência sobre o crédito perseguido pelo interessado.

Caso sejam identificados processos judiciais, é recomendável providenciar o inteiro teor dos processos com o respectivo relatório elaborado por um advogado especializado em Direito Imobiliário. Isso permite uma análise detalhada da fase processual, do montante envolvido na discussão e de outros aspectos relevantes, como a possibilidade de reconhecimento de fraude contra credores ou fraude à execução. A identificação de processos judiciais em que o proprietário é parte pode revelar tentativas de ocultação de patrimônio ou outras práticas fraudulentas que possam afetar a transação.

A análise processual deve incluir a verificação de penhoras e outras constrições judiciais que possam recair sobre o imóvel. Isso é feito pela análise da certidão de matrícula do imóvel, que deve estar atualizada e livre de impedimentos. A existência de penhoras pode comprometer a validade da transação e a segurança jurídica do negócio.

Assim, a análise da situação processual é um passo fundamental na *due diligence* na expropriação de bens imóveis. Esse procedimento busca a apuração dos riscos jurídicos, buscando mitigá-los ou mesmo que o interessado impugne o valor da avaliação do imóvel ou até desista da expropriação, procurando-se alguma alternativa. Com isso, proporciona-se maior segurança jurídica para todas as partes envolvidas na transação. A realização adequada dessa análise protege os interesses do credor e do adquirente, promovendo a transparência e a confiança no mercado imobiliário.

Erika Cesário S. Aparecido e Carlos Augusto Falletti[8] apresentam considerações a respeito da a Lei 14.382/2022, que trouxe mudanças significativas para tornar a compra de imóveis menos burocrática, menos custosa e com maior segurança jurídica. No entanto, ressaltam ser necessárias cautelas por parte do comprador para evitar o risco de evicção. Aquela norma alterou a Lei 13.097/2015, conhecida como Lei da Concentração dos Atos na Matrícula, que exige que todas as informações relevantes sobre imóveis constem na matrícula mantida no cartório de registro de imóveis.

Segundo aqueles autores, uma das principais mudanças na Lei da Concentração dos Atos na Matrícula foi a dispensa da apresentação de certidões forenses ou de distribuidores judiciais para caracterizar a boa-fé do adquirente. A alteração procura estabelecer maior rigor ao credor, que deve averbar sua ação judicial na matrícula do imóvel. No entanto, para os retromencionados autores, a lei não define claramente o que qualifica a boa-fé do adquirente, o que pode afetar a eficácia do dispositivo, especialmente em relação ao art. 792 do CPC, que considera fraude à execução a alienação de bem quando há demanda capaz de reduzir o devedor à insolvência.

Realizar uma *due diligence* adequada antes de participar de um leilão de imóveis se mostra ainda mais sensível do que nas outras modalidades de expropriação, para a segurança e a viabilidade do investimento. Alguns cuidados importantes a serem tomados são, além da análise da documentação já mencionada, também a verificação da condição física do imóvel. Sempre que possível, é recomendável a inspeção física do imóvel para avaliar sua condição estrutural e identificar possíveis problemas que possam exigir reparos futuros, sejam eles de engenharia ou mesmo jurídicos, como questões ambientais ou a ocupação por coisas e/ou pessoas.

CONSIDERAÇÕES FINAIS

Pelo que se apresentou neste artigo, a *due diligence* imobiliária se mostra como um processo minucioso que visa a mitigar riscos e garantir a transparência na aquisição ou alienação de imóveis. Por consequência, consultar profissionais especializados e obter pareceres técnicos são medidas fundamentais para uma análise completa e segura para uma decisão bem informada pelo interessado.

Observou-se a importância de serem adotadas diligências prévias à expropriação judicial de imóveis, como a identificação de ônus e gravames, com vistas a verificar se o bem expropriado esteja livre de impedimentos legais que possam

---

8. APARECIDO, Erika Cesário S.; FALLETTI, Carlos Augusto. *Alterações da Lei 14.382/22 e seu impacto na* due diligence *imobiliária*. Disponível em: https://fallettiadvogados.com.br/artigos/alteracoes-da-lei-14-382-22-e-seu-impacto-na-due-diligence-imobiliaria/. Acesso em: 30 ago. 2024.

inviabilizar a transferência de propriedade. Também foram abordadas outras verificações de regularidade documental, mediante a análise detalhada dos documentos do imóvel, incluindo a matrícula, certidões negativas de débitos e outros registros, visto serem fundamentais para mitigar irregularidades.

Não menos importante do que outras providências, mostrou-se a avaliação da situação jurídica do imóvel no que se refere à investigação de processos judiciais em andamento que possam impactar a expropriação. Isso inclui ações de usucapião, disputas de propriedade e outras questões legais que possam afetar a titularidade do imóvel.

Especificamente para o leilão, alguns pontos de atenção específicos na *due diligence* abordados incluíram o cuidado na nomeação do leiloeiro público pelo juiz, conforme previsto no CPC, para garantir a idoneidade e a competência do profissional; a publicidade e a transparência mediante ampla divulgação do leilão, essencial para garantir a participação de um grande número de interessados, promovendo a competitividade e a obtenção de um preço justo; a verificação das condições do leilão constantes no edital, como o lance mínimo, a forma de pagamento e garantias; a análise processual profunda, objetivando certificar a regularidade do leilão. Além disso, foi destacada a necessidade de registro após a arrematação, para a transferência legal e segura da propriedade. Também foi alertada a verificação da existência de pedido de adjudicação ou de alienação por iniciativa particular, que têm preferência frente ao leilão, podendo acabar por frustrá-lo, caso efetivada alguma daquelas duas modalidades de expropriação antes da arrematação.

Todos esses procedimentos devem ser adotados com o intuito de entregar segurança ao máximo para o direito do adquirente, pois, no caso do leilão, o pagamento do imóvel ocorre, em regra, de forma à vista e no ato da arrematação, ficando eventual direito de ressarcimento à míngua de nova ação judicial, quando não efetuada corretamente a *due diligence*.

A *due diligence* na expropriação judicial de imóveis, portanto, exige atenção contínua e atualização constante, refletindo as necessidades e desafios do mercado imobiliário atual. Portanto, a sua realização por um profissional que também domine os conhecimentos jurídicos para a regularização imobiliária são cruciais para a segurança de uma execução com vistas à expropriação de imóvel, seja por adjudicação, alienação por iniciativa particular ou leilão.

REFERÊNCIAS

APARECIDO, Erika Cesário S.; FALLETTI, Carlos Augusto. *Alterações da Lei 14.382/22 e seu impacto na* due diligence *imobiliária*. Disponível em: https://fallettiadvogados.com.br/artigos/alteracoes-da-lei-14-382-22-e-seu-impacto-na-due-diligence-imobiliaria/. Acesso em: 30 ago. 2024.

FACHINI, Tiago. *Adjudicação no novo CPC*: regras gerais e o que mudou. IBDFAM, 17.04.2020. Disponível em: https://ibdfam.org.br/artigos/1418/Adjudica%c3%a7%c3%a3o+no+Novo+-CPC:+regras+gerais+e+o+que+mudou. Acesso em: 30 ago. 2024.

GASPAR, Alan. *Caixa preta da* due diligence *imobiliária*: o manual de técnicas avançadas para analistas de riscos. São Paulo: Fontenele, 2023.

OAB/RS. *Novo código de processo civil anotado*. Porto Alegre: OAB/RS, 2015.

PERES, Tatiana Bonatti. *Alterações da Lei 14.382/22 e seu impacto na* due diligence *imobiliária Temas de direito imobiliário e responsabilidade civil*. 4. ed. Londrina: Thoth, 2019.

TISSOT, Rodrigo. Entenda o que é expropriação, como fazer e o que diz o novo CPC. *Aurum*, 18.10.2023. Disponível em: https://www.aurum.com.br/blog/expropriacao/. Acesso em: 30 ago. 2024.

DUE DILIGENCE IMOBILIÁRIA: ESSENCIAL PARA A SEGURANÇA E EFICIÊNCIA NAS TRANSAÇÕES DO MERCADO IMOBILIÁRIO

Diego de Almeida Piassabussu

Pós-graduado em Direito Processual Civil pela CEPED-UERJ. Presidente da Comissão ABAMI Jovem e Diretor da Regional da ABAMI em Duque de Caxias.

Eduardo Luiz de Medeiros Frias

Mestrando pela UAL– Universidade Autónoma de Lisboa – Ciências Jurídicas. Especialista Direito Empresarial com ênfase em Regulação e Negócios na área de Petróleo e Gás - FGV/RJ. Especialista em Métodos Adequados de Resolução de Conflitos pelo IUPERJ/UCAM – Universidade Cândido Mendes. Formação em *common law* pela UCA – University of California – Davis. Coautor de livros e obras jurídicas. Vice-Presidente da ABAMI-Jovem.

Patrícia Melo Braunstein

Especialista em Direito Público e Direito Civil e Processual Civil pela Pontifícia Universidade Católica de Minas Gerais – PUC Minas. Pós-graduada em Direito Negocial e Imobiliário pela Escola Brasileira de Direito – EBRADI.

Sumário: Introdução – 1. Conceito e importância da *Due Diligence* imobiliária.; 1.1 Definição; 1.2 Importância – 2. Procedimentos da *Due Diligence* imobiliária; 2.1 Análise documental; 2.1.1 Matrícula do imóvel; 2.1.2 Certidões negativas; 2.2 Inspeção física; 2.3 Análise ambiental – 3. Aspectos jurídicos considerados relevantes e que estão ligados à *Due Diligence* imobiliária; 3.1 Princípio da boa-fé; 3.2 Teoria dos defeitos do negócio jurídico; 3.3 Jurisprudência ligada à *Due Diligence* imobiliária; 3.3.1 Agravo de Instrumento 70084411388 (Tribunal de Justiça do RS, 17ª Câmara Cível, Rel. Des. Liege Puricelli Pires, j. em 22.04.2021); 3.3.2 Apelação cível 1007299-25.2018.8.26.0004 (Tribunal de Justiça de SP, 1ª Câmara de Direito Privado, Rel. Des. Rui Cascaldi, j. em 30.03.2021); 3.3.3 Recurso Especial 1.785.802/SP (STJ, 3ª Turma, Rel. Min. Nancy Andrighi, j. em 13.08.2019); 3.3.4 Apelação Cível 0002383-53.2013.8.19.0208 (Tribunal de Justiça do RJ, 26ª Câmara Cível, Rel. Des. Arthur Narciso de Oliveira Neto, j. em 27.02.2019); 3.3.5 Apelação Cível 0010060-35.2012.8.26.0032 (Tribunal de Justiça de SP, 8ª Câmara de Direito Privado, Rel. Des. Silvério da Silva, j. em 18.12.2018); 3.3.6 Agravo de Instrumento 2178851-77.2017.8.26.0000 (Tribunal de Justiça de SP, 1ª Câmara Reservada de direito empresarial, Rel. Des. Hamid Bdine, j. em 04.10.2017); 3.3.7 Apelação Cível 70075492943 (Tribunal de Justiça do RS, 20ª Câmara Cível, Rel. Des. Dilso Domingos Pereira, j. em 27.09.2017) – 4. O papel do advogado na *Due Diligence* imobiliária; 4.1 Análise documental; 4.2 Identificação de riscos; 4.3 Conformidade jurídica; 4.4 Negociação e redação de contratos; 4.5 Orientação e transparência – 5. Casos midiáticos ligados à importância da realização de *Due Diligence;* 5.1 Caso Enron; 5.2 Caso Trump Soho – Conclusão – Referências.

INTRODUÇÃO

No mercado imobiliário, a *due diligence* desempenha um papel crucial para garantir a segurança e a eficiência das transações. A *Due Diligence* Imobiliária é um conjunto de procedimentos investigativos e analíticos realizados antes da concretização de uma transação imobiliária.

Seu objetivo é verificar a regularidade jurídica, fiscal e física do imóvel, assegurando que todas as informações relevantes sejam conhecidas e avaliadas pelas partes envolvidas. Este processo minucioso de investigação e análise é essencial para identificar e mitigar riscos associados à compra, venda ou investimento em propriedades.

A *due diligence* imobiliária envolve uma avaliação detalhada de diversos aspectos do imóvel, incluindo sua situação jurídica, condições físicas, viabilidade econômica e conformidade ambiental.

A crescente complexidade das transações imobiliárias, impulsionada por fatores como regulamentações mais rígidas, avanços tecnológicos e a globalização do mercado, torna a *due diligence* uma prática indispensável. Ela fornece aos compradores e investidores uma visão clara e abrangente da propriedade, permitindo uma tomada de decisão informada e segura.

Sem a devida diligência, os envolvidos nas transações imobiliárias podem enfrentar surpresas desagradáveis, como litígios legais, custos inesperados de reparos ou até mesmo a invalidação do negócio.

Para a advocacia, a *due diligence* imobiliária é especialmente relevante, pois permite aos advogados assessorarem seus clientes de maneira eficaz e proativa. Ao conduzir uma análise detalhada de todos os aspectos legais e contratuais do imóvel, os advogados podem identificar e resolver potenciais problemas antes que eles se tornem obstáculos significativos. Isso não apenas protege os interesses dos clientes, mas também reforça a confiança na relação cliente-advogado e assegura a conformidade com as leis e regulamentos aplicáveis.

Este artigo explora a importância da *due diligence* imobiliária, destacando suas principais etapas e os benefícios que proporciona. Ao compreender o processo e sua aplicação prática, profissionais do setor imobiliário, incluindo advogados, podem assegurar a integridade e o sucesso de suas transações, protegendo seus investimentos e reputações.

1. CONCEITO E IMPORTÂNCIA DA *DUE DILIGENCE* IMOBILIÁRIA.

1.1 Definição

A *Due Diligence* Imobiliária pode ser definida como um processo de auditoria e investigação detalhada sobre um imóvel, visando identificar e avaliar riscos e irregularidades que possam afetar uma transação imobiliária.

1.2 Importância

A realização da *Due Diligence* Imobiliária é crucial para:

- Prevenção de Litígios: Identificar possíveis problemas que possam resultar em disputas judiciais;
- Segurança Jurídica: Garantir que o imóvel está livre de ônus, gravames e pendências legais;
- Valoração Adequada: Assegurar que o valor do imóvel reflete sua real condição e situação jurídica.

2. PROCEDIMENTOS DA *DUE DILIGENCE* IMOBILIÁRIA

2.1 Análise documental

A análise documental na *Due Diligence* Imobiliária é o processo de verificação minuciosa de todos os documentos relacionados ao imóvel para assegurar sua regularidade e legalidade. Isso inclui a revisão da matrícula do imóvel, que contém o histórico de propriedade e possíveis ônus; certidões negativas, que confirmam a ausência de débitos fiscais, tributários e judiciais; e outros documentos essenciais, como contratos anteriores, alvarás de construção e licenças ambientais. A pretensão é identificar qualquer pendência ou irregularidade que possa comprometer a segurança jurídica da transação imobiliária.

2.1.1 Matrícula do Imóvel

A matrícula do imóvel é o documento que contém o histórico completo do bem, incluindo informações sobre proprietários anteriores, ônus, gravames e averbações. A análise da matrícula é fundamental para verificar a titularidade e a existência de impedimentos à transferência.

Exemplo Prático: Imagine que você está representando um cliente interessado em comprar um imóvel. Ao analisar a matrícula, você descobre que há uma hipoteca registrada. Isso significa que o imóvel está dado como garantia de um empréstimo, o que pode impedir sua venda até que a dívida seja quitada. Essa informação é crucial para orientar seu cliente sobre os riscos envolvidos.

2.1.2 Certidões negativas

As certidões negativas são documentos emitidos por órgãos públicos que atestam a inexistência de débitos ou pendências legais. Entre as principais certidões estão:

- Certidão de Ônus Reais: Verifica a existência de hipotecas, penhoras ou outros gravames.

- Certidão de Débitos Municipais: Confirma a regularidade do pagamento de IPTU e outras taxas municipais.

- Certidão de Ações Reais e Pessoais Reipersecutórias: Identifica ações judiciais que possam afetar o imóvel.

Exemplo Prático: Você solicita a Certidão de Débitos Municipais e descobre que há débitos de IPTU dos últimos cinco anos. Isso pode levar à negociação para que o vendedor quite esses débitos antes da conclusão da venda, garantindo que seu cliente não herde essas dívidas.

2.2 Inspeção física

A inspeção física do imóvel é realizada para verificar sua condição estrutural e identificar possíveis problemas que não são evidentes na documentação. Esta etapa pode envolver a contratação de engenheiros ou arquitetos.

Exemplo Prático: Durante a inspeção física, um engenheiro descobre que a estrutura do imóvel apresenta rachaduras significativas, indicando problemas de fundação. Isso pode impactar a decisão de compra ou levar à renegociação do preço, protegendo seu cliente de futuros gastos inesperados.

2.3 Análise ambiental

A análise ambiental é especialmente relevante para imóveis rurais ou industriais, onde pode haver contaminação do solo ou outras questões ambientais. Esta análise visa garantir a conformidade com a legislação ambiental vigente.

Exemplo Prático: Em uma análise ambiental de um terreno industrial, é detectada a presença de resíduos tóxicos no solo. Isso pode exigir a descontaminação do terreno antes de qualquer desenvolvimento, impactando significativamente o custo e o cronograma do projeto. Informar seu cliente sobre esses riscos é essencial para uma decisão informada.

3. ASPECTOS JURÍDICOS CONSIDERADOS RELEVANTES E QUE ESTÃO LIGADOS À *DUE DILIGENCE* IMOBILIÁRIA:

3.1 Princípio da boa-fé

É importante relembrar que o art. 422 do Código Civil prevê e determina o princípio da boa-fé como base para realização de qualquer negócio jurídico, a saber: "Os contratantes são obrigados a guardar, tanto na conclusão do contrato quanto em sua execução, os princípios de probidade e boa-fé".[1]

---

1. Brasil. Lei 10.406, de 10 de janeiro de 2002. Institui o Código Civil. Diário Oficial da União: seção 1, Brasília, DF, ano 139, n. 8, p. 75.

Observa-se, portanto, que a boa-fé é de extrema importância, juntamente com a ética, pois orienta a conduta dos envolvidos, especialmente na sua modalidade subjetiva, funcionando como uma regra de comportamento nas relações jurídicas.

A boa-fé subjetiva, na sua concepção jurídica, refere-se à intenção sincera e honesta de um indivíduo ao realizar um ato ou contrato, acreditando que suas ações são justas e legítimas, sem a intenção de prejudicar terceiros ou violar normas legais. Ela avalia a honestidade e a ausência de má-fé na conduta do sujeito, focando nas suas intenções pessoais.

Já a boa-fé objetiva é uma evolução da boa-fé subjetiva. Seu foco é no estabelecimento de normas de conduta baseadas na ética, moral e honestidade reconhecidas pela sociedade. Ela define um padrão de comportamento esperado, independente das intenções individuais, assegurando ações leais e transparentes, alinhadas com os valores sociais.

Sendo assim, o princípio da boa-fé objetiva é fundamental na realização de uma *Due Diligence* Imobiliária, na medida em que impõe às partes o dever de transparência e cooperação. É exigido que elas ajam com lealdade e honestidade, evitando a ocultação de informações relevantes para a conclusão regular do negócio.

Exemplo Prático: Um vendedor que omite a existência de uma ação judicial sobre o imóvel age contra o princípio da boa-fé objetiva. A descoberta dessa ação durante a *Due Diligence* pode levar à anulação do contrato de compra e venda, protegendo seu cliente de um negócio prejudicial.

3.2   Teoria dos defeitos do negócio jurídico

A teoria dos defeitos dos negócios jurídicos é uma parte importante da teoria geral dos negócios jurídicos, que trata das situações em que a vontade manifestada pelas partes está viciada, o que pode afetar a validade do negócio. A nossa codificação civil os prevê expressamente entre os seus arts. 138 a 165, sendo eles os seguintes:

- Erro: falsa percepção da realidade que leva a parte a celebrar o negócio (art. 138 a 144 do Código Civil);
- Dolo: artifícios ou manobras maliciosas para induzir a outra parte a erro (art. 145 a 150 do Código Civil);
- Coação: ameaça de mal grave e iminente para forçar a celebração do negócio (art. 151 a 155 do Código Civil);
- Estado de perigo: assunção de obrigação excessivamente onerosa para salvar-se de grave dano (art. 156 do Código Civil);

- Lesão: obrigação manifestamente desproporcional assumida por necessidade ou inexperiência (art. 157 do Código Civil);
- Fraude contra credores: ato praticado para prejudicar credores, como a dilapidação patrimonial (art. 158 a 165 do Código Civil).

A presença de quaisquer desses defeitos pode levar à anulação do negócio jurídico, desde que a parte prejudicada tome as medidas necessárias a fim de evitá-los. A anulação tem efeitos retroativos (*ex tunc*), restabelecendo as partes à situação anterior ao negócio.

Logo, essa teoria é crucial para garantir a equidade e a justiça nas relações contratuais, protegendo as partes contra práticas abusivas e viciadas, além de oferecer segurança jurídica para aqueles que estão imbuídos de boa-fé.

Nesse sentido, um dos objetivos da *Due Diligence* é a identificação desses vícios, prevenindo a celebração de negócios jurídicos defeituosos, que prejudicam a fluxo esperado dos negócios, atravancando o mercado imobiliário e, por conseguinte, esse setor da economia.

Exemplo Prático: Se um comprador adquire um imóvel acreditando que ele está livre de dívidas, mas posteriormente descobre que há uma penhora não informada, pode alegar erro essencial e buscar a anulação do contrato. Orientar seu cliente sobre esses riscos é essencial para evitar futuros litígios.

3.3 Jurisprudência ligada à *due diligence* imobiliária

Nesse item, os autores pretendem expor sete julgados afetos ao tema, que destacam a importância dessa prática, além de ratificarem a importância da *Due Diligence* Imobiliária como um processo essencial para garantir a segurança jurídica em transações imobiliárias.

Além de citar as jurisprudências, os autores tiveram o cuidado de ilustrar cada caso com exemplos práticos hipotéticos, visando tornar o conteúdo mais acessível e compreensível para os leitores. Essa abordagem didática permite que mesmo aqueles sem formação jurídica possam entender a importância da *Due Diligence* Imobiliária e as consequências de sua ausência ou inadequação nas transações imobiliárias.

Eis as suas reproduções, logo abaixo:

3.3.1 Agravo de Instrumento 70084411388 (Tribunal de Justiça do RS, 17ª Câmara Cível, Rel. Des. Liege Puricelli Pires, j. em 22.04.2021)[2]

A realização de *due diligence* imobiliária é essencial para identificar eventuais ônus, gravames ou restrições que possam afetar a propriedade. Neste caso, a au-

---

2. Brasil. Tribunal de Justiça do Estado do Rio Grande do Sul. Agravo de Instrumento 70084411388, Décima Sétima Câmara Cível, Tribunal de Justiça do RS, Relator: Liege Puricelli Pires, Julgado em

sência de *due diligence* resultou na aquisição de imóvel com débitos condominiais não identificados previamente.

Exemplo Prático:

- Situação: João comprou um apartamento sem realizar a *due diligence*.
- Problema: Após a compra, descobriu que o imóvel tinha débitos condominiais não pagos pelo antigo proprietário.
- Consequência: João teve que arcar com esses débitos, o que poderia ter sido evitado com uma *due diligence* adequada.

3.3.2 Apelação Cível 1007299-25.2018.8.26.0004 (Tribunal de Justiça de SP, 1ª Câmara de Direito Privado, Rel. Des. Rui Cascaldi, j. em 30.03.2021)[3]

A *due diligence* imobiliária deve abranger a análise da documentação do imóvel, incluindo certidões de ônus reais, fiscais e ambientais. Neste caso, a falta de verificação de uma servidão de passagem existente gerou prejuízos ao comprador.

Exemplo Prático:

- Situação: Maria comprou um terreno para construir sua casa.
- Problema: Não verificou a existência de uma servidão de passagem que permitia a entrada de terceiros no terreno.
- Consequência: Maria teve que conviver com a passagem constante de pessoas pelo seu terreno, o que poderia ter sido evitado com a due diligence.

3.3.3 Recurso Especial 1.785.802/SP[4] (STJ, 3ª Turma, Rel. Min. Nancy Andrighi, j. em 13.08.2019)

A *due diligence* imobiliária é um dever do adquirente, que deve agir com diligência e cautela na aquisição do imóvel. No caso em questão, o comprador foi negligente ao não verificar a situação fiscal do imóvel, que possuía débitos tributários.

Exemplo Prático:

14/08/2015. Disponível em: https://www.jusbrasil.com.br/jurisprudencia/tj-rs/222677657. Acesso em: 10 jul. 2024.

3. Brasil. Tribunal de Justiça do Estado de São Paulo. Apelação Cível 10072992520188260004, Relator: Rui Cascaldi, Data de Julgamento: 30.03.2021, 1ª Câmara de Direito Privado. Disponível em: www.jusbrasil.com.br. Acesso em: 10 jul. 2024.

4. Brasil. Superior Tribunal de Justiça (3. Turma) Recurso Especial 1.785.802/SP. Rel. Min. Nancy Andrighi, j. em 13.08.2019. Disponível em: www.jusbrasil.com.br. Acesso em: 10 jul. 2024.

- Situação: Pedro adquiriu um imóvel sem verificar a situação fiscal.
- Problema: Descobriu posteriormente que o imóvel tinha débitos de IPTU acumulados.
- Consequência: Pedro teve que pagar os débitos fiscais, o que poderia ter sido evitado com uma *due diligence* fiscal.

3.3.4 Apelação Cível 0002383-53.2013.8.19.0208[5] (Tribunal de Justiça do RJ, 26ª Câmara Cível, Rel. Des. Arthur Narciso de Oliveira Neto, j. em 27.02.2019)

A *due diligence* imobiliária deve englobar a análise da situação possessória do imóvel. Neste caso, a falta de verificação da existência de ações possessórias envolvendo o imóvel resultou em prejuízos ao adquirente.

Exemplo Prático:

- Situação: Ana comprou um imóvel sem verificar a situação possessória.
- Problema: Descobriu que havia uma ação possessória em andamento contra o antigo proprietário.
- Consequência: Ana teve que lidar com a disputa judicial, o que poderia ter sido evitado com uma *due diligence* possessória.

3.3.5 Apelação Cível 0010060-35.2012.8.26.0032[6] (Tribunal de Justiça de SP, 8ª Câmara de Direito Privado, Rel. Des. Silvério da Silva, j. em 18.12.2018)

A *due diligence* imobiliária deve incluir a verificação da regularidade da construção e das licenças necessárias. No caso em questão, a ausência de habite-se do imóvel adquirido gerou transtornos ao comprador.

Exemplo Prático:

- Situação: Carlos comprou um imóvel sem verificar a regularidade da construção.
- Problema: Descobriu que o imóvel não possuía o habite-se, documento necessário para a regularização da construção.
- Consequência: Carlos teve dificuldades para regularizar o imóvel, o que poderia ter sido evitado com uma *due diligence* adequada.

---

5. Brasil. Tribunal de Justiça do Estado do Rio de Janeiro. Apelação Cível 00023835320138190208. 26ª Câmara Cível, Rel. Des. Arthur Narciso de Oliveira Neto, j. em 27.02.2019. Disponível em: www.jusbrasil.com.br. Acesso em: 10 jul. 2024.
6. Brasil. Tribunal de Justiça do Estado de São Paulo. Apelação Cível 00100603520128260032, 8ª Câmara de Direito Privado, Rel. Des. Silvério da Silva, j. em 18.12.2018. Disponível em: www.jusbrasil.com.br. Acesso em: 10 jul. 2024.

3.3.6 Agravo de Instrumento 2178851-77.2017.8.26.0000[7] (Tribunal de Justiça de SP, 1ª Câmara Reservada de Direito Empresarial, Rel. Des. Hamid Bdine, j. em 04.10.2017)

Em operações imobiliárias empresariais, a *due diligence* é ainda mais relevante, devendo abranger aspectos jurídicos, fiscais, ambientais e técnicos. Neste caso, a falta de *due diligence* adequada em uma incorporação imobiliária resultou em prejuízos significativos.

Exemplo Prático:

- Situação: Uma empresa adquiriu um terreno para um projeto de incorporação imobiliária sem realizar uma *due diligence* completa.
- Problema: Descobriu posteriormente que o terreno tinha problemas ambientais e restrições legais.
- Consequência: A empresa enfrentou atrasos e custos adicionais para resolver essas questões, o que poderia ter sido evitado com uma *due diligence* abrangente.

3.3.7 Apelação Cível 70075492943[8] (Tribunal de Justiça do RS, 20ª Câmara Cível, Rel. Des. Dilso Domingos Pereira, j. em 27.09.2017)

A *due diligence* imobiliária deve ser realizada por profissionais capacitados, como advogados e engenheiros. No caso em questão, a *due diligence* feita de forma inadequada por um corretor de imóveis não foi suficiente para identificar problemas estruturais no imóvel adquirido.

Exemplo Prático:

- Situação: Laura comprou uma casa sem realizar uma inspeção técnica adequada.
- Problema: Descobriu que a casa tinha problemas estruturais graves.
- Consequência: Laura teve que gastar uma quantia significativa em reformas, o que poderia ter sido evitado com uma *due diligence* realizada por profissionais capacitados.

Os julgados acima demonstram a importância da *Due Diligence* na identificação de riscos e na garantia da segurança jurídica em transações imobiliárias. A investigação minuciosa e a verificação de informações são essenciais para evitar litígios futuros e assegurar que a transação ocorra de maneira segura e transparente.

---

7. Brasil. Tribunal de Justiça do Estado de São Paulo. 1ª Câmara Reservada de Direito Empresarial, Rel. Des. Hamid Bdine, j. em 04.10.2017. Disponível em: www.jusbrasil.com.br. Acesso em: 10 jul. 2024.
8. Brasil. Tribunal de Justiça do Estado do Rio Grande do Sul. 20ª Câmara Cível, Rel. Des. Dilso Domingos Pereira, j. em 27.09.2017. Disponível em: www.jusbrasil.com.br. Acesso em: 10 jul. 2024.

4. O PAPEL DO ADVOGADO NA *DUE DILIGENCE* IMOBILIÁRIA

O advogado desempenha um papel crucial na *Due Diligence* Imobiliária, atuando como um guardião da segurança jurídica e da integridade das transações. Suas responsabilidades são amplas e detalhadas, abrangendo diversas etapas do diligenciamento. A seguir, será explicado detalhadamente cada uma dessas responsabilidades:

4.1 Análise documental

A análise documental é uma das etapas mais importantes. O advogado é responsável por verificar a autenticidade e a regularidade de todos os documentos relacionados ao imóvel. Isso inclui:

– Matrícula do Imóvel: A matrícula é o documento que contém o histórico completo do imóvel, incluindo informações sobre proprietários anteriores, ônus, gravames e averbações. O advogado verifica a titularidade do imóvel e a existência de impedimentos à transferência.

- Certidões Negativas: Certidões emitidas por órgãos públicos que atestam a inexistência de débitos ou pendências legais. Entre as principais estão:
- Certidão de Ônus Reais: Verifica a existência de hipotecas, penhoras ou outros gravames;
- Certidão de Débitos Municipais: Confirma a regularidade do pagamento de IPTU e outras taxas municipais;
- Certidão de Ações Reais e Pessoais Reipersecutórias: Identifica ações judiciais que possam afetar o imóvel.
- Outros Documentos: Inclui contratos de compra e venda anteriores, alvarás de construção, licenças ambientais, entre outros.

4.2 Identificação de riscos

Com base em sua expertise, o advogado identifica possíveis riscos e irregularidades que possam comprometer a transação imobiliária. Isso envolve:

- Análise de Litígios: Verificação de ações judiciais em andamento que possam afetar o imóvel;
- Avaliação de Débitos: Identificação de débitos fiscais, tributários e condominiais que possam ser transferidos ao novo proprietário;
- Verificação de Conformidade Ambiental: Especialmente relevante para imóveis rurais ou industriais, onde pode haver contaminação do solo ou outras questões ambientais.

4.3 Conformidade jurídica

O advogado garante que todas as etapas da transação estejam em conformidade com a legislação vigente, prevenindo futuros litígios e problemas legais. Isso inclui:

- Legislação Imobiliária: Verificação da conformidade com leis e regulamentos específicos do setor imobiliário;
- Normas Urbanísticas: Garantia de que o imóvel cumpre com as normas de zoneamento e uso do solo;
- Legislação Ambiental: Conformidade com a legislação ambiental vigente, especialmente em casos de imóveis rurais ou industriais.

4.4 Negociação e redação de contratos

O advogado é responsável por negociar e redigir contratos que protejam os interesses do cliente. Isso inclui:

- Cláusulas Contratuais: Inclusão de cláusulas que abordem possíveis riscos identificados durante a *Due Diligence*, como a obrigação do vendedor de quitar débitos pendentes antes da conclusão da venda;
- Termos e Condições: Definição clara dos termos e condições da transação, incluindo prazos, valores e responsabilidades das partes;
- Garantias: Estabelecimento de garantias que protejam o comprador contra eventuais problemas futuros, como a descoberta de vícios ocultos.

4.5 Orientação e transparência

O advogado atua com transparência e ética, informando o cliente sobre todas as descobertas e implicações legais, permitindo uma tomada de decisão informada. Isso envolve:

- Relatórios Detalhados: Elaboração de relatórios detalhados sobre os resultados da *Due Diligence*, destacando riscos e recomendações;
- Consultoria Jurídica: Orientação sobre as melhores práticas para mitigar riscos e garantir a segurança da transação;
- Comunicação Clara: Manutenção de uma comunicação clara e contínua com o cliente, garantindo que ele esteja ciente de todas as etapas do processo e das implicações legais de cada decisão.

Ou seja, o advogado desempenha um papel fundamental no processo de *Due Diligence* Imobiliária, garantindo que todas as suas etapas sejam conduzidas com a devida diligência, segurança jurídica e conformidade legal.

Portanto, fica nítido que a sua atuação é essencial para proteger os interesses dos clientes, assegurar a integridade das transações imobiliárias e promover um ambiente de negócios mais ético e transparente.

5. CASOS MIDIÁTICOS LIGADOS À IMPORTÂNCIA DA REALIZAÇÃO DE *DUE DILIGENCE*

O objetivo deste tópico é ilustrar, de maneira prática e acessível, a importância e os impactos da *Due Diligence* nos negócios, destacando exemplos reais que evidenciam como a investigação minuciosa pode prevenir riscos e conferir segurança jurídica. Ademais, serão abordadas as lições aprendidas com cada caso, proporcionando uma compreensão mais profunda sobre a aplicação e os benefícios dessa prática essencial.

5.1 Caso Enron

Em linhas gerais, o caso Enron é um dos maiores escândalos corporativos da história dos Estados Unidos e teve um impacto profundo no mundo dos negócios e na regulamentação financeira. A Enron Corporation, uma empresa de energia com sede em Houston, Texas, foi fundada em 1985 e rapidamente se tornou uma das maiores empresas do setor energético, diversificando suas operações para incluir comércio de energia, gás natural, eletricidade e até mesmo serviços de internet.[9]

Nos anos 1990, a Enron era vista como uma das empresas mais inovadoras e bem-sucedidas dos Estados Unidos. Ela foi pioneira no comércio de energia e na criação de mercados para contratos futuros de energia. A empresa foi frequentemente elogiada por sua capacidade de gerar lucros e por sua abordagem inovadora aos negócios.

No entanto, em 2001, a Enron entrou em colapso após a revelação de que havia utilizado práticas contábeis fraudulentas para esconder dívidas e inflar artificialmente seus lucros. A empresa usou uma série de parcerias fora do balanço e outras manobras financeiras complexas para ocultar a verdadeira situação financeira da empresa. Durante a investigação, descobriu-se que a empresa possuía diversos imóveis adquiridos sem a devida *Due Diligence*. Muitos desses imóveis estavam envolvidos em litígios ou apresentavam problemas ambientais, o que agravou a situação financeira da empresa.

Lição Aprendida: A falta de *Due Diligence* adequada pode levar a consequências catastróficas, especialmente em grandes corporações. A análise minuciosa de todos os aspectos do imóvel é essencial para evitar surpresas desagradáveis.

5.2 Caso Trump Soho

O caso Trump SoHo é um exemplo emblemático que ilustra a importância da *Due Diligence* em transações imobiliárias de grande porte. O Trump SoHo é um empreendimento de luxo localizado em Manhattan, Nova York, que foi desenvolvido pela The Trump Organization em parceria com a Bayrock Group e a Sapir Organization. A construção do edifício começou em 2006 e foi concluída

---

9. CONSULTORIA, Abáco. O caso Enron e seus impactos. Disponível em: https://www.abacoconsultoria. com.br/post/o-caso-enron-e-seus-impactos. Acesso em: 11 jul. 2024.

em 2010, mas o projeto enfrentou uma série de controvérsias e desafios legais ao longo do caminho.[10]

Desde o início, o Trump SoHo esteve envolvido em várias controvérsias, incluindo alegações de fraude, processos judiciais e investigações governamentais. Algumas das principais questões levantadas foram:

- Fraude nas Vendas: Houve alegações de que os desenvolvedores inflaram artificialmente os números de vendas para atrair mais compradores. Em 2011, a Procuradoria-Geral de Nova York investigou essas alegações, resultando em um acordo no qual os desenvolvedores concordaram em devolver parte do dinheiro aos compradores;

- Conflitos de Interesse: A parceria entre a The Trump Organization e a Bayrock Group levantou questões sobre possíveis conflitos de interesse e práticas comerciais questionáveis. A Bayrock Group, em particular, foi alvo de várias investigações devido a suas conexões com figuras controversas e alegações de lavagem de dinheiro;

- Problemas de Conformidade: O projeto enfrentou desafios relacionados à conformidade com as regulamentações de zoneamento e construção de Nova York. Houve disputas sobre a altura do edifício e o uso misto do espaço, que incluía tanto unidades residenciais quanto um hotel.

Esse caso concreto particularmente expõe a importância de como a *Due Diligence* Imobiliária poderia ter mitigado muitos dos problemas enfrentados por aquele empreendimento. Uma investigação minuciosa e uma avaliação detalhada dos riscos poderiam ter identificado as seguintes questões antes do início do projeto, tais como:

- Verificação de Antecedentes dos Parceiros: Uma análise mais rigorosa dos antecedentes dos parceiros de desenvolvimento, como a Bayrock Group, poderia ter revelado suas conexões controversas e histórico de litígios, permitindo uma tomada de decisão mais informada;

- Avaliação das Projeções de Vendas: Uma revisão independente das projeções de vendas e das práticas de marketing poderia ter evitado as alegações de fraude e as subsequentes investigações legais;

- Conformidade Regulatória: Uma análise detalhada das regulamentações de zoneamento e construção poderia ter identificado potenciais problemas de conformidade, permitindo ajustes no projeto antes do início da construção.

Lições Aprendidas: O caso Trump SoHo destaca várias lições importantes para desenvolvedores, investidores e advogados envolvidos em transações imobiliárias:

- Importância da Transparência: A transparência nas práticas de vendas e marketing é crucial para evitar alegações de fraude e manter a confiança dos compradores e investidores;

---

10. THE DOMINICK. *Wikipédia*: a enciclopédia livre. Disponível em: https://es.wikipedia.org/wiki/The_Dominick. Acesso em: 11 jul. 2024.

- Devida Diligência dos Parceiros: A verificação minuciosa dos antecedentes e das práticas comerciais dos parceiros de desenvolvimento pode prevenir associações com entidades controversas e reduzir riscos legais;
- Conformidade com Regulamentações: A conformidade rigorosa com as regulamentações locais de zoneamento e construção é essencial para evitar disputas legais e garantir a viabilidade do projeto.

Em suma, o caso Trump SoHo serve como um poderoso lembrete da importância da *Due Diligence* Imobiliária em todas as fases de um projeto de desenvolvimento, desde a concepção até a conclusão.

CONCLUSÃO

A *Due Diligence* Imobiliária é um processo essencial que proporciona segurança e eficiência nas transações imobiliárias. Este artigo destacou a importância de realizar uma investigação minuciosa sobre o imóvel, evidenciando como identificar e avaliar riscos, assegurar a conformidade jurídico-legal e prevenir litígios são cruciais para o sucesso das negociações.

Através de uma análise abrangente de aspectos doutrinários e jurisprudenciais, bem como exemplos práticos e casos midiáticos, ficou claro que a *Due Diligence* não é apenas recomendável, mas uma etapa imperativa para profissionais do setor. Realizar análises documentais, inspeções físicas e verificações ambientais com rigor e atenção aos detalhes são procedimentos indispensáveis para garantir a transparência e a segurança das transações.

Ademais, é importante salientar que a *Due Diligence* Imobiliária não apenas protege os interesses imediatos dos compradores e vendedores, mas também contribui para a estabilidade e credibilidade do mercado imobiliário como um todo. Adotar práticas diligentes cria um ambiente onde todas as partes envolvidas podem confiar na integridade das informações e na segurança das transações, o que, por sua vez, incentiva mais investimentos e crescimento no setor.

Destaca-se que integrar tecnologias avançadas no processo de *Due Diligence*, como ferramentas de análise de dados e plataformas digitais de verificação, pode aumentar ainda mais a precisão e a eficiência dessas investigações. A inovação tecnológica oferece novas oportunidades para aprimorar a diligência devida, tornando-a mais acessível e eficaz, e garantindo que o mercado imobiliário continue a evoluir em direção a uma maior transparência e segurança.

Portanto, é indiscutível que a *Due Diligence* Imobiliária se consolida como um pilar fundamental para a realização de negócios seguros e eficientes, promovendo um ambiente de negócios ético e transparente. A contribuição dos advogados é crucial nesse processo, garantindo que todas as etapas sejam executadas com diligência, segurança jurídica e conformidade legal, protegendo os interesses dos clientes e assegurando a integridade das transações.

Além disso, o ramo de *Due Diligence* imobiliária pode ser visto como um nicho de especialização próspero e capaz de oferecer muitas oportunidades dentro do mercado imobiliário, seja para os advogados que já atuam diretamente com o Direito Imobiliário, aqueles que estão iniciando a sua carreira jurídica e os que desejam agregar mais uma área de atuação ou realizar uma transação de carreira na advocacia.

Saliente-se que a perspectiva de novas oportunidades não está restrita apenas aos profissionais da área jurídica, na medida em que a realização de um processo de diligenciamento requer a participação de diferentes profissionais, tais como engenheiros e corretores de imóveis.

No caso dos engenheiros, a realização de uma perícia técnica para verificar a condição estrutural do imóvel e a existência de vícios ocultos, por exemplo, é um campo para demandas potenciais.

Com relação aos corretores, a averiguação da regularidade documental do imóvel e, posteriormente, uma análise da sua precificação, em momento anterior a uma negociação, será de grande valia para aqueles que estiverem interessados na aquisição de um imóvel, seja para moradia ou investimento.

Em suma, a prática da *Due Diligence* não só valoriza o mercado imobiliário como também proporciona tranquilidade e confiança para todas as partes envolvidas, destacando-se como uma ferramenta indispensável na realização de negócios imobiliários bem-sucedidos.

REFERÊNCIAS

ABA RJ, Direito Imobiliário. A realização de *due dilligence* e os seus benefícios para os negócios imobiliários. *Jusbrasil*. Disponível em: https://www.jusbrasil.com.br/artigos/due-diligence-imobiliaria/845205164. Acesso em: 11 jul. 2024.

CONSULTORIA. *Abáco*. O caso Enron e seus impactos. Disponível em: https://www.abacoconsultoria. com.br/post/o-caso-enron-e-seus-impactos. Acesso em: 11 jul. 2024.

FERNANDES, Suelen. *Due diligence* imobiliária. Jusbrasil. Disponível em: https://www.jusbrasil. com.br/artigos/due-diligence-imobiliaria/845205164. Acesso em: 10 jul. 2024.

FREDERIGUI, Daniel. Saiba tudo sobre *Due Diligence* Imobiliária. *Jusbrasil*. Disponível em: https://www.jusbrasil.com.br/artigos/saiba-tudo-sobre-due-diligence-imobiliaria/1418439947#:~:text=Conclus%C3%A3o,O%20que%20%C3%A9%20a%20 Due%20Diligence%20Imobili%C3%A1ria%3F,verificar%20a%20regularidade%20da%20 negocia%C3%A7%C3%A3o. Acesso em: 10 jul. 2024.

FREITAS, Fernando. *Due Diligence* Imobiliária: você sabe o que é? *Jusbrasil*. Disponível em: https:// www.jusbrasil.com.br/artigos/due-diligence-imobiliaria-voce-sabe-o-que-e/372021738. Acesso em: 10 jul. 2024.

GONÇALVES, Carlos Roberto. *Direito Civil Brasileiro*. São Paulo: Saraiva, 2020.

THE DOMINICK. *Wikipédia*: a enciclopédia livre. Disponível em: https://es.wikipedia.org/wiki/The_Dominick. Acesso em: 11 jul. 2024.

VENOSA, Sílvio de Salvo. Direito Civil: Parte Geral. São Paulo: Atlas, 2019.

E-CARTÓRIO: A ERA DIGITAL DAS SERVENTIAS EXTRAJUDICIAIS

Paula Santana Cruz

Pós-graduada em Direito Imobiliário pela PUC. Extensão em Direito Notarial e Registral pela FUMEC. Membro da Comissão de Direito Urbanístico e Direito Imobiliário da OAB RJ. Membro da Comissão Nacional de Direito Imobiliário da Associação Brasileira de Advogados. Membro da Comissão de Direito Notarial e Registral da Ass. Bras. dos Advogados do Mercado Imobiliário. Membro da Comissão de Advocacia Extrajudicial em Cartórios da OAB RJ. Advogada, Especialista em Regularização de Imóveis.

E-mail: paulacruz@pcruzadvocacia.com.

Sumário: Introdução – Definição e breve histórico das serventias extrajudiciais – A evolução dos cartórios no Brasil – 1. A legislação e as bases jurídicas do E-Cartório; 1.1 Marcos regulatórios e leis relevantes; 1.2 O impacto das mudanças legais sobre as serventias tradicionais; 1.3 Efeitos sobre o mercado imobiliário e na regularização de imóveis – 2. O futuro dos E-Cartórios: tendências e inovações; 2.1 Perspectivas tecnológicas: blockchain, inteligência artificial e outras inovações; 2.2 O papel dos profissionais do direito na era digital; 2.3 A importância da adaptação dos cartórios às mudanças tecnológicas; 2.4 As novas tecnologias acabarão com os cartórios? – Considerações finais – Referências.

INTRODUÇÃO

As serventias extrajudiciais ou, simplesmente, os "cartórios", como são conhecidos pela maioria da população, fazem parte do cotidiano brasileiro no mesmo minuto em que nascem, para receber a cidadania brasileira é necessária a certidão de nascimento.

No decorrer da nossa vida, os atos de reconhecer firma de uma assinatura; autenticar documentos; casar-se ou divorciar-se; registrar o nascimento de um(a) filho(a) ou um óbito de um familiar; assinar um contrato ou escritura de compra e venda de um imóvel, entre tantos outros exemplos desse cotidiano, logo, os cartórios, ou serventias extrajudiciais, desempenham um papel essencial no sistema jurídico brasileiro, sendo responsáveis por garantir a segurança jurídica em atos e negócios jurídicos em toda nossa vida.

Historicamente, esses serviços eram prestados de forma presencial e manual, o que gerava uma grande carga burocrática e frequentemente causava lentidão nos processos.

O objetivo geral deste artigo é mostrar a mudança desse cenário, demonstrando que as serventias extrajudiciais passaram – e estão passando – por um processo de modernização, inserindo, cada vez mais, a tecnologia no desempenho de suas atribuições.

DEFINIÇÃO E BREVE HISTÓRICO DAS SERVENTIAS EXTRAJUDICIAIS

As primeiras formas de registro de propriedade de que se tem notícia surgiram em civilizações como a Mesopotâmia e o Egito.

No Brasil, a lavratura e registro de escrituras iniciou-se com o Sistema de Registro Imobiliário em 1864, que introduziu a obrigatoriedade de registros para garantir a publicidade, autenticidade, segurança e eficácia dos atos jurídicos.

Assim, a origem dos cartórios remonta ao período colonial, quando o Brasil ainda estava sob domínio português. Naquela época, as atividades cartoriais eram centralizadas em tabeliães, que detinham a autoridade de oficializar e registrar atos jurídicos. Ao longo dos séculos, os cartórios se consolidaram como instituições fundamentais para a organização da sociedade e a proteção dos direitos dos cidadãos.

Tanto a lavratura quanto o registro de escritura são passos importantíssimos para que os negócios jurídicos tenham efeitos perante terceiros. Não havendo o registro da escritura de compra e venda, por exemplo, este documento somente terá validade entre as partes envolvidas, não sendo oponível a terceiros.

O maior objetivo das serventias extrajudiciais é conferir publicidade ao ato, permitindo que qualquer pessoa possa ter ciência da situação jurídica daquele negócio jurídico ou daquele cidadão, o que é fundamental para evitar fraudes e garantir a segurança jurídica dos atos praticados. Ademais, a lavratura e o registro de escrituras desempenham um papel crucial na proteção dos direitos de propriedade e na estabilidade do mercado imobiliário

Diante do avanço tecnológico inerente à sociedade atual, surgiu a necessidade – ou, talvez, a obrigatoriedade – das serventias extrajudiciais se adaptarem a esta nova realidade. E será este processo de evolução e adaptação que exploraremos a seguir.

A EVOLUÇÃO DOS CARTÓRIOS NO BRASIL

Com não poderia ser de outro modo, diante da sua antiguidade, as serventias extrajudiciais foram iniciadas com procedimentos manuais, onde os registros eram feitos em livros físicos, com escrita à mão, exigindo a presença física de todas as partes envolvidas para a realização de atos.

A evolução dos cartórios no Brasil se deu de forma lenta, sem necessariamente acompanhar as transformações econômicas, sociais e tecnológicas do país.

Contudo, com o rápido advento da tecnologia e com o crescente número de habitantes e tipos de negócios e consequentemente de atos registrais e notariais, os cartórios tiveram que incorporar recursos digitais, como a digitalização de documentos e o uso de sistemas informatizados para gerenciamento de registros, diante da necessidade de aumentar a eficiência dos serviços, reduzir o tempo de espera e melhorar o atendimento ao público.

Com surgimento da internet e a popularização dos meios digitais vieram inúmeras possibilidades para as serventias extrajudiciais, posto que o acesso remoto a informações e a execução de atos à distância se tornou viável. No entanto, a transição de um modelo integralmente manual e personalíssimo para um modelo totalmente digital e automatizado sempre foi um desafio, devido a questões de segurança, regulação e resistência à mudança.

No entanto, com as restrições de locomoção e o rígido controle de acesso a lugares públicos, decorrentes da pandemia de COVID no ano de 2020, houve a aceleração brusca da crescente demanda por serviços mais ágeis, acessíveis e sem tanto contato físico, impulsionando a necessidade de modernização dos cartórios no Brasil e evidenciando a importância de uma estrutura digital e remota capaz de funcionar de maneira eficaz.

Deste modo, o E-Cartório, ou cartório eletrônico, surgiu como uma solução à latente necessidade de modernização. Além de promover a desburocratização e a eficiência, o E-Cartório contribui para a transparência e a segurança dos processos, ao utilizar tecnologias avançadas como a certificação digital e a criptografia.

O E-Cartório visa implementar o Brasil as melhores práticas internacionais, em especial com a digitalização dos serviços jurídicos, que já é uma realidade em muitos países.

Ao adotar o modelo eletrônico, o sistema jurídico brasileiro dá um passo significativo em direção à modernização, uma evolução natural e necessária para acompanhar as demandas da sociedade contemporânea e permitindo que pessoas em diferentes regiões do país tenham acesso aos mesmos direitos e oportunidades.

1. A LEGISLAÇÃO E AS BASES JURÍDICAS DO E-CARTÓRIO

A revolução tecnológica que transformou expressivamente a forma como vivemos, e não poderia ser diferente com a atividade notarial e registral.

Diante desse cenário, surgiu a seguinte questão: como conciliar o desenvolvimento tecnológico com a segurança jurídica inerente à função das serventias extrajudiciais? Assim, emergiu a necessidade de atualização da legislação, para regulamentar a adaptação da atividade notarial e registral à tecnologia.

Inicialmente, a legislação federal não se atualizou nesse tocante, contudo, as Corregedorias Estaduais e, principalmente, o CNJ detiveram o papel de agentes reguladores dessas mudanças. O papel infralegal dos provimentos, resoluções, recomendações e consolidações normativas estaduais foi essencial para a regulação dessas inovações na prática.

Sempre vale frisar a inovação e a modernização não significam repudiar a construção histórica de um sistema tão consolidado e com a função socioeconômica que lhe é inerente, posto que, afirma que o passado não precisa ser destruído para ser reintegrado às novas tecnologias.

Nesta vertente, surgiram as primeiras normativas relativas à modernização da atividade notarial e registral.

1.1 Marcos regulatórios e leis relevantes

Podemos considerar como ponto de partida a Recomendação 14/2014 do Conselho Nacional de Justiça (CNJ) que introduziu a ideia do Sistema de Registro de Imóveis Eletrônico (SREI) recomendando a adoção de práticas voltadas ao registro eletrônico e às centrais eletrônicas.

Em sequência, CNJ editou o Provimento 47/2015, que estabeleceu as primeiras diretrizes desse Sistema Eletrônico de Registro imobiliário, e a partir de tais normativas, surgiram os códigos de normas estaduais e foram criadas, regulamentadas e operacionalizadas as centrais eletrônicas, nas quais passou a ser possível o requerimento e até a realização *on-line* de alguns serviços notariais e registrais.

Em paralelo, foram promulgadas leis de âmbito federal que trouxeram mais alguns avanços para a temática, como a Lei 11.977/2009, que inicialmente tratou da regularização fundiária urbana, mas posteriormente incluiu emendas que autorizaram a prática de atos extrajudiciais, como por exemplo, a realização de registros de imóveis, procurações e outros documentos de forma eletrônica.

Ainda sobre a regularização fundiária rural e urbana, a Lei 13.465/2017, solidificou a base jurídica para o uso de sistemas digitais nos cartórios, abrindo caminho para a implantação dos E-Cartórios em todo o território nacional.

Tem-se ainda, o Provimento 89/2019 do CNJ que estabeleceu as primeiras diretrizes acerca da Operador Nacional de Registros (ONR) e trouxe expressamente o Sistema de Registro Eletrônicos de Imóveis (SREI), que seria implementado e operado pelo ONR.

Cabe destacar algumas inovações trazidas pelo Provimento 88/19, como a regulamentação do Código Nacional de Matrículas (CNM), que é uma sequência numérica de individualização do imóvel a nível nacional; as diretrizes para o SREI, regulamentando seus aspectos gerais; e a regulação do Serviço de Atendimento Eletrônico Compartilhado (SAEC), uma espécie de "balcão virtual", destinado ao atendimento remoto dos usuários interligado a todas as serventias de registro de imóveis do país.

Outro marco relevante é o Provimento 100/2020 do Conselho Nacional de Justiça (CNJ), que detalha como os serviços de notas e de registro podem ser realizados em meio digital, estabelecendo as condições para a lavratura de escrituras públicas, testamentos, divórcios e outros atos notariais de forma remota.

Vale comentar que existiam questionamentos quanto ao custeio da implementação e manutenção da SREI, que foram resolvidas através da criação de um fundo, gerido pela ONR e subvencionado pelas serventias de Registro de Imóveis, regulamentado pelo Provimento 115/2021 do CNJ.

Recentemente, foi editada a Lei 14.382/2022, que regulamentou uma série de inovações em âmbito notarial e registral, simplificando na prática os atos registrais e notariais, trazendo modernidade e celeridade e a regulamentação federal de normas esparsas das Corregedorias Estaduais.

Diante da emissão de tantas normas, surgiu um aparente conflito entre a Lei Geral de Proteção de Dados (LGPD) e a publicidade inerente à função cartorária, posto que as serventias tratam de inúmeros dados e, portanto, os agentes públicos que devem adotar cuidados no tratamento desses dados. Por outro lado, a publicidade da função é universal, não havendo como se obstaculizar o acesso aos dados constantes em seus arquivos.

Com vistas a pacificar este embate, o CNJ editou o Provimento 134/2022, regulamentando a forma como os notários e registradores irão tratar os dados, estabelecendo as medidas a serem adotadas para a correta adequação à LGPD.

Com a adoção de normas de segurança e de certificação digital tornou-se imprescindível também assegurar a autenticidade, integridade e confidencialidade dos documentos eletrônicos, assim, no tocante à certificação digital para a autenticação de documentos eletrônicos, a Infraestrutura de Chaves Públicas Brasileira (ICP-Brasil), regulada pela Medida Provisória 2.200-2/2001, ficou estabelecida como regulamentação deste tema.

Vimos que a transformação digital das serventias extrajudiciais no Brasil, por meio da implantação do E-Cartório visa modernizar os serviços cartoriais, garantindo maior eficiência, segurança e acessibilidade aos cidadãos.

E esse processo está ancorado em diversas normas legais que estabelecem as diretrizes para a operacionalização dos cartórios em meio digital, e apesar deste artigo se restringir a mencionar as normativas editadas pelo CNJ e à legislação federal, existem inúmeras regras editadas pelas Corregedorias Estaduais, pela própria complexidade da análise a ser realizada na realidade de cada cidade, portanto, o profissional do direito deve sempre se atentar para as normas locais.

1.2 O impacto das mudanças legais sobre as serventias tradicionais

No Brasil, o movimento em direção à digitalização dos cartórios ainda está em fases iniciais em comparação com diversos países. No entanto, o país tem avançado significativamente com a implementação de inúmeras medidas já exemplificadas neste artigo.

A pandemia de COVID-19 foi emblemática e disruptiva, acelerando a adoção dessas tecnologias, o que se justifica até pela natureza da função do tabelião ou registrador, marcado por uma maior proximidade e contato entre usuário e delegatário.

No cotidiano, o cidadão e o delegatário estavam lado a lado no momento da prática do ato; de repente, nos vimos obrigados a formalizar os atos de forma totalmente eletrônica, com as partes assinando por meio de certificado digital e com a realização de uma videoconferência.

As mudanças legais que possibilitaram a criação dos E-Cartórios tiveram um impacto profundo sobre as serventias tradicionais. A digitalização dos serviços notariais e de registro exigiu que os cartórios se adaptassem a uma nova realidade, onde a presença física dos usuários não é mais uma exigência para a prática de atos extrajudiciais.

Por outro lado, a digitalização trouxe inúmeros benefícios, como a desburocratização dos procedimentos, a redução de custos operacionais e a ampliação do acesso aos serviços cartoriais, especialmente para pessoas que vivem em áreas remotas ou que possuem dificuldades de mobilidade.

Em suma, a legislação que rege o E-Cartório e as bases jurídicas estabelecidas para a sua operação representam um avanço significativo na modernização das serventias extrajudiciais no Brasil. As normas de segurança e certificação digital garantem a integridade dos atos praticados, enquanto as mudanças legais têm impulsionado a transformação dos cartórios tradicionais em verdadeiros exemplos de inovação e eficiência. Isto tudo reflete na prestação do serviço público de maneira mais acessível, segura e eficiente.

1.3 Efeitos sobre o mercado imobiliário e na regularização de imóveis

No mercado imobiliário, essa digitalização trouxe impactos profundos, pois com a simplificação dos processos de registro e regularização de imóveis e possibilidade de acesso de qualquer lugar do mundo tornou-se uma realidade, facilitando a vida tanto dos profissionais da área quanto dos proprietários e investidores.

Com todas essas mudanças, hoje é possível realizar consultas, averbações, e registros de maneira remota e de qualquer bem em todo o país, o que reduz custos e prazos. Além disso, a segurança jurídica foi fortalecida, uma vez que a digitalização permite um melhor controle e preservação dos documentos, minimizando riscos de fraudes e perdas.

No contexto da regularização de imóveis, a implementação da era digital nas serventias extrajudiciais tem desempenhado um papel crucial na desburocratização dos processos. A obtenção de certidões, a regularização de matrículas e outros procedimentos cartorários, que antes eram morosos e custosos, agora podem ser realizados de forma mais rápida e com menor intervenção humana.

Isso não apenas acelera a regularização de imóveis que estavam em situação irregular, mas também incentiva um maior número de proprietários a buscarem a conformidade legal de suas propriedades, posto que sabem que aquele procedimento não levará longos e longos anos como acontecia antigamente.

Por fim, a era digital nas serventias extrajudiciais precisa acompanhar com a crescente demanda por modernização e eficiência no mercado imobiliário e da economia, a bem da verdade a transição para o digital além de acompanhar as tendências globais de inovação, posiciona o Brasil como um país que busca soluções tecnológicas para otimizar seus serviços públicos e privados.

Dessa forma, o impacto no mercado imobiliário e na regularização de imóveis é inegável, promovendo um ambiente mais seguro, ágil e acessível para todos os envolvidos e maior satisfação para os proprietários de imóveis.

2. O FUTURO DOS E-CARTÓRIOS: TENDÊNCIAS E INOVAÇÕES

Como vimos, a digitalização das serventias extrajudiciais já é uma realidade consolidada no Brasil, mas o futuro promete ainda mais avanços tecnológicos que transformarão radicalmente o setor. Entre as inovações mais promissoras, destacam-se o uso de blockchain, a inteligência artificial (IA) e outras tecnologias emergentes, que têm o potencial de aumentar a segurança, eficiência e acessibilidade dos serviços cartoriais.

2.1 Perspectivas tecnológicas: blockchain, inteligência artificial e outras inovações

A *Blockchain* é uma tecnologia que garante a imutabilidade e transparência dos registros, sendo uma solução ideal para o armazenamento de documentos e atos notariais. A incorporação do blockchain nos cartórios pode assegurar que todos os registros sejam à prova de fraude, rastreáveis e auditáveis em tempo real. No mais, com os chamados contratos inteligentes *(smart contracts)*, é possível automatizar o cumprimento de prazo e obrigações e validar processos sem a necessidade de intermediários, reduzindo o tempo e os custos operacionais.

Já a Inteligência Artificial (IA) é comumente utilizada para otimizar a análise de documentos, identificar padrões em registros e até mesmo auxiliar na tomada de decisões jurídicas. Com a IA, tarefas repetitivas e burocráticas, como a conferência de assinaturas e a verificação de documentos, podem ser automatizadas, permitindo que os profissionais de cartório se concentrem em atividades de maior valor agregado e que requeriam mais conhecimento técnico jurídico.

Com o avanço das tecnologias, os serviços digitais oferecidos pelos E-Cartórios tendem a se expandir significativamente. A implementação de plataformas mais intuitivas e integradas permitirá que cidadãos e empresas realizem uma gama mais ampla de operações remotamente, sem a necessidade de deslocamento até uma serventia física.

O futuro dos E-Cartórios é promissor, com a incorporação de inúmeras inovações tecnológicas que prometem revolucionar os serviços extrajudiciais no Brasil. Blockchain e inteligência artificial são apenas algumas das inovações que irão moldar essa nova era.

No entanto, para que essas mudanças sejam bem-sucedidas, será fundamental que os profissionais do direito estejam preparados para enfrentar os desafios e aproveitar as oportunidades trazidas pela digitalização. Assim, os E-Cartórios não apenas modernizarão a prestação de serviços, mas também desempenharão um papel central na construção de um sistema jurídico mais ágil e acessível.

2.2   O Papel dos profissionais do direito na era digital

Na era digital, o papel dos profissionais do direito, especialmente aqueles que atuam em serventias extrajudiciais, será profundamente transformado, pois precisarão desenvolver competências digitais e compreender as implicações jurídicas dessas inovações.

A capacitação contínua será essencial para que esses profissionais possam acompanhar as mudanças tecnológicas e garantir que os serviços prestados sejam seguros, eficientes e em conformidade com a legislação vigente.

Os advogados especializados em direito imobiliário, notarial e registral desempenharão um papel crucial na assessoria jurídica, ajudando clientes a se adaptar ao novo cenário digital e desfrutar das vantagens dos E-Cartórios.

A digitalização dos cartórios também abrirá caminho para novos modelos de negócio, como a prestação de serviços personalizados e sob demanda. Por exemplo, serviços de consultoria jurídica podem ser oferecidos de forma integrada ao E-Cartório, facilitando a orientação de clientes em questões imobiliárias e de sucessão, entre outras.

Além disso, o surgimento de novas demandas jurídicas decorrentes do uso de tecnologias como blockchain e IA criará oportunidades para advogados se especializarem em áreas emergentes, como regulação de tecnologias, proteção de dados e direito cibernético.

Assim, a era digital não apenas transformará o funcionamento dos cartórios, mas também ampliará o campo de atuação dos profissionais do direito.

2.3 A importância da adaptação dos cartórios às mudanças tecnológicas

Não há como negar que a constante adaptação às mudanças tecnológicas é vital para a sobrevivência e relevância das serventias extrajudiciais. O ritmo acelerado da inovação exige que os profissionais do setor, incluindo os advogados, se mantenham atualizados e dispostos a incorporar novas tecnologias em sua prática diária.

A evolução tecnológica é uma jornada contínua. As serventias que não se adaptarem correm o risco de se tornarem obsoletas, enquanto aquelas que abraçam a inovação estarão preparadas para oferecer serviços mais eficientes e seguros.

A prática jurídica deve buscar sempre ser condizente com a realidade. Os notários e os registradores devem se adaptar à contemporaneidade, buscando alternativas e almejando a efetivação de direitos. Devem, portanto, pautar a sua atuação pelo interesse público, como própria da função pública que lhes foi delegada.

2.4 As novas tecnologias acabarão com os cartórios?

A era digital trouxe uma nova realidade para os cartórios, que agora operam em um ambiente onde a agilidade e a eficiência são palavras de ordem. Contudo, sempre vem à tona esta questão: Será o fim dos cartórios?

A dúvida surge, quanto se leva em consideração o papel tradicional do cartório, como guardião de documentos e registros fundamentais para a segurança jurídica. Entretanto, o implemento das tecnologias nos cartórios não somente facilita o acesso à informação, mas também democratiza o acesso aos serviços, permitindo que cidadãos de qualquer parte do país, e até do mundo, realizem atos notariais e registrais de forma remota.

Contudo, essa transformação não está isenta de desafios, pois uma das maiores preocupações no ambiente digital é a garantia da segurança dos dados.

E com a digitalização, surgem riscos associados a fraudes eletrônicas, vazamentos de dados e outras ameaças cibernéticas.

A confiança, que sempre foi o princípio basilar dos cartórios, precisa ser preservada mesmo nos ambientes onde as interações físicas são menos tangíveis e as relações se dão integralmente por meio digital.

Neste tocante, vale analisar a implementação da tecnologia blockchain já implementada nas serventias extrajudiciais denominada *Notarychain*, na qual ficam registrados os certificados digitais do E-Notariado, que é interligado por uma rede própria permissionada na qual cada nó obrigatoriamente é um tabelião.

Em agosto de 2023, o Colégio Notarial do Brasil (*CNB*) anunciou que chegou a um milhão de certificados digitais notarizados emitidos por meio da plataforma *e-Notariado*, que usa *blockchain* para arquivar a existência de cada assinatura. Esses certificados permitem que uma pessoa assine digitalmente todos os atos notariais da plataforma, como registro de firma para contratos públicos, casamentos e testamentos.

Isto demonstra que os serviços notariais e de registro estão a cada dia mais envoltos no manto tecnológico em todos os seus procedimentos, com objetivo de garantir a segurança jurídica, publicidade, autenticidade e legalidade a partir da fé pública.

Por outro lado, indubitavelmente a tecnologia blockchain é revolucionária e muito bem desenvolvida, contudo, apesar deste número surpreendente e da utilidade do blockchain, a conclusão a que se chega é que essa nova tecnologia é, a bem da verdade, uma grande aliada dos cartórios. E para os que acreditam que a *blockchain* poderia substituir o trabalho dos notários e registradores, acredita-se que essa visão é, pelo menos por hora, equivocada, pois são eles que irão realizar uma abordagem prudente para garantir que os benefícios dessa tecnologia sejam plenamente realizados sem maiores contratempos e prejudicar direitos adquiridos, pois que são os únicos capazes de implementar a boa-fé nos atos das serventias extrajudiciais.

CONSIDERAÇÕES FINAIS

A Era Digital das Serventias extrajudiciais, materializada na forma dos E-Cartórios, representa uma mudança paradigmática no sistema jurídico brasileiro.

A implementação dessas novas tecnologias, alinhadas à criação de legislação eficazes visam a modernizar um dos pilares mais tradicionais do direito, tornando-o mais acessível, eficiente e transparente.

Portanto, enquanto as inovações tecnológicas oferecem um caminho promissor para reforçar a segurança jurídica na lavratura e registro de escrituras, é primordial que sua implementação seja acompanhada de regulamentações claras e eficazes, com uma abordagem prudente dos notários e registradores com intuito de garantir os direitos dos envolvidos.

E mais importante do que criar condutas, é fazer com que as mudanças sejam efetivadas e, principalmente, estar em constante adaptação à realidade, com enfoque na implementação permanente da tecnologia à atividade cartorária.

Além disso, a adaptação a essa nova realidade exige não apenas uma reestruturação tecnológica, mas também cultural. A resistência à mudança é natural, especialmente em setores tão arraigados na tradição, mas é necessário que haja um esforço conjunto para acolher essa evolução.

Toda essa exposição foi essencial para se entender "onde estamos", mas, diante do dinamismo social e da constante evolução tecnológica, as mudanças não param e, consequentemente, a modernização também deve continuar e certamente a Era Digital das Serventias Extrajudiciais já é uma realidade.

REFERÊNCIAS

BONILHA FILHO, Márcio Martins; DUARTE, Andrey Guimarães. *A revolução tecnológica e o direito notarial* – o impacto da tecnologia na atividade notarial e a sua regulação pelo Provimento 100 da Corregedoria Nacional de Justiça. Editora Ibradim, 2020.

BRANDELLI, Leonardo. Inteligência artificial e o Registro de Imóveis. *Direito Registral e novas tecnologias*. Editora Forense, 2021.

BRASIL. Conselho Nacional de Justiça. Provimento 100/2020, de 26 de maio de 2020. Dispõe sobre a prática de atos notariais eletrônicos utilizando o sistema e-Notariado, cria a Matrícula Notarial Eletrônica-MNE e dá outras providências. Brasília, DF. 2020. Disponível em: https://atos.cnj.jus.br/atos/detalhar/3334. Acesso em: 31 ago. 2024.

BRASIL. Conselho Nacional de Justiça. Provimento 115/2021, de 24 de março de 2021. Institui a receita do fundo para implementação e custeio do SREI, estabelece a forma do seu recolhimento pelas serventias do serviço de registro de imóveis, e dá outras providências. Brasília, DF. 2021. Disponível em https://atos.cnj.jus.br/atos/detalhar/3823. Acesso em: 31 ago. 2024.

BRASIL. Conselho Nacional de Justiça. Provimento 134/2022, de 24 de agosto de 2022. Estabelece medidas a serem adotadas pelas serventias extrajudiciais em âmbito nacional para o processo de adequação à Lei Geral de Proteção de Dados Pessoais. Brasília, DF. 2022. Disponível em: chrome-extension://efaidnbmnnnibpcajpcglclefindmkaj/https://atos.cnj.jus.br/files/original141307202208256307837 3a0892.pdf. Acesso em: 31 ago. 2024.

BRASIL. Conselho Nacional de Justiça. Provimento 47/2015, de 18 de junho de 2015. Estabelece diretrizes gerais para o sistema de registro eletrônico de imóveis. Brasília, DF. 2015. Disponível em: https://atos.cnj.jus.br/atos/detalhar/2510. Acesso em: 31 ago. 2024.

BRASIL. Conselho Nacional de Justiça. Provimento 88/2019, de 01 de outubro de 2019. Dispõe sobre a política, os procedimentos e os controles a serem adotados pelos notários e registradores visando à prevenção dos crimes de lavagem de dinheiro, previstos na Lei 9.613, de 3 de março de 1998, e do financiamento do terrorismo, previsto na Lei 13.260, de 16 de março de 2016, e dá outras providências. Brasília, DF. 2019. Disponível em: https://atos.cnj.jus.br/atos/detalhar/3025. Acesso em: 31 ago. 2024.

BRASIL. Conselho Nacional de Justiça. Provimento 89/2019, de 18 de dezembro de 2019. Regulamenta o Código Nacional de Matrículas – CNM, o Sistema de Registro Eletrônico de Imóveis – SREI, o Serviço de Atendimento Eletrônico Compartilhado – SAEC, o acesso da Administração Pública Federal às informações do SREI e estabelece diretrizes para o estatuto do Operador Nacional do Sistema de Registro Eletrônico – ONR. Brasília, DF. 2019. Disponível em: https://atos.cnj.jus.br/atos/detalhar/3131. Acesso em: 31 ago. 2024.

BRASIL. Conselho Nacional de Justiça. Recomendação 14/2014, de 02 de julho de 2014. Dispõe sobre a divulgação do resultado de estudos realizados para a especificação do modelo de sistema digital para implantação de Sistemas de Registro de Imóveis Eletrônico – S-REI. Brasília, DF. 2014. Disponível em: https://atos.cnj.jus.br/atos/detalhar/2035. Acesso em: 31 ago. 2024.

BRASIL. Lei 11.977, de 07 de julho de 2009. Dispõe sobre o Programa Minha Casa, Minha Vida – PMCMV e a regularização fundiária de assentamentos localizados em áreas urbanas e dá outras providências. Brasília, DF. 2009 Disponível em: https://www.planalto.gov.br/ccivil_03/_ato2007-2010/2009/lei/l11977.htm. Acesso: 31 ago. 2024.

BRASIL. Lei 13.465, de 11 de julho de 2017. Dispõe sobre a regularização fundiária rural e urbana e dá outras providências. Brasília, DF. 2017 Disponível em: https://www.planalto.gov.br/cciviL_03///_Ato2015-2018/2017/Lei/L13465.htm. Acesso: 31 ago. 2024.

BRASIL. Lei 13.709, de 14 de agosto de 2018. Lei Geral de Proteção de Dados Pessoais (LGPD). Brasília, DF. 2018 Disponível em: https://www.planalto.gov.br/ccivil_03/_ato2015-2018/2018/lei/l13709.htm. Acesso: 31 ago. 2024.

BRASIL. Lei 14.382, de 27 de junho de 2022. Dispõe sobre o Sistema Eletrônico dos Registros Públicos (Serp); e dá outras providências. Brasília, DF. 2022 Disponível em: https://www.planalto.gov.br/cciviL_03/////_Ato2019-2022/2022/Lei/L14382.htm. Acesso: 31 ago. 2024.

BRASIL. Lei 6.015, de 31 de dezembro de 1973. Dispõe sobre os registros públicos, e dá outras providências. Brasília, DF. 1973. Disponível em: https://www.planalto.gov.br/ccivil_03/leis/l6015compilada.htm. Acesso: 31 ago. 2024.

BRASIL. Medida Provisória 2.200-2, de 24 de agosto de 2001. Institui a Infraestrutura de Chaves Públicas Brasileira – ICP-Brasil, transforma o Instituto Nacional de Tecnologia da Informação em autarquia, e dá outras providências. Brasília, DF. 2001 Disponível em: https://www.planalto.gov.br/ccivil_03/mpv/antigas_2001/2200-2.htm. Acesso: 31 ago. 2024.

CHEZZI, Bernardo (Org.). *Atos eletrônicos*: notas e registros. Editora Ibradim, 2021.

CHEZZI, Bernardo. Aplicação da LGPD ao Registro de Imóveis. *Direito Registral e novas tecnologias*. Editora Forense, 2021.

MORAES, Alexandre Nunes de. *Direito imobiliário e registral na prática*. 3. ed. Editora Imperium, 2024.

RODRIGUES, Marcelo. *Tratado de Registros Públicos e Direito Notarial*. 4. Ed. Editora JusPodivm, 2022.

SALLES, Marcos Huet Nioac de. A reinvenção do papel do cartório de imóveis na era da tecnologia *blockchain*: uma investigação exploratória. *Dissertação de Mestrado* – Administração Pública na Fundação Getúlio Vargas. Rio de Janeiro, 2019.

SENDER, Leandro. CAVALLI, Marina. *Imobiliário 4.0 Future Law*. Editora Foco, 2024.

TUTIKIAN, Cláudia Fonseca. *Propriedade imobiliária e o registro de imóveis*: perspectiva histórica, econômica, social e jurídica. Editora Quartier Latin. 2011.

LEILÃO JUDICIAL DE IMÓVEIS: DO INÍCIO AO FIM

Maurício Kronemberg Hartmann

Pós-graduado em Direito Empresarial (FGV-Rio). Leiloeiro público – JUCERJA n. 0217, credenciado junto ao TJ-RJ, TRT-1ª Região, PGFN, SENAD – Ministério da Justiça e Segurança Pública, dentre outros. www.mklance.com.br / @leiloeirorjoficial.

Guilherme Kronemberg Hartmann

Doutor e Mestre em Direito Processual (UERJ). Professor de Direito Processual Civil (UFRJ e EMERJ). Advogado. www.hartmannadv.com.br / @guilhermekhartmann.

Sumário: Introdução – 1. Noções gerais sobre a atividade executiva de expropriação patrimonial de bens do executado – 2. Leilão judicial; 2.1 Leiloeiro público; 2.2 Formato do leilão judicial e preço mínimo; 2.3 Pessoas inaptas a figurar como arrematante; 2.4 Publicidade do leilão judicial: edital e intimações necessárias.; 2.5 Processamento e aperfeiçoamento do leilão judicial; 2.6 Concurso de credores sobre o produto da expropriação; 2.7 Situações específicas em leilão judicial; 2.7.1 Garantia de evicção ao arrematante no caso de decisão judicial que determine a perda do bem imóvel arrematado; 2.7.2 Vícios redibitórios (vícios ocultos) no bem imóvel arrematado; 2.7.3 Responsabilidade tributária envolvendo o bem imóvel arrematado; 2.7.4 Responsabilidade pelas dívidas condominiais envolvendo o bem imóvel arrematado; 2.7.5 Leilão judicial de bem imóvel objeto de locação. – Conclusão – Referências.

INTRODUÇÃO

Segundo o relatório Justiça em Números do CNJ (2024), a execução constitui uma das fases processuais de maior morosidade no judiciário nacional,[1] implicando sua demora na inefetividade da tutela jurisdicional.[2]

O leilão judicial constitui o formato de expropriação tido como padrão (embora não preferencial, como se verá) na execução de quantia certa, sobretudo no que se refere à imóveis (art. 79, CC) de titularidade do executado, em razão do substancial valor envolvido; bem como pelo caráter de estaticidade, pois não ocorrente seu extravio ou desaparecimento, algo corriqueiro quando se trata de bem penhorado de natureza móvel.

---

1. Disponível em: https://www.cnj.jus.br/wp-content/uploads/2024/05/justica-em-numeros-2024-v-28-05-2024.pdf. Acesso em: 27 out. 2024.
2. Em abrangente estudo sobre o assunto, embora no regime do CPC/1973: GRECO, Leonardo. A crise no processo de execução. *Estudos de direito processual*. Faculdade de Direito de Campos, 2005, p. 07-88.

Passa-se ao estudo descritivo desta modalidade expropriatória do patrimônio imobiliário do executado, em abordagem dos elementos necessários para que tal medida processual seja válida e verdadeiramente efetiva, o que exige contrabalancear os princípios antagônicos da realização no interesse do credor e da menor onerosidade possível ao devedor.

1. NOÇÕES GERAIS SOBRE A ATIVIDADE EXECUTIVA DE EXPROPRIAÇÃO PATRIMONIAL DE BENS DO EXECUTADO

A atividade executiva é caracterizada como de *natureza satisfativa*, por servir à satisfação do direito do credor, cuja obrigação se vê reconhecida em título executivo (arts. 515; ou 784, CPC), havendo inadimplemento do devedor (art. 786, CPC), mediante atuação da sanção pelo Poder Judiciário, independente da vontade daquele que figure como devedor (noção de "execução forçada", aplicável à expropriação de bens).

O objetivo da execução é outorgar ao credor tudo aquilo que este teria direito caso a obrigação fosse cumprida espontaneamente (no que se denomina de princípio do exato adimplemento).

A execução entre particulares se dá mediante a *expropriação de bens do devedor*, despojando-o de seu patrimônio, para que estes sirvam ao pagamento do respectivo credor.[3] Para tanto, é necessário antes integrar o demandado ao processo (citando-o ou intimando-o, conforme se trate de execução de título extrajudicial ou judicial, vide arts. 829; e 513, § 2º, CPC), apurar e encontrar bem de titularidade deste, para penhorá-lo (impor-lhe um gravame judicial por ordem judicial, individualizando-o, vide arts. 831-869, CPC) e avaliá-lo (dar-lhe dimensão econômica, vide arts. 870-875, CPC);[4] sendo chancelado, em cada um destes atos, o direito ao contraditório, inclusive mediante apresentação de defesa específica pelo executado (vide arts. 525, § 1º, IV; e 917, II, CPC, conforme o caso).

Ultrapassadas tais fases, seguirão os atos de expropriação de bens (art. 875, CPC), numa forma de desapossar o executado de sua propriedade, visando à

---

3. CÂMARA, Alexandre Freitas. *Manual de direito processual civil*. Barueri: Atlas, 2022, p. 733-734, expõe que "através dos atos expropriatórios se fará que o executado perca a propriedade (ou outro direito de que seja titular) que tem sobre o bem penhorado, independentemente de sua vontade, por força da atuação estatal", discriminando que "na expropriação realizada em sede executiva não há venda do bem (já que não há, aqui, uma manifestação de vontade relevante por parte do executado, no sentido de desfazer-se, voluntariamente, do bem penhorado)".

4. Concernente à importância da avaliação do bem penhorado, mormente por amoldar o valor-base para a atividade processual seguinte da expropriação: "A avaliação é ato probatório que tem duas finalidades principais: permitir o ajuste da penhora ao valor do crédito exequendo, através da redução, da ampliação ou da substituição de bens, caso se verifique excesso ou insuficiência; servir de valor mínimo para arrematação na 1ª praça [leilão judicial] e para a remição dos bens" (GRECO, Leonardo. A crise no processo de execução. *Estudos de direito processual*. Faculdade de Direito de Campos, 2005, p. 49).

LEILÃO JUDICIAL DE IMÓVEIS: DO INÍCIO AO FIM **213**

satisfação do credor, cujo regramento é comum para a execução de obrigação de pagar escorada em título executivo extrajudicial ou judicial (art. 771, CPC).

A medida preferencial expropriatória é a (i) *adjudicação* (*vide* arts. 880 e 881, CPC), provocando a transferência do próprio bem penhorado para o exequente, ou mesmo para outras pessoas expressamente indicadas – como os credores concorrentes que tenham penhorado o mesmo bem, além do cônjuge ou companheiro, descendentes ou ascendentes do executado (art. 876, § 5º, CPC) –, por mero requerimento do interessado nos autos.

A vantagem desta medida é a celeridade, já que não se terá a oferta pública do bem (já que não se sabe sequer se haverá interessados num eventual leilão judicial que fosse realizado), sendo inexigível a publicação de editais. Uma possível desvantagem ao exequente deve ser assimilada caso o bem tenha sido avaliado em montante excessivo em comparação ao mercado, já que a adjudicação exige o respeito ao valor da avaliação (art. 876, *caput*, CPC).

Se não ocorrente a adjudicação do bem penhorado, por não haver interessados, outra medida expropriatória possível é a (ii) *alienação por iniciativa particular* (art. 880, CPC), mais uma vez sem a oferta pública do bem. Caracteriza-se esta última pela iniciativa particular para localização de compradores, inclusive por intermédio de leiloeiro público credenciado perante a autoridade judiciária (art. 880, § 3º, CPC), para depois se permitir uma alienação judicial. Apurando-se um terceiro que pague o valor da avaliação ou o preço mínimo fixado pelo juiz, ter-se-á a vantagem da desnecessidade de publicação de editais.

Tal medida pode ser requerida pelo exequente, como também pelo executado, por exemplo, alegando conseguir um comprador pelo preço da avaliação. Isso é plenamente factível, já que o executado tem razões para preferir vender o bem a um terceiro que pague o "preço cheio" e, assim, impedir a realização do leilão judicial, quando o bem poderia ser arrematado eventualmente por valor até de 50% do bem (vide noção extraída do art. 891, CPC). Diga-se que até o terceiro adquirente se verá mais confiante em comprar um bem já penhorado na hipótese de efetuar o pagamento em juízo, de modo a evitar o risco de ocorrência de fraude de execução praticada pelo devedor (alienação irregular a terceiro, fraudando os direitos do credor).

Se não houver prévia adjudicação ou alienação por iniciativa particular, outra modalidade expropriatória – a qual se dedica precisamente o presente trabalho – é a (iii) *alienação em leilão judicial* (arts. 881/903, CPC), através de oferta pública do bem, comumente denominada arrematação.

Finaliza-se o presente tópico com a abordagem de que o executado poderá a todo tempo remir a execução (pagar ou consignar o crédito), desde que antes de adjudicados ou alienados os bens (arts. 826 e 902, CPC), "salvando-os" da expropriação, o que permitirá a extinção da execução pela satisfação do credor (art. 924, II, CPC). Após perfeita, acabada e irretratável a arrematação (art. 903, CPC) – momento que será estudado mais à frente no texto –, não mais poderá o executado se valer do instituto da remição.

2. LEILÃO JUDICIAL

O leilão judicial nada mais é que uma licitação, onde os bens penhorados serão expropriados e incorporados ao patrimônio de quem os arrematar, diante do maior lance/oferta acima do preço mínimo, finalizada a disputa ("batido o martelo" pelo leiloeiro público).[5] Arrematar é "pôr fim" ao leilão.

Não é necessário convite para a participação de eventual interessado no leilão judicial, afinal estamos a tratar de alienação em "hasta pública", sintetizando a oferta pública do bem penhorado, pois "ao Estado não é dado escolher o adquirente".[6]

No regime legal anterior, ditava-se a realização de "praça" do bem penhorado quando imóvel; e de "leilão" quando se tratasse de bem móvel (arts. 686, IV, e 686, § 2º, CPC/1973), cuja distinção de terminologia não mais subsiste nesse plano.

2.1 Leiloeiro público

Exige-se a nomeação de *leiloeiro público*, verdadeiro auxiliar da justiça, para a realização do leilão judicial (art. 881, § 1º, CPC).[7]

Segundo a legislação, assegura-se a sua indicação pelo exequente (art. 883, *in fine*, CPC), principal interessado no desfecho positivo da expropriação, muito embora seja possível o controle mediante juízo discricionariedade judicial, devidamente fundamentado (*v.g.*, ausência de credenciamento regular do leiloeiro

---

5. Várias são as estratégias para dar lance, a depender, inclusive, do interesse do arrematante, como adquirir o bem imóvel em específico para moradia, ou mesmo como investidor, hipótese última em que costuma se ter uma preocupação maior com o preço inferior de arrematação para que seja possível a revenda com lucro. Em geral, o segundo leilão tende a ter mais interessados afinal a abertura de lances aos interessados parte de preço mínimo inferior ao da avaliação do imóvel, o que não ocorre no primeiro leilão, tornando aquele financeiramente mais atrativo. Fazer o leilão avançar aos poucos, a conta-gotas, com lance subsequente pouco acima daquele formulado antes pelo interessado adversário, sucessivamente, tende a se demonstrar uma tática de paciência; por sua vez, fazer um lance bem superior ao preço mínimo do leilão judicial, justamente pela demonstração de tamanho desejo em arrematar o referido bem, pode servir para afastar de pronto os interessados adversários investidores.

6. DIDIER Jr., Fredie; CUNHA, Leonardo Carneiro; BRAGA, Paula Sarno; OLIVEIRA, Rafael Alexandria de. *Curso de direito processual civil: execução*. 7 ed. Salvador: JusPodivm, 2017, p. 926.

7. A Corte Suprema deliberou pela vedação do credenciamento de instituições públicas ou privadas para a realização de alienações judiciais eletrônicas e assegurando que apenas os leiloeiros devidamente habilitados nas Juntas Comerciais realizem tal atividade (STF – AO 2.611/DF, Rel. Min. Roberto Barroso, j. 02.03.2023).

público e/ou entraves que possam atestar a sua falta de idoneidade, a justificar a recusa fundamentada pelo juiz).

Quanto ao poderio judicante para indicação do leiloeiro, pode-se argumentar: (i) cabe ao julgador dirigir o processo (art. 139, CPC), velando pela eficiência jurisdicional; (ii) tanto cabe ao julgador velar pelo êxito do leilão judicial que lhe é atribuído o poder de fixar o preço mínimo para arrematação (art. 885, CPC); (iii) o art. 883, CPC, expõe a "faculdade" e não o direito de o exequente indicar o leiloeiro, o que se submete ao crivo do Judiciário, que pode ou não acatar a vontade do exequente; (iv) o leiloeiro público atua de forma similar a de "perito" no aspecto de auxílio à tarefa judicante, cabendo ao juiz designá-lo.

Diga-se que o CPC/1973 previa que *"o leiloeiro seria indicado livremente pelo credor"* (art. 706), porém, ainda assim, a jurisprudência de Tribunal Superior entendia que o julgador poderia controlar tal indicação: "1. Infere-se do art. 706 do CPC/1973 (o leiloeiro público será indicado pelo exequente) ser juridicamente possível a indicação de leiloeiro público pelo exequente, o que significa dizer que o credor tem o direito de indicar, mas não de ver nomeado o leiloeiro indicado, porquanto inexiste obrigação de homologação pelo juiz" (STJ – REsp 1.354.974/ MG, 2ª Turma, j. 05.03.2013).

Dentre as funções do leiloeiro, destacam-se a publicação do edital e a ampla divulgação da alienação (art. 887, *caput*, CPC), o que se vê favorecido quando se tenha um profissional com reputação no mercado e amplitude para atrair interessados.

O leiloeiro tem o direito de receber do arrematante a *comissão* estabelecida em lei ou arbitrada pelo juiz (art. 884, parágrafo único, CPC c/c art. 24, Decreto 21.981/1932), que constará no edital que precede o leilão (art. 886, II, CPC). A comissão é devida se houver alienação e recairá sobre o preço da alienação, e não da avaliação do atinente bem.

Entende-se que, caso frustrado o leilão judicial, o leiloeiro público tem direito ao reembolso das quantias desembolsadas para anúncios, guarda e conservação do que lhe for entregue para vender, conforme o caso, a depender da causalidade (*v.g.*, deve ser tido como devido o reembolso da comissão quando, após anunciado o bem, vem o credor a desistir da expropriação do mesmo).

Sobre o assunto: "3. O direito subjetivo à comissão exsurge quando efetivamente realizada a hasta ou leilão, com a consequente arrematação do bem, cabendo ao arrematante o dever de efetuar o pagamento da referida remuneração. Inexistente a arrematação, o leiloeiro faz jus somente à percepção das 'quantias que tiver desembolsado com anúncios, guarda e conservação do que lhe for entregue para vender, instruindo a ação com os documentos comprobatórios dos pagamentos que houver efetuado, por conta dos comitentes e podendo reter em seu poder algum objeto, que pertença ao devedor, até o seu efetivo embolso'" (STJ – AgInt no REsp 1.984.186/PR, 3ª Turma, j. 30.05.2022).

2.2 Formato do leilão judicial e preço mínimo

O leilão judicial pode se dar de *forma eletrônica ou presencial* (art. 879, II, CPC), sendo preferencialmente realizado eletronicamente (art. 882, CPC), preenchidos os requisitos de ampla publicidade, autenticidade e segurança, com observância das regras estabelecidas na legislação sobre certificação digital (art. 882, § 2º, CPC).

O leilão eletrônico encontra-se devidamente regulamentado pelo Conselho Nacional de Justiça (Resolução 236/2016, CNJ), cabendo ao leiloeiro público *"criar e manter, na rede mundial de computadores, endereço eletrônico e ambiente web para viabilizar a realização de alienação judicial eletrônica e divulgar imagens dos bens ofertados"* (art. 5º, XI). Dispõe, ainda, que o usuário interessado em participar da alienação judicial eletrônica deverá se cadastrar previamente no site respectivo (art. 12), de forma gratuita (art. 13). Na prática, também convém expor que o período de realização da alienação judicial eletrônica terá sua duração definida pelo juiz da execução ou pelo leiloeiro (art. 20); e que, "sobrevindo lance nos 3 (três) minutos antecedentes ao termo final da alienação judicial exclusivamente eletrônica, o horário de fechamento do pregão será prorrogado em 3 (três) minutos para que todos os interessados tenham oportunidade de ofertar novos lances" (art. 21).

Segundo a legislação processual, podem ser realizadas *duas licitações*, constando as duas datas no edital publicado com antecedência (art. 886, V, CPC).[8]

Em princípio, o primeiro leilão seguirá o valor da avaliação do bem penhorado; e, no segundo, terá como base de partida o valor de 50% da respectiva avaliação, sob pena de ocorrência do *vício de arrematação por preço vil* (art. 891, CPC) – motivo de sua invalidação (art. 903, § 1º, I, CPC) –, cujo conceito perde sua indeterminação na legislação processual de 2015 (art. 891, parágrafo único, CPC).

A demarcação de um preço mínimo para que não se caracterize a vileza do leilão judicial é exemplo marcante do princípio do menor onerosidade possível ao executado (art. 805, CPC), garantindo, de modo razoável, uma "arrematação por preço justo", isto é, um razoável retorno financeiro ao devedor pela perda do bem penhorado.

---

8. "Projetando-se o eventual fracasso do primeiro, já se designa o segundo. Na ausência de previsão legal, caberá ao juiz fixar um prazo entre o primeiro e o segundo leilão judicial que seja relativamente amplo para os novos interessados surgirem, e relativamente curto, para não eternizar o procedimento" (NEVES, Daniel Amorim Assumpção. *Manual de direito processual civil* – volume único. 9 ed. Salvador: JusPodivm, 2017, p. 1.294).

Entretanto, não se impede o juiz de, fundamentadamente, fixar *preço mínimo* de arrematação diverso (art. 885, CPC), inclusive inferior à base legal, desde que a decisão seja devidamente fundamentada conforme as circunstâncias da causa, considerando o princípio antagônico da realização da execução no interesse do exequente (art. 797, CPC).[9]

Assim entendeu o seguinte precedente jurisdicional: "5. A jurisprudência desta Corte flexibiliza o conceito legal de preço vil em hipóteses específicas e reconhece a possibilidade de, diante das peculiaridades da situação em concreto, admitir a arrematação em valor menor ao equivalente a cinquenta por cento da avaliação do bem, sem caracterizar preço vil. Precedentes. 6. Hipótese em que o imóvel foi alienado por 53,86% do valor originário da avaliação e por 41,45% do valor atualizado desde a última tentativa de alienação por hasta pública. Ainda, importa considerar que foram realizadas diversas tentativas frustradas de alienação judicial (12 ao total), e que, no particular, a recorrente foi imitida na posse do imóvel em novembro de 2018 e já realizou, inclusive, diversas benfeitorias no local" (STJ – REsp 2.039.253/SP, 3ª Turma, j. 21.03.2023).

Deixe-se claro que o decurso de tempo considerável entre a avaliação do bem e a realização do leilão pode configurar a situação de preço vil em razão da defasagem do preço. Nesse sentido: "1. A realização de leilão mais de dois anos após a data em que feita a avaliação do imóvel é capaz de impor prejuízo ao executado, pois tal lapso temporal é suficiente para alterar substancialmente o valor do bem. 2. Ademais, é de se considerar que a variação do valor de imóveis perante o mercado imobiliário não ocorre pelos mesmos índices aplicáveis à dívida executada, de modo que se torna essencial que o leilão ocorra com base no valor atualizado do bem, para evitar descompasso entre o valor pago pelo arrematante e o verdadeiro valor do bem" (STJ – AgInt no REsp 1.130.982/PB, 4ª Turma, j. 15.08.2017).

Não havendo arrematantes nas duas datas designadas, tem-se como possível requerer a designação de um *eventual terceiro leilão* (STJ – REsp 946.660/MS, 3ª Turma, j. 10.09.2011). Aliás, frustradas as tentativas de alienação do bem, será reaberta oportunidade para requerimento de adjudicação pelo credor, ou mesmo de realização de uma *nova avaliação* (art. 878, CPC), de maneira a aproximar a avaliação do valor de mercado do bem e evitar que o preço vil seja descaracterizado em virtude do fator inflacionário acumulado nesse entrementes (STJ – EDcl no Ag 1.365.203/RJ, 4ª Turma, j. 21.06.2012). É como dita a lei (art. 873, II, CPC).

---

9. Vale a ressalva de que o juiz não é obrigado a fixar preço mínimo. Fórum Permanente de Processualistas Civis – FPPC, enunciado 193: "(arts. 885, 886, II, 891, parágrafo único) Não justifica o adiamento do leilão, nem é causa de nulidade da arrematação, a falta de fixação, pelo juiz, do preço mínimo para a arrematação".

O julgador poderá *adiar* o leilão judicial por prazo não superior a 1 ano, se verificado que o *imóvel de incapaz* não alcança em praça pelo menos 80% do valor da avaliação (art. 896, CPC), autorizando a locação neste interregno (art. 896, § 3º, CPC).

Por outro lado, o julgador poderá *antecipar* o leilão judicial quando os bens estiverem sujeitos à deterioração ou depreciação, bem como houver manifesta vantagem (art. 852, CPC), sem que a lei tenha especificado a modalidade de expropriação.

A lei fixa *direito de preferência*, havendo mais de um pretendente e *no caso de igualdade de oferta*, para o cônjuge, o companheiro, o descendente ou o ascendente do executado nesta ordem (art. 892, § 2º, CPC). Também o coproprietário de bem indivisível tem preferência na arrematação do bem *em igualdade de condições* (art. 843, § 1º, CPC). Em suma, o lance superior pode glosar os direitos de preferência assinalados.

2.3   Pessoas inaptas a figurar como arrematante

Cabe esclarecer que algumas pessoas não podem participar do leilão judicial como *arrematante*, como tutores e curadores sobre os bens confiados à sua guarda; leiloeiros e seus prepostos, quanto aos bens de cuja venda estejam encarregados; dentre outros (art. 890, CPC c/c art. 497, CC).[10]

No entanto, não havendo ressalva na legislação e por uma questão de igualdade, segue-se o raciocínio de que o próprio *exequente* que não quis adjudicar o bem (art. 876, CPC) poderá, num segundo leilão judicial, participar da licitação ofertando lanço inferior ao da avaliação, desde que supere a oferta dos outros licitantes concorrentes, e que não seja considerado preço vil. Feito isso, com a arrematação do bem pelo próprio exequente/credor, não precisará este exibir o preço (depositar o valor) se a dívida não tiver sido suportada pela hasta pública realizada (art. 892, § 1º, CPC), tratando-se de medida bem interessante ao credor.[11]

Nesse sentido é a jurisprudência: "Legítima a arrematação de lote de bens penhorados pelo credor em segunda hasta pública em lanço inferior ao preço avaliado" (STJ – REsp 325.291/MS, 4ª Turma, j. 21.06.2001; como também STJ – REsp 1.006.387/SC, 3ª Turma, j. 02.09.2010).

---

10. Fórum Permanente de Processualistas Civis – FPPC, enunciado 542: "(art. 903, caput, §§ 1º e 4º) Na hipótese de expropriação de bem por arrematante arrolado no art. 890, é possível o desfazimento da arrematação".

11. HARTMANN, Rodolfo Kronemberg; HARTMANN, Guilherme Kronemberg. *Petições & prática cível.* 6. ed. São Paulo: Rideel, 2024, p. 368.

2.4 Publicidade do leilão judicial: edital e intimações necessárias.

Um fator relevante para legitimar a arrematação é a publicidade. Para ciência de interessados, a hasta pública deverá ser precedida da *publicação de edital*, com eficácia *erga omnes*, que conterá a descrição do bem penhorado com suas características (art. 886, I, CPC); valor da avaliação, preço mínimo em que pode ser alienado, condições de pagamento, e, se for, o caso a comissão do leiloeiro designado (art. 886, II, CPC); indicação do local para o leilão presencial (arts. 886, IV; e 882, § 3º, CPC); alerta sobre a possibilidade de realização de um segundo leilão, caso o primeiro reste sem licitantes (art. 886, VI, CPC); e sobre a existência de ônus sobre o bem, ou ação judicial pendente sobre os bens (art. 868, VI, CPC),[12] sob pena de nulidade da arrematação (art. 903, § 1º, I, *in fine*, CPC).

O edital será publicado na rede mundial de computadores, em sítio designado pelo juízo da execução, com informação da realização eletrônica ou presencial do leilão (art. 887, § 2º, CPC).

Se não for possível a publicação na rede mundial de computadores, bem como considerando o juiz que tal meio de divulgação é insuficiente ou inadequado, o edital será afixado em local de costume e publicado, em resumo, pelo menos uma vez em jornal de grande circulação local (art. 887, § 3º, CPC).

O formato de publicidade é maleável, podendo o juiz mandar o edital ser publicado em local de grande circulação, ou em avisos em emissora de rádio e televisão local, conforme o caso (art. 887, § 4º, CPC).[13] Por exemplo, o edital sobre bens imóveis ou veículos automotores deve ser publicado, preferencialmente, na seção ou no local reservado à publicidade dos respectivos negócios (art. 887, § 5º, CPC).

Além da publicação do edital, constitui ato processual indispensável para a alienação judicial a *intimação prévia do executado*, cuja comunicação processual pode se dar através de seu advogado, ou, subsidiariamente, por carta registrada, mandado, edital ou outro meio idôneo (art. 889, I, CPC). Já se admitiu a sua intimação via hora certa sobre a realização da hasta pública, diante de apurada manobra procrastinatória (STJ – REsp 1.024.001/RJ, 3ª Turma, j. 18.08.2009).

---

12. "A condição jurídica do bem penhorado também é de extremo interesse do terceiro eventualmente interessado na arrematação, de forma que é plenamente justificável a exigência de que conste do edital a existência de ônus, recurso, processo pendente sobre os bens a serem leiloados (..) somente dessa forma o terceiro terá como calcular os benefícios da arrematação do bem" (NEVES, Daniel Amorim Assumpção. *Manual de direito processual civil – volume único*. 9 ed. Salvador: JusPodivm, 2017, p. 1.294).

13. Outro exemplo perspicaz: "penhorado espaço-estacionamento em condomínio horizontal, em lugar de publicar o edital na imprensa, o órgão judiciário poderá divulgar a hasta pública, eficientemente, através de carta dirigida aos condôminos e vizinhos" (ASSIS, Araken de. *Manual da Execução*. 11. ed. São Paulo: RT, 2007, p. 741).

Segundo a lei, se o executado for revel e não tiver advogado constituído, não constando dos autos seu endereço atual ou, ainda, não sendo ele encontrado no endereço constante do processo, a intimação considerar-se-á feita por meio do próprio edital de leilão (art. 889, parágrafo único, CPC).

Será eventualmente necessária a *intimação de outras pessoas (terceiros)*, como o coproprietário de bem indivisível do qual tenha sido penhorada fração ideal;[14] o credor hipotecário; e o credor que tenha penhora anteriormente averbada (vide arts. 889; e 843, CPC), justamente para garantir o exercício dos respectivos direitos.

Explique-se que a lei prevê uma garantia ao coproprietário ou ao cônjuge/companheiro não executado em relação a sua quota-parte sobre o bem indivisível: não será levada a efeito expropriação por preço inferior ao da avaliação na qual o valor auferido seja incapaz de garantir a estes o correspondente à sua quota-parte calculado sobre o valor da avaliação (art. 843, § 2°, CPC).

De forma bem esclarecedora: "3. O CPC de 2015, ao tratar da penhora e alienação judicial de bem indivisível, ampliou o regime anteriormente previsto no CPC/1973. 4. Sob o novo quadro normativo, é autorizada a alienação judicial do bem indivisível, em sua integralidade, em qualquer hipótese de copropriedade. Ademais, resguarda-se ao coproprietário alheio à execução o direito de preferência na arrematação do bem ou, caso não o queira, a compensação financeira pela sua quota-parte, agora apurada segundo o valor da avaliação, não mais sobre o preço obtido na alienação judicial (art. 843 do CPC/15). 5. Nesse novo regramento, a oposição de embargos de terceiro pelo cônjuge ou coproprietário que não seja devedor nem responsável pelo adimplemento da obrigação se tornou despicienda, na medida em que a lei os confere proteção automática. Basta, de fato, que sejam oportunamente intimados da penhora e da alienação judicial, na forma dos arts. 799, 842 e 889 do CPC/15, a fim de que lhes seja oportunizada a manifestação no processo, em respeito aos postulados do devido processo legal e do contraditório" (STJ – REsp 1.818.926/DF, 3ª Turma, j. 13.04.2021).

Em geral, um bom leiloeiro público dará plena informação sobre os requisitos a serem preenchidos para que o leilão judicial se dê de forma válida e eficaz, sem risco de retrocessos.

2.5 Processamento e aperfeiçoamento do leilão judicial

Após a realização da hasta pública, será lavrado o *auto de arrematação*, podendo abranger bens penhorados em mais de uma execução (art. 901, CPC),

---

14. Conselho da Justiça Federal – CJF, enunciado 154 (II Jornada de Direito Processual Civil): "O exequente deve providenciar a intimação do coproprietário no caso da penhora de bem indivisível ou de direito real sobre bem indivisível".

LEILÃO JUDICIAL DE IMÓVEIS: DO INÍCIO AO FIM

sendo assinado pelo juiz, pelo arrematante e pelo leiloeiro, o que a tornará *perfeita, acabada e irretratável* (art. 903, CPC).

Após isso, não mais poderá o executado remir a execução (art. 902, CPC), em proteção aos direitos do arrematante, o qual adquiriu o bem em procedimento legal conduzido por um magistrado (STJ – AgRg no REsp 844.532/SP, 6ª Turma, j. 18.11.2008).

Também não poderá mais o executado alegar, por exemplo, vício relacionado à impenhorabilidade do imóvel arrematado, ainda que único bem de residência (Lei 8.009/1990): "*1. A impenhorabilidade do bem de família pode ser alegada a qualquer tempo nas instâncias ordinárias, enquanto não consumada a arrematação do imóvel. Precedentes*" (STJ – AgInt no AREp 2.423.154/SP, 4ª Turma, j. 15.04.2024).

Entretanto, a existência de *vícios na atividade expropriatória* pode fazer com que a arrematação seja (i) *invalidada*, quando realizada por preço vil ou com outro vício (art. 903, § 1º, I, CPC), remetendo à hipótese de vícios intrínsecos da arrematação; (ii) considerada *ineficaz*, se não respeitado o art. 804, CPC, que versa sobre a intimação do credor pignoratício, hipotecário ou anticrético, quando o bem esteja assim gravado (art. 903, § 1º, II, CPC), isto é, na falta de comunicação de certa pessoa, a qual para si não será eficaz a arrematação; ou (iii) *resolvida*, se não for pago o preço ou se não for prestada caução (art. 903, § 1º, III, CPC), tendo relação com fato ulterior à arrematação.

Se provocado em até 10 dias após o aperfeiçoamento da arrematação, por *simples petição* (defesa não mais veiculada com a denominação de "embargos à arrematação"), o juiz decidirá acerca de vícios na arrematação (art. 902, § 2º, CPC), mediante decisão interlocutória sujeita a agravo de instrumento (art. 1.015, parágrafo único, CPC).

Ultrapassado esse prazo de 10 dias, será expedida a carta de arrematação e, conforme o caso, a ordem de entrega ou mandado de imissão na posse (art. 903, § 3º, CPC), mediante mera questão incidental processual (não sendo necessário ajuizar diversa ação de imissão na posse pelo interessado). Daí em diante, a invalidação da arrematação somente poderá ser pleiteada por *ação autônoma*, em cujo processo o arrematante figurará como litisconsorte necessário passivo, isto é, obrigatoriamente ocupará o polo passivo, podendo naturalmente se defender (art. 903, § 4º, CPC).

Deixe-se claro que o arrematante poderá desistir da arrematação, sendo--lhe imediatamente devolvido o depósito, (i) se provar, nos 10 dias seguintes, a existência de ônus real ou gravame não mencionado no edital; (ii) caso alegados algum dos vícios mencionados pelo executado; bem como (iii) quando citado para responder à ação autônoma, no prazo da contestação desta (art. 903, § 5º, CPC). Aliás, considera-se ato atentatório à dignidade da justiça a suscitação infundada de vício com o objetivo de ensejar a desistência do arrematante, sujeito à multa (art. 903, § 6º, CPC).

O arrematante deve demonstrar o *pagamento "de imediato"*, por depósito judicial ou meio eletrônico, salvo pronunciamento judicial em sentido diverso, flexibilizando a referida regra (art. 892, CPC). A transferência para conta judicial denota segurança jurídica favorável ao arrematante que, assim, não corre risco de pagamento indevido e perda da respectiva quantia financeira.

É admissível o *parcelamento do pagamento*, desde que seja apresentada proposta, *por escrito*, *antes* da realização do leilão (art. 895, CPC), com oferta de lance à vista de pelo menos 25% e o restante parcelado em até 30 meses, garantido por caução idônea, quando se tratar de móveis; e por hipoteca do próprio bem, quando se tratar de imóvel (art. 895, § 2º, CPC).[15]

A apresentação desta proposta não suspende o leilão (art. 895, § 6º, CPC) e não prevalece sobre a proposta de pagamento à vista (art. 895, § 7º, CPC). No sentido exposto: "2. A jurisprudência desta Corte Superior é no sentido de que, em leilão judicial, a proposta de pagamento à vista sempre terá preferência sobre as propostas de pagamento parcelado, ainda que o valor oferecido seja inferior, já que o pagamento à vista satisfará imediatamente a dívida. Exegese do art. 895, § 7º, do CPC" (STJ – AgInt no REsp 2.014.520/MS, 3ª Turma, j. 27.11.2023).

Então, será expedida a ordem de entrega do bem móvel ou a carta de arrematação do bem imóvel (art. 903, § 3º, *in fine*, CPC), formalizando a aquisição do bem pelo arrematante. Se imóvel, impõe-se levar a registro, com o que o arrematante adquirirá a propriedade do bem (art. 1.245, CC).[16]

Findará a execução pela entrega do dinheiro ao exequente (art. 904, II, CPC), até o limite do seu crédito atualizado, incluindo consectários como custas judiciais e honorários de advogado. A expedição de mandado de levantamento pode ser substituída pela transferência eletrônica do valor depositado em conta vinculada ao juízo para outra indicada pelo exequente (art. 906, parágrafo único, CPC).

Sobrando dinheiro, restituir-se-á ao executado o saldo (art. 907, CPC).

---

15. "Considerando o poder atribuído ao juiz para estabelecer as condições de pagamento do preço (art. 885 do CPC/2015), é possível que já de partida o magistrado flexibilize a regra de pagamento à vista, por exemplo, em razão do elevado valor atribuído ao bem penhorado e consequente alto preço mínimo estabelecido para este, assinando um prazo para a transferência do numerário" (BONDIOLI, Luis Guilherme Aidar. In: CABRAL, Antônio do Passo; CRAMER, Ronaldo (Coord.). *Comentários ao novo Código de Processo Civil*. 2 ed. Rio de Janeiro: Forense, 2016, p. 1.269).

16. Conselho da Justiça Federal – CJF, enunciado 14 (I Jornada de Direito Notarial e Registral): "Para registro de imóveis, a carta de arrematação dispensa a certidão de trânsito em julgado".

2.6 Concurso de credores sobre o produto da expropriação

Havendo vários credores perseguindo um bem específico do patrimônio do executado, ocorrerá o chamado *concurso singular de credores* (art. 908, CPC), em análise das preferências legais existentes, fazendo com que não seja possível simplesmente liberar o valor ao exequente – daí a importância de prévia intimação dos terceiros ditados pela lei (arts. 799; e 804, CPC)

Difere do chamado *concurso universal de credores*, pois neste último estes concorrem em relação a todo o patrimônio do executado insolvente (*v.g.*, art. 748, CPC/1973, mantido pelo art. 1.052, CPC). Em explicação: "1. Havendo duas execuções movidas contra o mesmo devedor, com pluralidade de penhoras sobre o mesmo bem, instaura-se o concurso especial ou particular, posto não versar o mesmo a totalidade dos credores do executado, nem todos os seus bens, o que caracterizaria o concurso universal" (STJ – REsp 501.924/SC, 1ª Turma, j. 04.11.2003).

Nos dois casos, há de se perquirir a primazia de pagamento, mas, no concurso singular de credores, os credores quirografários (sem garantia material) receberão conforme sua preferência de caráter processual (realização da penhora em primeiro lugar), nos termos legais (art. 797, CPC).

O concurso singular constitui um incidente processual apenas entre os credores,[17] sendo resolvido por decisão de natureza interlocutória que poderá ser atacada por agravo de instrumento (arts. 909; e 1.015, parágrafo único, CPC).

A competência para o seu processamento e julgamento é do juízo da execução que detém à sua disposição o produto da arrematação, o qual poderá ordenar os pagamentos de acordo com os títulos de preferência apresentados (art. 908, CPC).

Sobre a *primazia de pagamento*, em primeiro lugar se analisa (i) a *natureza do crédito*, em razão da existência da gradação vertical que o envolve, em virtude da opção legislativa de resguardo de determinados interesses e valores jurídicos considerados importantes. Daí, ficam na frente os créditos trabalhistas, fiscais (art. 186, CTN), além daqueles que haja hipoteca, penhor, dentre outros (arts. 957/961, CC).

Em visualização: "1. O crédito trabalhista prefere a todos os demais, independentemente da existência de penhora na reclamação trabalhista. 2. Se em outra execução há alienação do bem penhorado, cede a preferência para atender ao credor trabalhista que goza da preferência das preferências. 3. A preferência de direito processual não tem a força para sobrepor-se à preferência de direito material. Precedentes" (STJ – REsp 1.180.192/SC, 2ª Turma, j. 16.03.2010).

---

17. CÂMARA, Alexandre Freitas. *Manual de direito processual civil*. Barueri: Atlas, 2022, p. 745, destaca que "o executado não terá qualquer participação no incidente".

Após o crédito trabalhista, goza de preferência o crédito tributário perante o condominial e o hipotecário, nessa ordem. São os termos do verbete sumular 276, TJ-RJ: "O crédito tributário prefere ao condominial e este ao hipotecário". No mesmo sentido: "4. A jurisprudência do STJ orienta que o crédito resultante de despesas condominiais tem preferência sobre o crédito hipotecário. 5. No concurso singular de credores, o crédito tributário prefere a qualquer outro, inclusive ao crédito condominial, ressalvados apenas aqueles decorrentes da legislação do trabalho ou do acidente de trabalho" (STJ – REsp 1.580.750/SP, 3ª Turma, j. 19.06.2018).

O crédito relativo a *cotas condominiais* (obrigação *propter rem*), porque constituído em função da utilização da coisa ou para evitar seu perecimento, prefere ao crédito hipotecário (verbete sumular 478, STJ: "*Na execução de crédito relativo a cotas condominiais, este tem preferência sobre o hipotecário*").

Como exposto anteriormente, outro critério é a primazia decorrente da (ii) *anterioridade de penhora* (princípio do *prior tempore, portior iure*, ou seja, a penhora anterior prevalece sobre a posterior), onde entram os credores quirografários, sem garantia, de acordo com a ordem de realização da penhora ou mesmo do arresto (arts. 797; e 908, § 2º, CPC). Tal título de preferência de caráter processual não cede caso realizada outra penhora/gravame posterior sobre o bem por credor igualmente sem garantia de direito material (art. 797, parágrafo único, CPC). O segundo credor penhorante só exercitará seu direito após a satisfação do credor da primeira constrição judicial e se sobrar valor.

2.7 Situações específicas em leilão judicial

Finalmente, alguns pontos devem ser esclarecidos sobre a situação do arrematante/adquirente de imóvel em leilão judicial, como se passa a expor.

2.7.1 Garantia de evicção ao arrematante no caso de decisão judicial que determine a perda do bem imóvel arrematado

Sobre a incidência do princípio da *evicção* – sentido de perda do bem arrematado em razão de decisão judicial –, a legislação civilista prega que "subsiste esta garantia ainda que a aquisição se tenha realizado em hasta pública" (art. 447, CC), salvaguardando o interesse do arrematante, caso se demonstre que o bem pertence a um terceiro alheio ao processo (vide art. 675, *in fine*, CPC).

Embora a ausência de natureza negocial da arrematação (isso porque não haveria tecnicamente a venda de um bem, mas execução forçada), a melhor exegese é de que deve ser reconhecida aqui uma garantia equivalente à evicção contratual, para que o evicto (arrematante) recupere o preço indevidamente pago, evitando um enriquecimento sem causa de quem quer que seja (art. 884, CC).

No sentido assinalado no texto: "7. O fundamento do recebimento do valor que foi pago pelo recorrido na arrematação anulada decorre da garantia da evicção e da boa-fé do recorrido quando da aquisição em hasta pública" (STJ – REsp 1.217.597/PR, 3ª Turma, j. 27.08.2013).

2.7.2 Vícios redibitórios (vícios ocultos) no bem imóvel arrematado

Quanto aos *vícios redibitórios* (ocultos) não há lugar para reclamações do arrematante, afinal realizada uma alienação forçada e não uma mera transferência negocial de caráter consensual a ensejar a aplicação de tal regime de garantia.

Por exemplo, o arrematante assume os riscos decorrentes da arrematação, não sendo cabível, depois, pleitear indenização pelos gastos que efetuou para o conserto do veículo arrematado (nesse sentido: TJ-RJ – 0372860-06.2009.8.19.0001, 2ª Câmara Cível, Des. Alexandre Freitas Câmara, j. 12.04.2011).

Trata-se do melhor posicionamento até porque usualmente o edital do leilão judicial faz constar que os bens serão alienados no estado em que se encontram, isentando responsabilidades por vícios, ocultos ou não.

2.7.3 Responsabilidade tributária envolvendo o bem imóvel arrematado

No que concerne à *responsabilidade tributária* relacionada a eventual dívida antecedente de imposto predial e territorial urbano – IPTU (art. 156, I, CRFB) ou imposto sobre propriedade territorial rural – ITR (art. 153, VI, CRFB) incidente sobre o imóvel a ser arrematado em hasta pública, cabe esclarecer que tal forma de alienação judicial revela, por pressuposto, um *modo originário de aquisição da propriedade*, sem natureza contratual e não caracterizando sucessão; nesse caso, a sub-rogação ocorre sobre o respectivo preço (art. 130, parágrafo único, CTN), passando ao arrematante o imóvel arrematado livre e desembaraçado dos encargos tributários.

Isso significa que o valor disponibilizado pelo arrematante servirá para pagar o débito tributário, não ficando este responsável pelo eventual saldo devedor existente (em reforço, vide, ainda, art. 908, § 1º, CPC).

No sentido exposto: "3. A arrematação em hasta pública extingue o ônus do imóvel arrematado, que passa ao arrematante livre e desembaraçado de tributo ou responsabilidade, sendo, portanto, considerada aquisição originária, de modo que os débitos tributários anteriores à arrematação sub-rogam-se no preço da hasta. Precedentes (...) 4. (...) o crédito fiscal perquirido pelo fisco é abatido do pagamento, quando da praça, por isso que, encerrada a arrematação, não se pode imputar ao adquirente qualquer encargo ou responsabilidade" (STJ – REsp 1.179.056/MG, 2ª Turma, j. 07.10.2010).

Outorgando segurança jurídica à questão, em razão da situação frequente de ressalvas em editais de leilão impondo tal ônus ao arrematante, o que gerava insegurança e aumentava o custo da aquisição, a Corte Superior fixou a tese de recurso especial repetitivo 1.134, STJ, j. 09.10.2024: "Diante do disposto no art. 130, parágrafo único, do Código Tributário Nacional, é inválida a previsão em edital de leilão atribuindo responsabilidade ao arrematante pelos débitos tributários que já incidiam sobre o imóvel na data de sua alienação". Significa dizer que o edital de leilão não pode trazer a previsão de imputação desta responsabilidade tributária ao arrematante. O princípio da legalidade tributária impõe que a obrigação tributária seja criada ou modificada por lei, de modo que uma cláusula editalícia não pode atuar nesse sentido. Houve modulação dos efeitos de aplicação da tese jurídica, só valendo tal precedente de natureza vinculante (art. 927, III, CPC) para os casos futuros.

Por fim, faça-se a ressalva de que ao arrematante é exigido o pagamento do imposto sobre transmissão de bens imóveis – ITBI, para fins de transferência do imóvel arrematado (art. 901, § 2º, CPC).[18]

2.7.4 Responsabilidade pelas dívidas condominiais envolvendo o bem imóvel arrematado

Uma vez arrematado o imóvel em leilão judicial e, permanecendo existente algum *débito condominial* – dívida *propter rem* –, este deverá ser pago, em princípio, com o produto da arrematação, em prejuízo do antigo proprietário.

O arrematante recebe o bem de forma direta, livre e desembaraçada de qualquer ônus e sem estabelecer qualquer relação com o antigo proprietário, no entanto, pode ser responsabilizado com as obrigações expressamente estabelecidas no respectivo edital (no que se aplica o art. 1.345, CC).

Nesse sentido: "5. Segundo a jurisprudência do STJ, (i) tendo o imóvel sido alienado em hasta pública com informação no edital acerca da existência de débitos condominiais, responde o arrematante por dívidas condominiais anteriores à arrematação, devido ao caráter *propter rem* da obrigação e (ii) é possível a sucessão processual do executado originário pelo arrematante do imóvel quando constante do edital de leilão a existência do débito" (STJ – REsp 2.042.756/SP, 3ª Turma, j. 12.11.2024).

Porém, *se não constar no edital*, não pode o arrematante ser responsabilizado pelas despesas condominiais anteriores à expropriação, pelo que poderá requerer

---

18. Conselho da Justiça Federal – CJF, enunciado 36 (I Jornada de Direito Notarial e Registral): *"Compete ao arrematante o pagamento dos emolumentos relativos aos cancelamentos dos ônus gravados na matrícula do imóvel quando do registro da carta de arrematação".*

que o produto da arrematação seja reservado para tal pagamento: "*3. A responsabilização do arrematante por eventuais encargos omitidos no edital de praça é incompatível com os princípios da segurança jurídica e da proteção da confiança. 4.* Considerando a ausência de menção no edital da praça acerca dos ônus incidentes sobre o imóvel, conclui-se pela impossibilidade de substituição do polo passivo da ação de cobrança de cotas condominiais, mesmo diante da natureza *propter rem* da obrigação" (STJ – REsp 1.297.672/SP, 3ª Turma, j. 24.09.2013).[19]

2.7.5 - Leilão judicial de bem imóvel objeto de locação.

Se o imóvel objeto do leilão judicial estiver locado, não ficará obrigado o arrematante a respeitar tal contrato entre executado e terceiro, exceto se nele constar cláusula de sua vigência no caso de alienação, constando no registro imobiliário (art. 8º, Lei 8.245/1991 c/c art. 576, CC), o que não é muito frequente.

Frise-se que, ao contrário do que se imagina, o locatário não possui direito de preferência quanto ao pagamento do preço no caso de leilão judicial do atinente imóvel (art. 32, Lei 8.245/1991 c/c art. 892, § 2º, CPC).

CONCLUSÃO

Há muitas particularidades na realização do leilão judicial de imóveis, sendo salutar ao advogado se inteirar para melhor conduzi-lo desde a etapa preliminar de penhora e avaliação até chegar na fase de expropriação patrimonial, com respeito às formalidades legais, sobretudo a publicidade e as comunicações processuais devidas, sendo recomendável ao credor se valer da assistência de um leiloeiro público de confiança desde o início do procedimento.

O terceiro interessado na temática, na posição de arrematante, deve estar a par de todas as vicissitudes e obstáculos desta modalidade de expropriação, que pode se demonstrar especialmente vantajosa e verdadeiramente segura como investimento financeiro, caso fielmente observadas as solenidades legais.

REFERÊNCIAS

ABELHA, Marcelo. *Manual da execução civil.* 7. ed. Rio de Janeiro: Forense, 2019.

ASSIS, Araken de. *Manual da Execução.* 11. ed. São Paulo: RT, 2007.

---

19. "Responsabilizar o arrematante por eventuais encargos incidentes sobre o bem omitido no edital compromete a eficiência da tutela executiva e é incompatível com os princípios da segurança jurídica e da proteção da confiança" (LOURENÇO, Haroldo. *Processo civil sistematizado.* 6. ed. Rio de Janeiro: Forense, 2021, p. 462).

BACAL, Eduardo Braga; HARTMANN, Guilherme Kronemberg; RODRIGUES, Roberto de Aragão Ribeiro (Coord.). *Recuperação de ativos no Brasil e no exterior*: métodos consensuais, criptoativos, *smart contract* e outros temas contemporâneos. Rio de Janeiro: GZ, 2022.

BEDAQUE, José Roberto dos Santos. *Efetividade do processo e técnica processual*. São Paulo: Malheiros, 2006.

BONDIOLI, Luis Guilherme Aidar. Comentários aos arts. 870-909. In: CABRAL, Antônio do Passo; CRAMER, Ronaldo (Coord.). *Comentários ao novo Código de Processo Civil*. 2. ed. Rio de Janeiro: Forense, 2016.

CABRAL, Antônio do Passo; CRAMER, Ronaldo (Coord.). *Comentários ao novo código de processo civil*. 2. ed. Rio de Janeiro: Forense, 2016.

CÂMARA, Alexandre Freitas. *Manual de direito processual civil*. Barueri: Atlas, 2022.

CAMPOS, Eduardo Luiz Cavalcanti. *O princípio da eficiência no processo civil brasileiro*. Rio de Janeiro: Forense, 2018.

CONSELHO NACIONAL DE JUSTIÇA. Relatório Justiça em números. Disponível em: https://www.cnj.jus.br/wp-content/uploads/2024/05/justica-em-numeros-2024-v-28-05-2024.pdf. Acesso em: 27 out. 2024.

DIDIER Jr., Fredie; CUNHA, Leonardo Carneiro; BRAGA, Paula Sarno; OLIVEIRA, Rafael Alexandria de. *Curso de direito processual civil*: execução. 7 ed. Salvador: JusPodivm, 2017.

GRECO, Leonardo. A crise no processo de execução. *Estudos de direito processual*. Faculdade de Direito de Campos, 2005.

HARTMANN, Rodolfo Kronemberg. *Curso completo do novo processo civil*. 8. ed. São Paulo: Rideel, 2023.

HARTMANN, Rodolfo Kronemberg; HARTMANN, Guilherme Kronemberg. *Petições & prática cível*. 6 ed. São Paulo: Rideel, 2024.

LOURENÇO, Haroldo. *Processo civil sistematizado*. 6 ed. Rio de Janeiro: Forense, 2021.

NEVES, Daniel Amorim Assumpção. *Manual de direito processual civil – volume único*. 9 ed. Salvador: JusPodivm, 2017.

THEODORO JR., Humberto. *Curso de Direito Processual Civil*. 52. ed. Rio de Janeiro: Forense, 2019. v. 3.

A MEDIAÇÃO EXTRAJUDICIAL E JUDICIAL NA ESFERA IMOBILIÁRIA (TEXTO I)

Alcilene Mesquita

Professora Titular do IFEC – Instituto Interamericano de Momento à Educação, Cultura e Ciência.Mediadora Judicial Sênior – CEJUSC's Capital. Palestrante e Professora na formação de Mediadores Extrajudiciais. Sócia fundadora da Câmara de mediação privada – MEDIATI – Diálogos e Soluções.

Carla Alcofra

Mestre em Mediação e Negociação pelo Institut Universitarie Kurt Bosch. Professora e Supervisora da EMEDI. Vice-Presidência da Comissão de Conciliação do Instituto dos Advogados Brasileiros – IAB. Membro da Comissão de Mediação da ABAMI. Integrante do painel de mediadores do CBMA, MEDIATI, CASA, CAMES, AB Mediação. Mediadora Judicial. Basic Mediation in Texas and Arbitration in Texas.

Claudia Maria da Silva

Pós-graduada em Direito Penal e Processo Penal pela Universidade Estacio de Sá. Mediadora Extrajudicial formada pela Mediati diálogos e soluções. Mediadora Judicial formada pela EMEDI – Escola de Mediação do Tribunal de Justiça do Rio de Janeiro. Presidente da Comissão de Mediação da 25ª Subseção da OAB/Itaborai. Mentora Jurídica da OABRJ.

Erika Barboza Carvalho

Pós-graduada em Direito Tributário pela Universidade Cândido Mendes. Pós-graduada em Direito Público e Privado pelo Instituto Superior do Ministério Público. Pós-graduada em Mediação Familiar Sistêmica pela Professora Dalva Luz. Mestranda em Sistemas de Resolução de Conflitos pela Universidade Lomas de Zamora – Argentina. Mediadora extrajudicial formada pela plataforma Brasil. Mediadora Judicial.

Leandro Comym

Pós-graduado em Direito Imobiliário e Registral ESA/OAB-RJ pela UCAM. Especialização em Legislação do sistema único de saúde pela ENSP/FIOCRUZ, Contratos UFF; Direito Societário UFF, Legislação de Energia Distribuída ABEAMA/FIRJAN. Vice-Presidente na Comissão de Mediação da ABAMI/RJ.

Maria Helena Plácido

Pós-graduada em Mediação e os Métodos Adequados de Solução de Conflitos. Pós-graduada em Direito Civil. Mediadora em mediação de conflitos familiares, sucessórios, oriundos de empresas familiares e contratuais. Advogada Colaborativa no Projeto CEMEAR do Ministério Público do Estado do Rio de Janeiro – MPRJ.

Renata Pessoa

Pós-Graduada em Direito Processual Civil na UCAM – Universidade Cândido Mendes. Pós-Graduada em Direito Imobiliário na EMERJ – Escola da Magistratura do Estado do Rio de Janeiro. Mediadora Judicial do TJRJ; Coordenadora da Comissão de Mediação e Métodos Consensuais – CMC da OABRJ.

Sumário: Introdução – 1. Princípios que regem a mediação – 2. A primeira porta do sistema multiportas é o advogado e de suma importância – 3. Etapas da mediação; 3.1 Pré-mediação; 3.2 Mediação pré-processual no âmbito judicial – 4. Quem participa da mediação? – 5. Quais os benefícios/vantagens da mediação? – 6. Quais os benefícios/vantagens para os advogados? – 7. Mediação imobiliária – ferramenta de solução de controvérsias em todas as fases extrajudicial ou judicial (conhecimento, execução e leilão) – 8. Mediação no âmbito imobiliário – 9. Mediação condominial e suas disputas – 10. Da cláusula de mediação condominial – 11. A desocupação de áreas públicas por meio da mediação – 12. Caso concreto – Referências.

INTRODUÇÃO

A partir da Resolução CNJ 125, de 29 de novembro de 2010, que instituiu a Política Judiciária Nacional de tratamento dos conflitos de interesses, com foco nos denominados meios consensuais, que incentivam a autocomposição de litígios e a pacificação social, adveio a Lei de Mediação 13.140, de 26 de junho de 2015, com determinações acerca do procedimento do instituto, dos mediadores judiciais e extrajudiciais, das Câmaras Privadas com cadastro no CNJ e Tribunais, e com sua consolidação jurídica pelo Novo Código de Processo Civil, também em 2015, fortalecendo os métodos consensuais e responsabilizando os profissionais de direito a fazê-lo.

A mediação vem sendo objeto de resgate intenso nas últimas décadas, provocando mudanças de paradigma no cenário de novas possibilidades de uma sociedade com a intenção de prestigiar a dignidade da pessoa humana e de uma sociedade com distribuição de justiça mais saudável ao convívio e saúde de seus cidadãos. É sabido que, no Poder Judiciário, há uma superlotação e congestionamento de processos com altos *custos diretos, de produtividade e emocional.*[1]

Embora há de se elogiar a iniciativa do CNJ em incrementar a aplicabilidade dos métodos autocompositivos em sua seara, contudo, se tem conhecimento de que o propósito maior é o desafogar de processos com controle de estatísticas.

No entanto, a mediação tem um propósito muito maior, ou seja, seu fundamento principal, assim como outros métodos adequados, é oferecer a oportunidade de o cidadão solucionar os seus conflitos das mais variadas formas lícitas, e não diretamente um desafogo do Judiciário. Evidentemente, por consequência,

---

1. LEVINE, Stewart. *Rumo a Solução*: como transformar o conflito em colaboração. Trad. Theresa Ferreira Fonseca. Rio de Janeiro: Elsevier, 2010, p. 16.

MEDIAÇÃO EXTRAJUDICIAL E JUDICIAL NA ESFERA IMOBILIÁRIA

a mediação diminui a incidência de demandas heterocompositivas promovendo as habilidades cooperativas.

Segundo a Escola de Harvard, onde se desenvolveu um dos primeiros modelos de negociação cooperativa e de mediação no Ocidente existe, na maneira de nos comunicarmos, um antes e um depois a perceber que para convencer alguém do que pensamos, tão importante quanto falar é escutar. Mais ainda, se se deseja realmente persuadir alguém, primeiro se deve entender o que diz, o que pensa.[2]

A mediação é uma oportunidade ímpar de falar com profissionais especializados, expondo problemas a serem resolvidos em cada caso, sem o custo emocional e financeiro de um processo judicial. A mediação acaba com a imprevisibilidade do desfecho do processo e concede às partes o tempo necessário para alcançar a solução de seus problemas cuja resolução, às vezes, está além da capacidade de decisão do Juiz.[3]

1. PRINCÍPIOS QUE REGEM A MEDIAÇÃO

- *a) Princípio da imparcialidade e da independência:* o *mediador* precisa ser imparcial, não devendo ter contato prévio com nenhum dos mediandos;
- *b) Princípio da confidencialidade:* as informações veiculadas na mediação são sigilosas, não competindo a exposição, salvo por liberalidade dos mediandos;
- *c) Princípio da autonomia da vontade e da decisão informada:* a *mediação* é um ato voluntário para todos os participantes, sendo certo que ninguém será obrigado a permanecer nela. Ademais, a decisão deverá ser informada e bem esclarecida aos mediandos para que conheçam o meio que estão inseridos;
- *d) Princípio da oralidade e da informalidade*: o escopo é estabelecer o diálogo e a comunicação efetiva, por isso não há formalismo, aplicando-se a oralidade e a informalidade para melhor interação dos mediandos;
- *e) Princípio do empoderamento*: os mediandos deverão se sentir seguros em resolver os seus conflitos, competindo ao mediador auxiliar nessa jornada;
- *f) Princípio da validação*: os mediandos deverão ser estimulados a perceber que todos merecem respeito e atenção;
- *g) Princípio da competência*: o mediador deverá ser capacitado; e
- *h) Princípio do respeito à ordem pública e às leis vigentes*: a sessão deverá ser regida pelos preceitos da lei e a composição, em havendo, deverá ser lícita.

2. A PRIMEIRA PORTA DO SISTEMA MULTIPORTAS É O ADVOGADO E DE SUMA IMPORTÂNCIA

Nunca é excessivo dizê-lo: o advogado é indispensável à administração da justiça, tanto formal quanto materialmente, tendo sua função social sido reconhecida e resguardada pela própria Constituição Federal.

---

2. FISHER, Robert; URY, William; PATTON, Bruce. *Como chegar ao sim*. Rio de Janeiro: Imago, 1994.
3. Disponível em: https://www.tjrj.jus.br/como-a-media%C3%A7%C3%A3o-pode-ajudar-.

O advogado precisa dispor de ferramentas que lhe permitam identificar o conflito e, ao mesmo tempo, avaliar qual seria o melhor remédio para saná-lo".[4]

O valor da pessoa humana, em função do qual todo o direito gravito e constitui sua própria razão de ser e o acesso à Justiça.[5]

O que se percebe é que a Lei 13.105/2015, Código de Processo Civil, busca a humanização do processo facilitando o acesso à Justiça, dando mais evidência à autocomposição na aproximação das partes, obedecendo a todos os princípios constitucionais e do processo civil, com direito de obter em prazo razoável a solução integral do mérito, incluída a atividade satisfativa.

3. ETAPAS DA MEDIAÇÃO

3.1 Pré-mediação

A pré-mediação é uma etapa eminentemente informativa e se dá antes do início da mediação,[6] e esclarecedora a falar sobre:

- O procedimento da mediação no ambiente presencial, *on-line* ou híbrido, com a apresentação dos interessados, mediadores e advogados e a disponibilidade de cada um quanto ao tempo e as datas possíveis com agendamento e seus intervalos.

3.2 Mediação pré-processual no âmbito judicial

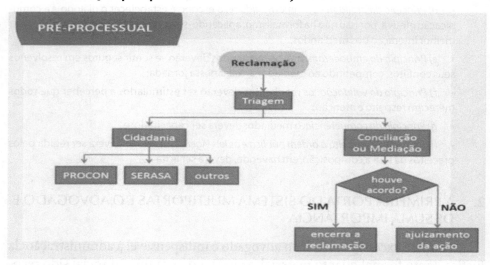

---

4. *Manual de Mediação de Conflitos para Advogados Escritos por Advogados*; CPC – art. 3º, § 3º; art. 334, § 3º e art. 166; Código de Ética e Disciplina da OAB.
5. Constituição da República Federativa do Brasil.
6. Caixa de Ferramentas em Mediação – Tania Almeida (2014).

MEDIAÇÃO EXTRAJUDICIAL E JUDICIAL NA ESFERA IMOBILIÁRIA

- É a oportunidade de se utilizar de um dos métodos de consenso e de caráter colaborativo, visando, antes de qualquer movimento no campo do contencioso, a possibilidade de escutar e ser ouvido, satisfazendo aos interesses de ambos os interessados.

- Caso não haja êxito na tentativa de autocomposição com uma construção colaborativa, se obtém o benefício de desconto na taxa judiciária se fizer, antes da judicialização, a opção pelos métodos adequados de solução de conflito (Código Tributário Estadual, Art. 118. Ressalvadas as hipóteses expressamente previstas neste Capítulo, a taxa será calculada à razão de 3% (três por cento) sobre o valor do pedido, ainda que seja este diverso do valor da causa fixado para fins processuais. Parágrafo único. O valor da taxa judiciária será de 2% (dois por cento) nas causas em que a parte comprovar documentalmente ter se valido, previamente ao ajuizamento da demanda, para tentativa de composição, do Centro Judiciário de Solução Consensual de Conflitos e Cidadania ou de plataformas de resolução de conflitos oficialmente reconhecidas pelo Tribunal de Justiça do Estado do Rio de Janeiro. Nova redação dada pela Lei 9507/2021).

4. QUEM PARTICIPA DA MEDIAÇÃO?

- Se instaurado o processo judicial, comparecem as partes, denominadas de mediados; mediandos; interessados; participantes; requerente e requerido, e seus advogados.
- Na mediação extrajudicial há orientação por regulamento da Câmara de Mediação, com a escolha do mediador pelos interessados;
- Ainda na mediação extrajudicial há a possibilidade de contratação de mediador *ad hoc*, porém, também com formação técnica especializada.
- A participação do advogado é imprescindível por ser o profissional com expertise a orientar questões de natureza jurídica, pois o mediador, mesmo tendo sua graduação no Direito, em mesa de mediação ele é somente mediador, por consequência e pelo princípio da imparcialidade, é impedido de qualquer orientação ou posicionamento.
- O Mediador, como agente da realidade, é facilitador da comunicação e destaca a boa-fé, respeito de cada fala, e os princípios;
- É um procedimento informal, confidencial, com igualdade de condições, voluntário, com decisão informada e todos têm oportunidade de falar;
- Pode ocorrer no Tribunal de Justiça, Câmaras Privadas, Igrejas, Associação de Mediadores ou onde tenha um Centro de Mediação;
- O acordo construído é um título executivo extrajudicial.

5. QUAIS OS BENEFÍCIOS/VANTAGENS DA MEDIAÇÃO?

- As próprias pessoas decidem o que é melhor para elas e alcançam resultados que atendem aos seus interesses e necessidades para propiciar sua satisfação mútua.
- Tem objetivo de manter ou aprimorar os relacionamentos com baixo custo, emocional e financeiro e de forma rápida.
- Especificamente, na mediação imobiliária há a vantagem da facilitação da negociação de valores, convivência de vizinhança, condomínios, questões associadas à propriedade, locação, compra e venda, desapropriação, contratos, em suma: toda a matéria pertinente.

- Há evidente eficiência com a contribuição para a produtividade na simplificação e celeridade da resolução de questões por meio de uma negociação imparcial, buscando a alcançar uma construção em consenso e satisfatória é denominada de forma ganha=ganha, onde todos adequam a melhor possibilidade ao caso concreto e particular.

6. QUAIS OS BENEFÍCIOS/VANTAGENS PARA OS ADVOGADOS?

- O diferencial é que o profissional apresenta com conhecimento jurídico as melhores soluções com cuidado e segurança, oferecendo o melhor serviço, de forma satisfatória, célere, sem danos e de menor custo.
- Pode atuar como advogado colaborativo dando assessoria jurídica, pode ser contratado para uma consultoria, pode participar ao final da mediação e pode estar presente durante todo o procedimento da mediação.
- A sua remuneração tal qual no contencioso, o valor do resultado e a contratação por hora da mediação ou por sessão, se por valor fixo ou pelo valor da causa.
- É a garantia de satisfação na construção do consenso e independe da judicialização, garantindo aos advogados a fidelização de clientes e bons honorários e o rápido acerto desses.

Portanto, a mediação é um método consensual de resolução de conflitos *com potencial educativo, contribuindo assim, para maior efetividade de ordem jurídica e para a difusão de valores éticos que criem uma cultura por valorizar a responsabilidade individual e pelo seu compromisso com o bem-estar coletivo*,[7] garantindo o benefício mútuo, a segurança e a celeridade.

7. MEDIAÇÃO IMOBILIÁRIA – FERRAMENTA DE SOLUÇÃO DE CONTROVÉRSIAS EM TODAS AS FASES EXTRAJUDICIAL OU JUDICIAL (CONHECIMENTO, EXECUÇÃO E LEILÃO)

O acesso à justiça é um conceito extremamente importante para a nossa sociedade. Muitas vezes se confunde justiça com judiciário. Justiça é um conceito muito mais amplo, que está intimamente ligado aos direitos fundamentais do ser humano. O judiciário é um instrumento para solução de conflitos, mas de forma alguma é o único, havendo outras possibilidades que, dependendo do tipo de conflito, podem ser muito mais eficientes que a via judicial.

O conceito está ligado à solução de conflitos, onde a possibilidade de se ter várias formas de solucionar conflitos possibilita que se faça justiça na sua forma mais ampla. Em especial, dá a possibilidade de as partes terem papel ativo na solução dos conflitos, sendo elas responsáveis por buscar soluções que sejam viáveis para as duas partes, ficando as mesmas totalmente comprometidas com a solução.

---

7. CASELLA, Paulo Borba; SOUZA, Luciane Moessa de (Coord.). *Mediação de conflitos*. Novo paradigma de acesso à justiça. Belo Horizonte: Fórum, 2009.

Obviamente, há casos onde a justiça deve ser o agente principal na solução do conflito, devido à natureza do mesmo. Por exemplo, em casos de crimes que envolvem direitos não disponíveis, ou seja, aqueles que não podem ser negociados, como por exemplo, direito à vida.

De forma geral, o acesso do cidadão à justiça vem da possibilidade de ele poder ter seus conflitos solucionados da forma mais adequada, de forma a promover a pacificação da nossa sociedade. E mais, com a sua possibilidade de escolha da melhor alternativa para potencial solução de conflitos, lhe dá a oportunidade de ter um papel mais ativo na própria solução do mesmo.

Assim sendo, o pleno acesso à justiça vem da existência de várias formas de solução de conflitos e o acesso aos mesmos por parte da sociedade, de forma que cada indivíduo tenha a possibilidade de escolher a mais adequada e podendo escolher formas onde tenha influência direta na construção de acordos.

Dentre as formas de solução de conflitos, destacam-se a mediação e a conciliação, as quais tem como objetivo final a promoção de uma cultura de paz na nossa sociedade. Notadamente na mediação existe a preocupação, através de empoderamento das partes, de se restabelecer as relações através da solução de conflitos, uma vez que o conflito é tratado através do diálogo entre as partes, onde são identificados os reais interesses de cada parte e a partir daí, possibilidades de solução que atendam os anseios de ambas as partes, onde elas se comprometem com a solução.

Já na conciliação, o conciliador atua preferencialmente nas ações, nas quais não há vínculo entre as partes e pode sugerir soluções.

Na promoção dessa cultura de paz surgem esses novos paradigmas – os chamados métodos adequados de resolução de conflito, como a conciliação e mediação (autocompositivas) e a arbitragem (heterocompositiva), como formas também de desafogar o Poder Judiciário.

Falando mais especificamente sobre a *mediação extrajudicial*, o seu principal foco é restabelecer o diálogo entre as partes envolvidas no conflito e por consequência encontrar uma solução autocompositiva. Ela visa construir um modelo de conduta para futuras relações, num ambiente colaborativo em que as partes possam dialogar produtivamente sobre seus interesses e necessidades.

A principal vantagem é a possibilidade de resolver o conflito de forma mais rápida, menos onerosa, menos desgastante e mais duradoura. Outro ponto é que a resolução costuma ser considerada mais justa já que os próprios envolvidos a constroem.

Além disso, o uso a mediação extrajudicial como método de solução de conflitos traz outros benefícios, dentre eles: mais respeito à vontade dos envolvidos;

maior controle sobre o procedimento, já que este pode ser suspenso e retomado, conforme a vontade das partes; maior privacidade, pois a confidencialidade deve ser respeitada por todos os participantes do processo e cumprimento espontâneo das combinações ajustadas, já que todos os compromissos assumidos são frutos unicamente da vontade das partes.

A mediação se aplica fundamentalmente a conflitos em relações continuadas, pois foca na obtenção de uma solução que restabeleça a relação entre as partes. Aplicando-se, por exemplo, a conflitos na área de família, societária, entre vizinhos.

A mediação extrajudicial está se tornando uma ferramenta cada vez mais valiosa no campo das transações condominiais e imobiliárias, oferecendo uma alternativa eficaz para facilitar acordos entre as partes envolvidas. Este método de resolução de conflitos envolve um mediador imparcial autônomo ou uma câmara privada que ajudará condôminos e condomínios, compradores, vendedores, locadores e locatários a alcançarem soluções mutuamente satisfatórias.

Desse modo, este processo não só auxilia os profissionais da área condominial e imobiliários a navegarem com mais eficiência pela jornada de compra, mas também contribui para a produtividade ao simplificar os processos. Sendo assim, a mediação se torna relevante, *pois diminui a dependência em ações judiciais*, conhecidas por prolongar a conclusão de processo afetos, e essencial para reduzir o tempo e os recursos gastos pela equipe de vendas.

8. MEDIAÇÃO NO ÂMBITO IMOBILIÁRIO

A mediação extrajudicial pode ser utilizada nas mais diversas áreas, desde que legal, mormente na área imobiliária. O mediador extrajudicial, sendo ele um terceiro imparcial, irá facilitar a comunicação entre as partes para que possam escutar, ouvir-se e finalmente compreender a demanda, oportunizando a construção de um acordo ou não.

Vejamos algumas questões[8] que podem ser levadas para o âmbito da mediação extrajudicial e ou judicial:

- Compra e venda, locação, desapropriação, contratos, em suma: toda a matéria relacionada a imóveis;

- Demandas e controvérsias envolvendo incorporadoras e adquirentes de imóveis, rescisões contratuais, mora da incorporadora e/ou do adquirente, comissão de corretagem, responsabilidade pelo pagamento das despesas *propter rem*;

- Questões envolvendo a relação entre incorporadoras e construtoras: sobretudo em função da prática atual, em que as incorporadoras são constituídas na forma de SPEs – Sociedades de Propó-

---

8. Disponível em: https://www.migalhas.com.br/coluna/migalhas-edilicias/289049/a-mediacao-no-setor-imobiliario.

MEDIAÇÃO EXTRAJUDICIAL E JUDICIAL NA ESFERA IMOBILIÁRIA

sito Específico e contratam construtoras para a execução das obras, sendo importante resolver as pendências e manter o bom relacionamento, que se prolongará durante o pós-obras – período de garantias e responsabilidades – o que se torna possível com o diálogo em mediação;

- Relações entre condomínios e construtoras/incorporadoras referentes a vícios construtivos: o tempo agrava os vícios e os custos de correção, com prejuízo para todas as partes, sendo passível de solução pela via da mediação;

- Problemas de vizinhança dos empreendimentos em construção: a solução ou equacionamento podem ser construídos com o diálogo, em sessões de mediação.

9. MEDIAÇÃO CONDOMINIAL E SUAS DISPUTAS

Com o advento do novo Código de Processo Civil, Lei 13.105/2015, as regras sobre cobrança de quotas condominiais sofreram modificações relevantes, com sua elevação à condição de título executivo extrajudicial.

Com a modificação, o condomínio poderá propor execuções diretas sobre as contribuições ordinárias ou extraordinárias previstas na convenção do condomínio ou aprovadas em assembleia geral, tudo devidamente comprovado.

Na execução de cotas de condomínio de um prédio de apartamentos (ou de qualquer outro condomínio edilício) é possível a penhora do imóvel que originou a dívida, mesmo que ele esteja financiado com alienação fiduciária, em razão da natureza *propter rem* do débito condominial, prevista no artigo 1.345[9] do Código Civil.

Assim, sendo um bem onde pessoas residem e diante do seu fim social, se tornou cada vez mais procurar uma solução para abreviar a disputa, uma vez que não só o condômino devedor será penalizado; mas toda a comunidade daquele condomínio.

A mediação extrajudicial é especialmente apropriada para disputas condominiais. Tais como:

- Conflitos entre condôminos (problema de vizinhança, barulho, animais, fumo, inadimplências de cotas condominiais...);

- Conflitos relacionados à copropriedade (problema de estacionamento, trânsito, equipamentos públicos etc.);

- Disputas entre condôminos e organizações sobre a distribuição de despesas de manutenção;

- Conflitos entre condôminos e associações sobre as regras e práticas da copropriedade;

- Disputas entre condôminos ou consórcios e empresas terceirizadas sobre a execução de obras ou serviços no condomínio.

---

9. Art. 1.345. O adquirente de unidade responde pelos débitos do alienante, em relação ao condomínio, inclusive multas e juros moratórios.

Os relacionamentos são um fator essencial em disputas condominiais, pois as partes geralmente continuam próximas umas das outras. As vantagens e benefícios da mediação extrajudicial como processo de resolução de disputas são substanciais.

Os interesses comuns podem ser descobertos e relacionamentos podem ser preservados. Vejamos:

- As partes escolhem o mediador ou câmara privada;
- A mediação é informal;
- A mediação é confidencial;
- A mediação auxilia na comunicação;
- A mediação evita uma abordagem "ganha-perde";
- A mediação muitas vezes acalma as hostilidades, esclarece questões e expande as opções, mesmo que a disputa não seja completamente resolvida;
- A mediação preserva relacionamentos e valores comunitários;
- A mediação é geralmente mais rápida e menos dispendiosa do que o litígio judicial;
- A mediação ajuda as partes a chegarem a um acordo próprio;
- A mediação é flexível e as soluções podem ser adaptadas às necessidades e interesses das partes.

Por todos esses benefícios, a advocacia deveria se apoderar dessa ferramenta. Porém, a advocacia ainda não consegue vislumbrar a forma de utilização sem que não sejam penalizados com perda de honorários advocatícios, o que é um equívoco.

A disputa resolvida de uma forma célere e assertiva agrega valor ao seu currículo profissional e de forma alguma, o profissional do direito tem os seus honorários rebaixados, conforme normatizado no seu art. 48, § 5º, do Estatuto da OAB.[10]

10. DA CLÁUSULA DE MEDIAÇÃO CONDOMINIAL

Muitos advogados consideram que "... é complicado mudar a convenção..." é engessada e "imexível", o que também é um equívoco.

A mediação extrajudicial em condomínios pode ser incluída na convenção condominial ou por meio de um aditamento. Com a cláusula de mediação ou arbitragem inserida na convenção ou no aditamento, as partes têm a obrigatoriedade

---

10. Estatuto da Advocacia – Artigo 48, § 5º É vedada, em qualquer hipótese, a diminuição dos honorários contratados em decorrência da solução do litígio por qualquer mecanismo adequado de solução extrajudicial.

inicialmente em participar da primeira sessão/reunião de mediação, consoante disposto no artigo 2º, § 1º, da Lei da Mediação 13.140/2015.[11]

Vejamos um recentíssimo julgado que reconheceu a validade da solução de conflitos de conflitos condominiais, através dos meios extrajudiciais: "(...) 2. A matéria discutida no âmbito da Convenção de condomínio é eminentemente institucional normativa, não tendo natureza jurídica contratual, *motivo pelo qual vincula eventuais adquirentes* (...). Daí a desnecessidade de assinatura ou visto específico do condômino. 3. Diante da força coercitiva da Convenção Condominial com cláusula arbitral, qualquer condômino que ingressar no agrupamento condominial está obrigado a obedecer às normas ali constantes. Por consequência, os eventuais conflitos condominiais devem ser resolvidos por arbitragem. 4. *Havendo cláusula compromissória entabulada entre as partes elegendo o Juízo Arbitral para dirimir qualquer litígio envolvendo o condomínio, é inviável o prosseguimento do processo sob a jurisdição estatal.* 5. Recurso especial não provido". (REsp 1.733.370-GO).

Assim, como a cláusula arbitral (que é uma solução na esfera privada), para a mediação extrajudicial o entendimento será o mesmo; pois ambos são regidos por diplomas legais vigentes (Lei 9.307/1996 e Lei 13.140/2015).

A cláusula compromissória prevê a possibilidade de resolver os conflitos por meio da mediação extrajudicial, em detrimento das vias judiciais. A inclusão da cláusula pode ser feita:

- Na elaboração da convenção condominial.
- Na vigência da convenção, por meio de aditamento.
- Após o surgimento do conflito, desde que haja um acordo comum.

A mediação pode ser uma ferramenta valiosa para resolver: *Inadimplências, desrespeito ao regulamento ou convenção, criação de animais, uso da área comum, desavença entre moradores, problemas com fornecedores e com funcionários*[12] fora do tribunal. Para tanto, a advocacia deve estar preparada para atuar nesse universo.[13] Veja como você, advogado, pode usá-la:

Como agir quando Advogado do devedor:

- *Inicie a mediação*: Você pode propor a mediação diretamente ao credor ou sugeri-la durante as tentativas extrajudiciais de comunicação.

---

11. Art. 2º, § 1º, da Lei 13140/2015: "na hipótese de existir previsão contratual de cláusula de mediação, as partes deverão comparecer à primeira reunião de mediação.
12. Disponível em: https://www.migalhas.com.br/depeso/413742/clausula-compromissoria-em-condominios-solucoes-e-efeitos-juridicos.
13. PONTES RODRIGUES, Arthur Henrique de. *Gestão de Conflitos em Condomínios* – Estratégias para uma Convivência Harmônica. 2023.

- *Reúna informações*: Prepare todos os documentos relevantes, como contratos de empréstimo, registros de pagamento e qualquer correspondência anterior com o credor. Entenda o valor devido e as possíveis reivindicações legais contra o seu cliente.

- *Seja claro sobre seus objetivos*: determine o que o cliente pode pagar realisticamente e seu resultado desejado (valor reduzido, plano de pagamento etc.

- *Comunique-se honesta e abertamente*: envolva-se construtivamente com o credor na sessão de mediação. Compartilhe a situação financeira e proponha soluções que funcionem para ambas as partes.

- *Esteja disposto a fazer concessões*: Ao mesmo tempo em que se apega às suas necessidades, esteja aberto a negociar e encontrar um ponto em comum. Lembre-se, a mediação visa um resultado mutuamente aceitável.

Como agir quando Advogado do credor:

- *Considere os benefícios*: a mediação pode ser mais rápida e barata que o litígio, além de preservar potencialmente um relacionamento positivo com o devedor.

- *Prepare seu caso*: organize a documentação que comprove a dívida, o histórico de pagamentos e quaisquer tentativas anteriores de cobrança.

- *Defina expectativas realistas*: Não espere que o valor total seja pago instantaneamente. Esteja aberto a discutir planos de pagamento viáveis ou opções de redução de dívida.

- *Comunique-se de forma clara e profissional*: explique sua posição objetivamente e esteja disposto a ouvir as preocupações do devedor.

- *Foco em soluções*: trabalhe com o mediador e o devedor para encontrar um acordo que satisfaça as necessidades de ambas as partes.

- O procedimento da mediação tem previsibilidade para o desfecho da disputa, concede às partes o tempo necessário para alcançar a solução de seus problemas, infinitamente mais rápido do que a via judicial.

Destarte que o termo de acordo lavrado em ambiente da mediação é considerado Titulo Executivo Extrajudicial, conforme conceituado no art. 784,[14] inciso IV, do Código de Processo Civil.

Nunca é demais ressaltar que nós advogados temos o dever de apresentar aos nossos clientes, inicialmente, a via conciliatória, seja na via extrajudicial ou judicial, conforme artigo 2º, VI do Código de Ética da Advocacia.[15]

A mediação é um método de resolução de conflitos que poderá, inclusive, ser utilizado antes de um leilão, como uma tentativa de autocomposição do conflito, antes da perda do bem de família ou não.

---

14. Art. 784. São títulos executivos extrajudiciais:(...) IV – o instrumento de transação referendado pelo Ministério Público, pela Defensoria Pública, pela Advocacia Pública, pelos advogados dos transatores ou por conciliador ou mediador credenciado por tribunal.
15. Art. 2º, VI: São deveres dos advogados: – estimular a conciliação entre os litigantes, prevenindo, sempre que possível, a instauração de litígios.

A utilização da mediação ou conciliação já vem sendo defendida como ferramenta prévia ao leilão para que seja oportunizado às partes a solução do conflito. Vejamos: "...Não é razoável que uma ação de execução de um título extrajudicial demore anos para ser resolvida. Enquanto o devedor é beneficiado pela morosidade da justiça, os demais condôminos arcam com o prejuízo causado, consubstanciado no aumento das cotas condominiais. É necessário instruir e incentivar os condomínios a solicitarem nos processos judiciais, a utilização dos métodos alternativos dos métodos adequados. Com o acordo realizado, o arrematante receberá o imóvel livre e desembaraçado, o condomínio receberá o valor referente à dívida. Importante que se crie a cultura de observância às ferramentas que já estão ao alcance de todos os litigantes para não permitir que a morosidade judicial cause injustiça" – Fernanda Freire, advogada e leiloeira pública do Estado do Rio de Janeiro.

Entendemos que a mediação abre as possibilidades de as partes exercerem o seu papel como protagonistas e responsáveis por suas demandas. A mediação é muito mais que um procedimento. Vejamos: "A mediação de conflitos não é apenas uma técnica, pois engloba valores e habilidades; engenho e arte; história e vida aqui, agora. É uma construção, um método, que não se esgota em suas sessões ou em seus desdobramentos. Cada um de nós vai percebendo, em maior ou menor grau, em trajetórias pessoais (interpessoais), esse envolvimento com os costumes e culturas que se vão construindo e reconstruindo em nós e através de nós".[16]

11. A DESOCUPAÇÃO DE ÁREAS PÚBLICAS POR MEIO DA MEDIAÇÃO

A prática da desocupação de áreas públicas através de processos de mediação, uma abordagem que visa a resolução pacífica de conflitos entre o poder público e ocupantes de áreas públicas, principalmente em contextos de vulnerabilidade social.

A mediação é analisada como uma ferramenta eficaz para evitar confrontos violentos e promover soluções que respeitem os direitos humanos e a dignidade dos envolvidos. O estudo também examina o marco legal brasileiro e as diretrizes da mediação em conflitos fundiários, destacando casos práticos e os desafios encontrados na implementação dessa prática.

A ocupação irregular de áreas públicas é um problema recorrente em diversas cidades brasileiras, especialmente nas regiões metropolitanas. Essas ocupações, muitas vezes formadas por pessoas em situação de vulnerabilidade, representam um desafio significativo para o poder público, que precisa equilibrar o direito à moradia com a preservação do espaço público e a manutenção da ordem urbana.

---

16. ALMEIDA, Tania. *Caixa de Ferramentas de Mediação* (2014).

A desocupação forçada, apesar de ser uma solução imediata, frequentemente resulta em conflitos violentos e violações de direitos humanos.

Diante desse cenário, a mediação surge como uma alternativa viável para a resolução pacífica desses conflitos. Este artigo analisa a eficácia da mediação como uma ferramenta na desocupação de áreas públicas, explorando seu potencial para resolver disputas de forma a minimizar danos sociais e respeitar os direitos dos ocupantes.

A mediação é um método de resolução de conflitos em que um terceiro imparcial, o mediador, facilita o diálogo entre as partes envolvidas, buscando um acordo que atenda às necessidades e interesses de ambos os lados (Folberg; Taylor, 1984). No contexto da desocupação de áreas públicas, a mediação pode atuar como um processo que visa prevenir confrontos diretos e promover uma solução pacífica para a reintegração de posse (Nader, 2002).

No Brasil, a prática da mediação em conflitos fundiários ganhou relevância com o avanço das políticas de direitos humanos e urbanização. A Constituição Federal de 1988 e o Estatuto da Cidade (Lei 10.257/2001) oferecem diretrizes para a regularização fundiária e a proteção do direito à moradia, orientando que a desocupação de áreas públicas seja conduzida com a observância dos princípios da dignidade da pessoa humana e da função social da propriedade.

Este breve estudo utilizou uma abordagem qualitativa, baseada na revisão bibliográfica de literatura especializada sobre mediação, conflitos fundiários e direitos humanos, além da análise de casos práticos de desocupação de áreas públicas no Brasil. Foram considerados relatórios de organizações não governamentais, decisões judiciais e documentos legais relevantes para compreender como a mediação tem sido aplicada na prática e quais são os seus resultados.

A análise de casos demonstra que a mediação, quando implementada corretamente, pode reduzir significativamente o impacto social negativo das desocupações. Um exemplo disso é o caso da ocupação "Pinheirinho", em São José dos Campos, onde a falta de mediação resultou em um confronto violento entre a polícia e os ocupantes, com desdobramentos trágicos para as famílias envolvidas (Carvalho, 2012).

Em contraste, iniciativas de mediação em outras regiões do país mostraram que é possível encontrar soluções mais humanas e sustentáveis, como a realocação planejada das famílias e a negociação de prazos para a desocupação. A mediação permite que os ocupantes sejam ouvidos e tenham suas necessidades consideradas, o que facilita a aceitação de uma solução que, embora difícil, é menos traumática (Santos, 2015).

A mediação na desocupação de áreas públicas apresenta-se como uma alternativa eficiente e humana à desocupação forçada. Apesar dos desafios na implementação, como a resistência de algumas partes envolvidas e a necessidade de capacitação adequada dos mediadores, os benefícios dessa prática são claros. Ela promove a pacificação social, respeita os direitos dos ocupantes e reduz os conflitos violentos.

Para que a mediação seja ainda mais eficaz, é necessário que haja um apoio institucional robusto, além de políticas públicas que priorizem o diálogo e a busca por soluções consensuais. O fortalecimento de iniciativas de mediação pode contribuir significativamente para a construção de uma sociedade mais justa e menos conflituosa. Tanto no campo quanto em áreas urbanas.

12. CASO CONCRETO

Exemplo prático de procedimento de mediação em caso imobiliário: reintegração de posse 8 anos de litígio, resolução após 4 sessões de mediação.

Tratava-se de questão imobiliária muito recorrente em nossos Tribunais, terreno comprado por terceiro de boa-fé de quem não era o efetivo dono do imóvel, a proprietária e os possuidores. Que tem razão? Quem estava certo? Isso os advogados haviam de forma técnica e juridicamente defendido os seus respectivos clientes.

A ação de reintegração de posse havia sido proposta em 2014, já havia sentença e o processo estava em fase de recurso, ainda a ser julgado pelo Tribunal de Justiça do Rio de Janeiro, quando o Desembargador Relator encaminhou para a mediação. O procedimento de mediação começou em maio de 2022 e terminou em junho de 2022, no formato online, via plataforma zoom, em dias e horários previamente combinados com todos. Participaram das sessões: dois mediadores judiciais, o advogado da proprietária, o advogado da possuidora, o ocupante e seu advogado, todos com poderes e conhecimento detalhado do caso.

Após quatro encontros de mediação foi realizado acordo consensual e colaborativo. Com intuito de dar maior veracidade e informações de um caso concreto de mediação, fizemos um breve resumo de cada reunião, conforme segue.

1ª Reunião de Mediação: informações da mediação e aceite em participar: Nessa oportunidade o advogado da proprietária informou que a sua cliente era a legítima proprietária do imóvel, conforme documentação acostada no processo, o que inclusive respaldou a decisão da primeira instância ao julgar procedente a ação e determinar a entrega do imóvel à sua cliente. O único acordo que existiria, em sua opinião e posicionamento, seria a entrega imediata do imóvel, já que a sentença nada havia falado a respeito da indenização das benfeitorias e havia decretado que a entrega do imóvel fosse feita em 20 (vinte) dias. Por sua vez o advogado do ocupante informou que seu cliente havia adquirido o imóvel há anos de um terceiro e de lá para cá foi construída no imóvel, de boa-fé, uma casa de dois andares e três quartos, arcou com os impostos e os demais custos do imóvel, água, luz, condomínio e que, não tinha como pagar por uma "nova" compra, mas que também não achava justo entregar o imóvel sem uma compensação pelas benfeitorias que realizou. O ocupante informou que residia no local e que havia comprado o imóvel junto com seu ex-marido, mas que no momento estava separado e sem condições financeiras, seja para comprar, seja para alugar, outro imóvel onde pudesse residir. A fim de exemplificar destacamos algumas perguntas que foram formuladas pelos mediadores na reunião: – Com base em casos semelhantes, qual o tempo estimado entre o julgamento da segunda instância e a efetiva entrega do imóvel? – Poderia descrever melhor qual é o estado atual do imóvel? Quais foram as obras realizadas? – Qual o valor de um imóvel similar na região? – O ex-marido (Mediando 1) da possuidora (Medianda 3) está ciente e de acordo com a mediação e a participação da Medianda 3? – O ex-marido da Medianda 3 (ocupante) está de acordo que esse imóvel ou o que resultar dele fique com ela? – Além da questão do imóvel existem outras questões que queiram tratar que sejam importantes para vocês? – Existiram outras tentativas de acordo? Quais foram as opções? O que não deu certo? O que deu certo? – Qual o interesse dos Mediandos com o imóvel? Foi proposta pelos mediadores uma segunda reunião, individual e conjunta.

2ª Reunião de Mediação – Na reunião individual com o advogado da proprietária, o mesmo estava mais relaxado e trouxe informações do imóvel da construção e da parte financeira dos possuidores. Foram formuladas pelos mediadores perguntas como: – Conte-nos um pouco mais sobre a história do imóvel (como foi adquirido? quem cuidava?), – Como você e a sua cliente se conheceram? – Você conversou com a sua cliente após a última reunião de mediação? Ela teria condições de participar da próxima? – Para que a sua cliente deseja o imóvel? (interesse, venda, aluguel, moradia) – O tempo do processo era algo que preocupava? A proprietária era uma senhora idosa, com mais de 80 anos, não tinha condição financeira de pagar pelas benfeitorias. Não queria morar no local, nem alugar ou hipotecar. O seu único interesse era a venda. Os honorários haviam sido pagos, mas o valor que havia estipulado em 2014 não cobria todo o serviço que estava sendo realizado. Todavia, não gostaria que isso fosse trazido na mediação, pois o seu real interesse não era financeiro, mas sim fazer um bom acordo para a sua cliente vender o imóvel e receber o valor que fazia jus, o mais breve possível. A sentença havia determinado que os possuidores (Mediando 1 e Medianda 3) saíssem do imóvel em 45 dias, não havia sido decretada uma penalidade caso não saíssem, o que havia sido solicitado no recurso; a

MEDIAÇÃO EXTRAJUDICIAL E JUDICIAL NA ESFERA IMOBILIÁRIA

sentença nada tinha falado a respeito das benfeitorias, ou seja, não havia o que ser indenizado, – o tempo poderia variar, mas foi estimado que até a entrega do imóvel possivelmente a ação duraria mais seis meses, – falta de confiança e comprometimento. A primeira possibilidade que aventou era para que ou fosse realizado o pagamento à vista do terreno, no valor de R$340.000,00 (trezentos e quarenta mil reais), ou a entrega imediata do imóvel mais honorários de 10% e custas processuais, por parte dos ocupantes (Mediando 1 e Medianda 3). A outra opção seria vender o imóvel para um terceiro. Nesse caso, estaria de acordo em estimar um valor de indenização para as benfeitorias, mas seria necessário atribuir critérios para a apuração, contratar profissionais para a venda e o que para ele era imprescindível: a desocupação imediata do imóvel.

Reunião privada ocupante e advogado: A ocupante estava separada, sem condições financeiras para comprar o terreno, isso estava fora de cogitação. Precisava de um tempo para voltar a trabalhar e sair do imóvel, mas se colocou à disposição para receber e apresentar a casa aos futuros compradores interessados. Passou-se a fase de detalhamento da venda, na qual foram abordados temas como: – Atribuição de valores: terreno, benfeitorias do imóvel com as benfeitorias, tempo para desocupação, honorários advocatícios, pagamento das custas e a baixa da ação. *Entrave:* a Medianda 3 pediu para sair somente após a venda, mas o Advogado da Medianda 2 não estava de acordo, achava que o imóvel seria vendido mais fácil se estivesse vazio.

3ª Reunião de Mediação – individual + conjunta: as reuniões individuais foram curtas, os valores encontrados nas avaliações trazidas por cada um eram próximos, a Medianda. 3 havia concordado em sair do imóvel, mas precisava de garantias de que o acordo era, tão somente, para venda, disso ela não abriria mão. Era hora de buscar um consenso não só sobre o valor, mas também do percentual que seria atribuído a cada um. O clima da reunião era de confiança e acolhimento, havia um nervosismo no ar, mas leve. De início na reunião conjunta os mediadores deram notícias sobre o valor encontrado por cada um. Para o advogado da Medianda 2 o terreno valia R$150.000,00, para o advogado dos Mediantes 1 e 3, o terreno valia R$90.000,00, e o terreno mais as benfeitorias em torno de R$300.000,00. A ocupante conseguiu um local para morar. Foi acordado que o imóvel seria desocupado em 30 dias. Mediadores, partes e advogados elencaram de forma detalhada todos os itens que seriam importantes para a realização de um acordo formal e final.

4ª Reunião de Mediação: o acordo

A pauta da reunião era a elaboração final do termo de acordo, advogados, mediadores e partes trataram de cada tópico e no mesmo dia foi celebrado o acordo que trazemos na íntegra abaixo:

Termo de acordo:

1. xxxx e a xxxx, Interveniente, deverão desocupar o imóvel objeto da lide, em até xx (xxx) dias, a contar da data da assinatura do presente acordo, tendo mais xx (xx) dias, para retirada dos bens móveis e objetos pessoais. A xxxxx xxx, ora xxx, não se responsabilizará por eventuais perdas, danos ou furtos dos objetos e coisas que ficarem no imóvel esse período.

2. Ficou estabelecido entre os xxx e a xxxx que o imóvel será posto à venda, inicialmente por R$ xxxx (xxxx mil reais), com a divisão do valor obtido da venda nos percentuais de 45% (quarenta e cinco por cento), para a xxxx, e 55% (cinquenta e cinco por cento), para a Interveniente. O xxxx, declara que abre mão de receber qualquer valor ou quantia em função da venda do imóvel, transferindo seu direito à xxxxx, Interveniente, autorizando-a a receber os valores diretamente da Medianda 2, xxxxx. 3-Todos os débitos referentes a IPTU e outros, existentes até a data de 31 de dezembro de 2021 são de responsabilidade exclusiva do xxxx. Os valores referentes a débitos de IPTU a partir de janeiro de 2022, bem como valores de despesas de averbação, legalização perante ao Município e cartório de RGI, despesas de venda/corretagem do imóvel, e demais despesas a partir da data deste acordo serão rateadas nas mesmas proporções dos percentuais acima acordados até o momento da venda do imóvel. 3.1 – O xxx e a xxxx declaram que inexistem débitos pendentes relativos a taxas de água, energia elétrica, telefone e desde já se comprometem a tomar as providências necessárias ao desligamento destes serviços até 30 dias após a desocupação do imóvel. 3.2 – A administração dos pagamentos, bem como as providências legais necessárias à venda o imóvel ficarão a cargo da xxxx, podendo ser compartilhadas em comum acordo. 3.3 – A xxxx, na qualidade de proprietária do imóvel ficara responsável pela assinatura da escritura e recebimento dos valores relativos à venda, e se compromete a transferir para a Interveniente – xxxxx – em até 5 (cinco) dias úteis de cada recebimento o percentual acordado acima, a ser depositado na conta poupança de sua titularidade no xxxxxxxxxxxxxxxxxx. 4 – A xxxx fará a entrega das chaves à xxxx, ou seu procurador, na data acordada no item 1 acima, no endereço do imóvel ou em local a ser convencionado em comum acordo. 5 – É do interesse comum dos Mediandos e da Interveniente especificamente a venda do imóvel, para tanto, concordaram em nomear ao menos um corretor da confiança de cada um, que se encarregarão de vender o imóvel. 6 – Os referidos corretores ficarão, juntamente com a Interveniente e a Medianda 2, autorizados a ter acesso e acompanhamento de visitas de interessados ao imóvel. 7 – O referido imóvel não poderá ser alugado, nem ocupado, devendo ficar livre e desimpedido visando exclusivamente sua venda por ambas as partes sendo expressamente proibido ocuparem ou ceder em qualquer modalidade a terceiros. 8 – Caso os acordantes não tenham êxito na venda do imóvel após 12 meses da data do presente acordo, os mesmos poderão anunciá-lo por R$ xxxx (xxxx). Sendo possível chegar ao valor mínimo de R$ xxxxxx, para respeitar os percentuais de cada parte e garantindo para a apelada o recebimento de um valor não inferior a R$ xxxxx (xxxxxx). 9 – Poderão as partes em comum acordo, observado o mercado imobiliário, acordarem a venda por valor inferior ao acima estipulado. 10 – Por meio da assinatura do presente termo de acordo e total cumprimento da obrigação, consistente na venda do imóvel e no rateio do valor obtido pela venda nos percentuais acima entabulados a xxxx dá ao xxxx e à xxxxx a mais ampla, geral, e irrevogável quitação de toda e qualquer relação jurídica havida entre as partes além de todos e quaisquer direitos, morais e patrimoniais, decorrentes das alegações por ela apresentadas na petição inicial, para nada mais pleitear com base na mesma causa de pedir ora discutida em momento algum a que título for. 11 – Fica acordado que cada parte arcará com os honorários advocatícios de seus respectivos advogados. 12 – A não desocupação

do imóvel (de bens e pessoas), no prazo estipulado na cláusula 1 deste acordo, implicará na imediata execução da sentença nos moldes prolatado. 13 – Assim, requerem as partes a homologação do presente acordo e a competente baixa na distribuição do feito. 14 – As partes renunciam a qualquer prazo recursal.

REFERÊNCIAS

ALMEIDA, Tania. *Caixa de Ferramentas em Mediação*. 2014.

CASELLA, Paulo Borba; SOUZA, Luciane Moessa de (Coord.). *Mediação de conflitos*. Novo paradigma de acesso à justiça. Belo Horizonte: Fórum, 2009.

FISHER, Robert; URY, William; PATTON, Bruce. *Como chegar ao sim*. Rio de Janeiro: Imago, 1994.

OLBERG, J.; TAYLOR, A. *Mediation*: A Comprehensive Guide to Resolving Conflicts Without Litigation. San Francisco: Jossey-Bass, 1984.

LEVINE, Stewart. *Rumo a solução*: como transformar o conflito em colaboração. Trad. Theresa Ferreira Fonseca. Rio de Janeiro: Elsevier, 2010.

NADER, L. *The Life of the Law*: Anthropological Projects. Berkeley: University of California Press, 2002.

SANTOS, M. M. *Mediação de Conflitos Fundiários no Brasil*: Experiências e Perspectivas. Brasília: IPEA, 2015.

PONTES RODRIGUES, Arthur Henrique de. *Gestão de Conflitos em Condomínios*: Estratégias para uma Convivência Harmônica. Curitiba: Condomínios Simples, 2023.

MULTIPROPRIEDADE IMOBILIÁRIA: PRINCIPAIS ASPECTOS CÍVEIS E TECNOLÓGICOS

Leandro Sender

Professor de Direito Imobiliário. Palestrante e Autor de diversos artigos jurídicos. Presidente da Comissão de Tokenização Imobiliária da OAB/RJ. Presidente da Comissão de Direito Condominial da ABA/RJ. Coordenador do curso "Real Estate: propriedade na era da tecnologia" da Future Law. Coordenador e Coautor da Obra Coletiva "Direito Imobiliário 4.0", Coordenador e Coautor da Obra Coletiva "Condomínio: Aspectos Práticos da Cobrança de Cotas e Inadimplência". Sócio do Escritório Sender Advogados, Associados.

Paula Neustadt

Pós-graduada em Direito Imobiliário pelo CBEPJUR e Coautora da Obra Coletiva "Condomínio: Aspectos Práticos da Cobrança de Cotas e Inadimplência". Sócia do Escritório Sender Advogados Associados.

Sumário: Introdução – 1. Multipropriedade imobiliária: definição e características – 2. Instituição da multipropriedade – 3. Dos direitos dos multiproprietários – 4. Das obrigações e o caráter *propter rem* – 5. Análise comparativa internacional – 6. Tokenização das frações de multipropriedade imobiliária – Conclusão – Referências.

INTRODUÇÃO

A multipropriedade imobiliária tem se consolidado como uma alternativa viável para a aquisição e o uso compartilhado de bens imóveis, especialmente no contexto do lazer e do turismo. Este modelo permite que diversas pessoas adquiram frações de um imóvel, usufruindo dele em períodos alternados ao longo do ano.

Deste modo, a multipropriedade surge como uma solução acessível para aqueles que, individualmente, não teriam recursos suficientes para adquirir uma propriedade inteira, mas que desejam ter um imóvel para desfrutar durante períodos específicos, como férias.

Regulamentada pela Lei 13.777 de 2018, a multipropriedade foi oficialmente incorporada ao ordenamento jurídico brasileiro, trazendo novas perspectivas para o mercado imobiliário e estabelecendo um regime jurídico próprio para a sua implementação.

O Código Civil, por meio dos artigos 1.358-A a 1.358-U, introduziu normas específicas que buscam garantir a segurança jurídica e o bom funcionamento desse instituto.

Portanto, presente artigo visa abordar as características fundamentais da multipropriedade imobiliária, concentrando-se principalmente nas disposições do Código Civil, doutrinas e jurisprudências pertinentes ao tema, com a intenção de compreender o impacto da multipropriedade no contexto jurídico e imobiliário brasileiro.

1. MULTIPROPRIEDADE IMOBILIÁRIA: DEFINIÇÃO E CARACTERÍSTICAS

A multipropriedade pode ser compreendida como um modelo de aquisição de bens imóveis que permite a divisão da posse e do uso de uma propriedade entre diversos adquirentes, cada um com direito a usufruir do imóvel por um período determinado ao longo do ano.

O instituto surgiu como uma alternativa prática e acessível, possibilitando a um número maior de pessoas realizar o sonho de adquirir um imóvel destino ao lazer, visto que, sozinhas, não teriam recursos suficientes para comprar a propriedade integralmente.

Assim, ao adquirir o imóvel em multipropriedade, a pessoa se torna proprietária do imóvel por um período específico do ano.

Sobre o tema, Gustavo Tepedino declara que:

> Com a divisão do uso de imóveis em temporadas, usualmente semanais, numerosos proprietários utilizam, alternadamente, cada qual a seu turno, o mesmo local. Dessa forma, franqueou-se o mercado a novas camadas sociais, que de outra forma não teriam acesso à segunda casa. Famílias que pretendiam adquirir a casa de campo ou de praia apenas para o período de férias anuais satisfazem sua aspiração a preço relativamente modesto. Reduzem-se, por outro lado, as despesas e os incômodos com a manutenção e a segurança do imóvel, itens cada vez mais dispendiosos quando se adquire a propriedade nos moldes tradicionais.

Apesar de a doutrina considerar ser possível a multipropriedade em coisa móvel e imóvel, a legislação previu a incidência do instituto sobre bens imóveis, através da Lei 13.777 de 2018, que introduziu os artigos 1.358-A a 1.358-U no Código Civil.

Nos termos do artigo 1358-C do Código Civil:

> Art. 1.358-C. Multipropriedade é o regime de condomínio em que cada um dos proprietários de um mesmo imóvel é titular de uma fração de tempo, à qual corresponde a faculdade de uso e gozo, com exclusividade, da totalidade do imóvel, a ser exercida pelos proprietários de forma alternada.

MULTIPROPRIEDADE IMOBILIÁRIA **251**

É importante destacar que cada proprietário adquire, no mínimo, a fração temporal de sete dias, para o uso contínuo ou intercalado, ou seja, uma única propriedade poderá ser dividida em até cinquenta e duas unidades de tempo, de modo que o imóvel não ficará ocioso por grande período, como pode ocorrer com uma propriedade tradicional.

Neste sentido, Afonso Rezende traz que:

A vantagem é puramente econômica, permitindo ao adquirente usufruir de um imóvel para seu descanso de cada ano, sem suportar gastos astronômicos, bem como isentar-se do possível 'sofrimento' e mesmo desagrado das reservas de hotéis ou mesmo possibilidade de nada encontrar para o merecido repouso, enfim, com dificuldades para um alojamento cômodo e saudável. A outra vantagem do sistema é que este tipo de copropriedade também está localizado em cidades praianas, montanhas, estâncias hidrominerais ou termais, vindo, assim, cumprir parcialmente o preceito constitucional quanto à função social da propriedade, pois se utiliza de maneira completa de um bem, satisfazendo o interesse de uma multiplicidade de sujeitos.

A lei ainda prevê que o período correspondente a cada fração de tempo poderá ser fixo e determinado, no mesmo período de cada ano; flutuante, quando o período é definido periodicamente, de forma objetiva e isonômica entre os multiproprietários, com divulgação prévia; ou misto, combinando os sistemas fixo e flutuante, conforme estabelece o § 1º, do artigo 1358-C do Código Civil.

É facultado, ainda, a aquisição de fração maior do que a mínima, assegurado o direito de uso por períodos igualmente maiores, nos termos do § 2º do artigo 1358-C.

Dessa forma, multipropriedade é o exercício fracionado e exclusivo do direito de propriedade, compartilhado por várias pessoas, em períodos previamente definidos e renovados anualmente, de forma cíclica.

2. INSTITUIÇÃO DA MULTIPROPRIEDADE

A instituição da multipropriedade pode ocorrer por ato entre vivos, como no contrato de compra e venda, e por testamento, em que, diante de ato de disposição de vontade do testador, a pessoa indicada no testamento suceda no direito.

Em ambos os casos, é necessário que o ato seja registrado no Cartório de Registro de Imóveis, junto à matrícula do imóvel, devendo prever os períodos correspondentes a cada fração de tempo, nos termos dos arts. 1.358-F a 1.358-H, do CC.

Desta forma, há maior segurança ao adquirente, permitindo, inclusive, a transferência para herdeiros e legatários, conforme as regras do Direito Sucessório Brasileiro.

Outrossim, bem como acontece em condomínios edilícios, é necessário que seja deliberado instrumento de instituição ou a convenção condominial, que deverá observar, no que couber, as regras do condomínio edilício, a fim de disciplinar as regras aplicáveis a todos os multiproprietários.

Nos termos do art. 1358-G do Código Civil, no referido instrumento deverão constar os poderes e deveres dos multiproprietários; o número máximo de pessoas que podem ocupar ao mesmo tempo o imóvel; as regras de acesso do administrador condominial ao imóvel; a criação de fundo de reserva para reposição e manutenção dos equipamentos, instalações e móveis; o regime aplicável em caso de perda ou destruição; e as penalidades aplicáveis aos multiproprietários em caso de descumprimento de seus deveres.

Por fim, a convenção ainda poderá estabelecer o limite máximo de frações de tempo no mesmo imóvel que poderão ser adquiridas pela mesma pessoa, física ou jurídica.

3. DOS DIREITOS DOS MULTIPROPRIETÁRIOS

O artigo 1.358-J do Código Civil elenca um rol de incisos compreendendo as obrigações dos multiproprietários, sendo certo que outras obrigações poderão ser instituídas no ato de instituição ou na convenção.

De início, destacamos que o multiproprietário tem a obrigação de arcar com a contribuição condominial do condomínio em multipropriedade e do condomínio edilício, mesmo que renuncie ao direito de uso e gozo do imóvel, áreas comuns ou respectivas instalações, equipamentos e mobiliário.

O multiproprietário é responsável por danos causados ao imóvel, seus ambientes, instalações e mobiliário, incluindo aqueles causados por seus acompanhantes. Além disso, durante a utilização do imóvel, caso observe ou cause avarias, defeitos ou vícios no imóvel, deverá notificar imediatamente o administrador.

As instalações do imóvel não poderão ser alteradas, modificadas ou ter o mobiliário trocado. Outrossim, cada multiproprietário é responsável pela conservação e limpeza durante o período de uso exclusivo, garantindo que o ambiente se mantenha adequado para o próximo proprietário.

É fundamental, ainda, que o período de uso exclusivo seja respeitado, pois qualquer abuso pode prejudicar o evento, momento ou planejamento do próximo multiproprietário.

Vale ressaltar que o descumprimento ou violação do tempo de uso exclusivo resultará em penalidades para o multiproprietário, incluindo multa diária, conforme estipulado no regulamento ou convenção do condomínio.

É importante destacar que, em situações que envolvam o bem, como danos significativos ou risco iminente de ruína, o multiproprietário tem a possibilidade de autorizar e permitir a realização de obras e reparos emergenciais, com o objetivo de preservar o imóvel em benefício dos outros multiproprietários. Nesse caso, ele deve prestar contas ao administrador e, se necessário, poderá ser reembolsado pelos demais multiproprietários caso tenha arcado com os custos dos serviços.

Por fim, eventuais descumprimentos às regras instituídas poderão ser passíveis de multa, conforme Art. 1.358-J, § 1º, do Código Civil.

4. DAS OBRIGAÇÕES E O CARÁTER *PROPTER REM*

O uso compartilhado do imóvel nesta modalidade imobiliária tem a natureza de um direito real e, embora apresente características específicas, não o desqualifica como condomínio edilício.

Como anteriormente exposto, o artigo 1.358-J, do Código Civil, dispõe ser obrigação do proprietário arcar com as despesas de condomínio, similar ao previsto no art. 1.336 do Código Civil, aplicável aos condôminos em condomínio edilício.

Assim, o legislador estabeleceu que o coproprietário do condomínio em multipropriedade será responsável, proporcionalmente às suas cotas, pelo pagamento da taxa condominial incidente sobre o imóvel, correspondente ao período em que possui o direito de usufruir do bem.

Portanto, entende-se que os coproprietários não seriam responsáveis pela integralidade dos débitos referentes às taxas de condomínio de imóvel que possuem em copropriedade, mas sim proporcionalmente ao número de cotas de cada um.

No contexto da multipropriedade, existem decisões que destacam a responsabilidade de cada coproprietário, como podemos observar:

Compromisso de compra e venda. Aquisição de cota-parte, pelos réus, de unidade autônoma tipo chalé, em regime de multipropriedade, com destinação hoteleira. Ação de cobrança de encargos condominiais suportados pela incorporadora. Acolhimento parcial em sentença, com limitação ao período de ocupação do chalé. Estipulação contratual obrigando os aderentes, proporcionalmente, ao encargo condominial no período pleiteado na petição inicial. Respaldo legal também na convenção condominial e no disposto no art. 1.358-J do Código Civil. Ampliação da condenação. Recurso provido. (Apelação 1002832-49.2022.8.26.0541, Rel. Caio Marcelo Mendes de Oliveira, J. 30.08.2023).

Estado de Santa Catarina. Tribunal de Justiça Estado de Santa Catarina. Tribunal de Justiça. Apelação Cível 0300970-73.2017.8.24.0005 Apelação Cível 0300970-73.2017.8.24.0005, de Balneário Camboriú, Relator: Desembargador Luiz Cézar Medeiros Civil – Ação de cobrança – Taxas condominiais – Obrigação *propter rem* – Multipropriedade imobiliária (*time sharing*) – Ciência do condomínio – Obrigação do multiproprietário – Restrição às unidades periódicas. A inequívoca ciência do condomínio quanto ao regime de multipropriedade – *time sharing* – do imóvel objeto da cobrança de taxas condominiais, impõe que a responsabilidade pelo pagamento seja dirigida contra todos os multiproprietários. A ação proposta contra um só deles determina a manutenção da sentença que condenou o coproprietário apenas ao pagamento correspondente ao seu período de utilização do imóvel. V (TJ-SC – AC: 03009707320178240005 Balneário Camboriú 0300970-73.2017.8.24.0005, Relator: Luiz Cézar Medeiros, Data de Julgamento: 26/02/2019, Quinta Câmara de Direito Civil).

Vale destacar, ainda, que a forma de rateio poderá ser disciplinada de forma diversa no instrumento de instituição ou na convenção de condomínio em multipropriedade.

5. ANÁLISE COMPARATIVA INTERNACIONAL

A compreensão do regime de multipropriedade no Brasil é enriquecida quando se observa como outros países lidam com a titularidade fracionada de imóveis, especialmente no contexto do turismo. A experiência internacional, pautada por modelos consolidados como o *time sharing* nos Estados Unidos e na Europa, revela distintas abordagens jurídicas, contratuais e operacionais, bem como graus variados de intervenção estatal, padronização normativa e proteção do consumidor. Ao colocar em perspectiva o ordenamento brasileiro diante de outras experiências, torna-se possível não apenas identificar boas práticas suscetíveis de inspiração, mas também antecipar potenciais problemas e discutir soluções mais eficazes.

Um dos casos mais emblemáticos é o dos Estados Unidos, onde a multipropriedade – usualmente referida como *time share* – apresenta raízes históricas e evolução regulatória mais longa. Nos EUA, a regulação do *time share* varia entre os estados, com maior ou menor rigor. Em alguns deles, a legislação local prevê obrigações informativas rigorosas, processos de registro e licenciamento de empreendedores, além de mecanismos de proteção ao consumidor.

Na Europa, a União Europeia já apresentou uma preocupação em harmonizar práticas contratuais no setor de *time sharing*. A Diretiva 2008/122/CE[1] do Parlamento Europeu e do Conselho, por exemplo, estabeleceu regras claras sobre a proteção do consumidor na aquisição de direitos de utilização por tempo parcial de bens imóveis. Neste contexto, países como Espanha e Portugal, fortemente voltados ao turismo de lazer, assumiram posições de destaque. A legislação europeia reforça a transparência contratual, impondo a informação prévia ao consumidor e concedendo períodos de reflexão para desistência sem penalidade.

---

1. Diretiva 2008/122/CE do Parlamento Europeu e do Conselho – Trata sobre a proteção do consumidor relativamente a determinados aspectos dos contratos de utilização periódica de bens, de aquisição de produtos de férias de longa duração, de revenda e de troca.

MULTIPROPRIEDADE IMOBILIÁRIA **255**

Em Portugal, a par do esforço de harmonização da União Europeia, a lei local reforça a necessidade de formalização cuidadosa dos negócios e a regulação do funcionamento interno dos empreendimentos, com ênfase na gestão colegiada e no equilíbrio entre os direitos dos coproprietários. Já na Espanha, o mercado de *time sharing* é consolidado em áreas turísticas como as Ilhas Canárias e a Costa do Sol, resultando em modelos institucionais maduros e processos administrativos bem-estruturados, com suporte aos consumidores por meio de associações de defesa e órgãos reguladores ativos.

Comparando-se essas experiências internacionais com o quadro brasileiro, emergem alguns pontos cruciais. A incorporação de ferramentas tecnológicas e a internacionalização do uso do imóvel também surgem como aspectos relevantes. Em mercados já consolidados, é comum o emprego de plataformas digitais para troca de semanas no sistema de intercâmbio, locação temporária e até mesmo para a alienação de frações.

Finalmente, a análise comparativa internacional evidencia que a multipropriedade não é um instituto estanque, mas sim um fenômeno dinâmico, que sofre adaptações culturais, econômicas, jurídicas e tecnológicas.

6. TOKENIZAÇÃO DAS FRAÇÕES DE MULTIPROPRIEDADE IMOBILIÁRIA

A crescente digitalização do mercado imobiliário e o aperfeiçoamento de tecnologias voltadas ao registro, negociação e gestão de ativos abrem espaço para novas modalidades de titularização dos direitos de propriedade, incluindo aquelas decorrentes da multipropriedade. Entre as inovações mais promissoras está a tokenização de frações imobiliárias, isto é, a representação digital, em uma rede distribuída (blockchain), da fração de um imóvel que pode ser transacionada de forma rápida, transparente e segura.

A proximidade entre a ideia de tokenização e a multipropriedade decorre do próprio arcabouço jurídico estabelecido pelo Código Civil, que admite a divisão do imóvel em até 52 frações temporais de uso, uma para cada semana do ano.

Além disso, a representação digital da fração imobiliária como um token facilita a negociação entre os multiproprietários e terceiros interessados. Em lugar de contratos escritos complexos, cartórios físicos e longos prazos para registro de alterações na titularidade, o token pode ser transferido entre carteiras digitais, mediante validação criptográfica, em tempo real e com custos operacionais reduzidos. Essa possibilidade abre caminhos para o ingresso de novos investidores, inclusive estrangeiros, ampliando o escopo e o alcance do mercado brasileiro de multipropriedade, ao passo que a plataforma digital pode atrair agentes que antes não consideravam essa modalidade por barreiras de custo, distância ou desconfiança.

A adoção de tokens como representação digital das frações de multipropriedade imobiliária, concebidas como direitos obrigacionais, não se limita ao simples acesso periódico ao imóvel. Dessa forma, o token passa a conferir não apenas a prerrogativa de uso da unidade no período contratado, mas também a participação na rentabilidade que o ativo pode gerar, bem como a possibilidade de intercambiar o período de utilização com outros destinos, no Brasil ou no exterior.

No entanto, apesar das promessas, a tokenização de frações de multipropriedade imobiliária enfrenta desafios regulatórios e jurídicos. No ordenamento brasileiro, a propriedade imobiliária e seus direitos reais correlatos estão sujeitos a registros públicos.[2] A mera criação de um token em blockchain, por si só, não substitui a necessidade de regularização jurídica do negócio no registro imobiliário, hoje custodiado por normas que asseguram segurança jurídica e publicidade dos atos. Surge, então, a questão de como harmonizar a inovação tecnológica com a formalidade dos atos imobiliários, bem como garantir a plena validade e eficácia dos tokens perante o Direito brasileiro.

A solução passa, possivelmente, pela aproximação entre o ecossistema tecnológico e os agentes reguladores. Cartórios de registro de imóveis podem integrar soluções de blockchain em seus processos, verificando a titularidade dos tokens e emitindo certificados digitais com valor jurídico. Leis específicas sobre a matéria podem prever a equivalência entre um token lastreado em fração imobiliária e o registro do direito real correspondente, desde que observados requisitos técnicos, fiscais e notariais. A ação do legislador e do Poder Judiciário serão essenciais para reconhecer a força probante e a eficácia jurídica dos tokens, ajustando a prática cartorária ao novo paradigma tecnológico.

Do ponto de vista contratual, a convenção condominial e o ato de instituição da multipropriedade poderiam prever expressamente a possibilidade de emissão de tokens lastreados nas frações, disciplinando a transferência desses ativos digitais, a publicidade de suas transações e eventuais restrições de negociabilidade. Assim, assegura-se que todos os multiproprietários e adquirentes subsequentes estejam cientes das regras aplicáveis, reduzindo riscos de litígios futuros. Além disso, o uso de contratos inteligentes (*smart contracts*) – programas autoexecutáveis que rodam em blockchain – pode automatizar a aplicação de penalidades em caso de inadimplência, atrasos,

---

2. Código Civil – Art. 1.245. Transfere-se entre vivos a propriedade mediante o registro do título translativo no Registro de Imóveis.

uso indevido da fração ou não pagamento de contribuições, garantindo maior eficiência na gestão do empreendimento.

Há também reflexos econômicos e sociais a serem considerados. A tokenização amplia o acesso a investimentos imobiliários, permitindo que pequenos investidores adquiram cotas fracionadas a preços mais acessíveis. Esse fenômeno democratiza a propriedade, estimulando o turismo imobiliário, a circulação de capital e a inclusão financeira de grupos que antes não participavam do mercado de multipropriedade. Em sentido contrário, pode-se questionar se a maior liquidez do mercado de frações imobiliárias não induziria a um excesso de volatilidade ou especulação, desvirtuando a ideia original de uso alternado do imóvel como espaço de lazer. Nesse sentido, a regulamentação deverá zelar pela manutenção da finalidade do instituto e pelo equilíbrio entre o interesse patrimonial e o social.

Em conclusão, a tokenização das frações de multipropriedade imobiliária configura um cenário promissor, mas que demanda esforços de adequação jurídica, técnica e administrativa.

CONCLUSÃO

A multipropriedade imobiliária emerge como uma alternativa inovadora e viável no cenário atual do mercado imobiliário brasileiro, especialmente no que se refere à aquisição de imóveis voltados para o lazer e turismo. Este modelo de divisão de propriedade permite que diversos indivíduos usufruam de uma mesma unidade de forma fracionada, proporcionando uma solução acessível para aqueles que não teriam condições de adquirir uma propriedade de forma tradicional. A regulamentação estabelecida pela Lei 13.777 de 2018 e pelos artigos 1.358-A a 1.358-U do Código Civil, trouxe uma maior segurança jurídica, tanto para os multiproprietários quanto para o mercado imobiliário como um todo.

Apesar das vantagens econômicas, como a redução dos custos de aquisição e manutenção, e a democratização do acesso a imóveis em locais turísticos, a multipropriedade também apresenta desafios.

Há necessidade de uma regulamentação clara e de uma boa estruturação nas convenções condominiais é fundamental para evitar disputas entre os multiproprietários, garantir o cumprimento das obrigações e assegurar que o uso compartilhado do imóvel seja eficiente e harmonioso. Problemas como a rescisão de contratos, o desconhecimento das obrigações e a falta de condições financeiras de manter a propriedade podem impactar negativamente a experiência do multiproprietário, sendo necessário um acompanhamento contínuo das partes envolvidas.

Em suma, a multipropriedade é uma solução promissora no mercado imobiliário, mas demanda um equilíbrio entre direitos e deveres dos coproprietários, com uma regulamentação eficaz e práticas transparentes para garantir a sustentabilidade do modelo no longo prazo. O crescente número de casos e decisões judiciais reflete a necessidade de maior esclarecimento e adaptação de todos os envolvidos, assegurando que o instituto continue a se consolidar como uma forma eficaz e justa de utilização de bens imóveis.

REFERÊNCIAS

BRASIL. Lei 10.406, de 10 de janeiro de 2002. Institui o Código Civil. Brasília, DF: Presidência da República, [2024]. Disponível em: http://www.planalto.gov.br/ccivil_03/leis/2002/l10406compilada.htm. Acesso em: 1º dez. 2024.

REZENDE, Afonso Celso F. *Multipropriedade Imobiliária*. 2 out. 1999. Disponível em: http://www.escritorioonline.com/webnews/noticia.php?id_noticia=1308&. Acesso em: 10 dez. 2024.

TEPEDINO, Gustavo. *A multipropriedade e a retomada do mercado imobiliário*, 30 jan. 2019. Disponível em: https://www.conjur.com.br/2019-jan-30/tepedino-multipropriedade-retomada-mercado-imobiliario. Acesso em: 14 dez. 2024.

A TRANSPOSIÇÃO DOS NEGÓCIOS JURÍDICOS PROCESSUAIS IMOBILIÁRIOS PARA OS LITÍGIOS JUDICIÁRIOS

Carolina Abdalla de Lima

Pós-graduada em Direito Contratual pela PUC/RJ. Pós-graduada em Processo Civil pela LFG/SP. Especializada em Propriedade Intelectual pela OMPI/INPI. Especializada em Direito Autoral pela EMERJ.

Sumário: Introdução – 1. O negócio jurídico processual: a transposição dos acordos contratuais para os processos judiciais – 2. A personalização do futuro litígio: o negócio jurídico processual nos contratos imobiliários; 2.1 Da exemplificação e aplicabilidade dos negócios jurídicos processuais – 3. Da provocação do judiciário pelas partes: da homologação do negócio jurídico e da economia processual; 3.1 Homologação do negócio jurídico processual pelo juiz; 3.2 Da economia processual através da aplicação do negócio jurídico – Conclusão – Referências.

INTRODUÇÃO

Sabe-se, desde que o mundo é mundo, que a estrutura hierárquica relacional civilizatória é composta pelas trocas, pactos sociais e comerciais entre inúmeros indivíduos.

A ampla disseminação das relações é pautada pela formalização do instituto contratual ao longo dos séculos, tendo marcos como o Código de Hamurabi e o Código Civil Napoleônico, transformando-se, através do advento da globalização e do direito moderno, na formalização obrigacional e relacional conhecida e conceituada pelo Código Civil Brasileiro.

O abastecido e aquecido ramo imobiliário bebe diretamente das águas do contratualismo, produzindo um vasto leque de negócios jurídicos, os quais possuem seus pactos formalizados em diversos tipos contratuais.

Devido à morosidade e complexidade de alguns procedimentos jurídicos, as partes que compõe os negócios imobiliários viram interesse em expandir a eficácia de seus acordos negociais para além dos contratos, infiltrando-se diretamente na ação judicial através dos negócios jurídicos processuais, com o objetivo de atingir uma maior celeridade e segurança jurídica na resolução de litígio.

1. O NEGÓCIO JURÍDICO PROCESSUAL: A TRANSPOSIÇÃO DOS ACORDOS CONTRATUAIS PARA OS PROCESSOS JUDICIAIS

Para melhor entendermos o cerne deste artigo, necessário ocuparmos algumas linhas com doutrinas sobre o negócio jurídico processual e sua aplicação, podendo visualizar com mais clareza a transposição da matéria negocial para o direito formal.

O negócio jurídico processual é o instituto que permite que as partes escolham o regramento jurídico a ser aplicado a uma situação processual a partir de um acordo prévio. Bem pontua Marcelo Mazzola[1] sobre o tema:

> Com efeito, o artigo 190 do CPC[2] permite que as partes estipulem, nos casos em que se admita autocomposição, mudanças no procedimento para ajustá-lo às especificidades da causa, bem como convencionem sobre os seus ônus, poderes, faculdades e deveres processuais, antes ou durante o processo.

Ao ampliar, definir e pacificar o negócio jurídico processual, o Código de Processo Civil de 2015 (CPC) permitiu que as partes construíssem um processo adequado e "personalizado" aos acordos feitos, podendo prever e remediar conflitos e situações jurídicas.

A partir do momento que as partes optam pela utilização do negócio jurídico processual, essas expressam sua vontade autorregrada,[3] direcionada à prática do ato e ao seu resultado direto, criando, modificando ou extinguindo, caso possível, um instituto de natureza processual preexistente.[4]

O autorregramento das partes vai de encontro à validade dos atos jurídicos processuais, que devem estar pautados no formalismo processual, obedecendo seus requisitos.

Nesse sentido, pontua-se, que não há disposição expressa que traga a definição sobre a possibilidade e limites do autorregramento das partes, devendo essas adotar, por analogia, o respeito às normas constitucionais de processo civil e seus princípios.

Observa-se, assim, que ao pactuar sobre um negócio jurídico processual, as partes devem sempre observar as proibições, direita ou indiretas, trazidas pela lei, sobre as quais não se pode negociar.

---

1. Disponível em: https://www.conjur.com.br/2021-jan-12/opiniao-contratos-internacionais-negocios-juridicos-processuais/.
2. Disponível em: https://www.planalto.gov.br/ccivil_03/_ato2015-2018/2015/lei/l13105.htm.
3. Princípio do autorregramento da vontade no processo. Sob esse princípio, as partes podem negociar de forma livre e irrestrita (restrição apenas no que a lei proíbe) os termos nos quais ficarão mais confortáveis e verão a controvérsia ser dirimida de forma célere e com a garantia da segurança jurídica.
4. REDONDO, Bruno Garcia. *Negócios jurídicos processuais atípicos*. Salvador: JusPodivm, 2017, p.87.

O doutrinador Pedro Henrique Pedrosa Nogueira agrega que os negócios jurídicos processuais pactuados entre as partes devem respeitar os limites convencionados pelas leis vigentes. Nesse sentido:

> Pode-se, aqui, definir o negócio processual como o fato jurídico voluntário em cujo suporte fático esteja conferido ao respectivo sujeito o poder de escolher a categoria jurídica ou estabelecer, dentre dos limites fixados no próprio ordenamento jurídico, certas situações jurídicas processuais.[5]

Ainda, versa a Quarta Turma do Superior Tribunal de Justiça (STJ):

> No negócio jurídico processual, não é possível às partes convencionar sobre ato processual regido por norma de ordem pública, cuja aplicação é obrigatória.[6]

Nota-se, portanto, que para o negócio jurídico processual existir, com plena validade e eficácia, precisa obedecer aos seguintes requisitos: i. agente capaz; ii. objeto lícito, possível, determinado ou determinável; iii. forma prescrita ou não defesa em lei, conforme artigo 104 do Código de Processo Civil.

Apesar dos limites legislativos ao negócio jurídico processual, reforçando seu caráter público, não se pode negar que o CPC de 2015 formalizou e ratificou a importância dos interesses privados, transpondo o campo do direito material ao cerne do direito processual.[7]

Para fins de efeito deste artigo, será utilizado amplamente o conceito acima aplicado aos contratos imobiliários bilaterais, nos quais as partes assumem obrigações recíprocas em relação uma à outra, possuindo direitos e deveres entre si – sinalagmáticos.

2. A PERSONALIZAÇÃO DO FUTURO LITÍGIO: O NEGÓCIO JURÍDICO PROCESSUAL NOS CONTRATOS IMOBILIÁRIOS

A possibilidade de customização do litígio por intermédio dos negócios jurídicos processuais potencializou a simbiose dos acordos entre as partes nos contratos imobiliários aplicados à – possível – disputa processual, litígio futuro.

De início, menciona-se que a intenção deste artigo não é engessar "exemplos de negócios jurídicos processuais" a "certos tipos específicos de contratos imobiliários", mas sim incentivar o leitor a construir uma esteira de pensamentos

---

5. NOGUEIRA, Pedro Henrique Pedrosa. Sobre os acordos de procedimento no processo civil brasileiro. In: CABRAL, Antonio do Passo; NOGUEIRA, Pedro Henrique Pedrosa (Coord.). *Negócios processuais.* 4. ed. Salvador: JusPodivm, 2019, p. 104.
6. Superior Tribunal de Justiça – Resp.: 1810444/SP, Rel. Min, Luis Felipe Salomão, publ.: 28.04.2021.
7. CABRAL, Antonio do Passo. *Convenções Processuais.* 2. ed. Salvador: JusPodivm, 2017.

negociais para, então, aplicar e utilizar um dos exemplos de negócios, trazidos neste capítulo, em seu caso concreto.

Assim, para escolha certeira de quais negócios jurídicos processuais utilizar no contrato imobiliário, torna-se urgente o pensamento crítico sobre os acordos que envolvem o objeto contratual, prevendo os desdobramentos materiais e litigiosos que esse possa vir a causar.

2.1 Da exemplificação e aplicabilidade dos negócios jurídicos processuais

Uma vez entendido como adotar uma efetiva utilização para os negócios jurídicos processuais no âmbito contratual do direito imobiliário, é possível apresentar alguns exemplos de negócios que transpassam os contratos e adentram no litígio.[8]-[9]

a. Caução

O Código de Processo Civil, através de sua normativa, faz com que o juízo do caso permita ou exija o depósito de caução para prática de atos e procedimentos processuais. Como a caução é uma garantia processual, funcionando como benefício a uma das partes, é possível que seja atingida por novos acordos processuais, podendo, por exemplo, ter seu valor aumentado, diminuído ou, até mesmo, extinto.

Exemplo: As partes, de comum acordo, resolvem extinguir a garantia de caução estabelecida pela Lei de Locações, não sendo mais necessária a manutenção da referida garantia para a execução de quaisquer obrigações decorrentes deste instrumento.

b. Impenhorabilidade de bens

As partes poderão pactuar livremente sobre a impenhorabilidade de um bem, inclusive sobre imóvel objeto do contrato. Ademais, as partes podem elencar uma ordem preferencial de bens e/ou formas de penhora e indenizações, conforme artigo 835 CPC.

Exemplo 1: As Partes acordam expressamente pela impenhorabilidade dos seguintes bens (i) bem imóvel residencial situado no endereço xx; (ii) maquinário principal e essencial para desenvolvimento da atividade empresarial; (iii) veículo de trabalho utilizado como instrumento principal de geração de renda.

Exemplo 2: Na hipótese de execução contratual, fica estabelecida a seguinte ordem sequencial de bens passíveis de penhora:

• Primeira Ordem de Preferência (i) ativos financeiros e aplicações de baixa liquidez; (ii) créditos a receber de terceiros; (iii) estoque comercial excedente.

• Segunda Ordem de Preferência (i) maquinário secundário; (ii) equipamentos auxiliares; (iii) veículos não essenciais à atividade principal.

---

8. BUSHATSKY, Jaques. Acordos processuais nos contratos de locação de imóvel urbano. In: CAVALLI, Mariana; SENDER, Leandro (Coord.). *Direito Imobiliário 4.0*. Indaiatuba:, 2014, p. 169.

9. ARECHAVALA, Luis; DREYS, Marisa. Negócio jurídico processual em contratos de compra e venda de imóveis. In: CAVALLI, Mariana; SENDER, Leandro (Coord.). *Direito Imobiliário 4.0*. Indaiatuba: Foco, 2014, p. 169.

A TRANSPOSIÇÃO DOS NEGÓCIOS JURÍDICOS PARA OS LITÍGIOS JUDICIÁRIOS **263**

c. Calendário processual, dilação ou diminuição de prazos processuais Visando a celeridade, economia processual, cooperação mútua e boa-fé, as partes podem acordar, junto ao juízo, datas e prazos sobre os procedimentos que envolvem o litígio. O calendário é vinculativo e as partes ficam cientes de todos os atos que terão de realizar até a sentença, sendo dispensada a intimação do juízo.

Exemplo: As Partes, no exercício da autonomia privada e em conformidade com o artigo 191 do CPC, estabelecem o presente calendário processual como mecanismo de gestão processual compartilhada.

d. Realização de mediação ou conciliação extrajudicial prévia como pressuposto para ajuizamento de ação judicial. Presando pela boa-fé contratual, cooperação e economia de recursos financeiros, as partes acordam a obrigatoriedade da tentativa de resolução de possível litígio extrajudicialmente.

Exemplo: As Partes acordam e restam cientes que qualquer divergência, litígio ou controvérsia decorrente deste contrato deverá, obrigatoriamente, ser submetida à tentativa de mediação ou conciliação extrajudicial prévia, devendo ajuizar possível ação somente após o esgotamento integral dos procedimentos extrajudiciais acordados.

e. Escolha consensual e mútua de perito. É uma forma de flexibilizar a indicação do profissional perito, permitindo que as partes definam os critérios para a seleção. As partes devem, obrigatoriamente, observar os requisitos de admissibilidade previstos no artigo 471 do CPC. Importante observar que a cláusula deve apresentar as etapas de escolha do perito como critérios de avaliação, obrigações específicas e disposições financeiras. As partes poderão utilizar essa cláusula caso seja necessário avaliação de estrutural de obras, avaliação de vícios, valoração de benfeitorias, entre outros.

Exemplo: As Partes estabelecem os critérios para seleção consensual de perito destinado a dirimir questões técnicas específicas e atinentes ao objeto do presente contrato, os quais são:

- O perito deverá possuir formação acadêmica específica na área objeto da perícia, com no mínimo 5 (cinco) anos de experiência comprovada e registro profissional válido em seu conselho de classe correspondente;

- Inexistência de conflito de interesses com uma das Partes;

- Cada Parte apresentará 3 (três) candidatos, com a devida documentação comprobatória de qualificação e currículo;

- Como critérios de avaliação serão utilizados a titulação acadêmica, experiência profissional, publicações técnicas, histórico de laudos anteriores, disponibilidade;

- O processo de escolha será feito através de reunião conjunta de análise, através de entrevista e análise de currículo do candidato e votação por consenso. Em caso de empate, o desempate será feito através de sorteio;

- São causas automáticas de impedimento o parentesco, até terceiro grau, com uma das Partes, vínculo profissional atual ou passado com uma das Partes, participação de litígios anteriores que envolviam uma das Partes, interesse econômico no resultado da perícia;

- As obrigações específicas, critérios e metodologia para elaboração da perícia serão decididas em comum acordo pelas Partes através de reunião conjunta;

- Os honorários do perito serão rateados igualmente, com adiantamento de 50% (cinquenta por cento do valor) e saldo remanescente após a entrega do laudo, com depósito em conta indicada pelo perito;

- O cronograma pericial possuirá prazo de 15 (quinze) dias úteis para seleção do perito, 60 (sessenta) dias úteis para realização da perícia e apresentação do laudo, mediante a prorrogação mediante justificativa plausível.

f. Rateio ou não de despesas processuais. As Partes podem acordar se desejam ou não ratear futuras despesas processuais. Importante frisar, nesse ponto, que a cláusula pode ser específica, ao ponto de as partes escalonarem ponto a ponto seu rateio de despesas – ou não – de acordo com os procedimentos e atos processuais.

Exemplo: As Partes anuem e restam cientes de que todas as despesas litigiosas, oriundas de procedimentos e atos processuais, serão rateadas igualmente entre as Partes. Consideram-se despesas processuais as (i) custas judiciais; (ii) honorários periciais; (iii) despesas com diligências; (iv) honorários advocatícios; (v) despesas com produção de provas; (vi) taxas cartorárias; (vii) despesas de documentação e tradução; (viii) despesas com cartório de notas e registro de pessoas naturais e jurídicas; (ix) despesas com junta comercial.

g. Consignação em pagamento prévia. As partes podem estabelecer que havendo insatisfação ou divergência no pagamento de valores oriundos da eficácia contratual, a consignação em pagamento poderá ser feita diretamente na conta bancária um do outro, valendo o comprovante de transferência bancária como recibo e dispensando a autorização judicial, conforme artigo 542, I, CPC e observado os demais requisitos legais.

Exemplo: As Partes anuem e restam cientes que caso optem ou necessitem realizar uma consignação em pagamento, poderão realizá-la diretamente na conta bancária uma da outra, valendo o comprovante de transferência bancária como recibo, cabendo a dispensa de autorização judicial para depósito.

h. Nomeação de depositário. As partes poderão nomear uma pessoa, física ou jurídica, para ser depositária, que receberá a coisa e a guardará em confidência. É possível utilizar o depositário, por exemplo, para receber as chaves de um imóvel ou para guardar bens.

Exemplo: Em caso de impossibilidade do comprador em receber as chaves do imóvel, objeto do presente contrato, o comprador nomeia Fulano de Tal, inscrito no CPF/MF sob o n. xxxx, portador da carteira de identidade de n. xxx, expedida por xxx, residente e domiciliado no [endereço], com endereço de email xxxx, como depositário para receber e guardar as referidas chaves, sendo dispensado a consignação em juízo.

i. Disponibilização prévia de documentação (pacto de disclosure). Essa cláusula estabelece que as partes serão obrigadas a disponibilizar todos os documentos necessários para elaboração e eficácia do contrato, avaliando todas as vertentes da transação e evitando "surpresas" na execução do contrato. Tal *disclosure* poderá trazer celeridade processual na comprovação de fatos, apresentação de documentos e provas.

Exemplo: As Partes prometem-se a disponibilizar, uma para outra, na elaboração desse contrato e judicialmente, caso necessário, toda a documentação necessária para a formalização e execução deste contrato, incluindo, mas não se limitando à certidão de ônus reais, planta baixa ou arquitetônica, certidões negativas, documentos fiscais, e outros documentos relevantes, com antecedência mínima de 30 (trinta) dias antes da data de assinatura deste contrato.

j. Título Executivo. Poderá ser estabelecido em convenção de condomínio que o boleto de cota condominial servirá como título executivo.

Exemplo: Fica acordado entre as partes que, em caso de inadimplemento da cota condominial devida pela Parte, o boleto bancário correspondente à referida cota será considerado título executivo, nos termos do artigo 784 do Código de Processo Civil, podendo ser cobrado judicialmente diretamente pela Parte Credora, sem necessidade de prévia notificação ou interpelação judicial.

k. *Lei Do Distrato Imobiliário.* Tendo em vista o valor da multa a ser retida pela incorporadora, as partes podem convencionar negócio jurídico processual com intuito de dispensar a audiência de conciliação e demais atos, indo diretamente para a prova pericial contábil objetivando a apuração do valor da multa e o que será devolvido ao consumidor.[10]

Exemplo: As Partes, de comum acordo, renunciam expressamente à necessidade de realização de audiência de conciliação ou mediação e demais atos, devendo o processo judicial iniciar a fase probatória diretamente, com o advento da prova pericial contábil com o intuito de apurar o correto valor da multa e os valores exatos a serem devolvidos a Parte.

O rol exemplificativo de negócio jurídico processual exposto acima, pode ser aplicado em qualquer tipo de contrato imobiliário de acordo com a negociação envolvida e a necessidade das partes.

Nota-se, por exemplo, que a cláusula de escolha de perito pode ser usada tanto para uma alegação de vício redibitório de construção que levou o contrato de compra e venda a ser resolvido; como em caso de conflito locatício sobre valoração de benfeitorias.

Resta ratificado, por fim, que é possível, válida e eficaz a aplicação da mesma cláusula negocial em contratos que possuem como objeto temas absolutamente distintos dentro do direito imobiliário.

3. DA PROVOCAÇÃO DO JUDICIÁRIO PELAS PARTES: DA HOMOLOGAÇÃO DO NEGÓCIO JURÍDICO E DA ECONOMIA PROCESSUAL

3.1 Homologação do negócio jurídico processual pelo juiz

Como já mencionado, o negócio jurídico processual possibilita a democratização do procedimento, uma vez que parte da construção pelas partes de cada especificidade necessária que atenda à resolução da lide segundo seu objeto.

Nesse cenário, o juiz não é a figura que deverá determinar o modelo a ser seguido no processo, mas sim as partes, que flexibilizarão ou limitarão o que for necessário de acordo com seu interesse.

É certo que o juiz é parte importante no acordo existente entre as partes sobre o negócio jurídico processual, dado que é através da figura do juiz que se garantirá o cumprimento do que fora acordado, assim como ocorre em qualquer processo.

---

10. Disponível em: https://www.conjur.com.br/2022-nov-09/bruna-braghetto-negocio-juridico-processual-contratos-imobiliarios/.

Assim, o negócio jurídico processual somente se submeterá à homologação quando expressamente exigido em norma jurídica, conforme artigo 200 CPC,[11] enunciado 115[12] e 118.[13]

Com foco ainda no artigo 200 do Código de Processo Civil, positiva e garante que os pactos realizados por livre manifestação das partes poderão criar, modificar ou extinguir situações jurídicas, exceto em caso de existência de lei expressamente contrária, como ocorre com a desistência do processo, prevista no parágrafo único do referido artigo.

O "ímpeto" que circunda o negócio jurídico é tão livre, que permite, inclusive, que as partes pactuem que determinado ato só será válido após a homologação judicial.[14]

Vejamos a brilhante exposição da Ilustríssima Doutora Tricia Navarro:

Dessa forma, o juiz pode exercer dois papéis nas convenções processuais: a) o de controlador da validade da convenção; e b) o de parte e, ainda assim, exercer o controle do acordo.

Em relação ao comportamento do magistrado frente às convenções em tema de processo, deve ser ressaltado que elas não podem ser conhecidas por iniciativa do juiz, precisando de provocação das partes.

Porém, uma vez alegadas, devem produzir efeitos imediatos no processo, com o mesmo regime jurídico das declarações de vontade de que trata o artigo 200 do CPC, não necessitando de homologação do juiz, o qual aplicará a norma da convenção processual simplesmente por ser válida, salvo disposição legal em contrário.

Assim, o controle judicial sobre a declaração de vontade das partes será sempre essencial para a produção de efeitos no processo, ainda que limitado ao aspecto de sua validade também para impulsionar o feito. Desse modo, competirá ao juiz efetuar a devida conferência quanto aos limites e à existência de vícios materiais e processuais e, caso não haja máculas à sua validade, aplicar as regras convencionadas, sem a necessidade de um pronunciamento homologatório próprio, a não ser que a lei exija.[15]

Extrai-se do recorte trazido acima que só será possível o conhecimento do juiz sobre o negócio jurídico a partir do momento em que as partes provocarem o judiciário, levando o negócio jurídico processual celebrado *inter partes* ao processo.

---

11. Os atos das partes consistentes em declarações unilaterais ou bilaterais de vontade produzem imediatamente a constituição, modificação ou extinção de direitos processuais. Parágrafo único. A desistência da ação só produzirá efeitos após homologação judicial.

12. Enunciado 115. O negócio jurídico processual somente se submeterá à homologação quando expressamente exigido em norma jurídica, admitindo-se, em todo caso, o controle de validade da convenção.

13. Enunciado 128. Exceto quando reconhecida sua nulidade, a convenção das partes sobre o ônus da prova afasta a redistribuição por parte do juiz.

14. CABRAL, Antônio do Passo. *Convenções Processuais*. Salvador: JusPodivm, 2016, p. 235.

15. CABRAL, Tricia Navarro Xavier. *Podem as partes convencionar sobre a atividade probatória do juiz?* 7 de agosto de 2017. Disponível em: Podem as partes convencionar sobre a atividade probatória do juiz? | Jusbrasil.

O Superior Tribunal de Justiça, através do Excelentíssimo Ministro Luis Felipe Salomão, no Resp. 1810444/SP, pacificou:

> O negócio jurídico processual não se sujeita a um juízo de conveniência pelo juiz, que fará apenas a verificação de sua legalidade, pronunciando-se nos casos de nulidade ou de inserção abusiva em contrato de adesão ou ainda quando alguma parte se encontra em manifesta situação de vulnerabilidade.[16]

Conclui-se que não havendo vinculação expressa em contrário ou qualquer pressuposto de nulidade, valerá o disposto no art. 200 do CPC para todos os atos bilaterais praticados pelas partes nesse contexto do negócio jurídico processual.[17]

3.2 Da economia processual através da aplicação do negócio jurídico

Como bem sabido pelos operadores do direito, o Poder Judiciário, traduzido em seus Tribunais dispostos por todo o território brasileiro, possui um sobrecarregado sistema de processos.

Tal deficiência vivenciada pelo judiciário é traduzida pela cultura de litigância do brasileiro, que atingiu um ápice de 35,3 milhões de ingresso de novos casos no ano de 2023, segundo relatório apresentado pelo CNJ.[18]

O sucessivo aumento de volume de casos faz com que os Tribunais congestionem, já que os funcionários cartorários e o juízo não conseguem solucionar e baixar um número expressivo de processos.

Ao realizarmos a análise crítica do instituto trazido nesse artigo e sua aplicabilidade no dia a dia das partes, percebemos que os negócios jurídicos processuais podem auxiliar na diminuição entre o tempo de ajuizamento da ação e sua sentença.

Isso porque os negócios jurídicos podem, por exemplo, limitar o grau recursal, visto que as partes podem convencionar e suprimir os recursos direcionados às cortes superiores.

Nesse caso, a instituição de um calendário processual pré-definido pelas partes pode trazer maior celeridade no marco temporal de procedimentos do processo, dado que os atos foram acordados e detalhados previamente, abordando a forma de realização e responsabilidade de cada parte.

---

16. Superior Tribunal de Justiça – Resp.: 1810444/SP, Rel. Min, Luis Felipe Salomão, publ.: 28.04.2021.
17. CORREIA, Claudio Alves de Lima Manhães. *Impactos Econômicos dos Negócios Jurídicos Processuais.* Trabalho de Conclusão de Curto. Universidade Federal do Rio de Janeiro, 2020.
18. Disponível em: chrome-extension://efaidnbmnnnibpcajpcglclefindmkaj/https://www.cnj.jus.br/wpcontent/uploads/2024/05/justica-em-numeros-2024-v-28-05-2024.pdf.

E por que a instituição do negócio jurídico processual realmente pode trazer celeridade e economia processual?

Ao cooperarem e realizarem negócios jurídicos processuais, as partes colaboram para previsibilidade do desencadear processual de acordo com suas vontades e desejos, respeitando sempre os requisitos do CPC e limitações legislativas.

Dessa forma, os serventuários analisariam o processo e a praticariam atos processuais com maior rapidez, uma vez que seguem, conforme nosso exemplo trazido no parágrafo logo acima, um calendário processual com destreza de descrição e detalhamento.

Ademais, caso não tenha negócio jurídico processual preestabelecido pelas partes, elas podem pactuar durante o curso processual.

Resta claro, portanto, a efetividade da utilização do instituto trazido neste artigo no âmbito dos contratos imobiliários, visando descomplicar e deixar ais célere e econômico possível litígio.

CONCLUSÃO

As diretrizes trazidas e debatidas neste estudo possuem suas raízes nos artigos 190, 191 e 200 do Código de Processo Civil, os quais chancelam a criação e pacificação dos negócios jurídicos processuais frente ao ordenamento jurídico.

O artigo 200 possui frontal ligação com o artigo 190, ambos do Código de Processo Civil, ao garantir a eficácia imediata dos atos e negócios jurídicos sobre o processo.

A conjugação dos dispositivos legais mencionados acima traduzem que não pode o juiz se opor ao negócio jurídico processual celebrado entre as partes que respeite os requisitos de sua formação, ou seja, que tenha objeto lícito e obedeça aos limites legislativos.

O princípio do autorregramento ratifica o acima mencionado, funcionando como base dos negócios jurídicos processuais. Apresenta a plausibilidade da ideia de que as partes podem negociar de forma livre os termos para melhor solucionarem uma possível controvérsia, a qual será dirimida de forma célere e com a garantia da segurança jurídica.

Figura o juiz, portanto, como mero garantidor da ordem e não lhe cabe qualquer juízo de valor sobre pacto realizado caso as partes estejam em igualdade de condições negociais.

A utilização dos negócios jurídicos processuais pelas partes ainda possibilita a celeridade e economia processual, dado que através da cooperação dessas, previamente ou durante o processo, há a transmutação de suas vontades para os procedimentos e atos jurídicos, facilitando a marcha do processo devido à rapidez de análise do litígio pelo Poder Público.

Inegável é a afirmação de que a utilização dos negócios jurídicos processuais nos contratos imobiliários agrega modernidade e intelecto, dado que é deixado de lado os modelos ultrapassados e coloca em mesa o intelecto das partes negociantes nas páginas contratuais.

São inúmeras as possibilidades de pactos jurídicos processuais entre as partes, como bem demonstrado nas linhas desse artigo através do rol exemplificativo de cláusulas contratuais prévias sobre procedimentos processuais.

A provocação trazida nessas breves linhas possui a esperançosa função de fomentar a exploração da prática desse instituto no cotidiano dos operadores do direito imobiliário, saindo dos moldes engessados dos contratos já existentes nessa área.

REFERÊNCIAS

ARECHAVALA, Luis; DREYS, Marisa. Negócio jurídico processual em contratos de compra e venda de imóveis. In: CAVALLI, Mariana; SENDER, Leandro (Coord.). *Direito Imobiliário 4.0*. Indaiatuba: Foco, 2014.

ATAÍDE JR., Jaldemiro Rodrigues. Negócios jurídicos materiais e processuais – existência, validade e eficácia – campo-invariável e campos-dependentes: sobre limites dos negócios jurídicos processuais. *Revista de Processo*, ano 40, v. 244, jun. 2015.

BORGES, Marcus Vinicius Motter (Coord.). *Manual dos Contratos*. São Paulo: RT, 2023.

BRAGHETTO, Bruna Mirella Fiore. *Negócio jurídico processual e possibilidade de aplicação em contratos imobiliários*, 2022. Disponível em: https://www.conjur.com.br/2022-nov-09/bruna-braghetto-negocio-juridico-processual-contratos-imobiliarios/.

BRASIL, Superior Tribunal de Justiça. No Recurso Especial, 1810444-SP.

BUSHATSKY, Jaques. Acordos processuais nos contratos de locação de imóvel urbano. In: CAVALLI, Mariana; SENDER, Leandro (Coord.). *Direito Imobiliário 4.0*. Indaiatuba: Foco, 20149.

CABRAL, Antonio do Passo. *Convenções Processuais*. 2. ed. Salvador: JusPodivm, 2017.

CABRAL, Tricia Navarro Xavier. *Podem as partes convencionar sobre a atividade probatória do juiz?* 7 de agosto de 2017. Disponível em: Podem as partes convencionar sobre a atividade probatória do juiz?, Jusbrasil.

CÂMARA, Alexandre Freitas. *O novo processo civil brasileiro*. 3. ed. São Paulo: Atlas, 2017.

CAVALLI, Mariana; SENDER, Leandro (Coord.). *Direito Imobiliário 4.0*. Indaiatuba: Foco, 2014.

CORREIA, Claudio Alves de Lima Manhães. *Impactos Econômicos dos Negócios Jurídicos Processuais*. Trabalho de Conclusão de Curso. Universidade Federal do Rio de Janeiro, 2020.

CUNHA, Leonardo Carneiro da. Negócios jurídicos processuais no processo civil brasileiro. In: CABRAL, Antonio do Passo; NOGUEIRA, Pedro Henrique Pedrosa (Coord.). *Negócios processuais*. 4. ed. Salvador: JusPodivm, 2019.

DIDIER JR., Fredie (Org.) et. al. *Negócios Processuais*. Salvador: JusPodivm, 2015.

DIDIER JR., Fredie. *Curso de direito processual civil*, I. 15. ed. Salvador: JusPodivm, 2018.

FRANZONI, Diego; VOSGERAU, Isabella Moreira de Andrade. Negócios jurídicos processuais atípicos e a administração pública. In: TALAMINI, Eduardo (Coord.). *Processo e administração pública*. Salvador: JusPodivm, 2016.

NOGUEIRA, Pedro Henrique Pedrosa. Sobre os acordos de procedimento no processo civil brasileiro. In: CABRAL, Antonio do Passo; NOGUEIRA, Pedro Henrique Pedrosa (Coord.). *Negócios processuais*. 4. ed. Salvador: JusPodivm, 2019.

NOGUEIRA, Pedro Henrique Pedrosa. Sobre os acordos de procedimento no processo civil brasileiro. In: CABRAL, Antonio do Passo; NOGUEIRA, Pedro Henrique Pedrosa (Coord.). *Negócios processuais*. 4. ed. Salvador: JusPodivm, 2019.

NOGUEIRA, Pedro Henrique. *Negócios jurídicos processuais*. 2. ed. Salvador: JusPodivm, 2016.

REDONDO, Bruno Garcia. *Negócios jurídicos processuais atípicos*. Salvador: JusPodivm, 2017.

SCAVONE, Luiz Antonio Junior. *Direito Imobiliário, Teoria e Prática*. 20. ed. Gen, 2024.

REGULARIZAÇÃO DE IMÓVEIS RURAIS NA PRÁTICA: ASPECTOS JURÍDICOS E PROCEDIMENTOS NECESSÁRIOS

Juliana Libardi Frossard

Pós-graduada em Direito Público Escola da Magistratura do Estado do ES. Pós-graduada em Administração Pública Universidade Gama Filho. Pós-graduada em Direito Imobiliário e Negócios Universidade Damásio de Jesus. Advogada Imobiliarista (ES). Sócia proprietária do Escritório de Advocacia Juliana Frossard.

Sumário: Introdução – 1. A história da propriedade imobiliária no Brasil – 2. Imóvel rural, fração mínima de parcelamento, módulo rural e módulo fiscal – 3. Regularização de imóveis rurais: segurança jurídica, acesso ao crédito e desenvolvimento sustentável – 4. Regularização de imóveis rurais na prática; 4.1 As legislações aplicáveis; 4.2 As diferenças entre matrícula e transcrição – proprietário e possuidor – 5. Os passos para a regularização de imóveis rurais; 5.1 Análise da matrícula; 5.2 A elaboração do georreferenciamento do imóvel – 6. Regularização cadastral – os cadastros do imóvel rural – 7. A usucapião como meio de regularização da posse do imóvel rural; 7.1 O procedimento da usucapião extrajudicial de acordo com o Provimento 149, do Conselho Nacional de Justiça – 8. Chácaras rurais e sua regularização – Considerações finais – Referências bibliográficas.

INTRODUÇÃO

A regularização de imóveis rurais é processo essencial para garantir segurança jurídica, acesso a crédito e valorização das propriedades no Brasil.

Esse procedimento envolve uma combinação de aspectos fundiários, ambientais e tributários, regulamentados por normas como a Lei 13.465/2017, o Código Florestal (Lei 12.651/2012) e o Código Civil (Lei 10.406/2002).

Na prática, a regularização vai além do registro no cartório, exigindo etapas como georreferenciamento, inscrição nos cadastros administrativos e ambientais governamentais e adequação às exigências legais.

Este artigo aborda soluções práticas para a regularização de imóveis rurais, destacando como o alinhamento com a legislação vigente pode transformar a realidade do produtor rural, promovendo sustentabilidade e desenvolvimento econômico.

1. A HISTÓRIA DA PROPRIEDADE IMOBILIÁRIA NO BRASIL

A história da propriedade imobiliária no Brasil teve seu início com a chegada dos portugueses em 1500, quando toda a terra era considerada patrimônio da

Coroa Portuguesa. As terras e a sua posse, naquela oportunidade, eram doadas aos amigos do Rei de Portugal.

A primeira tentativa de ocupação e desenvolvimento do território foi feita com o sistema de capitanias hereditárias em 1534, no qual o rei de Portugal distribuía vastos territórios aos donatários.

Após isso, os primeiros registros de terras surgiram no Brasil, com as doações de sesmarias.[1] Os documentos mais antigos das capitanias datam de 1534. Quem recebia a terra tinha o compromisso de explorar e protegê-las, mas o sistema não foi muito bem-sucedido, levando a Coroa a estabelecer o governo-geral para centralizar o controle.

As posses das terras e sesmarias[2] eram legitimadas e realizadas em registros públicos nas paróquias das igrejas locais, as quais eram oficialmente unidas ao estado. Os próprios párocos das igrejas faziam os registros, como a certidão de nascimento ou casamento.

A partir das terras doadas por meio das sesmarias, surgiu aí a figura do "posseiro", que eram os pequenos lavradores aos quais eram arrendadas as terras para o cultivo, pois era exigido o cultivo das terras.

Em 1822, com a independência do Brasil, suspendeu-se a concessão das sesmarias, e a regulação sobre a propriedade das terras passou ao Império brasileiro.

Somente com a Constituição Brasileira de 1824, é que a propriedade passou a ser um direito pleno e absoluto, que em seu artigo 179, inciso XXII, mencionou sobre a sua função social.

Em 1850, foi promulgada a lei de terras, sendo um marco na história da propriedade imobiliária no Brasil, pois introduziu a necessidade de compra para a aquisição legal de terras, extinguindo o regime de concessão gratuita que existia desde as sesmarias.

A Lei de Terras consolidou a propriedade privada no Brasil, privilegiando grandes latifúndios e impedindo o acesso das classes mais pobres à terra, cenário que favoreceu a concentração fundiária.

---

1. As cartas de Sesmarias eram documentos passados pelas autoridades para doar terras; nelas, os donatários ou governadores de províncias autorizavam ou não as doações.

2. As sesmarias eram terrenos incultos e abandonados, entregues pela Monarquia portuguesa, desde o século XII, às pessoas que se comprometiam a colonizá-los dentro de um prazo previamente estabelecido. A doação dessas terras encontrava motivo na necessidade que o governo lusitano tinha de povoar os muitos territórios retomados dos muçulmanos no período conhecido como Reconquista. Essa expulsão dos árabes pelos cristãos iniciou-se no século XI e terminou por volta do século XV.

Já no século XX, com a Constituição de 1988, o conceito de propriedade imobiliária foi ampliado para incluir com mais relevo a função social da propriedade.

A Constituição Federal de 1988 prevê no rol dos direitos e garantias fundamentais o direito de propriedade, resguardado desde que atenda sua função social (artigo 5º), prevendo ainda a função social no artigo 170, como princípio da ordem econômica.

A partir de então, a posse e uso de terras passaram a ser condicionados ao cumprimento de uma função social, promovendo a exploração produtiva e sustentável.

A reforma agrária e as políticas de regularização fundiária, como o Programa Terra Legal, passaram a ter papel importante para combater a desigualdade e melhorar o uso da terra.

Hoje, o direito à propriedade imobiliária no Brasil busca equilibrar interesses privados e coletivos, com legislações que visam à distribuição mais equitativa e ao desenvolvimento sustentável, refletindo séculos de evolução no conceito e uso da terra.

2. IMÓVEL RURAL, FRAÇÃO MÍNIMA DE PARCELAMENTO, MÓDULO RURAL E MÓDULO FISCAL

Imóvel rural é aquele localizado em áreas ou zonas rurais, localizado fora do perímetro urbano. Não, essa afirmação não é a realidade, pois o conceito de imóvel rural vai além de simples localização.

O imóvel rural pode ser definido, segundo a melhor doutrina, através de dois critérios: o da localização e do da destinação.

Pelo critério da Localização ou Critério Geográfico, o imóvel rural é aquele que se encontra fora da zona urbana, e pelo critério da destinação, imóvel rural é aquele utilizado para atividades agrárias.[3]

E quando falamos nas medidas de um imóvel rural, falamos em Fração Mínima de Parcelamento (FMP),[4] módulo rural e módulo fiscal.

---

3. A Lei 4.504, de 30 de novembro de 1964 (Estatuto da Terra) e a Lei 8.629, de 25.02.1993 (Dispõe sobre a regulamentação dos dispositivos constitucionais relativos à reforma agrária), definem "imóvel rural" como sendo o prédio rústico, de área contínua qualquer que seja a sua localização, que se destine ou possa se destinar à exploração agrícola, pecuária, extrativa vegetal, florestal ou agroindustrial.

4. A Fração Mínima de Parcelamento foi criada através da Lei 5.868/72, regulamentada pelo Decreto 72.106/73. A Lei 5.868/72, em seu artigo 8º, em posicionamento retificatório ao art. 65 do Estatuto da Terra, estabeleceu ser inadmissível a divisão de gleba em áreas inferiores à do módulo, ou fração mínima de parcelamento prevalecendo a de menor área.

A primeira, é considerada a menor área que um imóvel rural pode ser desmembrado no município respectivo, pois ao ser parcelado ou dividido o imóvel rural, para fins de transmissão a qualquer título (compra e venda por exemplo), todas as áreas a serem "divididas", devem possuir a medida da Fração Mínima de Parcelamento, inclusiva a área remanescente, que não poderá ser inferior a esta fração.

A fração mínima de parcelamento (FMP) do imóvel rural corresponderá à menor área entre o módulo rural e a fração mínima de parcelamento do Município, ou seja, se o módulo rural for menor do que a fração mínima do Município, este imóvel não poderá ser desmembrado.

Isso porque não se permite no Brasil que imóveis com destinação agrária possam ter o fracionamento em áreas menores que o mínimo necessário para garantir desenvolvimento socioeconômico para o produtor rural. Tal medida varia de município para município.

De acordo com o INCRA,[5] módulo rural é a medida em hectares[6] derivada do conceito de propriedade familiar e, em sendo assim, é uma unidade de medida, expressa em hectares, que busca exprimir a interdependência entre a dimensão, a situação geográfica dos imóveis rurais e a forma e condições do seu aproveitamento econômico.

O módulo rural não possui padrões definidos, é medido de acordo com as características de cada imóvel, sendo uma unidade de medida agrária que define a dimensão mínima de um imóvel rural que pode ser explorado por uma família de 04(quatro) pessoas adultas, por exemplo.

O módulo rural[7] é calculado levando em conta: a dimensão do imóvel, a sua situação geográfica, as condições de aproveitamento econômico, as características ecológicas das áreas em que se situam, os tipos de exploração predominantes na respectiva zona.

Ele é calculado a partir dos dados constantes no cadastro de Imóveis Rurais no SNCR (Sistema Nacional de Cadastro Rural) e possui as características de determinar a FMP (fração mínima de parcelamento), ser utilizado como uma metodologia de cumprimento da função social da propriedade, determinar os limites do imóvel, no caso de aquisição por estrangeiro,[8] definir o enquadramento

---

Art. 8º Para fins de transmissão, a qualquer título, na forma do Art. 65 da Lei número 4.504, de 30 de novembro de 1964, nenhum imóvel rural poderá ser desmembrado ou dividido em área de tamanho inferior à do módulo calculado para o imóvel ou da fração mínima de parcelamento fixado no § 1º, deste artigo, prevalecendo a de menor área.

5. Instituto Nacional de Colonização e Reforma Agrária.

6. 01 (um) hectare equivale a 10.000m. (dez mil metros quadrados).

7. Decreto 55.891/1965, artigo 11.

8. Em 13 de dezembro de 2017, o INCRA publicou a Instrução Normativa 88, que dispõe sobre a aquisição e o arrendamento de imóvel rural por pessoa natural estrangeira residente no País e pessoas jurídicas, estrangeira autorizada a funcionar no Brasil e brasileira equiparada a estrangeira.

sindical rural, definir os beneficiários do Fundo de Terras e da Reforma Agrária, juntamente ao Banco de Terras, por exemplo.

No tocante ao módulo fiscal de um imóvel rural, instituído pela Lei 6746/1979, que alterou o Estatuto da Terra (Lei 4.504/1964), ele é considerado uma unidade de medida agrária expressa em hectares, destinada a definir parâmetros para a classificação fundiária do imóvel rural, quanto à sua dimensão.

De acordo com o INCRA, os imóveis rurais são classificados em relação ao tamanho da área, no seguinte:

- Minifúndio: imóvel rural com área inferior a Fração Mínima de Parcelamento;
- Pequena Propriedade: imóvel com área entre a Fração Mínima de Parcelamento e 4 módulos fiscais;
- Média Propriedade: imóvel rural de área superior a 4 e até 15 módulos fiscais;
- Grande Propriedade: imóvel rural de área superior a 15 módulos fiscais.

Referida classificação está assim definida pela Lei 8.629/1993, alterada pela Lei 13.465/ 2017, e considera o módulo fiscal, que varia de acordo com cada município.

Portanto, o módulo fiscal é um dos Índices Básicos Cadastrais utilizados pelo INCRA para fixar por município os parâmetros de caracterização e classificação do imóvel rural de acordo com a sua dimensão e disposição regional.[9]

Por fim, sabemos que nenhum imóvel rural poderá ser parcelado sem que obedeça ao requisito de tamanho, qual seja, a fração mínima de parcelamento, uma vez que isto evita o fracionamento de áreas agrárias em tamanhos menores que o mínimo necessário.

3. REGULARIZAÇÃO DE IMÓVEIS RURAIS: SEGURANÇA JURÍDICA, ACESSO AO CRÉDITO E DESENVOLVIMENTO SUSTENTÁVEL

A garantia da segurança jurídica aos proprietários, com o acesso ao crédito rural e estimulação ao desenvolvimento sustentável das áreas rurais no Brasil são três pilares são interdependentes, mas fundamentais para o progresso socioeconômico do setor agrícola e a preservação ambiental.

A regularização de imóveis rurais gera a sensação de segurança na medida em que permite aos proprietários rurais a obterem o título definitivo de suas terras, garantindo o reconhecimento oficial de sua propriedade imobiliária, perante o registro da propriedade no cartório de registro de imóveis local.

---

9. Instrução Especial INCRA 20/1980 e 5/2022.

Além de evitar problemas como conflitos relacionados à terra, assegura a proteção dos direitos de sucessão, possibilitando que a propriedade seja transmitida de forma legal e sem questionamentos jurídicos pelos seus herdeiros/sucessores.

O registro da propriedade fortalece a estabilidade do produtor rural, incentivando investimentos de longo prazo e o uso racional da terra além disso, têm a possibilidade de acessar linhas de crédito específicas, que são fundamentais para o desenvolvimento de suas atividades.

Bancos e instituições financeiras exigem a regularidade fundiária para conceder financiamentos destinados à modernização de técnicas agrícolas, aquisição de equipamentos e ampliação da produção. Esse crédito estimula a produtividade e fortalece a competitividade no mercado, especialmente para pequenos e médios agricultores.

Além disso, a regularização da propriedade, contribui para a sustentabilidade ao alinhar as propriedades rurais às exigências do Código Florestal Brasileiro (Lei 12.651/2012) e das normas correlatas.

Por meio dos instrumentos exigidos pela Lei brasileira para a regularidade das propriedades rurais, os proprietários têm acesso a informações sobre áreas de preservação permanente (APP's) e reservas legais, podendo adotar práticas de manejo sustentável e reflorestamento.

Além disso, com a terra regularizada, é possível implementar projetos de conservação ambiental e acesso a programas de incentivos governamentais para sustentabilidade, como créditos de carbono e certificações ambientais.

Não estamos falando aqui, apenas de um procedimento administrativo cuja necessidade de seguir regras impostas pela legislação brasileira é complexa, mas de um instrumento motor do desenvolvimento econômico de um país, nas esferas econômica, social e ambiental.

4. REGULARIZAÇÃO DE IMÓVEIS RURAIS NA PRÁTICA

4.1 As legislações aplicáveis

No Brasil, os imóveis rurais possuem uma profunda conexão com diferentes ramos do Direito, especialmente Direito Ambiental, Tributário, Agrário, e Registral e Notarial. Cada área regula aspectos específicos que impactam diretamente a gestão e o uso desses imóveis. Direito Ambiental.

Para o direito ambiental, os imóveis rurais estão sujeitos a diversas obrigações ambientais previstas no Código Florestal Brasileiro (Lei 12.651/2012), tais como,

Reserva Legal, Áreas de Preservação Permanente (APPs) e Cadastro Ambiental Rural (CAR).

O não cumprimento dessas normas pode gerar sanções administrativas, civis e penais, conforme estabelecido na Lei de Crimes Ambientais (Lei 9.605/1998).

No direito tributário, os imóveis rurais são também regulados por tributos que afetam sua aquisição, manutenção e exploração. Alguns exemplos incluem: Imposto sobre a Propriedade Territorial Rural (ITR), regulado pela Lei 9.393/1996, Imposto sobre Transmissão de Bens Imóveis (ITBI), art. 156, II, da Constituição Federal e Contribuições ao Funrural, conforme Lei 8.212/1991.

Já no direito agrário, que rege os direitos e deveres associados ao uso e exploração dos imóveis rurais, devemos observar a Função Social da Propriedade prevista no art. 186 da Constituição Federal de 1988, a qual determina que a terra deve atender critérios de produtividade, conservação ambiental e bem-estar dos trabalhadores e a Lei 4.504/1964 que estabelece os princípios que orientam o uso da terra e as políticas de reforma agrária.

Os direito notarial e registral, vêm para finalizar toda a fase da regularização imobiliária, no sentido em que é nestas serventias extrajudiciais onde acontecem a elaboração e os registros dos documentos relativos à matrícula imobiliária, cujas normas estão na Lei de Registros Públicos (Lei 6.015/1973) e Código Civil.

O registro efetivado pelo Cartório de Imóveis é necessário para garantir a validade jurídica da propriedade e permitir sua comercialização ou divisão. Todos os registros e averbações para ter validade perante terceiros, devem constar na matrícula do imóvel, que detém a publicidade e transparências das transações efetivadas naquele imóvel.

O manejo jurídico de imóveis rurais exige atenção às múltiplas áreas do Direito. A integração entre as obrigações ambientais, fiscais, agrárias e registrárias assegura a legalidade e a sustentabilidade na gestão da terra, beneficiando tanto o proprietário quanto o desenvolvimento nacional.

4.2 As diferenças entre matrícula e transcrição – proprietário e possuidor

A matrícula do imóvel, é chamada por muitos de "Certidão de Nascimento do Imóvel", pois apenas com a matrícula (o seu número) que o imóvel passa a ter existência perante o Registro de Imóveis e a ter efeito perante terceiros, devendo ser destacada aqui, o princípio da publicidade dos atos registrais.

Registra-se, contudo, acerca das transcrições imobiliárias utilizadas nos cartórios de registro de imóveis antes da entrada em vigor da Lei de Registros Públicos,[10] que substituiu este sistema registral pelo sistema de matrícula (art. 176), tendo sido descontinuado para novos registros, mas as transcrições existentes antes de 1973 ainda são válidas.

Assim, como regra atual no direito brasileiro, a matrícula é obrigatória para novos imóveis e todos os atos relacionados a eles são registrados em um único local, com seu número respectivo. Conforme o art. 176, da Lei 6.015/1973, ela centraliza as informações do imóvel, facilitando a consulta e aumentando a segurança jurídica.

Caso o imóvel ainda esteja vinculado a um sistema de transcrição, é necessário proceder à abertura da matrícula no cartório correspondente e passar a ter o novo tipo de registro.

A matrícula, portanto, é criada e gerida pelos Cartórios de Registro de Imóveis, constando todas as informações do imóvel, tais como: Proprietários; Vendas e Compras; Aberturas e Cancelamento de Hipotecas; Atualizações Cadastrais; Sucessões; Georreferenciamento para imóveis rurais e outros.

Atinente às questões relativas aos proprietários e possuidores, temos sua fundamentação legal no direito brasileiro, regulada principalmente pelo Código Civil (Lei 10.406/2002) e amplamente tratada pela doutrina.

Enquanto a propriedade se refere ao domínio pleno e registrado sobre um bem, quem detém a matrícula registrada em seu nome – a posse é o poder de fato exercido sobre ele, independentemente de registro formal.

Aquele que detém a posse é a pessoa que adquiriu o imóvel através de instrumento de compra e venda particular, escritura pública e outros, mas que não efetivou o registro em seu nome, ou seja, não levou aquele instrumento utilizado para a transação para registro no Cartório de Registro de Imóveis.

O proprietário tem o direito real, conferindo-lhe a faculdade de usar, gozar, dispor e reivindicar a sua propriedade de quem quer que a detenha, de acordo com o previsto no art. 1228, do Código Civil.

Possui como característica o registro e é reconhecida juridicamente quando há o devido registro do título no Cartório de Registro de Imóveis, como estabelece o art. 1.245 do Código Civil, sem o qual a titularidade não tem efeitos jurídicos plenos perante terceiros.

---

10. O sistema de transcrição, previsto no art. 172 e seguintes da Lei 6.015/1973 (Lei de Registros Públicos), era o modelo antigo em que se registravam atos e negócios jurídicos relacionados à propriedade. Funcionada assim: cada registro se somava ao anterior, dificultando a consulta de todo o histórico do imóvel.

REGULARIZAÇÃO DE IMÓVEIS RURAIS NA PRÁTICA **279**

Ponto crucial e importante da definição da propriedade é a faculdade de proprietário poder reivindicar o bem de quem injustamente o detenha (ação reivindicatória), salvo em situações protegidas por lei, como usucapião.

A posse, por sua vez é o poder fático sobre determinado bem imóvel, de exercer total ou parcialmente os atributos da propriedade, mesmo sem ser proprietário, conforme preceitua o art. 1.196, do Código Civil.

Ela se divide em posse direta, exercida por quem utiliza o bem diretamente, como exemplo, locatários e comodatários e a posse indireta, exercida pelo titular do direito de posse que cede o uso do bem a outrem (art. 1.197, do Código Civil), ou seja, ele não está usando o bem, no caso do mesmo exemplo, a locação, quem exerce a posse indireta é o locador e o locatário a posse direta.

A doutrina de Silvio Rodrigues define posse como "a relação de fato existente entre a pessoa e a coisa, que lhe permite a prática de atos correspondentes ao domínio".

Orlando Gomes enfatiza que a posse, embora não seja propriedade, recebe tutela jurídica porque protege a estabilidade e o uso econômico do bem.

Ambos os institutos – propriedade e posse – são especialmente protegidos no direito brasileiro, considerando a primeira ser direito fundamental, desde que atenda a sua função social, garantido pela Constituição Federal de 1988, nos artigos 5º, incisos XXII e XXIII e 170, III, bem como no Código Civil, nos artigos 1.228 e 1.231.

E a segunda, embora distinta da propriedade, também goza de proteção jurídica, reconhecido o poder de fato sobre o bem, previsto nos artigos 1.196 e 1.210, do Código Civil Brasileiro, protegida também pela Constituição Federal de 1988 nos artigos 183 (usucapião urbano) e 191 (usucapião rural para quem explora propriedade de até 50 hectares por 5 anos ininterruptos e sem oposição), também o Estatuto da Terra (Lei 4.504/1964) protege o posseiro de terras rurais, priorizando a função social da posse e o uso produtivo da terra.

Por fim, o proprietário é quem detém a titularidade plena e formal do imóvel, com registro em cartório. Já o posseiro exerce controle ou utilização prática do bem, podendo ou não ter relação jurídica com o proprietário, ambas protegidas pela lei, em níveis diferentes.

5. OS PASSOS PARA A REGULARIZAÇÃO DE IMÓVEIS RURAIS

5.1 Análise da matrícula

O primeiro passo para a regularização de um imóvel rural é a verificação de sua situação registral, ou seja, como o imóvel se encontra no cartório de registro de imóveis do município onde se localiza.

Caso o registro (ou a transcrição) não sejam localizados no cartório, deve ser buscado por matrículas de imóveis próximos, como dos confrontantes, analisando toda a cadeia dominial das matrículas, ou seja, seus anteriores proprietários.

Passo seguinte é verificar se as medidas do imóvel estão atualizadas, se encontram-se cercadas e verificar na matrícula a existência ou não de ônus que impeçam a transferência do imóvel, tais como penhoras, hipotecas, alienação fiduciária.

5.2 A elaboração do georreferenciamento do imóvel

Para o ajuste e confirmação das medidas e confrontações, o passo seguinte e obrigatório (a partir do ano de 2025) para todas as propriedades rurais brasileiras é a elaboração da planta georreferenciada do imóvel por um profissional devidamente habilitado no INCRA.

A obrigatoriedade do georreferenciamento dos imóveis rurais no Brasil é regulada principalmente pela Lei 10.267/2001, que alterou dispositivos da Lei 6.015/1973 (Lei de Registros Públicos), da Lei 5.868/1972 (que trata do INCRA) e da Lei 4.947/1966. Ela estabelece requisitos técnicos e legais para a regularização, garantindo a precisão e a segurança jurídica no registro de imóveis rurais.

O georreferenciamento é o processo técnico de descrição de um imóvel rural, com a determinação de suas exatas dimensões, limites e localização geográfica por meio de coordenadas geodésicas, utilizando sistemas de referência oficiais, como o Sistema Geodésico Brasileiro (SGB).

A Lei 10.267/2001, implementada de forma gradual, exige que todos os imóveis rurais sejam georreferenciados e, após, levados à certificação no Instituto Nacional de Colonização e Reforma Agrária (INCRA), comprovando que os limites do imóvel não se sobrepõem a outros. Tudo isso é feito de forma administrativa, pelo próprio profissional cadastrado que elaborou a planta.

Portanto, toda alteração imobiliária de transferência de propriedade (compra e venda, doação etc.), alteração registral (desmembramento, parcelamento ou unificação de áreas), regularização fundiária ou para obtenção do título de propriedade, obrigatoriamente precisam que a área da propriedade rural seja delimitada por uma planta georreferenciada, nos termos da Lei e das Normas previstas no INCRA.

O georreferenciamento, portanto, foi criado para que eliminar as possíveis falhas de levantamentos topográficos antigos e evitar áreas sobrepostas e ele visa a garantia da confiabilidade documental, acerto da dimensão e divisa dos imóveis, segurança jurídica para operações financeiras, padronização de metodologias de medição, solução de conflitos fundiários e melhor gestão das informações fundiárias do Brasil.

6. REGULARIZAÇÃO CADASTRAL – OS CADASTROS DO IMÓVEL RURAL

Os imóveis rurais precisam estar devidamente regularizados perante o INCRA, cumprindo assim uma série de cadastros obrigatórios, conforme normas administrativas e legislações vigentes. Esses cadastros têm como objetivo organizar a estrutura fundiária do país, garantir o cumprimento da função social da propriedade rural e auxiliar na formulação de políticas públicas.

Hoje no Brasil, a Propriedade Rural, além do seu registro imobiliário junto ao Cartório de Registro de Imóveis, é composta por 5 (cinco) cadastros dos diversos órgãos federais, que transmitem os dados e informações do imóvel, e devem sempre estar atualizados, sendo fundamentais para a boa administração da propriedade.

O SNCR – Sistema Nacional de Cadastro de Imóvel Rural é utilizado pelo Incra para conhecer a estrutura fundiária e a ocupação do meio rural brasileiro a fim de assegurar o planejamento de políticas públicas. Por meio dos dados declarados pelos proprietários ou possuidores (posseiro) de imóveis rurais cadastrados, o sistema emite o Certificado de Cadastro de Imóvel Rural – CCIR.

O CCIR é o documento emitido pelo Incra que constitui prova do cadastro do imóvel rural e é indispensável para desmembrar, arrendar, hipotecar, vender ou prometer em venda o imóvel rural e para homologação de partilha amigável ou judicial (sucessão *causa mortis*) de acordo com os §§ 1º e 2º, do artigo 22, da Lei 4.947, de 6 de abril de 1966, modificado pelo artigo 1º da Lei 10.267, de 28 de agosto de 2001. Ele é essencial também para a concessão de crédito agrícola, exigido por bancos e agentes financeiros.

CCIR – Certificado de Cadastro de Imóvel Rural (CCIR) deve ser emitido para comprovar que o imóvel rural está cadastrado no Incra.

Só com o documento é possível transferir, arrendar, hipotecar, desmembrar, partilhar (em caso de divórcio ou herança) o imóvel rural, e conseguir financiamentos bancários para investimento na propriedade.

A Declaração para Cadastro Rural (DCR) eletrônica é o documento necessário para atualização dos dados dos imóveis rurais cadastrados no Incra. Todos os detentores de imóveis rurais estão obrigados a atualizar o cadastro de sua propriedade ou posse, sempre que ocorrerem modificações nas informações referentes ao imóvel ou à(s) pessoa(s) a ele vinculada(s). O serviço é acessado somente por quem possui imóvel cadastrado no Sistema Nacional de Cadastro Rural – SNCR. Em caso de inclusão de novo imóvel rural ou de novo CPF ou CNPJ não cadastrado no sistema, o titular deverá dirigir-se ao Incra, à Unidade

Municipal de Cadastramento – UMC ou à Sala da Cidadania no seu município para efetuar o cadastramento no sistema.

O Cadastro de Imóveis Rurais – CAFIR é o cadastro administrado pela Receita Federal do Brasil – RFB, com informações cadastrais referentes aos imóveis rurais do país, seus titulares e, se for o caso, os condôminos e possuidores. Ele é essencial para realização de atividades transacionais diversas que envolvem as propriedades rurais e para obter financiamentos.

No ato de sua inscrição no CAFIR, o imóvel recebe o Número do Imóvel na Receita Federal NIRF, que é o número de identificação junto à Receita Federal do Brasil atribuído ao imóvel rural.

Estão obrigados à inscrição no CAFIR todos os imóveis rurais, mesmo os que gozam de imunidade ou isenção do Imposto sobre a Propriedade Territorial Rural – ITR.

Desde agosto de 2015, o Incra e a Receita Federal iniciaram a integração entre o SNCR e o CAFIR. Essa integração é o primeiro passo para a criação do Cadastro Nacional de Imóveis Rurais – CNIR, que será gerenciado conjuntamente pelos dois órgãos. O CNIR será uma base comum de informações produzida e compartilhada pelas diversas instituições públicas federais e estaduais produtoras e usuárias de informações sobre o meio rural brasileiro.

Essa integração é chamada de Vincular NIRF e representa a integração entre os dois maiores cadastros territoriais de imóveis rurais do país, o SNCR, de gestão do Incra, e o CAFIR, de gestão da RFB. Para efetuar a integração das bases é necessário vincular o Código do Imóvel Rural do SNCR ao correspondente NIRF.

O Sistema de Gestão Fundiária – SIGEF é uma ferramenta eletrônica desenvolvida pelo INCRA e pelo Ministério do Desenvolvimento Agrário – MDA para subsidiar a governança fundiária do território nacional.

Por ele são efetuadas a recepção, validação, organização, regularização e disponibilização das informações georreferenciadas de limites de imóveis rurais, públicos e privados, estas, obtidas através do Georreferenciamento do Imóvel, que é o processo que mapeia os imóveis, definindo a sua área e posição geográfica através de métodos de levantamento topográfico, descrição de limites e características.

O SIGEF, que é o sistema de gestão fundiária operado pelo INCRA, o proprietário obtém a Certificação de que seu imóvel não se sobrepõe a nenhum outro imóvel rural. A obrigatoriedade de sua inscrição vai de acordo com os novos prazos do Georreferenciamento, introduzidos pelo Decreto Federal 9.311 de 16 de março de 2018.

O Sistema Nacional de Cadastro Ambiental Rural – SICAR foi criado por meio do Decreto 7.830/2012 e definido como sistema eletrônico de âmbito nacional destinado à integração e ao gerenciamento de informações ambientais dos imóveis rurais de todo o País.

Essas informações destinam-se a subsidiar políticas, programas, projetos e atividades de controle, monitoramento, planejamento ambiental e econômico e combate ao desmatamento ilegal, possuindo diversos objetivos relacionados aos cadastros dos imóveis rurais.

O SICAR é o responsável ainda, por emitir o Recibo de Inscrição do Imóvel Rural no CAR, que confirma a efetivação do cadastramento e o envio da documentação exigida para a análise da localização da área de Reserva Legal, inclusive perante as instituições financeiras para concessão de crédito agrícola, em qualquer de suas modalidades a partir de 31 de dezembro de 2017.

O Cadastro Ambiental Rural – CAR – é um registro público eletrônico de âmbito nacional, obrigatório para todos os imóveis rurais, com a finalidade de integrar as informações ambientais das propriedades e posses rurais referentes às Áreas de Preservação Permanente – APP, de uso restrito, de Reserva Legal, de remanescentes de florestas e demais formas de vegetação nativa, e das áreas consolidadas, compondo base de dados para controle, monitoramento, planejamento ambiental e econômico e combate ao desmatamento. A inscrição no CAR é o primeiro passo para obtenção da regularidade ambiental do imóvel.

Sua inscrição traz vários benefícios, dentre eles o registro da Reserva Legal no CAR desobriga a averbação no Cartório de Registro de Imóveis.

O Ato Declaratório Ambiental – ADA – é documento de cadastro das áreas do imóvel rural junto ao IBAMA e das áreas de interesse ambiental que o integram para fins de isenção do Imposto sobre a Propriedade Territorial Rural – ITR. Deve ser preenchido e apresentado pelos declarantes de imóveis rurais obrigados à apresentação do ITR.

Além disso, a declaração obrigatória do imposto territorial rural – ITR – que é o tributo cobrado sobre os imóveis rurais, de competência da União Federal previsto no art. 153, VI, da Constituição Federal de 1988 e instituído pela Lei 9.393/96 é uma obrigação anual, incidindo sobre a propriedade ou posse a qualquer título ou domínio útil de imóvel rural no dia 1º de janeiro de cada ano, sendo devido à Pessoa Física (natural) ou Pessoa Jurídica.

Alguns estados brasileiros possuem também seus sistemas próprios para controle dos imóveis rurais, especialmente visando atender às legislações ambientais e tributárias locais.

Diante de todos os cadastros necessários aos imóveis rurais, por fim, o registro formal do imóvel, devidamente matriculado no cartório de registro de imóveis do local do imóvel é indispensável para as operações regulares da propriedade.

Por fim, os cadastros do imóvel trazem segurança jurídica, garantindo a regularização e a proteção dos direitos sobre o imóvel, a sustentabilidade, promovendo a preservação ambiental, acesso a políticas públicas, obtenção de créditos, financiamentos e benefícios governamentais.

Eles formam a base para a gestão eficiente da propriedade rural e asseguram que o imóvel esteja em conformidade com as legislações do país.

7. A USUCAPIÃO COMO MEIO DE REGULARIZAÇÃO DA POSSE DO IMÓVEL RURAL

A usucapião rural é uma das formas mais comuns utilizadas para regularizar a posse de um imóvel rural, transformando-a em propriedade, desde que determinados requisitos legais sejam atendidos.

De acordo com o prof. Julio Sanchez, "usucapião é o modo de aquisição da propriedade e de outros direitos reais pela posse prolongada da coisa com a observância de certos e relevantes requisitos (pressupostos) legais. Assim, tem por objetivo a consolidação da propriedade".

A Constituição Federal de 1988 em seus artigos 190 e 191, prevê a possibilidade de o possuidor adquirir a propriedade de um imóvel rural, através da modalidade conhecida como usucapião *"pro labore"*, desde que possua como sua, por cinco anos ininterruptos, área rural de até 50 (cinquenta) hectares, seja ela produtiva com trabalho da família, devendo o possuidor residir no imóvel de forma contínua e não ser proprietário de outro imóvel rural ou urbano.

O Código Civil traz no artigo 1.239, os requisitos legais para requerer a usucapião, quais sejam, a posse deve ser mansa, pacífica e sem oposição.

Importante trazer a questão da possibilidade de usucapião de imóvel rural inferior ao módulo rural, ou ainda superior a 50 (cinquenta) hectares, pois assim, a jurisprudência já se manifestou, no Tribunal de Justiça de Minas Gerais, no ano de 2019, nos processos 10142170023063001 e 70069313609.

Neste sentido, a 4ª Turma do Colendo Superior Tribunal de Justiça – STJ – também já decidiu sobre a possibilidade de usucapião especial em propriedade menor que o módulo rural da região.[11]

---

11. REsp 1040296 (recurso especial) "De acordo com o ministro Salomão, a usucapião especial rural é instrumento de aperfeiçoamento da política agrícola do país. Tem como objetivo a função social e o

O instituto da usucapião como forma de aquisição de propriedade, pode ser utilizado de três formas no direito brasileiro: a usucapião judicial, administrativa (somente aplicada em imóveis urbanos) ou extrajudicial.

A primeira e mais conhecida pode ser aplicada em todas as espécies de usucapiões e possui previsão no artigo 1.238 e seguintes, do Código Civil e nos artigos 246, § 3º e 259, I, do Código de Processo Civil. A administrativa foi criada no Brasil para alcançar as regularizações fundiárias urbanas.

A usucapião extrajudicial é processada diretamente nos cartórios extrajudiciais e possui como característica ser a opção mais célere de regularização de um imóvel, podendo ser utilizada para imóveis rurais, desde que preenchidos os requisitos previstos artigo 216-A, da Lei de Registros Públicos, uma vez que se assemelha à retificação consensual prevista nos artigos 212 e 213 da mesma Lei (6.015/1973).

Para Lamana Paiva[12] "a usucapião extrajudicial, ao contrário da usucapião também de índole administrativa que contemplou procedimento previsto apenas para o reconhecimento da usucapião especial urbana no âmbito de regularização fundiária de interesse social (art. 183 da Constituição e art. 60 da Lei 11.977/2009), terá amplo espectro de abrangência, contemplando procedimento aplicável à concessão das diversas espécies de usucapião de direito material previstas na legislação brasileira".

7.1 O procedimento da usucapião extrajudicial de acordo com o provimento 149, do Conselho Nacional de Justiça

O CNJ[13] instituiu o Provimento 149, de 30.08.2023, que trata de diversos temas para atuação no foro extrajudicial, regulamentando os serviços dos cartórios notariais e registrais, incluindo nele todo o procedimento para a efetivação da usucapião extrajudicial (anteriormente tratado pelo Provimento CNJ 65/2017).

O procedimento é simplificado e menos burocrático, não obstante sejam necessários os diversos documentos e fases, previstos no Provimento, contudo o benefício é que não há a intervenção do Poder Judiciário, o que de regra, torna o processo moroso.

---

incentivo à produtividade da terra. Além disso, é uma forma de proteção aos agricultores. Segundo ele, o artigo 191 da Constituição, reproduzido no artigo 1.239 do CC, ao permitir a usucapião de área não superior a 50 hectares, estabelece apenas o limite máximo possível, não a área mínima. "Mais relevante que a área do imóvel é o requisito que precede a esse, ou seja, o trabalho pelo possuidor e sua família, que torne a terra produtiva, dando à mesma função social".

12. Presidente do Instituto de Registro Imobiliário do Brasil – IRIB, Vice-Presidente do Colégio Registral do Rio Grande do Sul e Oficial Titular do Registro de Imóveis da 1ª Zona de Porto Alegre.
13. Conselho Nacional de Justiça.

Deve ser iniciado com a Ata Notarial, elaborada pelo Cartório de Tabelionato de Notas e após segue para o protocolo do requerimento no Cartório de Registro de Imóveis, preenchidos os requisitos legais e juntada toda documentação necessária.

É um procedimento administrativo realizado diretamente no cartório de registro de imóveis, sem necessidade de ajuizamento de ação judicial, desde que, preenchidos os requisitos previstos em lei.[14]

---

14. Art. 216-A, da Lei 6.015/1973 (Lei de Registros Públicos) – Sem prejuízo da via jurisdicional, é admitido o pedido de reconhecimento extrajudicial de usucapião, que será processado diretamente perante o cartório do registro de imóveis da comarca em que estiver situado o imóvel usucapiendo, a requerimento do interessado, representado por advogado, instruído com: I – ata notarial lavrada pelo tabelião, atestando o tempo de posse do requerente e seus antecessores, conforme o caso e suas circunstâncias; II – planta e memorial descritivo assinado por profissional legalmente habilitado, com prova de anotação de responsabilidade técnica no respectivo conselho de fiscalização profissional, e pelos titulares de direitos reais e de outros direitos registrados ou averbados na matrícula do imóvel usucapiendo e na matrícula dos imóveis confinantes; III – certidões negativas dos distribuidores da comarca da situação do imóvel e do domicílio do requerente; IV – justo título ou quaisquer outros documentos que demonstrem a origem, a continuidade, a natureza e o tempo da posse, tais como o pagamento dos impostos e das taxas que incidirem sobre o imóvel.

§ 1º O pedido será autuado pelo registrador, prorrogando-se o prazo da prenotação até o acolhimento ou a rejeição do pedido.

§ 2º Se a planta não contiver a assinatura de qualquer um dos titulares de direitos reais e de outros direitos registrados ou averbados na matrícula do imóvel usucapiendo e na matrícula dos imóveis confinantes, esse será notificado pelo registrador competente, pessoalmente ou pelo correio com aviso de recebimento, para manifestar seu consentimento expresso em 15 (quinze) dias, interpretado o seu silêncio como discordância.

§ 3º O oficial de registro de imóveis dará ciência à União, ao Estado, ao Distrito Federal e ao Município, pessoalmente, por intermédio do oficial de registro de títulos e documentos, ou pelo correio com aviso de recebimento, para que se manifestem, em 15 (quinze) dias, sobre o pedido.

§ 4º O oficial de registro de imóveis promoverá a publicação de edital em jornal de grande circulação, onde houver, para a ciência de terceiros eventualmente interessados, que poderão se manifestar em 15 (quinze) dias.

§ 5º Para a elucidação de qualquer ponto de dúvida, poderão ser solicitadas ou realizadas diligências pelo oficial de registro de imóveis.

§ 6º Transcorrido o prazo de que trata o § 4o deste artigo, sem pendência de diligências na forma do § 5º deste artigo e achando-se em ordem a documentação, com inclusão da concordância expressa dos titulares de direitos reais e de outros direitos registrados ou averbados na matrícula do imóvel usucapiendo e na matrícula dos imóveis confinantes, o oficial de registro de imóveis registrará a aquisição do imóvel com as descrições apresentadas, sendo permitida a abertura de matrícula, se for o caso.

§ 7º Em qualquer caso, é lícito ao interessado suscitar o procedimento de dúvida, nos termos desta Lei.

§ 8º Ao final das diligências, se a documentação não estiver em ordem, o oficial de registro de imóveis rejeitará o pedido.

§ 9º A rejeição do pedido extrajudicial não impede o ajuizamento de ação de usucapião.

§ 10. Em caso de impugnação do pedido de reconhecimento extrajudicial de usucapião, apresentada por qualquer um dos titulares de direito reais e de outros direitos registrados ou averbados na matrícula do imóvel usucapiendo e na matrícula dos imóveis confinantes, por algum dos entes públicos ou por algum terceiro interessado, o oficial de registro de imóveis remeterá os autos ao juízo competente da comarca da situação do imóvel, cabendo ao requerente emendar a petição inicial para adequá-la ao procedimento comum.

8. CHÁCARAS RURAIS E SUA REGULARIZAÇÃO

Tema que geram dúvidas e muitos questionamentos é a regularização das denominadas "chácaras de recreio". Considerada a fração mínima de parcelamento rural, de acordo com o previsto no artigo 8º, da Lei 5.868/72, nenhum imóvel poderá ser desmembrado ou dividido em área menor do que o módulo calculado para o imóvel ou a fração mínima de parcelamento do solo rural.

Assim, só será permitido a regularização de chácaras de recreio, perante os cartórios de registros de imóveis desde que atendam à fração mínima de parcelamento para o local e o módulo rural, calculados por região.

Abaixo da fração mínima de parcelamento, o imóvel rural poderá ser regular em alguns casos, como exemplo, para construção de igrejas, postos de gasolina, cemitérios, escolas e outros, consoante Decreto 62.504/68 e Lei 5.868/72.

CONSIDERAÇÕES FINAIS

A regularização de imóveis rurais no Brasil é um instrumento essencial para assegurar segurança jurídica, promover o desenvolvimento sustentável e garantir a cidadania plena dos proprietários rurais. Esse processo não apenas resolve questões de titularidade, mas também abre portas para benefícios econômicos, como acesso ao crédito rural, financiamentos e maior valorização da propriedade.

Embora o tema apresente desafios, como a necessidade de atender à legislação ambiental e fundiária de forma integrada, os avanços trazidos por leis como a Lei 13.465/2017, que alterou e trouxe diversos instrumentos necessários e úteis à regularização, somados a criação do Cadastro Ambiental Rural (CAR) e a obrigatoriedade do georreferenciamento são fundamentais para simplificar e modernizar os procedimentos.

O conhecimento e utilização dos procedimentos corretos fortalecem o crescimento privado e público, entre proprietários, órgãos públicos e cartórios, trazendo eficácia aos processos administrativos e judiciais.

Portanto, a regularização imobiliária não se resume a um procedimento burocrático. Trata-se de um pilar estratégico para o ordenamento territorial do país, capaz de fomentar o crescimento econômico no setor agrícola e a preservação do meio ambiente, contribuindo para um Brasil mais justo e sustentável.

REFERÊNCIAS BIBLIOGRÁFICAS

CASSETARI, Cristiano, SALOMÃO, Marcos Costa. *Registro de Imóveis*. Indaiatuba: Foco, 2023.

GOMES, Orlando. *Direitos Reais*. 19. ed. Rio de Janeiro: Forense, 2019.

RODRIGUES, Silvio. *Direito Civil* – Parte Geral. 32. ed. São Paulo: Saraiva, 2017.

SANCHEZ, Júlio Cesar. *Advogado Imobiliário de Sucesso*. São Paulo: ed. Mizuno, 2023.

SITES

http://www.historica.arquivoestado.sp.gov.br/materias/anteriores/edicao02/materia03/.

http://www.ibama.gov.br/consultas.

https://www.gov.br/incra/pt-br.

https://processo.stj.jus.br/jurisprudencia/externo/informativo/?acao=pesquisarumaedicao&livre=0834.cod.&from=feed.

https://www.anoregsp.org.br/noticias/72864/strongposso-regularizar-imovel-rural-em-cartorio-com-usucapiao-extrajudicialstrong.

http://registrodeimoveis1zona.com.br/wp-content/uploads/2021/05/Usucapião-Extrajudicial-Kumpel-Copia.pdf.

https://www.planalto.gov.br/ccivil_03/constituicao/constituicao.htm.

https://www.planalto.gov.br/ccivil_03/leis/2002/l10406compilada.htm.

https://www.planalto.gov.br/ccivil_03/leis/l6766.htm.

https://www.planalto.gov.br/ccivil_03/decreto/antigos/d62504.htm.

https://www.planalto.gov.br/ccivil_03/leis/l5868.htm.

https://www.stj.jus.br/sites/portalp/Paginas/Comunicacao/Noticias-antigas/2015/2015-06-23_07-22_E-possivel-usucapiao-especial-em-propriedade-menor-que-o-modulo-rural-da-regiao.aspx.

https://atos.cnj.jus.br/atos/detalhar/5243.

REQUISITOS OBJETIVOS PARA A TUTELA PROVISÓRIA NOS INTERDITOS POSSESSÓRIOS

Marco Aurélio Bezerra de Melo

Doutor e Mestre em Direito pela Universidade Estácio de Sá, Professor Permanente do Programa de Pós-Graduação da Universidade Estácio de Sá. Professor Titular de Direito Civil do IBMEC/RJ e Emérito da EMERJ. Diretor-Geral da Escola da Magistratura do Estado do Rio de Janeiro. Presidente do Fórum Permanente de Direito Civil Professor Sylvio Capanema de Souza da EMERJ. Desembargador do Tribunal de Justiça do Estado do Rio de Janeiro.

José Roberto Mello Porto

Pós-doutor, Doutor e Mestre em Direito Processual (UERJ). Professor adjunto de Teoria Geral do Processo da Universidade do Estado do Rio de Janeiro. Membro do Fórum Permanente de Processo Civil da EMERJ. Presidente da Comissão em Estudos em Processo Civil (OAB/RJ). Defensor Público do Estado do Rio de Janeiro. Ex-assessor da Presidência do Supremo Tribunal Federal.

Sumário: Introdução – 1. Requisitos – 2. Meios de prova – 3. Momentos de concessão; 3.1 Liminar; 3.1.1 Restrição contra a fazenda pública; 3.2 Audiência de justificação – 4. Caução – 5. Recorribilidade – Conclusão – Referências.

INTRODUÇÃO

Uma central peculiaridade do procedimento dos interditos possessórios típicos que o torna especial é a previsão da concessão de uma tutela provisória específica, por dispensar o requisito da urgência (perigo de dano ou o risco ao resultado útil do processo), com o objetivo de emprestar maior efetividade à proteção possessória, quando a lesão à posse do autor for nova, isto é, datar menos de ano e dia. Trata-se de autêntica tutela da evidência, modalidade de provimento sumarizado que possui como requisito único a probabilidade máxima de existência do direito pleiteado.

Apesar disso, a prática forense torna inegável a ausência de elementos objetivos para a apreciação do pedido. Por vezes, mesmo preenchidos os requisitos legais, o julgador prefere, sem fundamentação concreta, adiar a apreciação da tutela provisória ou, ainda, deixar de concedê-la.

Chama atenção, aliás, que o legislador, embora tenha organizado considerável e didaticamente a temática da tutela provisória, criando rol específico de cabimento das tutelas de evidência no art. 311, tenha deixado de fora a chamada "liminar possessória".[1] Ao contrário do que ocorreu com a ação de depósito, que deixou de possuir procedimento especial previsto, passando a bastar a menção ao direito à tutela de evidência (art. 311, III), optou-se por manter o rito específico para o debate possessória de força nova.

Não se aplica o procedimento especial o regramento atinente à tutela de urgência requerida em caráter antecedente (arts. 303 e 304), tendo em vista a diferença de natureza jurídica. Entendemos, porém, que a modalidade pode ter a posse como objeto, na medida em que há compatibilidade entre a estabilização e a tutela possessória.[2]

1. REQUISITOS

Os requisitos para sua concessão estão estampados no art. 561, que traz os elementos que o autor deve expor na petição inicial: sua posse (anterior), o ato de agressão praticado pelo réu e sua data, bem como o atual cenário (sua posse turbada ou a perda da posse esbulhada).

Aparentemente, se trataria de requisitos da exordial no procedimento especial, mas, na realidade, se está diante de um ônus específico da prova para que se obtenha a tutela provisória, como percebe a melhor interpretação doutrinária[3] e evidencia o art. 562 ao garantir o deferimento da liminar, quando "devidamente instruída a petição inicial". A propósitos, o rol de exigências é taxativo e objetivo, não cabendo ao juiz perquirir sobre a urgência.[4]

A doutrina aponta, em acréscimo, outros elementos que, logicamente, devem compor a petição inicial, como a individualização do bem, apesar da flexibilização desse aspecto quando o objeto possuir área desconhecida,[5] como já admitiu o Superior Tribunal de Justiça.[6] Por outro lado, o tribunal entende que a notificação prévia dos ocupantes não é documento essencial para a propositura, possuindo, no entanto, relevância para comprovação da data da turbação ou do esbulho.[7]

---

1. Para Daniel Neves, a previsão seria suficiente para retirar a possessória do rol dos procedimentos especiais (NEVES, Daniel Amorim Assumpção. *Manual de Direito Processual Civil*. 12. ed. Salvador: JusPodivm, 2020).
2. A esse respeito, ver: MELO, Marco Aurélio Bezerra de; MELLO PORTO, José Roberto. *Posse e Usucapião – direito material e direito processual*. Salvador: JusPodivm, 2020.
3. GOUVEIA FILHO, Roberto P. Campos; COSTA FILHO, Venceslau Tavares. Comentário ao art. 561. In: STRECK, Lenio et al. (Org.). *Comentários ao Código de Processo Civil*. São Paulo: Saraiva, 2016; NEVES, Daniel Amorim Assumpção. *Manual de Direito Processual Civil*. 12. ed. Salvador: JusPodivm, 2020.
4. THAMAY, Rennan. *Manual de Direito Processual Civil*. 2. ed. São Paulo: Saraiva, 2019, p. 710.
5. MEDINA, José Miguel Garcia. *Código de Processo Civil Comentado*. 6. ed. São Paulo: RT, 2020, p. 970.
6. REsp 435.969/RJ, Rel. Ministro Jorge Scartezzini, Quarta Turma, julgado em 24.08.2004.
7. REsp 1.263.164-DF, 4ª turma, Rel. Min. Marco Buzzi, por unanimidade, julgado em 22.11.2016.

Uma última questão que se apresenta diz respeito à necessidade de requerimento expresso de concessão de tutela provisória para seu deferimento. Para alguns autores, o juiz, buscando restabelecer a regularidade jurídica da situação, poderia expedir o mandado de ofício. Outros, porém, exigem pleito específico por parte do autor, em homenagem ao princípio dispositivo, aplicando-se o entendimento majoritário no tocante à concessão de tutela antecipada sem pedido, por se tratar de provimento satisfativo.[8]

A analogia, contudo, é imperfeita, já que um dos principais argumentos para a proibição da concessão de tutela de urgência oficiosa é a responsabilidade provisória estatuída pelo art. 302, que não se aplica à tutela de evidência. Até por isso, inclusive, há quem sustente a possibilidade de deferimento desta espécie de ofício.[9]

2. MEIOS DE PROVA

Os meios de provar os requisitos não sofrem restrição, mas, para que se obtenha a liminar, é intuitivo que a prova documental (ou, ao menos, documentada) deva ser suficiente. Aqui, se insere a prova emprestada,[10] viável na hipótese de registro de esbulho como fato delituoso, na seara criminal. Por sua vez, documentos comprobatórios do domínio ou de outros direitos reais, por si só, não possuem força persuasiva suficiente para obter o deferimento, haja vista que não fundamentam a causa de pedir referente à posse.

Outro elemento de convicção relevante é a ata notarial, na qual um tabelião atesta os fatos constitutivos do direito do autor, reduzindo-os a termo dotado de fé pública. Também se pode cogitar de depoimentos escritos de testemunhas e, nesse caso, é comum que o magistrado prefira confirmá-los na audiência de justificação. Se, contudo, houver autenticação em cartório, é inegável que seu valor probante se eleva.[11]

---

8. NEVES, Daniel Amorim Assumpção. *Manual de Direito Processual Civil*. 12. ed. Salvador: JusPodivm, 2020.

9. BODART, Bruno V. da Rós. *Tutela de evidência*: teoria da cognição, análise econômica do direito processual e comentários sobre o novo CPC. 2. ed. São Paulo: RT, 2015.

10. Nesse sentido: MONTENEGRO FILHO, Misael. *Ações possessórias no novo CPC*. São Paulo: Atlas, 2017. Em sentido contrário: THEODORO JÚNIOR, Humberto. *Curso de Direito Processual Civil*. 54. ed. Rio de Janeiro: Forense, 2020. v. 2.

11. Em sentido mais restritivo: "As declarações de terceiro, mesmo quando tomadas perante tabelião, não suprem a prova testemunhal, que só pode ser eficazmente produzida quando o depoimento é colhido diretamente pelo magistrado, dentro das regras do contraditório e do procedimento legal traçado para a produção desse tipo de prova oral" (THEODORO JÚNIOR, Humberto. *Curso de Direito Processual Civil*. 54. ed. Rio de Janeiro: Forense, 2020. v. 2). Na mesma linha, entendendo se tratar de "desvio inadmissível das garantias que cercam a produção de prova oral em juízo" (NEVES, Daniel Amorim Assumpção. *Manual de Direito Processual Civil*. 12. ed. Salvador: JusPodivm, 2020).

3. MOMENTOS DE CONCESSÃO

A tutela de evidência do procedimento especial, na esteira do que o Código prevê para a tutela de urgência em geral, pode ser concedida liminarmente ou após justificação prévia.

3.1 Liminar

Se a petição inicial for capaz de desincumbir o autor do peculiar ônus da prova trazido pelo art. 561, trazendo elementos de convicção que o juiz julgue suficientes sobre a posse exercida antes da agressão, o ato de agressão, sua data e sua continuidade até o momento atual, o magistrado deve deferir a tutela possessória provisória, liminarmente.

Significa dizer que, antes da oitiva do réu, será expedido o mandado adequado para a retomada do bem ou para a manutenção da posse. Note-se que, nesse ponto, o legislador utiliza a expressão com o rigor técnico, de acordo com seu significado correto: o momento procedimental que precede a citação do réu.

Nesse cenário, o réu será citado, integrando a relação processual (art. 238), e intimado acerca da tutela (art. 269). De acordo com a lei processual, o autor deve promover a citação em cinco dias, o que significa trazer aos autos os elementos necessários para que o juízo seja capaz de aperfeiçoar o ato comunicativo.

Um aspecto, porém, merece atenção: o conteúdo da intimação, além de envolver a cientificação acerca da liminar, envolve a provocação para que o réu conteste a ação, em quinze dias (art. 564). Seguindo-se a literalidade do dispositivo, que só se justifica pela reprodução da correspondente orientação no Código de Processo Civil de 1973, o procedimento especial seria ainda mais excepcional, ao se excluir a audiência conciliatória ou mediadora do art. 334.

Nos parece que essa não é a melhor leitura, ao destoar do espírito do diploma processual geral, que estimula as partes a participarem ativamente da pacificação social. Viola a razoabilidade, como já mencionado, que, nas ações possessórias de força velha, bem como nas petitórias, esteja prevista a realização do ato, por se seguir o procedimento comum, e, nas possessórias de força nova, em que o conflito é contemporâneo ao ajuizamento, se salte, diretamente, para a defesa do réu.

Por isso, sustentamos que, se convencido do direito à reintegração ou à manutenção, o juiz defira a liminar, cite o demandado, mas o intime para comparecer à audiência, iniciando-se o prazo para contestação somente após, conforme o art. 335. De todo modo, a contagem do prazo se dará nos moldes do art. 231.

3.1.1 Restrição contra a Fazenda Pública

Mantendo o regramento do diploma anterior, o Código Fux traz restrição processual à concessão de tutela provisória de evidência contra as pessoas jurídicas de direito público, afastando a liminar, ao exigir a "prévia audiência" de seus representantes judiciais" (art. 562, parágrafo único).

Apesar da utilização do termo "audiência", é seguro afirmar que a obrigação se refere à (oportunização de) manifestação por parte dos procuradores (ou do prefeito, no caso do ente municipal). Basta a possibilidade de oitiva, em prazo razoável, portanto.

Existem vozes na doutrina, porém, a mitigar a previsão.[12] Inicialmente, como bem sublinham José Miguel Garcia Medina,[13] Roberto Gouveia Filho e Venceslau Costa Filho,[14] a restrição apenas diz respeito à tutela de evidência própria das possessórias, não à antecipação na forma do art. 300, caso haja urgência (perigo de dano), aplicando-se o art. 9º, parágrafo único, I, do Código.

Por sua vez, Welder Queiroz dos Santos propõe a leitura conjunta com o art. 2º da Lei 8.437/92, intimando o Poder Público, após a decisão, para que se manifeste, em setenta e duas horas – após o que, o juiz poderá rever o provimento, se persuadido.[15]

Nessa esteira, entendemos que o dispositivo merece filtragem constitucional, exigindo juízo de proporcionalidade *in concreto*. A dicção legal não pode colocar em último plano a efetividade jurisdicional, ignorando que o mandado possessório é fruto da tutela mais célere que aquela pela via ordinária – onde, aliás, não há restrição qualquer – e, por isso, exigirá, em certos casos, a pronta resposta do Judiciário, sendo desproporcional aguardar o prazo administrativo para a intimação e o prazo processual de manifestação. Na verdade, esse prazo ainda será dilatado pela necessária intimação pessoal do procurador, comprometendo a tempestividade da decisão acerca da tutela provisória.

Não podem existir, no ordenamento neoprocessual e neoconstitucional, exigências processuais absolutas. O devido processo legal substancial, filtro de razoabilidade e proporcionalidade de todas as normas infraconstitucionais, impõe a leitura do comando de maneira ponderada, instrumental e efetiva, autorizando seu afastamento quando houver risco concreto de perda de eficácia da decisão pretendida. Por conta disso, afigura-se viável reconhecer, diante das circunstân-

---

12. Não excepcionando o regramento: MARCATO, Antonio Carlos. *Procedimentos Especiais*. 17. ed. São Paulo: Atlas, 2017.
13. MEDINA, José Miguel Garcia. *Código de Processo Civil Comentado*. 6. ed. São Paulo: RT, 2020, p. 973.
14. GOUVEIA FILHO, Roberto P. Campos; COSTA FILHO, Venceslau Tavares. Comentário ao art. 562. In: STRECK, Lenio et al. (Org.). *Comentários ao Código de Processo Civil*. São Paulo: Saraiva, 2016.
15. SANTOS, Welder Queiroz dos. Comentário ao art. 567. In: CABRAL, Antonio do Passo; CRAMER, Ronaldo (Coord.). *Comentários ao Novo Código de Processo Civil*. Rio de Janeiro: Forense, 2015.

cias concretas, a inconstitucionalidade do comando, por ser desproporcional e violador do devido processo legal substancial.

3.2 Audiência de justificação

Pode ser, por lado outro, que os elementos acostados à inicial não bastem para convencer o magistrado acerca do direito à tutela de evidência. Nesse caso, deverá ser designada audiência de justificação, para oitiva das testemunhas já apontadas. Esse juízo de insuficiência também pode decorrer de decisão do tribunal, em agravo de instrumento que combate o deferimento da liminar, determinando a designação do ato, como já reconheceu o Superior Tribunal de Justiça.[16]

O ato funciona, assim, como uma nova chance de persuasão, com a novidade consistente na prova oral a ser produzida. Por isso, é correta a lição segundo a qual o magistrado não pode indeferir a tutela provisória sem a designação da audiência,[17] que se revela como um direito do autor. O próprio Código o corrobora, ao prever exclusivamente duas saídas: a concessão da liminar e seu indeferimento, com consequente promoção do ato em análise (art. 562), como esclarece o Superior Tribunal de Justiça.[18]

O objeto da prova oral serão os requisitos para a tutela de evidência estampados taxativamente no art. 561. A extensão dos meios de prova, entretanto, inaugura divergência doutrinária relevante. Segundo um primeiro entendimento, apenas as testemunhas do autor podem ser ouvidas, nesse momento, porque não há previsão de apresentação de rol de depoentes pelo réu, que, de resto, poderia se utilizar dessa manobra para protelar o reexame da medida provisória,[19] sendo-lhe permitido apenas inquirir os presentes.

---

16. O Tribunal de origem, ao cassar a decisão que deferiu a liminar por entender necessária a realização da audiência de justificação, deu estrito cumprimento ao aludido dispositivo legal, valendo ressaltar que o fato de o réu já ter apresentado contestação não impossibilita a realização da referida audiência, sobretudo porque, além de a contestação ter sido oferecida de forma prematura, pois o prazo não havia sequer iniciado, o processo está suspenso na origem desde então, não havendo que se falar em retrocesso procedimental (REsp 1668360/MG, Rel. Ministro Marco Aurélio Bellizze, Terceira Turma, julgado em 05.12.2017).
17. MEDINA, José Miguel Garcia. *Código de Processo Civil Comentado*. 6. ed. São Paulo: RT, 2020, p. 972.
18. Se a petição inicial não traz provas suficientes para justificar a expedição de mandado liminar de posse, deve o juiz cumprir o que dispõe a segunda parte do art. 928 do CPC e determinar a realização de audiência de justificação prévia com o fim de permitir ao autor a oportunidade de comprovar suas alegações. (REsp 900.534/RS, Rel. Ministro João Otávio de Noronha, Quarta Turma, julgado em 1º.12.2009). No mesmo sentido: É compreensão desta Corte que, não estando a inicial devidamente instruída com elementos que comprovem o preenchimento dos requisitos do art. 927 do Código de Processo Civil, deverá o magistrado designar audiência de justificação com o intuito de possibilitar ao autor da ação a demonstração do alegado. Precedentes. (AgRg no AREsp 785.261/MT, Rel. Ministro Marco Aurélio Bellizze, Terceira Turma, julgado em 24.11.2015). Veja-se, ainda: AgRg no AREsp 38.991/MT, Rel. Ministro Raul Araújo, Quarta Turma, julgado em 07.08.2014.
19. MARCATO, Antonio Carlos. *Procedimentos Especiais*. 17. ed. São Paulo: Atlas, 2017.

Parece, contudo, que tal lógica não prestigia o contraditório, enquanto vetor de legitimação da atividade jurisdicional. As pretensões primárias (discussão da posse) autoral e defensiva têm idêntico pesa, sob a ótica do acesso à justiça. Se, de um lado, soa bastante razoável que não haja diferimento de prazo para a juntada de lista de testemunhas de defesa, com ulterior intimação individualizada, pela celeridade que denota o procedimento especial, de outro, não pode haver impedimento para que se ouçam aquelas levadas pela parte ao ato.

Apesar de haver quem considere que a oitiva desses depoentes não intimados seria mera faculdade do magistrado,[20] é preferível reputá-la como direito processual subjetivo do defendente. Note-se que, pela delicadeza do direito material em jogo, o próprio julgador terá interesse na melhor compreensão fática da matéria, aprofundando-se, na medida do possível, o grau de cognição.

Em uma interpretação conforme a Constituição (arts. 1º e 562, parte final, CPC/15), estamos convencidos de que o magistrado, na busca da verdade real, permita que o réu também apresente as suas testemunhas e proceda de modo a tornar a referida audiência o mais dialética possível, nada obstante, em respeito à lei processual, apresente posteriormente a sua contestação. O efeito processual de uma liminar que tenha por objeto a desocupação de um bem imóvel é algo notavelmente grave para que a justiça se contente com a versão trazida apenas por uma das partes.

Por se tratar, como dito, de análise cognitiva sumária, restrita a certos elementos de convicção, as testemunhas ouvidas nessa etapa inaugural não necessariamente deverão ser as mesmas a depor na audiência de instrução e julgamento, sendo plenamente viável a apresentação de listagem diversa, na etapa de saneamento.

Nem por isso, os depoimentos colhidos na audiência de justificação possuem menor valor probatório que os posteriores, tendo em vista a adoção (e persistência) do sistema do livre convencimento motivado (art. 371), cabendo ao julgador sopesar as narrativas por ocasião da sentença.

Quando a apreciação do pedido de tutela de evidência se der por ocasião da audiência de justificação, a doutrina já reconhecia, sob a égide do CPC/73, uma rara situação em que o *ius vocatio* se diferenciava do início do prazo para a apresentação de defesa,[21] já que o réu é citado para comparecer à audiência, não para contestar. No atual Código, o procedimento comum tem esse traço, por conta da audiência de conciliação ou de mediação.

---

20. MONTENEGRO FILHO, Misael. *Ações possessórias no novo CPC*. São Paulo: Atlas, 2017.
21. FABRÍCIO, Adroaldo Furtado. Comentário ao art. 557. In: WAMBIER, Teresa Arruda Alvim et al. (Coord.). *Breves Comentários ao novo Código de Processo Civil*. São Paulo: RT, 2015.

A propósito, existe decisão do Superior Tribunal de Justiça indicando não se tratar propriamente de citação para comparecer ao ato, mas sim de "chamamento para acompanhar a assentada de justificação", com citação ulterior.[22] A *ratio*, porém, se pautava no conceito legal de citação estampado no diploma anterior, que confundia a integração do réu ao processo com a sua defesa (art. 213 do CPC/73). Hoje, é indubitável que se trata de autêntica citação, por convocar o réu "para integrar a relação processual" (art. 238), postergando a contestação.[23]

Chama atenção, dentro desse tema, o entendimento do tribunal no sentido da ausência de nulidade na hipótese de não citação do réu para a audiência.[24] O julgado, proferido à época do CPC revogado, assinalava que não se trataria de autêntica citação, mas apenas de chamado para comparecer ao ato, sendo a citação realizada após, quando o réu deveria apresentar defesa. Além disso, se sublinhou que o ordenamento autoriza a concessão *inaudita altera parte*, portanto o deferimento liminar após justificação não seria inválido.

Com todas as vênias, o padrão decisório deve ser superado, na vigência do Código Fux, que, como dito, esclarece que citação e intimação para defesa são atos distintos. Além disso, a relativização ao contraditório prévio deve se dar na exata medida autorizada pelo legislador, ponderado no processo democrático de elaboração das normas, o que se extrai do art. 9º, parágrafo único, complementado pelo art. 562, autorizador da medida liminar tão somente antes da audiência de justificação.

Ouvidas as testemunhas – e as partes, mesmo que informalmente, como sói ocorrer, inclusive com finalidade de viabilizar a autocomposição, dando-lhe contornos análogos à audiência de conciliação ou de mediação, como defendemos –, o juiz decidirá sobre a expedição do mandado. Se convencido do preenchimento dos requisitos para a tutela de evidência, deve a deferir, porque "suficiente a justificação".

Duas ocasiões se abrem para a decisão: a própria audiência ou, posteriormente, em gabinete. A distinção é relevante, porque a lei processual indica que o prazo para contestar se inicia com a intimação acerca do deferimento ou do indeferimento.

---

22. REsp 890.598/RJ, Rel. Ministro Luis Felipe Salomão, Quarta Turma, julgado em 23.11.2010.

23. MEDINA, José Miguel Garcia. *Código de Processo Civil Comentado*. 6. ed. São Paulo: RT, 2020, p. 973.

24. Ação de reintegração de posse, em que a liminar foi deferida em audiência de justificação prévia, realizada sem a anterior citação do réu. O termo citação é utilizado de maneira imprópria no art. 928 do CPC, na medida em que o réu não deve apresentar contestação na audiência de justificação prévia, nem é obrigado a comparecer. A liminar possui caráter provisório e seria temerário permitir a sua revogação, em sede de recurso especial, apenas em razão da ausência de comparecimento do réu na audiência de justificação, mormente quando o réu nem ao menos se insurge contra a existência de posse do autor (REsp 1232904/SP, Rel. Ministra Nancy Andrighi, Terceira Turma, julgado em 14 maio 2013).

Se a apreciação final da tutela provisória se der na própria audiência, as partes são intimadas nesse ato (art. 1.003, § 1º). Para Daniel Neves[25] e Antônio Marcato,[26] mesmo que o réu compareça desacompanhado de advogado, a norma se aplicaria, assim como se o réu, intimado, não aparecesse.

Temos reservas quanto a tal conclusão, porque o dispositivo, previsto no tratamento da teoria geral dos recursos, menciona destacadamente alguns sujeitos (advogados, defensores, membros do Ministério Público), nada falando sobre as partes – até porque não ostentam capacidade postulatória, havendo nulidade por ausência deste pressuposto processual.

Evidentemente, a citação deve se operar de acordo com os ditames gerais do Código, priorizando-se a citação real (postal ou por oficial de justiça), e, apenas subsidiariamente, incidindo as modalidades fictas (por hora certa ou por edital), e o ato intimatório para a audiência será realizado da mesma forma, comunicado na mesma ocasião. Se o réu constitui advogado e comparece à audiência, o prazo, de fato, começará a ser contado do dia seguinte.

Contudo, se o réu não constitui advogado, não há autorização para a fluência imediata do interregno para contestar, o que, inclusive pelo princípio da cooperação, do qual decorrem os deveres de esclarecimento, prevenção e auxílio, justifica uma nova intimação pessoal do réu para que conteste a ação. Ademais, tecnicamente, não há que se falar em revelia, porque esta é a ausência de defesa, que pode perfeitamente ser apresentada, no momento adequado. Tampouco haverá nomeação de curador especial na audiência, porque a decretação da revelia é requisito para tanto (art. 72, II).

Assim, se o juiz percebe a vulnerabilidade jurídica da parte ré, deverá indagá-lo sobre o desejo de constituir advogado ou se fazer assistir pela Defensoria Pública, intimando, nesse último caso, o defensor para a audiência, pessoalmente (art. 186, §1º), o que imporá o adiamento do ato, se impossível o pronto comparecimento do agente público. Partindo de tais premissas, é preferível que, no mandado de citação, haja questionamento expresso sobre essa intenção do demandado e, se indicada a assistência jurídica gratuita, o juízo poderá intimar, com antecedência adequada, o defensor.

Por outro lado, se a decisão interlocutória for proferida *a posteriori*, publicando-se pelos meios adequados, será necessária a intimação do réu a seu respeito,

---

25. NEVES, Daniel Amorim Assumpção. *Manual de Direito Processual Civil*. 12. ed. Salvador: JusPodivm, 2020.

26. "Não comparecendo à audiência de justificação, apesar de regularmente citado, nem se fazendo representar por advogado, o réu estará intimado do ato, sem necessidade de outra formalidade legal, iniciando-se a fluência do prazo para resposta no primeiro dia útil seguinte." (MARCATO, Antonio Carlos. *Procedimentos Especiais*. 17. ed. São Paulo: Atlas, 2017.

bem como para que apresente contestação, no prazo legal de quinze dias. De acordo com o Superior Tribunal de Justiça, a intimação deve se dar na pessoa do advogado do demandado.[27]

4. CAUÇÃO

A concessão de tutela provisória, em juízo de cognição sumária, se restringe a uma avaliação de probabilidade e de verossimilhança. Por essa razão, a lei processual traz instrumentos de modo a garantir que a reversibilidade futura da decisão não prejudique quem suportou seu ônus – um traço característico da tutela provisória. Em síntese, quem se beneficia da tutela no curso do processo pode sucumbir ao seu fim, na avaliação exauriente do magistrado.

Essa lógica está especificamente replicada no tratamento das ações possessórias, onde se deixa aberta a margem para que o réu prove que o autor não tem condições financeiras para reparar danos que a manutenção ou a reintegração da posse tenham causado ao demandado. Nesse caso, poderá pedir ao juiz que defina uma caução (art. 559).

Apesar da expressa menção à caução em favor do réu, a norma deve incidir também no caso de o réu pleitear proteção possessória e a decisão provisório o favorecer (como quando a liminar é indeferida), por motivos de isonomia endoprocessual (art. 7º), fruto do dever de auxílio inerente ao princípio da cooperação (art. 6º).[28]

Tal garantia pode ser real ou fidejussória, de acordo com o dispositivo, sendo certo que quaisquer modalidades devem ser admitidas, se tiverem aptidão concreta para ressalvar eventuais perdas ocorridas.

A previsão legal traz dois momentos: o réu deve provar a falta de idoneidade financeira do autor e, passo seguinte, o juiz abriria prazo de cinco dias para que requeresse a exigência de caução. Somente depois, o autor será intimado para a prestar, sob pena de ter que depositar o bem disputado. O comando exige releitura crítica, em primeiro lugar, porque tanto o prazo pode ser dilatado pelo magistrado, com base no art. 139, VI.[29]

---

27. Quando o réu possuir advogado constituído nos autos, o prazo da contestação flui a partir da intimação, feita ao procurador, da decisão que deferir ou não a medida liminar. (REsp 39.647/MG, Rel. Ministro Barros Monteiro, Quarta Turma, julgado em 12.04.1994). No mesmo sentido: REsp 47.107/MT, Rel. Ministro Cesar Asfor Rocha, Quarta Turma, julgado em 19.06.1997; AgInt no REsp 1258864/RJ, Rel. Ministro Raul Araújo, Quarta Turma, julgado em 06.06.2017.
28. Enunciado 180 do FPPC: A prestação de caução prevista no art. 559 poderá ser determinada pelo juiz, caso o réu obtenha a proteção possessória, nos termos no art. 556.
29. Enunciado 179 do FPPC: O prazo de cinco dias para prestar caução pode ser dilatado, nos termos do art. 139, inciso VI.

Além disso, o procedimento deve ser simplificado e, se convencido o julgador, prontamente deve intimar o autor para que forneça a garantia, em homenagem à celeridade e à duração razoável do processo.[30] Por outro lado, embora a lei não preveja, a avaliação quanto à idoneidade financeira pode demandar algum aprofundamento cognitivo, através da designação de audiência especial ou da juntada de documentação.

Qualquer decisão deve sempre, porém, ser proferida após a oitiva da parte contrária, em respeito ao contraditório prévio (art. 9º) e como vedação às decisões surpresa (art. 10), não bastando a intimação da parte beneficiada pela tutela para que forneça a garantia, ou seja, após o decidido. Sequer se cogite a inserção da hipótese dentro da exceção atinente à tutela de urgência (art. 9º, parágrafo único, I), porque o risco que a justifica não é do mesmo grau daquele encontrado no caso em tela, porque a caução, embora recomendável e até necessária, não será subitamente prestada, demandando o decurso de prazos processuais e administrativos.

A lei processual afasta a obrigação de prestar caução para a parte hipossuficiente sob a ótica econômica. Na ponderação entre o acesso à justiça desses sujeitos e o risco de prejuízo a ser suportado pela parte contrária, caso o convencimento do magistrado se inverta ao final do processo, o legislador prefere o primeiro, o que passa por uma ótica instrumental da jurisdição.

Note-se que a distinção é correta, não se falando em beneficiário da gratuidade de justiça e sim em impossibilidade material de prestar a caução.[31] Afinal, pode ser que a parte tenha condições de pagar as custas processuais, mas não de garantir o juízo pelo valor da posse – parâmetro a ser utilizado para verificar a idoneidade da caução.[32]

Por fim, há quem considere que a Fazenda Pública deva estar inserida na exceção legal, presumindo-se a necessidade financeira de isenção de caução.[33] No entanto, a presunção pretendida parece não encontrar amparo no próprio diploma processual geral que, quando teve a intenção de afastar exigências financeiras do

---

30. FABRÍCIO, Adroaldo Furtado. Comentário ao art. 557. In: WAMBIER, Teresa Arruda Alvim et al. (Coord.). *Breves Comentários ao novo Código de Processo Civil*. São Paulo: RT, 2015.

31. Em sentido contrário: "A regra é de difícil compreensão. Sendo requisito da exigência de prestação da caução a falta de idoneidade financeira, como afastá-la para os economicamente hipossuficientes? Ao que parece, o dispositivo se valeu de expressões diferentes para indicar o autor que não tem condições de arcar com eventuais perdas e danos do réu, e ao mesmo tempo prevê que essa condição é causa para a exigência e dispensa da caução. O paradoxo criado pela norma é garantia de polêmica." (NEVES, Daniel Amorim Assumpção. *Manual de Direito Processual Civil*. 12. ed. Salvador: JusPodivm, 2020).

32. Enunciado 178 do FPPC: O valor da causa nas ações fundadas em posse, tais como as ações possessórias, os embargos de terceiro e a oposição, deve considerar a expressão econômica da posse, que não obrigatoriamente coincide com o valor da propriedade.

33. SANTOS, Welder Queiroz dos. Comentário ao art. 559. In: CABRAL, Antonio do Passo; CRAMER, Ronaldo (Coord.). *Comentários ao Novo Código de Processo Civil*. Rio de Janeiro: Forense, 2015.

Poder Público, o fez expressamente e por várias vezes (veja-se, por exemplo, os arts. 91, 1.021, § 5º, e 1.026, § 3º.

5. RECORRIBILIDADE

A decisão sobre a tutela provisória, liminar ou após justificação, é de enorme relevância, pela sua interseção com o mérito do processo, razão pela qual pode ser alvo de imediato recurso de agravo de instrumento. Trata-se de hipótese típica de cabimento, isenta de dúvidas acerca desse requisito de admissibilidade, haja vista o art. 1.015, I, do CPC.

Quando houver deferimento de tutela de evidência liminarmente, o réu, citado para integrar a relação processual e intimado acerca da decisão concessiva, pode agravar de imediato. A contagem do prazo se fará na forma do art. 231 e seus incisos (art. 1.003, § 2º). É possível, inclusive, que se recorra de mais de uma decisão prolatada anteriormente à citação no mesmo agravo, de acordo com o Superior Tribunal de Justiça.[34]

Outra possibilidade é rediscutir a matéria em contestação, trazendo novos fatos e fundamentos jurídicos e pleiteando a reconsideração da decisão, o que não ofende a preclusão justamente por conta da modificação (complementação) dos elementos debatidos.[35] Assim, o juiz decidirá, efetivamente, questão outra (art. 505), podendo dela a parte interessada agravar, inclusive.

Seguindo essa lógica, aliás, o réu possui um duplo caminho: agravar, de imediato, da decisão concessiva e/ou, na peça de defesa, solicitar a revogação da tutela.

Também o autor pode ter interesse em recorrer, seja do indeferimento da liminar, contando-se o prazo de sua intimação da decisão, seja do seu conteúdo, ainda que concessivo o provimento (como, por exemplo, do prazo fixado pelo juiz para desocupação), já que, como bem concluiu o Superior Tribunal de Justiça,[36] esses aspectos acessórios também integram decisão interlocutória que versa sobre tutela provisória, como exige o legislador.

---

34. REsp 1628773/GO, Rel. Ministra Nancy Andrighi, Terceira Turma, julgado em 21.05.2019.
35. THEODORO JÚNIOR, Humberto. *Curso de Direito Processual Civil*. 54. ed. Rio de Janeiro: Forense, 2020. v. 2.
36. O conceito de "decisão interlocutória que versa sobre tutela provisória" abrange as decisões que examinam a presença ou não dos pressupostos que justificam o deferimento, indeferimento, revogação ou alteração da tutela provisória e, também, as decisões que dizem respeito ao prazo e ao modo de cumprimento da tutela, a adequação, suficiência, proporcionalidade ou razoabilidade da técnica de efetiva da tutela provisória e, ainda, a necessidade ou dispensa de garantias para a concessão, revogação ou alteração da tutela provisória (REsp 1752049/PR, Rel. Ministra Nancy Andrighi, Terceira Turma, julgado em 12.03.2019).

REQUISITOS OBJETIVOS PARA A TUTELA PROVISÓRIA NOS INTERDITOS POSSESSÓRIOS 301

Quando a tutela for decidida após a integração do polo passivo, na audiência de justificação ou em gabinete, após o ato, o prazo se conta da mesma forma: em dias úteis e principiando nos moldes do art. 231.

Cabe indagar se o réu deveria ser pessoalmente intimado dessa decisão. Como visto, o Superior Tribunal de Justiça decidiu, diversas vezes no diploma revogado, que basta a intimação do advogado para que se inicie o prazo para contestação.[37] No entanto, o Código Fux traz expressa menção à necessidade de intimação da parte quando o ato tiver que ser praticado diretamente por si, principiando o prazo na data da comunicação (art. 231, § 3º). Apesar do caráter executivo do provimento, a desapossamento do bem é ato que só pode ser praticado pelo próprio réu, ainda que, se não o fizer, terá sua vontade substituída. Desse modo, entendemos que o réu deva ser pessoalmente cientificado.

Hipótese prática e relevante é a da decisão proferida em audiência. De acordo com o CPC, o prazo para a interposição de recursos começa a correr da data em que são os advogados, a sociedade de advogados, a Advocacia Pública, a Defensoria Pública ou o Ministério Público intimados da decisão, considerando-se intimados na audiência quando nesta é proferida a decisão ou sentença (art. 1.003, § 1º).

Contudo, o Superior Tribunal de Justiça, em recurso repetitivo,[38] consagrou o entendimento de que, conquanto a Fazenda Pública, a Defensoria e o Ministério Público sejam intimados (ou seja, tomem ciência) da decisão na própria audiência, o prazo recursal apenas começa a contar com a intimação pessoal de seus agentes políticos. Embora a questão tenha sido julgada pela 3ª Seção, responsável pela matéria penal e processual penal, entendemos que, pela identidade da *ratio decidendi*, deva ser aplicada ao processo civil e, naturalmente, ao processo coletivo. O Supremo Tribunal Federal, a propósito, possui o mesmo entendimento.[39]

Por fim, acerca da recorribilidade, é imperioso recordar que o Superior Tribunal de Justiça, em sede de recurso repetitivo,[40] definiu a tese da taxatividade mitigada no rol do art. 1.015, admitindo a pronta impugnação por agravo, caso haja urgência calcada na futura inutilidade do recurso em sede de apelação

---

37. AgInt no REsp 1258864/RJ, Rel. Ministro Raul Araújo, Quarta Turma, julgado em 06.06.2017.
38. HC 296.759-RS, 3ª Seção, Rel. Min. Rogério Schietti Cruz, por maioria, julgado em 23.08.2017.
39. HC 125270, 2ª Turma, Rel. Min. Teori Zavascki.
40. Assim, nos termos do art. 1.036 e seguintes do CPC/2015, fixa-se a seguinte tese jurídica: O rol do art. 1.015 do CPC é de taxatividade mitigada, por isso admite a interposição de agravo de instrumento quando verificada a urgência decorrente da inutilidade do julgamento da questão no recurso de apelação. Embora não haja risco de as partes que confiaram na absoluta taxatividade serem surpreendidas pela tese jurídica firmada neste recurso especial repetitivo, pois somente haverá preclusão quando o recurso eventualmente interposto pela parte venha a ser admitido pelo Tribunal, modulam-se os efeitos da presente decisão, a fim de que a tese jurídica apenas seja aplicável às decisões interlocutórias proferidas após a publicação do presente acórdão (REsp 1696396/MT, Rel. Ministra Nancy Andrighi, Corte Especial, julgado em 05.12.2018).

ou contrarrazões (previsão textual do art. 1.009, §1º). Como houve modulação dos efeitos da decisão, apenas as interlocutórias proferidas após a publicação do acórdão (19.12.2018) se submetem à sistemática da taxatividade mitigada. No paradigmático julgamento, assentou-se que o manejo do mandado de segurança enquanto sucedâneo seria incabível.

Encontrou-se um agradável, embora aparentemente contraditório, meio-termo: a parte que sentir que a impugnação apenas na apelação pode tornar inútil o recurso, por conta da urgência na decisão, pode agravar de imediato. Em tal caso, caberá ao tribunal competente avaliar a real urgência, sempre ligada à inutilidade do recurso de apelação a respeito.

Nesse ponto, podem acontecer algumas situações: se o tribunal julgar que há urgência, conhecerá do agravo e o julgará. A matéria, decidida, não poderá ser levantada novamente na apelação, porque preclusa. Por outro lado, se o tribunal entender que não é caso de urgência, a questão poderá ser rediscutida em apelação, inexistindo preclusão consumativa. Também a parte que não agravou porque seguiu o rol do art. 1.015, ainda que houvesse, teoricamente, urgência, não se prejudica, não se falando em preclusão lógica ou temporal. O cenário, portanto, inspira segurança jurídica, a ser desdobrado para os pleitos possessórios.

CONCLUSÃO

Apresentado o cenário positivo e doutrinário, pode-se vislumbrar que, conquanto estejamos diante de conceitos jurídicos dotados de margem interpretativa, existem balizas objetivas mínimas para a concessão da tutela provisória de evidência nos interditos possessórios típicos.

É inegável, porém, a presença de divergências doutrinárias – sinal de saúde acadêmica – quanto a aspectos procedimentais envoltos na leitura dos elementos postos pelo legislador. Nem por isso, contudo, subsiste liberdade absoluta para que o magistrado, verificando os requisitos elencados no diploma processual, por alguma justificativa estranha ao eleito pela lei, deixe de conceder a pronta tutela provisória a quem, evidentemente, tenha direito de retornar ao imóvel.

REFERÊNCIAS

BODART, Bruno V. da Rós. *Tutela de evidência*: teoria da cognição, análise econômica do direito processual e comentários sobre o novo CPC. 2. ed. São Paulo: RT, 2015.

FABRÍCIO, Adroaldo Furtado. Comentário ao art. 557. In: WAMBIER, Teresa Arruda Alvim et al. (Coord.). *Breves Comentários ao novo Código de Processo Civil*. São Paulo: RT, 2015.

GOUVEIA FILHO, Roberto P. Campos; COSTA FILHO, Venceslau Tavares. Comentário ao art. 561. In: STRECK, Lenio et al. (Org.). *Comentários ao Código de Processo Civil*. São Paulo: Saraiva, 2016.

MARCATO, Antonio Carlos. *Procedimentos Especiais*. 17. ed. São Paulo: Atlas, 2017.

MEDINA, José Miguel Garcia. *Código de Processo Civil Comentado*. 6. ed. São Paulo: Revista dos Tribunais, 2020.

MELO, Marco Aurélio Bezerra de; MELLO PORTO, José Roberto. *Posse e Usucapião* – direito material e direito processual. Salvador: JusPodivm, 2020.

MONTENEGRO FILHO, Misael. *Ações possessórias no novo CPC*. São Paulo: Atlas, 2017.

NEVES, Daniel Amorim Assumpção. *Manual de Direito Processual Civil*. 12. ed. Salvador: JusPodivm, 2020

SANTOS, Welder Queiroz dos. Comentário ao art. 567. In: CABRAL, Antonio do Passo; CRAMER, Ronaldo (Coord.). *Comentários ao Novo Código de Processo Civil*. Rio de Janeiro: Forense, 2015.

THAMAY, Rennan. *Manual de Direito Processual Civil*. 2. ed. São Paulo: Saraiva, 2019.

THEODORO JÚNIOR, Humberto. *Curso de Direito Processual Civil*. 54. ed. Rio de Janeiro: Forense, 2020. v. 2.

VAGA DE GARAGEM EM CONDOMÍNIO

Luis Arechavala

Diretor acadêmico da Associação Nacional Da Advocacia Condominial (ANA-CON). Membro da Comissão de direito imobiliário da ABA/RJ e ABA Nacional. Árbitro da Câmara de Mediação e Arbitragem Especializada (CAMES). Autor do livro Condomínio Edilício e suas instituições (2021) e Alienação de Imóveis – Manual de Compra e Venda, Permuta e Doação (2024), ambos publicados pela Ed. Lumen Juris. Advogado. Sócio fundador da Arechavala Advogados.

Sumário: 1. Tipos de vagas de garagem – 2. Direito de uso; 2.1 Acessória à unidade; 2.2 Unidade autônoma com matrícula própria – 3. Localização das vagas de garagem; 3.1 Área privativa; 3.2 Área comum – 4. Sorteio para utilização de vaga de garagem – 5. Alienação e locação das vagas de garagem – 6. Prioridades no uso das vagas de garagem (PCD e idoso); 6.1 Pessoa idosa; 6.2 Pessoa com deficiência (PCD) – Referências.

Em regra, o direito à vaga de garagem, em condomínio edilício, decorre do direito de propriedade, do qual é considerado bem acessório (art. 92 CC). Conforme palavras de Sílvio Venosa e Lívia Van Well: "a garagem deve ser tratada como acessório da unidade autônoma, salvo se se tratar de edifício garagem".[1]

No preciso dizer de Pedro Avvad:

Por partes acessórias pode-se entender as partes ou direitos que são exclusivos e pertencentes à determinada unidade, como são por exemplo direito a uso de vaga de garagem, terraço privativo, quarto de motorista etc., que estarão inseparáveis da unidade, salvo se ocorrer a hipótese prevista no § 2º adiante examinada[2] (quando menciona § 2º, o autor refere-se ao art. 1.339, § 2º, CC que é o caso de locação e alienação da vaga, que será abordada mais adiante neste capítulo).

Por ser derivada da propriedade, o direito de uso da vaga não pode ser suprimido pela inadimplência, pois o inadimplemento não restringe o direito de propriedade e tampouco retira do condômino em atraso o acesso à área destinada ao estacionamento. Nesta decisão do TJSP, um condomínio excluiu do rodízio o inadimplente, o que foi considerado ilegal, a nosso ver acertadamente:

Condomínio Edilício. Sorteio de vaga de garagem. *Critério de escolha que deve assegurar tratamento isonômico aos inadimplentes. Ação procedente para declarar a nulidade da disposição que fixou preferência para os adimplentes.* – Grifamos (TJSP, processo 0180705-67.2012.8.26.0100, Rel. Des. Pedro Baccarat, publ. 20.02.2017).

---

1. *Condomínio em Edifício*. Indaiatuba: Ed. Foco, livro digital, p. 126.
2. *Condomínio em edificações no Novo Código Civil*. 2. ed. Renovar, p. 116.

Como todo instituto jurídico, a guarda de veículo deve atender a sua função social, como alertam Silvio Venosa e Lilian Van Well: "em sede de condomínio, há sempre que se avaliar o uso adequado do uso inadequado ou abusivo (...) é transgressor aquele que pretenda utilizar o espaço de veículos para outra finalidade, que não exclusivamente o estacionamento de veículos".[3]

Assim, ainda que seja um espaço de propriedade do condômino, não pode ter destinação diversa da prevista na Convenção, conforme ilustra o julgado abaixo:

> Condomínio edilício. Ação de Obrigação de Fazer com pedido de tutela antecipada. Agravante que alega uso indevido da vaga de garagem por parte da agravada. Notificações condominiais para retirada dos pertences. Decisão de indeferimento da tutela pleiteada. Irresignação do agravante. Convenção condominial. *Impossibilidade de utilizar vaga de garagem como depósito de pertences pessoais*. Probabilidade do direito e *periculum in mora* demonstrados em cognição sumária. Observância dos requisitos do art. 300, CPC. – Grifamos (TJRJ, processo 0044495-66.2019.8.19.0000, Rel. Des. Cláudia T. de Menezes, publ. 05.11.2019).

1. TIPOS DE VAGAS DE GARAGEM

As vagas de garagem ou, como nomeia o Código Civil, "abrigo para veículo"[4] podem ter diversas naturezas. Encontramos classificações diferentes na doutrina e na jurisprudência. Pedro Avvad as tipifica assim: (i) partes inseparáveis; (ii) partes comuns; (iii) frações ideais e (iv) partes acessórias.[5]

André Abelha divide as vagas de garagem em quatro categorias: (a) parte comum de uso comum; (b) parte comum de uso exclusivo; (c) parte privativa acessória à unidade e (d) parte privativa principal.[6]

O Min. do STJ Luis Felipe Salomão, quando da relatoria do REsp 1.152.148/SE, publ. 02.09.2013, disse:

> Em condomínio edilício, a vaga de garagem pode ser enquadrada como: (i) unidade autônoma (art. 1.331, § 1º, do CC), desde que lhe caiba matrícula independente no Registro de Imóveis, sendo, então, de uso exclusivo do titular; (ii) direito acessório, quando vinculado a um apartamento, sendo, assim, de uso particular; ou (iii) área comum, quando sua fruição couber a todos os condôminos indistintamente.

Na primeira edição do meu livro Condomínio Edilício e suas instituições, classifiquei as vagas da seguinte maneira: (i) vaga de uso comum, localizada na parte comum; (ii) vaga de uso exclusivo, localizada na parte comum; (iii) vaga privativa, acessória à unidade; (iv) vaga privativa, unidade autônoma.

---

3. *Condomínio em Edifício*. Indaiatuba: Ed. Foco, livro digital, p. 127.
4. CC, arts: 1.331, §1º e 1.338.
5. *Condomínio em edificações no Novo Código Civil – comentado*. 2. ed. Ed. Renovar, p. 115.
6. *Abuso do Direito no Condomínio Edilício*. Ed. Sérgio Antônio Fabris Editor, p. 115.

VAGA DE GARAGEM EM CONDOMÍNIO

Contudo, após releitura e reflexão entendemos que a catalogação mais adequada é: (i) direito de uso; (ii) acessória à unidade; (iii) unidade autônoma com matrícula própria. Ademais, podem estar localizadas em: (a) área privativa; e (b) área comum.

As áreas comuns se dividem em: (b1) de uso exclusivo (demarcada); (b2) de uso indistinto (aleatória).

Vamos conhecer cada um.

2. DIREITO DE USO

Tanto a matrícula do imóvel quanto a Convenção de Condomínio podem garantir o direito de uso de uma vaga de garagem, com a expressão "direito a uma vaga de garagem", sem determinar um local específico. A pessoa pode usar indistintamente qualquer vaga.

Não tem fração ideal própria. Quando é assim, nem a Convenção (quando o direito vier da matrícula), nem a Assembleia podem suprimir esse direito do condômino, por exemplo, transformando a área de estacionamento em um parque infantil.

São vagas não demarcadas, aquelas que o condômino pode escolher em qual estacionar. Segundo João Batista Lopes, "não constituindo unidade autônoma, as vagas indeterminadas serão utilizadas na forma prevista na Convenção ou, na omissão desta, de acordo com deliberação da Assembleia de condôminos".[7]

Se houver o mesmo número de vagas que unidades, cada um usa uma; havendo menos vagas, deve a Convenção ou a Assembleia regular o direito de uso, sendo usual a adoção de rodízio ou uso por ordem de chegada, como elucida o professor André Abelha:

> [...] se no condomínio houver vinte apartamentos e somente dez locais de estacionamentos, as vagas serão distribuídas, a cada dia, por ordem de chegada na garagem. É vivamente aconselhável que os condôminos se reúnam para, em Assembleia, estabelecerem um rodízio, de forma a reduzir as possibilidades de conflito.[8]

No precedente abaixo, a Convenção disciplinava a forma de uso da área comum, o que orientou o juízo na decisão:

> Condomínio. Vagas de garagem de uso comum. Uso disciplinado pela Convenção que as reserva aos condôminos-residentes que comprovem a propriedade dos respectivos veículos, submetendo-as, ademais, a rodízio semestral por sorteio. *Autores-proprietários com*

---

7. *Condomínio*. 10. ed. RT, p. 70.
8. *Abuso do Direito no Condomínio Edilício*. Ed. Sérgio Antônio Fabris Editor, p. 116-117.

moradia no exterior. As disposições condominiais que representam a vontade majoritária dos coproprietários não se revestem, no particular, de qualquer ilegalidade, nem cerceiam direito de propriedade dos autores que, embora virtualmente se estenda à fração (...) não lhes confere uso incondicionado das mesmas, comum a todos os demais. *O critério de residência no prédio é razoável e o rodízio, a seu turno, atende à proporcionalidade que deve orientá-lo.* – Grifamos (TJRJ, processo 0110347-59.2004.8.19.0001, Rel. Des. Maurício Caldas Lopes, publ. 13.11.2006).

2.1 Acessória à unidade

Esse tipo de vaga, embora acessória, leva consigo uma parte da fração ideal da unidade. Em caso de venda/cessão, deve a fração correspondente ser transferida ao adquirente.[9]

Não chega a ser unidade autônoma, mas está dentro da fração ideal, estando ainda vinculada à unidade.

2.2 Unidade autônoma com matrícula própria

Como o nome diz, é uma verdadeira unidade autônoma, possuindo matrícula registral própria e não estando vinculada a nenhuma outra unidade imobiliária.[10] Nesse caso não é bem acessório, é principal.

Tanto é independente que, "por exemplo, instituído um usufruto sobre um apartamento, esse direito real não se estende à vaga, se não houver previsão específica".[11]

Inclusive, a jurisprudência o considera como penhorável, não aplicando a proteção do bem de família, o que pode ser demonstrado pelo E. 449, da súmula do STJ: "A vaga de garagem que possui matrícula própria no registro de imóveis não constitui bem de família para efeito de penhora".

O mesmo STJ já anulou uma Assembleia de condomínio que decidiu pela extinção de vagas de garagem com matrículas próprias, por não comportarem fisicamente no condomínio. Assembleia não pode ferir direito de propriedade, a saber:

> Decisão assemblear de condomínio que delibera, pelos votos presentes, extinguir oito vagas de garagem de propriedade do banco condômino. Matrículas próprias. Impossibilidade. Anulação da assembleia. Efeitos. Retorno ao status quo ante. (...) II. *É vedado à assembleia de condomínio extinguir vagas de garagem que dispõem de matrícula própria e pertencem a um dos condôminos, ausente à reunião, sob alegação de que a quantidade total não é comportada no espaço físico disponível.* III. Anulada a assembleia – Grifamos (STJ, REsp 400.767, Rel. Min. Aldir Passarinho Junior, publ. 24.04.2007).

---

9. Sobre venda de vaga de garagem, vide tópico Alienação e locação das vagas de garagem.
10. ABELHA, André. *Abuso do direito no Condomínio Edilício*. Ed. Sérgio Antônio Fabris Editor, p. 119.
11. ABELHA, André. *Abuso do Direito no Condomínio Edilício*. Ed. Sérgio Antônio Fabris Editor, p. 120.

3. LOCALIZAÇÃO DAS VAGAS DE GARAGEM

Como dito no início deste capítulo, as vagas podem estar localizadas em: (a) área privativa; ou (b) área comum. Sendo área comum, ainda podem ser: (b1) de uso exclusivo (demarcada); ou (b2) de uso indistinto (aleatória).

3.1 Área privativa

A vaga pode estar situada em uma área de propriedade do condômino, descrita na matrícula do imóvel e/ou na Convenção. Isso costuma ocorrer em condomínio de casas ou de lotes – mas nada impeça que suceda em um condomínio de apartamentos, a depender da sua arquitetura e do disposto na Convenção e matrícula do imóvel.

3.2 Área comum

É mais habitual encontrarmos vagas em área comum, portanto, do condomínio. Essa localização pode ser de uso exclusivo ou indistinto. Na primeira hipótese, uso exclusivo, as vagas costumam ser demarcadas. Essa demarcação pode ocorrer por uma placa ou pintura no próprio local ou por uma previsão na Convenção ou RI, como exemplificado neste julgado:

> Vagas em garagem em condomínio edilício – Convenção de condomínio. (...) A Convenção de Condomínio é o instrumento apto para fazer a demarcação de vagas na garagem. Restando demonstrado que as vagas destinadas ao uso dos condôminos foram devidamente demarcadas e numeradas, não há como atribuir ao condomínio a responsabilidade de realização de sorteio para divisão das vagas. (TJMG, processo 23484483620108130024, Rel. Des. José Augusto Lourenço dos Santos, publ.: 29.09.2022)

Quando o uso é indistinto, assim sendo, sem uma preferência ou prioridade, sói ocorrer a ordem de chegada. O titular do direito vai estacionar onde estiver livre, não podendo avocar para si nenhuma vaga de garagem específica por mais conveniente que seja,[12] como se ilustra neste julgado:

> Vaga de garagem em condomínio residencial. Utilização das vagas de forma coletiva e rotativa. Impossibilidade. Condomínio que desde sua incorporação não dispõe de vagas privativas. Uso rotativo e na forma de sorteio determinado em estatuto e regulamentado em assembleia geral. (...) *In casu*, não tendo a autora adquirido vaga privativa e, ademais, tratando-se de um edifício com poucas vagas, em que, desde sua implementação, as garagens são usadas de forma coletiva e rotativa por sorteio, é evidente a ausência do direito à exclusividade. (TJSC, processo 0001746-14.2009.8.24.0075, Rel. Des. Júlio César M. Ferreira de Melo, julg.: 05.05.2016)

---

12. Ressalva feita as prioridades legais, a serem estudadas neste artigo.

Podem os condôminos optar por um sorteio para disciplinar a utilização do estacionamento, como será estudado no próximo tópico.

4. SORTEIO PARA UTILIZAÇÃO DE VAGA DE GARAGEM

O sorteio é um expediente muito utilizado para definir o uso das vagas, quando forem de uso indistinto e em área comum, em especial quando o estacionamento possui vagas com características diferentes (por exemplo, coberta, descoberta, próxima à pilastra, "vaga presa" etc.) ou mesmo quando tem menos vagas que unidades.

Como destaca André Abelha, ao dizer "é vivamente aconselhável que os condôminos se reúnam para, em assembleia, estabelecerem um rodízio, de forma a reduzir as possibilidades de conflito".[13]

É válido, mas os sorteios devem ser realizados periodicamente para evitar situações de permanente injustiça, como no caso de um condômino ter que ocupar uma vaga de inferior qualidade eternamente.

Mesmo que o síndico ou a assembleia não concordem com um novo rodízio, entendemos que cabe intervenção do Poder Judiciário para realizá-lo, uma vez que, como leciona João Batista Lopes, "sorteio jamais poderá assumir caráter definitivo, devendo ser realizado periodicamente, sob pena de conceder vantagem indevida a alguns condôminos em desvantagem de outros".[14] A nosso sentir abster-se de deliberar novo sorteio configuraria abuso de direito (art. 187 CC) dos condôminos que estão em situação vantajosa. Vejamos esse precedente:

> Demarcação de vaga de garagem em condomínio edilício – realização de sorteios periódicos – vagas não delimitadas, situadas em área comum do edifício – deliberação delegada à assembleia de condôminos – (...) rotatividade que prestigia o princípio da isonomia – recurso provido – sentença reformada. (TJSP, processo 1007643-02.2023.8.26.0320, Rel. Juiz: Celso Maziteli Neto, publ.: 05.03.2024)

Encontramos um julgado do TJSP que não concordou com novo sorteio pelo fato do condomínio estar há mais de trinta anos sem fazê-lo, entendendo que a situação estaria consolidade pelos institutos da *supressio* e *venire contra factum proprio*, a saber:

> Condomínio – Vaga de garagem (...) único sorteio de vagas de garagem ocorrida há mais de trinta anos – Situação consolidada – *Supressio e venire* contra factum proprio – Ausência de discussão a respeito de aquisição da propriedade por usucapião – Debate limitado à imposição de reiniciar sorteios – Após o primeiro sorteio, ocorrido há mais de trinta anos, houve

---

13. *Abuso do direito no Condomínio Edilício*. Ed. Sérgio Antônio Fabris Editor, p. 116-117.
14. *Condomínio*. 10. ed. Ed. RT, p. 72.

acomodação da situação e aceitação por todos ao longo desse tempo – Sentença mantida, alterado o fundamento – Recurso não provido. (TJSP, processo 1059274-42.2018.8.26.0002, Rel. Des. Jayme de Oliveira, publ.: 18.12.2020)

O inadimplente, embora não tenha direito a participar e votar nas assembleias (art. 1.335, III, CC), não pode ser excluído do sorteio, eis que se configuraria uma intervenção indevida em sua propriedade. Importante destacar que o inadimplente não perde o direito de propriedade, o que levaria, nessa hipótese, a perda do direito de uso da garagem; ele apenas tem suspenso seus "direitos políticos" de participação.

5. ALIENAÇÃO E LOCAÇÃO DAS VAGAS DE GARAGEM

Originalmente, a transferência de vagas de garagens a pessoas estranhas ao condomínio era absolutamente vedada pelo art. 2º, § 2º, Lei 4.591/64. O CC, porém, veio alterando a regra para determinar a livre disposição das vagas de garagem, no art. 1.331, § 1º, que, por se tratar de norma posterior, prevalece sobre a disposição original da Lei 4.591/64.

Para harmonizar ambas as regras, o En. 91 CJF conferiu interpretação restritiva à mudança da seguinte forma: "A Convenção de Condomínio ou a assembleia geral podem vedar a locação de área de garagem ou abrigo para veículos estranhos ao condomínio."

Por fim, a Lei 12.607/2012, deu nova redação ao art. 1.331, § 1º, CC, para dizer que os abrigos para veículos não poderão ser alienados ou alugados a pessoas estranhas ao condomínio, salvo autorização expressa na Convenção de Condomínio.

Dessa forma, atualmente temos o seguinte cenário de alienação ou locação de vaga de garagem para não condôminos e moradores: (i) a Convenção tem que autorizar a venda ou locação; (ii) no silêncio da Convenção ou negativa expressa, não pode, e; (iii) mesmo constando a autorização na Convenção, a Assembleia pode vetar (quórum de 2/3, por se tratar de modificação de Convenção).

Vale ressaltar que essa regra vale inclusive para vagas privativas, unidades autônomas com matrículas próprias, pois a intenção do legislador foi a de evitar o trânsito de não condôminos e moradores nas dependências condominiais, o que tornaria mais vulnerável à segurança de todos, por ser um facilitador da entrada de estranhos no condomínio.

Já foi amplamente divulgado um Anteprojeto de Reforma do Código Civil (ARCC), elaborado por uma comissão de juristas. O referido visa alterar o Código Civil em diversos pontos. O seu texto consolida a questão, mantendo a regra, apenas com uma melhor redação do que a atual, vejamos: "Salvo autorização expressa na convenção condominial, os abrigos para veículos não poderão ser alienados ou alugados a pessoas estranhas ao condomínio, mas poderão ser alienados ou alugados a outros condôminos, livremente, ainda que a possibilidade não esteja prevista na convenção" (art. 1.331, §2º, ARCC).

Além do mais, o Anteprojeto cria uma ordem de preferência nas alienações privilegiando o condômino em detrimento a um terceiro, a saber: "Se a convenção condominial permitir a alienação de vagas de garagem, terão preferência os condôminos a estranhos tanto por tanto" (art. 1.331, §3º, ARCC).

Especificamente na locação, havendo autorização, prescreve o art. 1.338 CC[15] que o condômino tem preferência à estranhos, em igualdade de condições. Entre os condôminos, havendo propostas iguais, prevalecerá aquele que for possuidor.

Literalmente, o Código Civil criou a ordem para preferência na locação: (1º) condômino morador; (2º) condômino não morador; (3º) não condômino, independentemente de ser morador ou não – colocando na mesma categoria o locatário, comodatário etc., e pessoa que não tenha nenhum vínculo com o condomínio – regra com a qual não concordamos.

Aderimos ao posicionamento de André Abelha que analisa essa preferência de forma diferente, colocando (1º) condômino morador, (2º) residente não condômino (locatário, comodatário etc.), (3º) o condômino não morador e (4º) pessoa sem qualquer vínculo com o condomínio:

> [...] como se vê, no tocante à locação a lei instituiu um direito de preferência sequencial. Quando a vaga for alugada, têm preferência, em primeiro lugar, os condôminos residentes; logo em seguida, vêm as pessoas que embora não sendo proprietárias, residem no prédio; em terceiro lugar estão os condôminos não residentes. Se nenhuma dessas pessoas quiser exercer o seu direito de preferência, somente nessa hipótese é que a locação pode ser feita a pessoa estranha ao condomínio.[16]

Essa interpretação se coaduna com o dever de segurança, pois prioriza os moradores, o que facilita o trabalho de identificação e controle da segurança, só permitindo, em último caso, a entrada recorrente pela garagem de pessoas não domiciliadas no edifício.

6. PRIORIDADES NO USO DAS VAGAS DE GARAGEM (PCD E IDOSO)

Nossa legislação apresenta prioridade para estacionamentos de pessoas idosas e com deficiência. Prioridades são vantagens concedidas a determinadas

---

15. CC, art. 1.338: Resolvendo o condômino alugar área no abrigo para veículos, preferir-se-á, em condições iguais, qualquer dos condôminos a estranhos, e, entre todos, os possuidores.
16. ABELHA, André. *Abuso do Direito no Condomínio Edilício*. Ed. Sérgio Antônio Fabris Editor, p. 122-123.

VAGA DE GARAGEM EM CONDOMÍNIO **313**

pessoas em situações previstas em lei. Uma preferência; oportunidade de acordo com a lei que consiste em ultrapassar os demais, em passar à frente.

As preferências aqui descritas se referem somente a vagas de garagem situadas em área comum e de uso indistinto (aleatório). Em caso de sorteio, as preferências devem ocupar o primeiro lugar, fazendo inicialmente sorteamento dos melhores lugares exclusivamente para os que gozarem de prioridade, dentro dos limites legais, e depois os demais.

Vamos tratar de duas situações frequentes nos condomínios, o idoso e a pessoa com deficiência.

6.1 Pessoa idosa

É legalmente idoso aquele com idade igual ou superior a 60 anos (art. 1º Lei 10.741/15),[17] existindo ainda uma prioridade especial para os octogenários (art. 3º, § 2º Lei 10.741/15[18]).

Não se imprimiu para a configuração do idoso, a diferença de sexo, condição social, ou outras variantes denotativas da condição humana,[19] a única condição legal é a idade. Segundo art. 41 do Estatuto do Idoso:

> Art. 41. É assegurada a reserva para as pessoas idosas, nos termos da lei local, de 5% (cinco por cento) das vagas nos estacionamentos públicos e privados, as quais deverão ser posicionadas de forma a garantir a melhor comodidade à pessoa idosa.

Portanto, a norma assegura 5% (cinco por cento) de vagas prioritárias em estacionamentos, públicos ou privados, *nos termos da lei local,* aos quais deverão estar posicionados de forma a garantir melhor comodidade aos anciãos. "A lei local é a Municipal, ante o princípio da preponderância do interesse local (art. 30, I, CF)".[20] Explica o professor Marco Antônio Vilas Boas que:

> a lei local é lei de Município. Assim, o Estatuto do Idoso traçou diretrizes para que os municípios cumprissem. Uma lei Federal (Estatuto) assegurou aos idosos a reserva de 5% (cinco por cento) das vagas existentes nos estacionamentos públicos e privados, para sua melhor comodidade.[21]

---

17. Antes do Estatuto do Idoso, era considerada idosa a pessoa a partir de 61 anos (art. 2º Lei 8.842/94).
18. Lei 10.741/15: art. 3º, § 2º: Entre as pessoas idosas, é assegurada prioridade especial aos maiores de 80 (oitenta) anos, atendendo-se suas necessidades sempre preferencialmente em relação às demais pessoas idosas.
19. BOAS, Marco Antônio Vilas. *Estatuto do idoso comentado.* 5. ed. Ed. Forense, livro digital, p. 14.
20. RODRIGUES, Oswaldo Peregrina. *Direitos da pessoa idosa.* 2. ed. Ed. Foco, livro digital, p. 144.
21. *Estatuto do idoso comentado.* 5. ed. Ed. Forense, livro digital, p. 144.

Dessa maneira, a norma Municipal tem liberdade para dispor sobre o uso de vagas em locais públicos e privados para idosos, devendo respeitar o mínimo legal de cinco por cento e que sejam em local de melhor comodidade.

Nessa esteira, não pode a Convenção de Condomínio, a decisão assemblear ou a lei Municipal impedir o acesso exclusivo do idoso a, no mínimo de 5% (cinco por cento), das melhores vagas.

Muitos doutrinadores entendem que essa regra não se aplicaria aos condomínios, pelo fato de a lei não mencionar que o estacionamento privado seria em propriedade privada multifamiliar. É como manifesta Rodrigo Karpat:

> O Artigo 41º do Estatuto do Idoso (Lei 10.741, de 1º de outubro de 2003), trata de estacionamentos privados de uso coletivo e não se aplica ao âmbito dos condomínios residenciais que são propriedades exclusivamente privadas, ou por definição comum na legislação, propriedade privada multifamiliar.[22]

É possível localizar na internet outros artigos no mesmo sentido.[23] A justificativa dos autores é que a lei não menciona expressamente sua aplicabilidade aos locais de residência multifamiliar e por conseguinte seria destinado somente a locais privados de uso coletivo, como estádio de futebol, cinemas, supermercados etc.

Existe precedente na mesma linha:

> Demarcação de vaga de garagem em condomínio edilício – realização de sorteios periódicos – vagas não delimitadas, situadas em área comum do edifício – deliberação delegada à assembleia de condôminos – Reserva de vagas especiais para idosos, prevista no artigo 41, da Lei Federal 10.741/2003 (Estatuto do Idoso) que não se aplica no âmbito dos condomínios edilícios residenciais que constituem propriedade privada multifamiliar – rotatividade que prestigia o princípio da isonomia – recurso provido – sentença reformada (TJSP, processo 1007643-02.2023.8.26.0320, Rel. Juiz: Celso Maziteli Netopubl.: 05.03.2024).

Discordamos dos ilustres juristas acima mencionados e entendemos que o idoso tem direito a estacionamento preferencial nos condomínios edilícios. O sexagenário tem prioridade absoluta na efetivação de seus direitos, é o chamado princípio da prioridade (art. 3º Lei 10.741/03[24]) – como leciona Oswaldo Peregrina Rodrigues:

---

22. Disponível em: https://karpat.adv.br/acessibilidade-e-idosos-nas-garagens-dos-condominios/. Acesso em: 15 nov. 2024, às 12:25.
23. Por exemplo, https://www.sindiconet.com.br/informese/como-lidar-com-idosos-e-deficientes-em-condominios-convivencia-acessibilidade. Acesso em: 30 nov. 2024, às 13:21; https://revistadoscondominios.com.br/vagas-especiais-na-garagem-questao-de-bom-senso-e-civilidade. Acesso em: 30 nov. 2024, às 13:27.
24. Lei 10.741/03, Art. 3º: É obrigação da família, da comunidade, da sociedade e do poder público assegurar à pessoa idosa, com absoluta prioridade, a efetivação do direito à vida, à saúde, à alimentação, à educação, à cultura, ao esporte, ao lazer, ao trabalho, à cidadania, à liberdade, à dignidade, ao respeito e à convivência familiar e comunitária.

VAGA DE GARAGEM EM CONDOMÍNIO **315**

O princípio da prioridade absoluta na efetivação e proteção integral dos interesses e direitos, mormente os fundamentais, do idoso está expressamente estabelecido no art. 3º do seu Estatuto, decorrente de princípio regente da Política Nacional do Idoso (art. 3º, I, LF 8.842/1994) e do art. 230, *caput*, da Constituição Federal, sendo certo que "a única novidade trazida nesse ponto pelo Estatuto do idoso foi arrolar a comunidade como ente obrigado a garantir dignidade à pessoa idosa.[25]

Enquanto a Constituição Maior determina como sujeitos passivos obrigacionais a família, a sociedade e o Estado – o Poder Público em todas suas esferas –, nessa ordem, o *Estatuto inclui a comunidade nessa relação jurídica*, entre a família e a sociedade, em verdade, com desdobramentos desta, porquanto "[...] *uma sociedade bem ordenada é uma forma de comunidade: a sociedade é uma comunidade de sociedades*"[26]-[27] – Destacamos.

Essa prioridade decorre de uma necessidade, reconhecida pelo Estado, de que a pessoa idosa merece um tratamento especial nos estacionamentos (art. 41 Lei 10.741/03). Certamente o legislador assim o fez por prezar pela comodidade da pessoa idosa. Esse conforto, se é importante em parqueamentos públicos e privados de uso coletivos, zonas que são frequentadas pelas pessoas esporadicamente (como teatros, shopping centers, Centro de Convenções) será imprescindível dentro do condomínio edilício, lugar em que ele comparece com frequência, seja para moradia, trabalho ou outra razão.

Assim sendo, se a lei quer proteger o bem-estar do sexagenário garantindo-lhe vagas prioritárias em locais que ele visita ocasionalmente, muito mais proteção ele merecerá no estacionamento no local em que tem domicílio, evitando assim que essas pessoas utilizem vagas "presas", vagas longe de elevadores, vagas que necessitem de escadas para acesso, entre outras, se assim for possível naquela comunidade condominial.

A norma atingirá sua finalidade quando o idoso se sentir cômodo sempre e não casualmente.

Oportuno registrar que o Estatuto do Idoso direciona seu texto para o Poder Público, para a família e para a comunidade na qual aquela pessoa idosa está inserida, e comunidade é gênero, no qual o condomínio edilício está inserido, de forma que o condomínio também é um ente responsável pela tutela do idoso.

Não cabe o frágil argumento, já ouvido diversas vezes, que determinada lei não se aplica ao condomínio, com se tratara aquele local de um consulado internacional, gozando de imunidade legislativa nacional.

---

25. MORAES, Paulo Roberto. *Disposições preliminares*, p. 14.
26. BOFF, Leonardo. *Justiça e cuidado*: opostos ou complementares?, p. 6.
27. *Direitos da pessoa idosa*. 2. ed. Ed. Foco, livro digital, p. 25.

Por fim, ratificado a prioridade de estacionamento de idoso no condomínio, convém referir que o legislador não fez diferenciação entre estacionamentos privados de uso coletivo e estacionamentos privados multifamiliares no art. 41 Lei 10.741/03, de maneira que não cabe ao intérprete distinguir onde o legislador não o fez, segundo clássica regra de hermenêutica jurídica.

6.2   Pessoa com deficiência (PCD)

Se caracteriza pessoa com deficiência aquela que tem impedimento de longo prazo de natureza física, mental, intelectual ou sensorial, o qual, em interação com uma ou mais barreiras, pode obstruir sua participação plena e efetiva na sociedade em igualdade de condições com as demais pessoas (art. 2º Lei 13.146/15).

O tema é disciplinado pelo Estatuto da Pessoa com Deficiência (Lei 13.146/15), que prevê norma parecida com a descrita para o cenário do idoso, vejamos:

> Art. 47. Em todas as áreas de estacionamento aberto ao público, de uso público ou privado de uso coletivo e em vias públicas, devem ser reservadas vagas próximas aos acessos de circulação de pedestres, devidamente sinalizadas, para veículos que transportem pessoa com deficiência com comprometimento de mobilidade, desde que devidamente identificados.
>
> § 1º As vagas a que se refere o *caput* deste artigo devem equivaler a 2% (dois por cento) do total, garantida, no mínimo, 1 (uma) vaga devidamente sinalizada e com as especificações de desenho e traçado de acordo com as normas técnicas vigentes de acessibilidade.

Da leitura do texto legal se extrai que todo local de parada de veículo – seja público ou privado – deve reservar pelo menos dois por cento (com o mínimo de uma) das vagas próximas ao acesso de circulação de pessoas para deficientes.

O Estatuto ainda determina que novos projetos e construções para empreendimentos multifamiliares devem se enquadrar nas regras legais de acessibilidade (art. 58, *caput* e § 1º, Lei 13.146/15[28]).

O Decreto 9.451/18 disciplina o art. 58 L. 13.146/15, para dispor sobre os preceitos de acessibilidade relativos ao projeto e à construção de edificação de uso privado multifamiliar (art. 1º, D. 9.451/18), ou seja, para novas incorporações ou retrofit.[29] Condomínio edilício se emoldura no conceito de edificação privada multifamiliar, eis que se considera edificação de uso privado multifamiliar - aquela

---

28. Art. 58. O projeto e a construção de edificação de uso privado multifamiliar devem atender aos preceitos de acessibilidade, na forma regulamentar. § 1º As construtoras e incorporadoras responsáveis pelo projeto e pela construção das edificações a que se refere o *caput* deste artigo devem assegurar percentual mínimo de suas unidades internamente acessíveis, na forma regulamentar.

29. Retrofit é um termo utilizado principalmente em engenharia para designar o processo de modernização de algum equipamento já considerado ultrapassado ou fora de norma (https://pt.wikipedia.org/wiki/Retrofit).

com duas ou mais unidades autônomas destinadas ao uso residencial, ainda que localizadas em pavimento único (art. 2º, I, D. 9.451/18).

O foco do Decreto é regulamentar as unidades residenciais com previsão de acessibilidade e adaptabilidade para as unidades residenciais, as áreas comuns e o estacionamento. O Decreto não atinge construções já aprovadas (art. 9º, I, D. 9.451/18).

Na parte que nos interessa neste capítulo, garagem, o Decreto traz três novidades: (i) as vagas para deficientes devem ficar sob administração do condomínio em área comum (art. 8º, § 3º, D. 9.451/18); (ii) o morador com deficiência com comprometimento de mobilidade e que tenha vaga vinculada à sua unidade autônoma poderá solicitar uma das vagas sob a administração do condomínio a qualquer tempo, hipótese em que o condomínio deverá ceder a posse temporária da vaga acessível em troca da posse da vaga vinculada à unidade autônoma do morador (art. 8º, § 3º, D. 9.451/18); e (iii) a prioridade para garagem de deficiente não se aplica aos empreendimentos que não ofertem vagas de estacionamento vinculadas às unidades autônomas da edificação (art. 8º, § 5º, D. 9.451/18).

Ainda quanto à acessibilidade, a Norma ABNT 9.050/15 trata sobre o tema em edificações, espaços e equipamentos urbanos. Nela "há medidas e cuidados importantes em uma edificação, como por exemplo, a implantação de dispositivos como rampas, corrimãos, placas de sinalização, indispensáveis a toda construção".[30]

Por último, como bem ressalta a magistrada do TJSP, Dra. Maria Lúcia Pizzotti:

> Acessibilidade é princípio estatuído no art. 3º da Convenção Internacional sobre os Direitos das Pessoas com Deficiência e seu Protocolo Facultativo, internalizado pelo Brasil por meio do Decreto 6.949 de 2009 já de acordo com a forma do art. 5, § 3º da Constituição da República, como norma constitucional de eficácia plena, portanto.

Fica claro que novos empreendimentos devem vir com todos os cuidados necessários para o bom uso e dignidade da pessoa com deficiência. Mas e os condomínios já existentes? Entendemos que sim, pelas mesmas razões expostas na hipótese do idoso.

Uma vez que o legislador identificou uma necessidade de a pessoa ter uma prioridade, esse direito deve ser exercido em todo local, não apenas em sítios que

---

30. Disponível em: https://emasjr.com.br/blog/nbr-9050-como-e-regida-a-acessibilidade-em-edificacoes/?gad_source=1&gclid=Cj0KCQiAr7C6BhDRARIsAOUKifjMpHsgHMxEEIWMjuJI_raCezDnu3j8_8LiKnWe4cLe0bPddGukGtAaAkL0EALw_wcB. Acesso em: 1º dez. 2024, às 17:20.

frequenta isoladamente – mas sim e principalmente no condomínio onde domicilia (por residência ou trabalho). Caso contrário sofrerá um prejuízo imensurável.

E os tribunais seguem esse mesmo entendimento:

> Condomínio. Vagas de garagem não exclusivas. Ação de obrigação de fazer. Legitimidade passiva do condomínio configurada. Pretensão de condômino, portador de deficiência física, de obter o uso exclusivo de uma das vagas com melhor localização. Possibilidade. Observância ao princípio da dignidade da pessoa humana e solidariedade. É dever de todos proporcionar acessibilidade e sobrevivência digna ao deficiente físico. Aplicação analógica da lei de acessibilidade destinada aos prédios públicos (art. 25 do decreto lei 5296/2004). Incidência do estatuto da pessoa com deficiência (art. 47, § 1º LEI 13.146/2015). Recurso não provido. (TJSP, processo 1011511-13.2016.8.26.0100, Rel. Des. Alfredo Attié, publ.: 15.06.2018)

> Obrigação de fazer – Vagas De garagem em condomínio residencial – Sorteio entre condôminos – Uso exclusivo – Idoso com deficiência física – Acessibilidade 1 – Condômina que pretende ver reconhecido seu direito de se utilizar sempre da mesma vaga de garagem, sendo excluída dos sorteios de revezamento, diante de sua condição de idosa e deficiente física; 2 – Acessibilidade é princípio estatuído no art. 3º da Convenção Internacional sobre os Direitos das Pessoas com Deficiência e seu Protocolo Facultativo, internalizado pelo Brasil por meio do Decreto 6.949 de 2009 já de acordo com a forma do art. 5, § 3º da Constituição da República, como norma constitucional de eficácia plena, portanto; 3 – Igualdade a ser aplicada no caso que não deve ser meramente formal, tratando os iguais como iguais, mas sim a igualdade material ou substancial verificada por Ruy Barbosa, tratando-se os desiguais na medida de sua desigualdade. Garantido, no caso, o uso exclusivo da vaga de garagem pela condômina que dela necessita em virtude de sua limitação de locomoção. RECURSO IMPROVIDO. (TJSP, processo 1017998-61.2014.8.26.0005, Rel. Des. Maria Lúcia Pizzotti, publ.: 15/06/2016)

> Condomínio – Sorteio das vagas de garagem – Condômina portadora de deficiência física – Preferência – Acessibilidade – Respeito à dignidade humana – Inteligência da Convenção Internacional sobre os Direitos das Pessoas com Deficiência e seu Protocolo Facultativo – Aplicação do art. 47 da Lei 13.146/15 – Obrigação de fazer – Dano material – Ocorrência – Dano moral – Incidência – Valor a ser fixado de forma razoável e proporcional, equivalente ao dobro da reparação material – Recurso provido. (TJSP, processo 1005163-73.2017.8.26.0704, Rel. Juíza. Sulaiman Miguel Neto, publ.: 09.02.2018)

REFERÊNCIAS

ABELHA, André. *Abuso do Direito no Condomínio Edilício*. Porto Alegre: Ed. Sérgio Antônio Fabris Editor, 2013.

ARECHAVALA, Luis. *Condomínio Edilício e suas instituições*. Rio de Janeiro: Lumen Juris, 2021.

AVVAD, Pedro. *Condomínio em Edifício*. Rio de Janeiro, 2007.

BOAS, Marco Antônio Vilas. *Estatuto do idoso comentado*. 5. ed. Rio de Janeiro: Forense, 2015..

KARPAT, Rodrigo. Disponível em: https://karpat.adv.br/acessibilidade-e-idosos-nas-garagens-dos-condominios/.

LOPES, João Batista. *Condomínio*. 10. ed. São Paul: RT, 2008.

RODRIGUES, Oswaldo Peregrina. *Direitos da pessoa idosa*. 2. ed. Indaiatuba: Foco, 2022.

VENOSA, Sílvio e WELL, Lívia Van. *Condomínio em edificações no Novo Código Civil*. 2. Foco: Indaiatuba, 2021.